锡伯族家谱史料选编

（东北卷）

许淑杰 贺忠德 编著

中国社会科学出版社

图书在版编目（CIP）数据

锡伯族家谱史料选编. 东北卷 / 许淑杰，贺忠德编著. —北京：中国社会科学出版社，2024.8

ISBN 978 - 7 - 5227 - 3613 - 6

Ⅰ.①锡… Ⅱ.①许…②贺… Ⅲ.①锡伯族—家谱—史料—汇编—东北地区 Ⅳ.①K820.9

中国国家版本馆 CIP 数据核字（2024）第 101800 号

出 版 人	赵剑英
责任编辑	安　芳
责任校对	张爱华
责任印制	李寡寡

出　　版	中国社会科学出版社
社　　址	北京鼓楼西大街甲 158 号
邮　　编	100720
网　　址	http://www.csspw.cn
发 行 部	010 - 84083685
门 市 部	010 - 84029450
经　　销	新华书店及其他书店
印　　刷	北京君升印刷有限公司
装　　订	廊坊市广阳区广增装订厂
版　　次	2024 年 8 月第 1 版
印　　次	2024 年 8 月第 1 次印刷
开　　本	787×1092　1/16
印　　张	31.75
插　　页	4
字　　数	489 千字
定　　价	189.00 元

凡购买中国社会科学出版社图书，如有质量问题请与本社营销中心联系调换
电话：010 - 84083683
版权所有　侵权必究

2019 年 5 月 29 日　调查组在长春火车站和当地锡伯族家谱收藏者合影留念
左起：佟文娟　佟靖飞　贺忠德　韩舒梅　许淑杰　孙守朋　坚强

2019 年 6 月 1 日　调查组在哈尔滨收集家谱
左起：吴雅丽　贺忠德　许淑杰

2019 年 6 月 1 日　调查组在哈尔滨与当地锡伯族联谊会负责人合影留念
左起：吴耀国　吴雅丽　贺忠德　许淑杰　佟文娟

2019 年 6 月 2 日　调查组在哈尔滨双城区入户调研
左起：傅振书　许淑杰　贺忠德

2019年6月2日　调查组在哈尔滨双城关明生家找到《锡伯王君汉家谱》

2019年6月4日　在大连调研贺忠德与那启明夫妇留影

2019年6月5日　在辽宁丹东调研贺忠德与白松年先生留影

2019年6月8日　在沈阳调研期间本书部分编委合影
前排左起：孙兴武（沈阳市锡伯族联谊会长）、贺忠德、佟钟时
（原辽宁省民委主任）、阿吉肖昌。后排左四起：文兰、王泉义、佟文娟等

《锡伯族家谱史料选编》（东北卷）编委会成员

主　　　任：许淑杰

副　主　任：佟钟时（原辽宁省民族事务委员会主任）

　　　　　　贺忠德[原新疆维吾尔自治区民委（宗教局）党组成员、副主任（副局长）]

委　　　员：辽　宁：孙兴武、王泉义、白松年、李载新、高泉林、阿吉肖昌、文兰

　　　　　　吉　林：佟靖飞、韩舒梅、白常有、佟文娟

　　　　　　黑龙江：吴雅丽、吴耀国、吴克尧、白居正

　　　　　　新　疆：郭向阳、锋晖

主　　　编：许淑杰、贺忠德

副　主　编：佟文娟

搜 集 整 理：贺忠德、许淑杰、佟文娟、坚强、锋晖、孙守朋

电 脑 录 入：坚强、李睿凝、麻翠梅、郎昊宇、范玉娇、孙宇馨、葛维娜、贺志梅

家谱提供者：

　　　　　　辽　宁：那启明、白松年、柴阳、赵卫红、何志发、何忠山、何雪、何世义、何贵文、关成国、韩恒顺、张振伦

　　　　　　吉　林：佟靖飞、韩舒梅、白常有、刘飞

　　　　　　黑龙江：傅振书、吴克尧、吴雅丽、吴耀国、关明生

前　言

本书是《锡伯族家谱史料选编》（新疆卷）的姊妹篇，是2018—2019年在对东北锡伯族家谱进行调查和资料整理基础上编撰而成。共收录东北21个锡伯族姓氏59部家谱，含碑谱1部，附碑文、墓碣铭、谱序各1篇，不同姓氏东北锡伯族家谱范字数种，锡伯族家谱、喜力妈妈（子孙绳）图片多幅。其中不乏满文及满汉合璧家谱，如：黑龙江双城《锡伯王君汉家谱》，抄录于嘉庆六年（1801），为满汉文合璧家谱；辽宁沈阳《哈斯呼里（韩）氏谱单》，续修于同治十一年（1872），为满文家谱。这些家谱，从语言文字上反映了满语（锡伯语）发展衰落的过程，在内容上承载着清代以来锡伯族的历史，是研究锡伯族、满族历史文化，研究东北历史文化乃至清代历史文化的重要资料。

锡伯族曾经历三次大迁移。清朝统治者出于军事驻防的需要，曾多次调拨锡伯人到各地驻防。康熙三十一年（1692）锡伯官兵分驻吉林、黑龙江多地，是第一次较大规模征调，锡伯人被迁移到齐齐哈尔、伯都讷、吉林乌拉等地。康熙三十八年（1699）到康熙四十年（1701），调锡伯官兵至盛京（今沈阳）、北京等地驻防，是第二次较大规模征调，使盛京成为锡伯人主要聚居地。60多年以后，乾隆二十九年（1764），清廷为加强新疆防务，又从盛京各地抽调锡伯官兵1020人，连同眷属共3270口，西迁伊犁屯戍，这是锡伯人被第三次大规模征调，也是对锡伯族影响最为深远的一次大迁移。这段艰巨且悲壮的征程已深嵌在锡伯族的历史记忆中。以上三次大迁移，使锡伯族主要"分散于东北，集中于新疆",并在其家谱中得到集中反映。

本书所收录的 21 个锡伯族姓氏 59 部家谱,在地域范围上,覆盖了辽宁、吉林、黑龙江 3 个省份,而以辽宁为最多;在数量上,由于一些家谱实际包含十数部支谱,故所收家谱实际远超 59 部。因此,本书是迄今为止整理东北锡伯族家谱最为全面的成果。

因时间所限,或家谱本身原因,如书写于亮光纸,拍照反光,难以辨识等,仍有若干家谱暂时未能录入。个别家谱内容录入整理,措置也未必妥当。因此,本书编纂整理尚有诸多不足,有待来日改进。

编者

2022 年 6 月 20 日

凡　　例

一、《锡伯族家谱史料选编》（东北卷）收录辽宁、吉林、黑龙江地区的锡伯族家谱。

二、本书中的锡伯族姓氏，按锡伯文十二字头次序排列。姓氏分布地区无特殊情况则按辽宁、吉林、黑龙江的顺序排列。

三、本书在编纂过程中，除个别赘述部分，尽量完整地保留了原谱内容。

四、在每一家谱正文前面均作家谱简介，有谱名的家谱依原名录入，没有谱名的家谱，谱名为编者根据家谱内容拟定。

五、原谱中出现的繁体字，在本书中改为简体字。

六、本书世系排列，承上启下，各宗支都按一世、二世、三世……统一排列，无嗣无妻者不下列，个别同辈人数较多后嗣情况不明者横向列出予以保留。

七、原家谱世系排列方式不同，本书参照同类文献通常采用的整理方法，对汉文家谱，依据原谱以世系录载入；对满文或满汉合璧家谱，按照满文输入格式整理录入。

八、原谱标记为××者依原谱照录，残缺或难以辨认的字用"□"表示，订正讹误字用［　］标明。

九、原谱书世系中名字及附属信息先后不一致的，据原谱录入并注明。

十、原谱书世系中不连贯，后出现的世系也一并列入，并非编者遗漏。

十一、满文、满汉对照谱单和比较典型的汉文谱单照片作为附录列于书末。

目　　录

一、安氏家谱 …………………………………………………………（1）
　　［辽宁沈阳］安氏家谱 ……………………………………………（1）

二、乌扎拉（吴）氏家谱 ……………………………………………（7）
　　［辽宁沈阳］吴氏家谱 ……………………………………………（7）
　　［辽宁沈阳］乌扎拉氏宗谱 ………………………………………（17）
　　［辽宁沈阳］吴姓世代宗谱 ………………………………………（19）
　　［辽宁凤城］蓝旗乡蓝旗村吴扎拉氏家谱 ………………………（20）
　　［辽宁瓦房店］（吴氏）三代书谱 …………………………………（22）
　　［黑龙江哈尔滨］吴扎拉氏家谱 …………………………………（23）

三、吴雅（吴）氏家谱 ………………………………………………（36）
　　［辽宁沈阳］吴雅氏家经 …………………………………………（36）

四、那拉（那）氏家谱 ………………………………………………（41）
　　［辽宁岫岩］那拉氏家谱 …………………………………………（41）
　　［辽宁岫岩］叶赫那拉氏家谱 ……………………………………（43）
　　［辽宁凤城］凤凰城正白旗西伯（锡伯）那氏历代世系表 ……（46）
　　［辽宁凤城］蓝旗乡蓝旗村那氏家谱 ……………………………（49）

五、宁武图（刘）氏家谱

[辽宁沈阳] 宁武图氏谱 ……………………………………… (55)
[辽宁凤城] 合申堡住西甸子刘氏一支家谱 …………………… (64)
[黑龙江双城] 刘氏宗族世代谱书 ……………………………… (66)

六、哈斯呼里（韩）氏家谱

[辽宁沈阳] 哈斯呼里（韩）氏谱单（1） ……………………… (68)
[辽宁沈阳] 哈斯呼里（韩）氏谱单（2） ……………………… (84)
[辽宁沈阳] 锡伯族哈斯呼里氏谱书 …………………………… (97)

七、斡雅拉（韩）氏家谱

[辽宁沈阳] 斡雅拉氏汇宗图 …………………………………… (128)

八、果尔吉（高）氏族谱

[辽宁复州] 高沙坨屯高氏族谱 ………………………………… (131)

九、巴雅尔（白）氏家谱

[黑龙江哈尔滨] 巴雅尔（白）氏家谱 ………………………… (139)

十、白雅拉（白）氏家谱

[辽宁凤城] 白雅拉氏家谱 ……………………………………… (152)

十一、卜占那哈拉（卜姓）家谱

[辽宁沈阳] 卜姓三处坐落亲派族内男女家谱清册 …………… (192)

十二、苏慕禄（徐）氏家谱

[黑龙江哈尔滨] 锡伯苏穆禄家族命名谱书 …………………… (200)

十三、图克色里（佟）氏家谱

[辽宁沈阳]图克色里氏宗谱 ……………………………………（209）

[吉林长春]图克色里（佟）氏近几代谱系 …………………（219）

十四、佟佳（佟）氏家谱

[辽宁沈阳]佟佳氏家谱 ……………………………………（221）

十五、扎木库哩（张）氏家谱

[辽宁辽阳]扎木库哩氏家谱 ………………………………（230）

十六、何叶尔（何、赫）氏家谱

[辽宁沈阳]何叶尔氏宗谱 …………………………………（232）

[辽宁沈阳]何叶尔氏供俸谱 ………………………………（233）

[辽宁沈阳]何氏宗谱 ………………………………………（235）

[辽宁沈阳]何姓供谱 ………………………………………（238）

[辽宁沈阳]何氏供奉家谱 …………………………………（240）

[辽宁沈阳]何氏家谱 ………………………………………（244）

[辽宁瓦房店]赫姓碑谱 ……………………………………（256）

十七、何舍哩（何）氏家谱

[辽宁沈阳]何舍哩氏家谱 …………………………………（258）

[辽宁凤城]何氏家族谱系 …………………………………（259）

[辽宁凤城]何舍哩氏谱书 …………………………………（260）

十八、依尔根觉罗（肇、赵）氏家谱

[辽宁沈阳]依尔根觉罗欶伯肇宗谱 ………………………（283）

[辽宁大连]赵家谱单 ………………………………………（293）

[黑龙江双城]赵姓家谱 ……………………………………（296）

十九、瓜尔佳（关）氏家谱 (299)

- ［辽宁沈阳］锡伯瓜尔佳氏宗谱 (299)
- ［辽宁沈阳］瓜尔佳哈拉宗谱 (334)
- ［辽宁沈阳］关氏家谱 (340)
- ［辽宁本溪］锡伯瓜尔佳氏宗谱 (351)
- ［辽宁大连］关姓家谱 (361)
- ［辽宁岫岩］关氏家谱 (364)
- ［辽宁大连］瓜尔佳（关）氏家谱 (365)
- ［辽宁］开原大湾屯锡伯族瓜尔佳氏（关）宗谱 (370)
- ［辽宁复县］东岗乡喇嘛庙关姓家谱 (410)
- ［辽宁鞍山］锡伯瓜尔佳氏谱书 (419)
- ［辽宁沈阳］昭陵总管花良阿家谱表 (425)
- ［黑龙江双城］锡伯王君汉家谱 (426)
- ［辽宁开原］关氏家谱册 (440)
- ［辽宁开原］关家谱书 (447)
- ［辽宁沈阳］关氏家谱 (457)
- ［辽宁鞍山］关姓家世录 (458)

二十、傅佳（傅）氏家谱 (461)

- ［黑龙江双城］傅佳氏家谱 (461)

二十一、完颜（王）氏家谱 (471)

- ［辽宁沈阳］完颜家系谱 (471)

附　录 (478)

- 附录1：［辽宁凤城］白旗乡王家村何舍里墓碑碑文 (478)
- 附录2：［辽宁凤城］蓝旗乡蓝旗村吴府君墓碣铭 (479)

附录3：[辽宁沈阳] 关氏家谱序 …………………………………… (480)

附录4：[辽宁凤城] 锡伯族家谱范字 …………………………… (480)

附录5：[辽宁岫岩] 锡伯族家谱范字 …………………………… (482)

附录6：[辽宁东沟（东港）] 锡伯族家谱范字 ………………… (484)

附录7：[黑龙江双城] 锡伯族家谱范字 ………………………… (485)

附录8：锡伯族家谱图片 ………………………………………… (486)

附录9：锡伯族喜力妈妈（子孙绳）图片 ……………………… (492)

后　记 ………………………………………………………………… (493)

一、安氏家谱

［辽宁沈阳］安氏家谱

安文林民国三十六年（1947）纂修。抄本，一册。封面印有"安氏宗谱"字样。谱载"安氏原籍营城，于顺治八年（1651）移驻沈阳，在原籍册档无从查考，谨以移沈之先人五祖特志"。该谱始祖名无载，内容有民国三十六（1947）撰"安氏宗谱纂序"和自二世以下共十一世安氏族人世系。辽宁省沈阳市沈北新区黄家锡伯乡岳士屯村安国璋收藏。《沈阳锡伯族家谱》收录。[①] 此据《沈阳锡伯族家谱》整理。

纂序

从来国不能无史，家不能无谱，家谱之重，等于国史。恐世远则易疏，族繁则易乱世，礼大传云，人道亲事亲也，亲亲故尊祖，敬［尊］祖故敬宗，敬宗故收族，欲连宗族之情，以伦常之理，家谱实不可修辑也。

溯我安氏族，系锡伯，原籍营城（今吉林省营城子），自大清定鼎，时属满洲，于顺治八年移驻盛京（今沈阳）编入满洲正黄旗第一佐领下，

[①] 王俊、李军编著：《沈阳锡伯族家谱》，辽宁民族出版社2015年版，第92—97页。

逐支入伍，随旗充差或为兵弁或为官佐。户大丁多，居处不一，或者南遣北移者，姓虽同而伦序不得知焉。迨民国成立，档籍毁失，尤无微可考，是认邀集各地族人，纂修谱书，支分派别，并拟定以"国、振、家、兴、承、世、泽；精、勤、多、德、庆、春、祥"十四字命名，以俟子孙繁殖，按名入载，不限存殁，咸登录之，弗使遗诬〔误〕，更嘱每户各保存一帙，流传百代，以示不忘云尔。

中华民国三十六年　月　日
族长安齐林谨序
戚居关殿儒代笔
姻属张书樵并助

按安氏原籍营城于清顺治八年移驻沈阳，在原籍册档无从查考，谨以移沈之先人五祖特志。

世系表

始祖
二世

阿什哈（兵）生二子　长子　洛力卜（兵）次子　彰哥

阿达哈（兵）生一子　呼查

×××　生二子　长子　福塔拉　次子　阿海

三世

洛力卜（兵）生三子　长子　武巴师　次子　巴雅力　三子　双顶（兵）

彰哥　生一子　达礼扎

吗〔呼〕查①　生一子　福扬武

---

① 此人名在一世为"呼查"。

福塔拉 生一子 巴力丹

阿海 生一子 罗博

四世

武巴师 生三子 长子 阿力斌昌（前锋）次子 罗布昌 三子 安住（兵）

巴雅力 生四子 长子 官清 次子 官宝住 三子 官英额 四子 官音保（兵）

双顶（兵）生二子 长子 额力合图（兵）次子 古木起

达礼扎 生一子 阿达义

福杨［扬］武① 生二子 长子 额夺力奇（骁骑校）次子 卓夺虎

巴力丹 生二子 长子 哈力卜 次子 阿力扎力［克］奇②（兵）

罗博 生一子 巴力齐

五世

阿力斌昌（前锋）生四子 长子 蒙科 次子 孙布洛 三子 色布洛 四子 阿力什朗

安住 生二子 长子 蒙额特 次子 保住

官清 生二子 长子 托克托贺 次子 托果起

官宝住 生二子 长子 扎力哪 次子 奇强威

官音保 生二子 长子 那不喀拉 次子 立住

古木起 生四子 长子 官德 次子 搏彦 三子 文辛阿 四子 胖福

阿达义 生一子 戴宝

额夺力奇 生五子 长子 额什门斗（兵）次子 德音宝（佛喇嘛）三子 德明（兵）四子 德禄（兵）五子 德住（喇嘛）

卓夺虎 生一子 丰升额（喇嘛）

喀［哈］力卜③ 生二子 长子 良山 次子 尔得宝

---

① 据前文应为"福扬武"。
② 据后文应为"阿力扎克奇"。
③ 此人名在四世为"哈力卜"。

阿力扎克奇 生二子 长子 二麻子 次子 八十一

巴力齐 生三子 长子 达善保 次子 九十保 三子 三音保

六世

蒙科 生一子 八十二

孙布洛 生三子 长子 胖子 次子 火力勒必留 三子 福凌阿

蒙额特 生一子 音德布

胖福 妻 何氏 生一子 吉昌（兵）

戴宝 生二子 长子 七蛇 次子 八蛇

额什门斗（兵）妻 鄂氏 生二子 长子 及克吉（东塔达喇嘛）次子 升额

德明（兵）妻 关氏 佟氏 生二子 长子 双喜 次子 双宝

德禄（兵）生一子 常喜

良山 生一子 各卜礼

二麻子 妻 关氏 生一子 万昌

达善保 生一子 永福

九十保 生一子 福永额

七世

八十二 生一子 永住

胖子 生二子 长子 永太 次子 金才

福凌阿 妻 白氏 生一子 庆平

音德布 生一子 百董

吉昌（兵）妻 关氏 生二子 长子 永和 次子 永贵

七蛇 生二子 长子 景奎 次子 老疙疸

八蛇 生一子 秃昌

升额 妻 王氏 生二子 长子 安宽（骁骑校）次子 复处

双喜 妻 徐氏 生二子 长子 安和 次子 安贵

双宝 妻 张氏 关氏 生二子 长子 永恩 次子 永会

常喜 妻 莫氏 生一子 永乐

万昌　妻　吴氏　生四子　长子　安荣　次子　安清　三子　安裕　四子　安功
福永额　妻　沈氏　生二子　长子　安祥　次子　连喜

八世

永太　妻　关氏　生二子　长子　全福　次子　文英
庆平　妻　左氏　生二子　长子　文发　次子　文芳
永和　妻　何氏　生二子　长子　文义　次子　文斌
永贵　妻　孙氏　生二子　长子　文华　次子　文清
安宽　妻　葛氏、张氏　生一子　喜全
安和　妻　关氏　生一子　文全
永恩　妻　姚氏　生一子　文升
永会　妻　郭氏、马氏　生一子　□□
永乐　妻　刘氏　生一子　文哲
安荣　妻　鄂氏　生二子　长子　文俊　次子　文连
安清　妻　关氏、何氏、宁氏　生一子　文举
安功　妻　吴氏　生二子　长子　文科　次子　文德
安祥　妻　胡氏　生二子　长子　文林　次子　倭林布（喇嘛）

九世

全福　生一子　依林布
文英　妻　洪氏　生一子　国柱
文发　生一子　国兴
文芳　妻　卢氏　生一子　国勋
文义　妻　韩氏　生二子　长子　国忠　次子　国臣
文斌　生二子　长子　国玉　次子　国恩
喜全　妻　高氏　生一子　国兴
文全　妻　刘氏　生一子　国良
文升　妻　葛氏　生一子　国璋
□□　生一子　国玺
文哲　妻　鄂氏、王氏　生二子　长子　国福　次子　国禄

文举 妻 于氏 生一子 国辉

文科 妻 鄂氏 生二子 长子 国衡 次子 国汉

文德 妻 关氏 生三子 长子 国风 次子 国光 三子 国彦

文林 妻 何氏 生二子 长子 国栋 次子 国繁

十世

国柱 妻 李氏 生一子 振波

国兴 妻 卢氏 生一子 振秋

国勋[勋]① 妻 杨氏 生一子 振久

国臣 妻 刘氏 生一子 振绵

国玉 妻 焦氏 生一子 振华

国兴 妻 佟氏、何氏 生三子 长子 振江 次子 振洲 三子 振广

国良 妻 廖氏 生三子 长子 振山 次子 振铎 三子 振祥

国璋 妻 陶氏 生三子 长子 振海 次子 振泰 三子 振瀛

国栋 妻 董氏 生一子 振亚

国繁 妻 傅氏 生一子 振欧

十一世

振亚 妻 杨氏 生二子 长子 家骥 次子 家骏

国兴系甲系阿力斌昌后人文发之子，过续［继］乙系额夺力奇后人喜全名下为子孙，系兼承两祧，故两系俱载其名，特附记之。

---

① 据前文应为"国勋"。

二、乌扎拉（吴）氏家谱

［辽宁沈阳］吴氏家谱

世缨、世安民国二十二年（1933）纂修。手写本，谱单，一幅。右侧从上到下竖写有"吴氏家谱"字样。该谱原谱为满文谱，于民国三年（1914）译为汉文。谱载"乌扎拉氏原系伯都讷磋草沟（今吉林扶余县）锡伯人。因先世略有微功……拨归盛京（今奉天）镶红旗满洲第三佐领下"，并署"文同二年（1933）一月一日世缨、世安谨修"。内容有家谱序言（附范字）和自一世奇特讷至十二世吴氏族人世系。辽宁省沈阳市苏家屯区大淑乡北营子村吴启尧收藏。《沈阳锡伯族家谱》收录。① 此据《沈阳锡伯族家谱》整理。

家谱序言

"满清"自长白山龙兴崛起定鼎中原，我乌扎拉氏，原系伯都讷磋草沟（今吉林扶余县）锡伯人。因先世略有微功，蒙圣祖仁皇帝之殊恩，将我宗由伯移沈，即以乌扎拉译为吴姓，拨归盛京（今奉天）镶红旗满洲第三佐领下，今有余世矣。

---

① 王俊、李军编著：《沈阳锡伯族家谱》，辽宁民族出版社2015年版，第125—136页。

唯族大支繁，向无次序，分别迁移异地，难寻辈行之先后，家严有鉴及此曾于中华民国三年，仅将满文旧谱译为汉文，后因膺职洮昌道署，无暇私务，乃命缨等续修，按户分送。谨拟三十字，由家严之"永"字起，至三十"廉"字止，以备按谱叙宗，照字相传，庶几有所遵循，倘日后年远，宗族之中有志于此者，真行续修，则我繁盛宗族有光荣焉。

谨将宗谱三十字列左：

　　永世尧作贤　克明俊德廉
　　宪章文武纪　良恭俭让延
　　仁义礼智信　昌顺宝和谦

说明：
以上三十字有红道者规定在上，无径［红］道在下，以免分歧。

文同二年一月一日世缨世安谱［谨］修

家谱宗支

一世

奇特讷　生四子　长子　巴达克图　次子　沙代　三子　巴达厄　四子　都洛那

二世

巴达克图　生四子　长子　恩科　次子　恩厄得　三子　奇那力图　四子　那束达

沙代　生二子　长子　阿力沙拉　次子　班吉

巴达厄　生二子　长子　喀木克　次子　阿力品

都洛那　生三子　长子　□□□　次子　卓强贵　三子　罗多

三世

恩科　生二子　长子　得尔得科　次子　纳木图

恩厄得　生二子　长子　伯尔霍　次子　沙律

奇那力图　生二子　长子　扎拉马　次子　桑各

那束达　生一子　兴棍

阿力沙拉　生一子　倭巴什

班吉　生一子　扎什太

喀木克　生二子　长子　乌吉莫　次子　乌成厄

阿力品　生一子　绰保

□□□　生二子　长子　文查　次子　乌音图

卓强贵　生二子　长子　都奇　次子　果奇

四世

得尔得科　生七子　长子　音扎那　次子　客吉咯里　三子　罗多　四子　唐阿里　五子　厄尔吉库　六子　阿米力库　七子　乌力其扎培

纳木图　生一子　厄尔得木

伯尔霍　生三子　长子　卜特木吉　次子　乌吉谟　三子　沙木哈图

沙律　生一子　巴力昌

兴棍　生六子　长子　厄巴什　次子　巴克什　三子　乌达库　四子　只翁吉　五子　非特贺　六子　老各

倭巴什　生一子　苏巴兰

扎什太　生一子　巴他［特］蒙库①

乌吉莫　生一子　奇木砥

绰保　生一子　奇沙那

乌音图　生一子　巴库砥

五世

罗多　生一子　葛力沙

唐阿里　生一子　顺多力吉

厄尔吉库　生三子　长子　托尼尔库　次子　马力赛　三子　蒙坡

阿米力库　生一子　伯吉

厄尔得木　生五子　长子　乌克里　次子　色伦　三子　色克　四子　厄伦太　五子　查珲

---

① 此人名在五世写作"巴特蒙库"。"巴他"满语、锡伯语意为"敌人"，故应为"巴特蒙库"。

卜特木吉 生四子 长子 乌伯德 次子 金保 三子 升保 四子 那尔保

乌吉谟 生一子 富伸布

沙木哈图 生三子 长子 根敦 次子 板砥 三子 三音厄缶图

巴力昌 生一子 阿玉什

厄巴什 生一子 根得力库

巴克什 生一子 三音保

乌达库 生一子 朱什

只翁吉 生一子 吉苏兰

非特贺 生一子 各束勒

老各 生一子 打拉发

苏巴兰 生二子 长子 吉苏兰 次子 厄色闷都

巴特蒙库 生二子 长子 三查哈 次子 阿昌阿

奇木砥 生一子 阿卜拉克奇

<h2 style="text-align:center">六世</h2>

顺多力吉 生一子 依拉底

托尼尔库 生一子 五十七

马力赛 生一子 乌德

乌克里 生一子 孙扎太

色克 生一子 朱朗太

厄伦太 生一子 阿尔哈吉

乌伯德 生一子 色克图

金保 生一子 六十八

升保 生二子 长子 巴宁阿 次子 六十九

那尔保 生一子 恩特合莫

富伸布 生一子 那木札

根敦 生二子 长子 巴沙勤尔图 次子 艾辛保

板砥 生一子 巴里太

三音厄缶图 生一子 付保

根得力库　生三子　长子　占丹　次子　厄尔登保　三子　京善

三音保　生一子　明保

各束勒　生一子　德明

吉苏兰　生一子　乌林太

厄色闷都　生一子　丁住

三查哈　生二子　长子　明［胡］图里① 次子　依兰保

阿昌阿　生一子　乌林保

七世

依拉底　生一子　索住

五十七　生一子　海太

乌德　生一子　海寿

色克图　生四子　长子　巴尔珠鲁　次子　白沙那　三子　巴唐阿　四子　常住

巴宁阿　生三子　长子　得禄　次子　得福　三子　七十四

六十九　生一子　木克敦讷

恩特合莫　生一子　太平

那木札　生一子　阔凌阿

艾辛保　生一子　永付

付保　生一子　果兴阿

厄尔登保　生一子　常升

京善　生二子　长子　庆福　次子　卡力其海

明保　生一子　常胜保

德明　生三子　长子　全禄　次子　音吉那　三子　全福

乌林太　生一子　富昌阿

丁住　生一子　福珠鲁

胡图里　生三子　长子　法丰阿　次子　乌章阿　三子　永成

---

① 此人名在七世为"胡图里"。"胡图里"锡伯语为"福、幸福"之意，故应为"胡图里"。

依兰保 生一子 永福

乌林保 生三子 长子 吉朗阿 次子 海昌阿 三子 海成阿

八世

海太 生一子 吉安

海寿 生一子 得安

巴尔珠鲁 生二子 长子 德力布 次子 只福

白沙那 生一子 太福

巴唐阿 生三子 长子 扎坤珠 次子 纯玺 三子 庆春

常住 生二子 长子 庆升 次子 庆玺

得禄 生二子 长子 海贵 次子 海成

得福 生一子 海保

太平 生二子 长子 祥庆 次子 祥吉

阔凌阿 生三子 长子 果尔敏 次子 吉尔敏 三子 扎尔敏

永付 生一子 乌章阿

果兴阿 生三子 长子 兴德 次子 兴春 三子 兴吉

常升 生一子 海其洛

庆福 生一子 德昌

卡力其海 生一子 锡凌阿

常胜保 生一子 汤武涉

全禄 生二子 长子 倭升厄 次子 承明

音吉那 生二子 长子 保庆 次子 承庆

全福 生二子 长子 承会 次子 承林

福珠鲁 生一子 永兴阿

法丰阿 生一子 会卿

乌章阿 生一子 会林

九世

吉安 生一子 恒兴

得安 生二子 长子 恒通 次子 恒吉

德力布　生一子　兴亮

只福　生一子　景文

太福　生一子　富凌阿

扎坤珠　生三子　长子　宝昌　次子　福禄堪　三子　广德

纯玺　生一子　富勒恒额

庆春　生一子　景惠

庆升　生一子　达明阿

庆玺　生二子　长子　志学　次子　志廉

海成　生二子　长子　保太　次子　睿哲

祥庆　生一子　扎伦太

吉尔敏　生一子　明善

扎尔敏　生一子　明凯

乌章阿　生一子　富伦布

兴春　生二子　长子　锡拉莫　次子　锡拉丹

兴吉　生一子　依明阿

海其洛　生二子　长子　恩吉　次子　恩禄

德昌　生一子　恩顺

锡凌阿　生一子　恩欢

倭升厄　生二子　长子　只成　次子　只奎

承明　生一子　只启

保庆　生一子　恒贵

承庆　生二子　长子　恒昌　次子　恒德

承会　生三子　长子　文凯　次子　文升　三子　英凯

承林　生二子　长子　常福　次子　常太

会卿　生二子　长子　伯明　次子　伯学

会林　生二子　长子　连做　次子　连珍

十世

恒兴　生一子　秉俊

恒通　生四子　长子　秉铎　次子　秉钧　三子　秉钰　四子　秉钦

恒吉　生三子　长子　秉祺　次子　秉善　三子　秉有

兴亮　生一子　永春

景文　生一子　永斌

富凌阿　生一子　永裕

宝昌　生三子　长子　永芳　次子　永恩　三子　永清

福禄堪　生四子　长子　永太　次子　永凯　三子　永平　四子　永来

广德　生二子　长子　永溥　次子　永才

富勒恒额　生一子　永振

景惠　生三子　长子　永山　次子　永纯　三子　永海

达明阿　生二子　长子　永茂　次子　永胜

志学　生一子　永祺

志廉　生一子　永泉

保太　生二子　长子　魁恩　次子　魁琛

睿哲　生三子　长子　魁斌　次子　魁普　三子　魁麟

扎伦太　生三子　长子　文会　次子　文元　三子　文全

明善　生二子　长子　文斗　次子　文治

明凯　生三子　长子　文科　次子　文仲　三子　文举

富伦布　生二子　长子　文林　次子　文玉

锡拉丹　生二子　长子　文忠　次子　文富

恩顺　生三子　长子　连喜　次子　连福　三子　连升

恩欢　生三子　长子　富纯　次子　永言　三子　富海

只成　生一子　春溥

只奎　生三子　长子　春霖　次子　春芳　三子　春和

只启　生一子　春山

恒贵　生一子　融春

恒昌　生三子　长子　景春　次子　连春　三子　喜春

恒德　生一子　玉春

文凯　生一子　延祺

文升　生二子　长子　延访　次子　延斌

常福　生三子　长子　富春　次子　贵春　三子　有春

十一世

秉俊　生一子　福林

秉铎　生二子　长子　福田　次子　福祥

秉钧　生二子　长子　福恩　次子　福庆

秉钰　生一子　福祯

秉祺　生一子　福东

永春　生五子　长子　世升　次子　世林　三子　世恩　四子　世祥　五子　世勋

永斌　生四子　长子　世哲　次子　世恒　三子　世泉　四子　世铎

永裕　生一子　世俊

永芳　生一子　世荣

永清　生二子　长子　世昆　次子　世福

永太　生四子　长子　世麟　次子　世祯　三子　世玺　四子　世琏

永平　生二子　长子　世铭　次子　世勋

永溥　生一子　世江

永才　生一子　世民

永振　生二子　长子　世缨　次子　世安

永纯　生四子　长子　世璞　次子　世藩　三子　世仲　四子　世润

永茂　生三子　长子　世文　次子　世奎　三子　世臣

永胜　生三子　长子　世保　次子　是［世］昌①　三子　世绵

魁恩　生四子　长子　御风　次子　御德　三子　御硕　四子　御印

魁琛　生三子　长子　御震　次子　御铎　三子　御崑

魁普　生二子　长子　御阁　次子　御伦

---

① 据后文十二世写作"世昌",故应为"世昌"。

魁麟　生二子　长子　御瀛　次子　御寰
文会　生二子　长子　荣谦　次子　荣贵
文全　生二子　长子　荣德　次子　荣显
文仲　生一子　张佳
文林　生一子　英桂
文玉　生二子　长子　英才　次子　英斌
文富　生一子　世琪
连喜　生二子　长子　贵宜　次子　贵春
富纯　生一子　世泉
永言　生二子　长子　世杰　次子　世庆
春霖　生三子　长子　宝安　次子　宝田　三子　宝山
春芳　生二子　长子　宝铎　次子　宝鑫
春和　生五子　长子　宝昆　次子　宝仑　三子　宝崎　四子　宝峰　五子　宝岩
春山　生一子　宝祥
融春　生一子　松荫
景春　生二子　长子　富纯　次子　贵纯
连春　生一子　玉荫
喜春　生一子　福荫
玉春　生一子　木奎
延祺　生一子　述周
延斌　生二子　长子　述贤　次子　述春
富春　生二子　长子　世华　次子　世玢

十二世

福田　生二子　长子　成文　次子　成信
福祥　生一子　成武
福庆　生一子　成斌
世升　生二子　长子　常绪　次子　常山
世恩　生三子　长子　常庆　次子　常佳　三子　常喜

世荣　生三子　长子　锡尧　次子　仲尧　三子　见尧
世祯　生一子　启尧
世勋　生一子　俊尧
世缨　生二子　长子　天尧　次子　宗尧
世安　生四子　长子　御尧　次子　次尧　三子　光尧　四子　成尧
世文　生一子　正尧
世奎　生二子　长子　善尧　次子　作尧
世臣　生四子　长子　学尧　次子　庆尧　三子　景尧　四子　顺尧
世保　生一子　钦尧
世昌　生二子　长子　佩尧　次子　殿尧
世绵　生四子　长子　述尧　次子　师尧　三子　绪尧　四子　揖尧
御阁　生三子　长子　志尧　次子　盛尧　三子　崇尧
御伦　生二子　长子　明尧　次子　光尧
荣谦　生四子　长子　仰尧　次子　振尧　三子　向尧　四子　继尧
荣贵　生三子　长子　孟尧　次子　羡尧　三子　显尧
荣德　生一子　迺尧
英才　生一子　维柱
宝安　生一子　秉尧
宝山　生二子　长子　赞尧　次子　敬尧
松荫　生一子　宗升
述贤　生一子　雪琴

十三世

（从略见上）

［辽宁沈阳］乌扎拉氏宗谱

该谱与前《吴氏家谱》（辽宁沈阳）应为同宗支谱。庆吉纂修。1935年手写本，谱单，一幅。始祖无载，序言后署"伪康德二年三月吉日，庆吉谨书"字样。内容有序言和世系，序言载范字二十字。辽宁省沈阳市苏家屯区大淑堡乡北营子村吴振英收藏。《沈阳锡伯族家谱》收录。① 此据《沈阳锡伯族家谱》整理。

序言

我乌扎拉氏，原系伯都讷磋草沟锡伯人也（今吉林扶余县）。"满清"建国之初，我先人略有军功，国亡随军南迁于沈阳，即以乌扎拉氏译为吴姓，拨归盛京（今奉天省）镶黄旗满洲第四佐领下充差。先以来沈之初，防居城西哈达堡子等处，计有数世。后于乾隆十一年，迁于城西南北营子村，迄今二百余年。原有宗族谱册，因光绪三十年，日俄战争，人民逃避一空，村中鸡瓦无存，以致房屋谱册同为灰烬，良可慨耶！今存草单一纸，虽不甚详名讳，辈行历历可考。惟第四世依喜布、五世音珠、佛珠三世，不知确系某先人之嗣，遍询族中尊长，亦无知音深以为憾。遂特书谱数份，分与族中各户，虽然不甚完美，究胜于无。望我族人，有志于此者，继我而修焉。

并拟族名二十字以资遵循。凡我族人，庶可考焉。谨书于后：

庆振欲良海　春宏国泰成
兴家文尚永　天世崇德明

伪康德二年三月　吉日

庆吉　谨书

宗支

一世

世祖 生二子 长子 噶边达生 次子 出库

---

① 王俊、李军编著：《沈阳锡伯族家谱》，辽宁民族出版社2015年版，第168—169页。

二世

噶边达生

出库

（下略）

[辽宁沈阳] 吴姓世代宗谱

该谱与前《吴氏家谱》（辽宁沈阳）应为同宗支谱，初修于嘉庆十八年（1813），光绪三十四年（1908）恩奎续修。手写本，谱单，一幅。始祖穆禄，谱序记载"康熙三十八年，拨往盛京省城当差，归入镶红旗满洲第三佐领下，后居此处锡伯屯住"，谱序后有"光绪三十四年正月二十六吉日重新敬立，恩奎跪书"字样。内容有谱序和始祖穆禄以下家族世系。辽宁省沈阳市苏家屯大淑堡乡南营子村吴铁石收藏。《沈阳锡伯族家谱》收录。① 此据《沈阳锡伯族家谱》整理。

谱序

原籍伯都讷城属界磋草沟驻防，于康熙三十八年（1699）间，拨往盛京省城当差，归入镶红旗满洲第三佐领下，后居此处锡伯屯住。

此谱前经老辈，于嘉庆十八年（1813）敬立后，因年深谱旧，八口辈行未增添，将一祖之后，同增新谱。

光绪三十四年正月二十六吉日

重新敬立

恩奎跪书

---

① 王俊、李军编著：《沈阳锡伯族家谱》，辽宁民族出版社2015年版，第170页。

宗支

始祖

穆禄

二世

伯格勒

三世

佳辉

色贺尔泰

（下略）

[辽宁凤城] 蓝旗乡蓝旗村吴扎拉氏家谱

纂修人、纂修年份不详，版本不详。内容有始祖吾力木几以下共十代吴氏族人世系。谱载吴姓隶正蓝旗，"自新疆迁移关东盛京，编为八大旗，吾祖先充当正蓝旗，标志是锡伯族，吴姓吾力，第一辈祖先吾力木几"。此据辽宁省大连市那启明《辽宁锡伯族百年实录》（待刊）整理。据那启明先生考证，"吴姓吾力"即"吴扎拉"，家谱中记载"自新疆迁移关东盛京"有误。现收藏于辽宁省凤城市蓝旗乡蓝旗村吴氏族人处。

家谱宗支

一世

吾力木几 子 吾力卧根

二世

吾力卧根 生三子 长子 □□□□ 次子 □□□□ 三子 吾力托斌太

三世

吾力托斌太 子 吾力德克布

四世

吾力德克布 生二子 长子 双林 次子 双柱

五世

双林（后街老房子）生四子 长子 吴秉仁 次子 吴秉义 三子 吴秉礼 四子 吴秉智

双柱（前街新房子）

六世

吴秉智 生四子 长子 吴鼎恭 次子 吴鼎× 三子 吴鼎瑚 四子 吴鼎琏

七世

吴鼎恭 子 吴凤岐（过继）

吴鼎× 生一子 吴凤义

吴鼎瑚 子 吴凤礼（过继）

吴鼎琏 生三子 长子 吴凤鸣 次子 吴凤礼 三子 吴凤岐

八世

吴凤岐 生一子 吴景玉

吴凤义 生一子 吴景林

吴凤礼 生三子 长子 吴景祥 次子 吴景太 三子 吴景奎

吴凤鸣 生五子 长子 吴景山 次子 吴景法 三子 吴景昌 四子 吴景云 五子 吴景和

九世

吴景玉 生三子 长子 吴德元 次子 吴德宽 三子 吴德贵

吴景林 生一子 吴德龙

吴景祥 生五子 长子 吴德章 次子 吴德璞 三子 吴德珍 四子 吴德田 五子 吴德瑄

吴景太 生二子 长子 吴德昌 次子 吴德丰

吴景奎 生三子 长子 吴晓晨 次子 吴伟 三子 吴迪

吴景山 生三子 长子 吴德福 次子 吴德禄 三子 吴德祯

吴景法 生二子 长子 吴德成 次子 吴德春

吴景昌 生四子 长子 吴德全 次子 吴德方 三子 吴德顺 四子 吴德馨

十世
（从略见上）

[辽宁瓦房店]（吴氏）三代书谱

纂修人、纂修年份不详。手抄本，谱书，一册。封面上写有《三代书谱》锡伯，谱右侧记有"康熙三十六年拨复州……"字样。据保存人讲述，原有诰封两份，均遗失。始祖托克托那。内容有一世祖托克托那以下吴氏家族九代世系。辽宁省瓦房店市驼山乡毛岚村吴兆安收藏。此据吴兆安提供家谱资料整理。

家谱宗支

一世

托克托那（兵）子 武隆武

二世

武隆武（领催）子 二达色

三世

二达色（领催）子 仁查

四世

仁查（兵）子 何楞额

五世

何楞额（闲散，诰封）妻 高氏（诰封）子 所托巴

六世

所托巴（兵，诰封）妻 关氏（诰封）、关氏（继，诰封）生五子

长子 安业　次子 安奎　三子 安机　四子 安庆　五子 安泰

七世

安业（闲散）

安奎（领催）妻 关氏　生一子 承绪

安机（闲散）妻 关氏　生一子 承贤

安庆（又名吴瑞，闲散）妻 伊氏

安泰（领催、诰封）妻 高氏、朱氏（诰封）生一子 承继

八世

承绪　生一子 树德

承继（候补笔帖式）生二子 长子 树仁（闲散）次子 会升

九世

（从略见上）

[黑龙江哈尔滨] 吴扎拉氏家谱

吴德东1998年纂修。手写本，谱书，一册。谱末附谱单一份。始祖吴扎拉增，原居"南满金洲普兰店附近，村名土城子……高祖父，名讳四十六，生我曾祖父六人"，嘉庆十七年（1812），高祖命次子"沙京阿率两兄弟来东北（双城）"，"分配住厢兰旗头屯丁户，满清政府发给房基地，一名土地三十垧"，"嘉庆二十五年（1820）老哥三个分家另住，从此各立门户自立家园，直到现在统计，不过五六辈世代"。内容有自始祖吴扎拉增以下十三代族人世系、祖居与搬迁、范字等。黑龙江省哈尔滨市吴振滔、吴振生、吴雅丽等收藏。此据吴雅丽提供家谱资料整理。

民族传统　家史根源

（略）

民族传统　家族根源

（略）

锡伯族的文化

（略）

民族的传统与信奉

（略）

祖居与搬迁[①]

我们的祖居地是大兴安岭以北贝尔湖附近，依靠捕鱼狩猎为生，后清政府移民迁到海拉尔扎兰陀河一带。康熙年间迁移到嫩江平原，即进入辽沈金州管辖的普兰店土城子定居，开始务农。随着时间的推移，满人迁去的越来越多，因锡伯人和满族语言文字基本一样，在康熙卅一年（1692）被编入八旗作为南满。后来人来得过多，造成人多地少，清政府在嘉庆十七年（1812）下令部分迁民。当时高祖父名叫四十六是家长，他有六子，令其次子沙京阿，三子吴玉亮和六子吴全永哥仨，由沙京阿率领去黑龙江省。当时交通极不方便，就是肩挑背扛男带女徒步而行，经过四十八天的艰苦跋涉，来到双城县镶蓝头屯安家落户。清政府拨给未开垦的荒地卅垧。因地离家太远不便耕种，后来就在耕地附近盖个窝棚，以后人们就把这个窝棚叫称吴家窝棚，也是这个窝棚屯名的来由。

在嘉庆二十五年（1820）哥仨分家另立门户，树大分枝延续至今这一枝脉。水有源树有根，生生不忘先祖人，树大分枝辈辈相传。由于

[①] 该原文存在较多错字、别字，语意表述不规范之处，无法一一标注，此为编者遵循原文校对整理稿。

社会变迁人员流动，如今已分散全国各地。辈序排列十分重要，尤其是男婚女嫁更要慎重，免于血统混乱民族退化等弊端出现。首先要描清民族吴姓辈字。我们这枝脉只是十几枝脉中的一枝，而且是十个字的排序，与金州老家那些枝脉排序可能还有不同。从家谱来看，祖先对辈字排序传世代后思虑欠远，有叫两个字、三个字的，还有叫数字的。当时一个大家庭，彼此之间都能找到辈分称呼，却没有想到树大分枝以后的发展，以这样方式传下去，久而久之势必要在社会变迁人员流动情况下乱了。

我们十个字的辈序排列现在已排到末字"邦"字了，这还是一九三九年从金州老家来双城的万和老人和这里几位老人，把两地辈序字情况沟通后确定的。这十个字的排序是："武、士、全、广（永）、常，庆（守）、德、振、家、邦"。

注明：

1. 我们锡伯人与汉族人杂居，汉人把锡伯人叫白了说成西北人，又误称西北达子。其实西北达子是宋朝人（汉人）指蒙古族和达斡族①人送的绰号叫达子，因为他们生活习惯是穿的皮革衣，吃的是半生不熟的肉类，性情暴烈粗野好战，也称他们为蒙古达子。

2. 家谱中的排序号码（略）

此家谱是经过查证后整理的，但也有遗漏和不实之处。由于存在不便查询的困难，只能待以后沟通接续或纠正。

整理前的家谱重点择抄，疑误之处查征资料附于后。

建议：应设立两本家谱（正、副本），正本是人生简历、照片，副本是家谱脉系。

整理

一九九八年十二月

---

① 应为"达斡尔族"。

原家谱祖居与搬迁①

满族故居是现在的大西北，塔尔巴哈台额里末河岸阿尔泰山附近，我们的祖先出生地是锡尔河畔左翼，东接贝加尔湖西岸有剌亦部，西南有斡亦剌部，西南伊犁河流域有哈剌鲁部。我们满族人当时的领袖乃满王太阳罕被蒙古族铁木真成吉思汗战死，西北各部落被成吉思汗统一了，太阳罕儿子屈出律逃跑到西辽。此后，西辽国余众满族和其他民族被成吉思汗东迁吉林扶余县西北勃乡诺（可能是现在的郭尔罗斯后旗）住了几百年。元明两代我们祖先都没有动迁，只是在清政府由奉天（沈阳）迁到北京时，我们祖先由吉林省扶余勃乡诺迁到辽东金州地区普兰店土城子居住。一百年后，因辽东满族人迁去的人过多改名为南满。未迁到此之前是以狩猎为生，到金州后开始务农。居住到嘉庆十七年（1812），清政府下令移民，当时家长叫四十六的令其沙京阿、吴玉亮和吴全永哥仨迁到黑龙江省双城县全上呈头屯。

抄这份家谱可能是庆昌三叔小时候听曾祖母口述的，在五十年代回忆整理的。我看后发现疑误处较多，有的是根本性的错误，这个口述是没有根据的，不能这样糊涂地传下去，疑误处应纠正。

错误疑处列举如下：

1. 满族故居是现在的大西北，经查地图阿尔泰山是新疆东北与蒙古交界的山脉，伊犁河流域是新疆的西部，贝加尔湖是蒙古国北部，其他什么台什么部均未查到，只是在伊犁河流域查到察布查尔地区是锡伯自治县，这部分锡伯族人是清嘉庆②二十九年（1764）由辽沈迁去驻防的。

2. 成吉思汗西征大西北时，把满族统领战死，其儿屈出律逃跑到辽西，继而又迁到吉林省扶余县。那么说我们祖先是屈出律还是随从人员，那位没有记载。此疑尚未查到资料，只能搁置待查。

---

① 该原文存在较多错字、别字，语意表述不规范之处，无法一一标注，此为编者遵循原文校对整理稿。

② 应为"乾隆"。

3. 从辽西迁到吉林省扶余县勃乡诺住了几百年,元明两代未动迁,只是清政府迁都北京时才从吉林扶余迁到辽东金州地区的,成吉思汗就是元朝,口述有误。清政府从奉天(沈阳)迁到北京时,我们先祖从吉林扶余迁到辽东未查到资料。对上述祖居地疑误处进行查证分析:

(1) 据"满语研究"创刊一书中记载的史料《山海经·大荒北经》记载:"大荒北之中,有山曰不咸,有肃慎之国。"所谓肃慎之国,即满族古老的名称。早在4000年,肃慎人就生活在我国牡丹江流域和宁安一带。

(2) 黑龙江省满族地名翻译一文,用满族语的地名占全省地名四分之三地区,由此可以证明黑龙江省是满族的故居。

(3) 沈阳故宫博物馆锡伯族家庙碑文所记载:锡伯族故居大兴安岭以北①。

(4) 锡伯族原居大兴安岭以北什么地方未查到史料。我在小时候听老人说我们是西北人,长大后才知道是锡伯人,住在什么尔湖附近。经查地图在大兴安岭以北有个贝尔湖,在贝尔湖附近发现几个尔虎的地名,与元祖父给两个儿起的名字有关。地名是新巴尔虎左旗、新巴尔虎右旗、还有陈巴尔虎旗,元祖父长子叫乌牙尔虎带,次子叫乌沙尔虎带,这不能看出元祖父给儿起"尔虎"这个名起的可能和当时居住地有关,挂上地名作为留念。此地经几方面会集认为该地区是元祖居住地。

(5) 我家藏有一张迁民照,是康熙二十四年(1685),按时间推算那是从黑龙江迁到了辽沈地区金州普兰店土城子安家耕地那份证照(在一九七三年送交黑龙江省博物馆)。

家谱整理人吴德东手书②

振生、振国:

我上次去将家谱拿回,本想抄写几份以传后代。但翻阅后发现有疑

---

① 锡伯家庙碑文中记载:"青史世传之锡伯部,原居(海拉尔)东南扎拉托罗海流域……"
② 该原文存在较多错字、别字,语意表述不规范之处,无法一一标注,此为编者遵循原文校对整理稿。

误，对错误的进行查证予以纠正。对疑处家谱中无记载，特别是成吉思汗西征时，将满族领袖太阳罕乃满王战死，其儿屈出律逃到了辽西，又随满族余众被迁到吉林省扶余县，这段家史就不清楚了。我们是屈出律的后代还是他的随行人员，家史未记载，也不能去到"清朝密室档案"查，只能搁置。从家谱传代看，传到四、五代时，枝脉十四五枝，到了六代只是我们一个枝脉的延续至今，其他枝脉大部分在金州老家，五十年后就失去联系了。上述是有脉寻无家，从整理家谱枝脉排列中，据我知道的，我叫七大爷的吴永寿其儿吴常杰，还有在双城吴常德，再有我小时候叫球的吴守范，解放前搬去了，这些都是有家无寻脉的。是三叔整理家谱时给遗漏了，还是家史有问题有意漏掉，这些只能我看原始家谱予以补充。

再有家谱宗的排序已到末尾，并委托于我重新考虑排序一事。我认为这是件大事，应该慎重的对待。这仅是我们一个枝脉的延续，其他枝脉已失去联系多年，又不知他们是怎样的宗序排列。怎样去联系，谁去，只能靠平时交往相见，那是太难了，老人也不多了，年青人有的对此事漠不关心，都在为个人家操劳。就这样年复一年的过去，始终无人去做。年老的多为体弱多病，不能去跑此事，青年人多数对此漠不关心，都在为自己的家庭操劳，即使对此事有兴趣，家务又脱不开身。在这种情况下，我先起草供大家考虑是否妥当，大家提出意见并签字，是否暂行。当与其他枝脉联系，有统一规定的排序为准。

起草原则是按原十个字的体系上下呼应的字意顺序进行考虑的。下面将以前所排序的字和新排的字排列如下：

原十个字：武、士、全、广、常，庆、德、振、家、邦。

现十个字：文、官、双、才、智，国、富、民、安、祥。

此前所排的辈字序是按当时的社会背景，开头是以武力镇邪恶，保护家族安全不受外来伤害，过着喜庆自得的大家族生活。现在有安宁和平家园，兴家建业时期用文化科技智慧发展事业，国富民足过着祥和生活。

此事应广而告之,最好让本族都抄一份,对新排这十个字和这样做法提出意见签字。

整理后的家谱给你们两本,振生振国各一本,宗脉排序两个人可复印。

叔　吴德东

吴氏门中三代宗亲之位

元始祖

吴札拉增①　妻　××氏　生二子　长子　吴牙尔虎带　次子　吴沙尔虎带

二世祖

吴牙尔虎带　妻　××氏　生七子　长子　吴白衣里　次子　活托四格　三子　阿都起　四子　约托三太　五子　吴约托　六子　约米达　七子　约米卡

吴沙尔虎带　妻　×氏　没生子

三世祖

吴白衣里（长枝）　妻　赵氏　生二子　长子　吴陆格　次子　吴塔格

活托四格　妻　×氏　生三子　长子　二达力　次子　吴阳阿　三子　吴京阿

阿都起　妻　×氏　生二子　长子　吴活科　次子　阿拉尔虎

约托三太　妻　×氏　生三子　长子　札捆术　次子　吴诺钦　三子　吴钦宝

吴约托　妻　×氏　生一子　陆四海

约米达　妻　×氏　生一子　德格布

约米卡　生三子　长子　阿足太　次子　吴阿兰　三子　他尔你

四世祖

吴陆格　妻　赵氏　生一子　卓洛罕太

吴塔格　妻　赵氏　没生子

---

① 此谱人名字前冠以姓氏为据原谱录入。根据锡伯人习俗,旧时锡伯人名前是不带姓氏的,民国以后,尤其是中华人民共和国成立后,才开始姓名连用。

五世祖

卓洛罕太 妻 赵氏 生一子 图布坎那

六世祖

图布坎那 妻 赵氏 生三子 长子 四十五 次子 四十六 三子 衣昌阿

七世祖

四十五 妻 赵氏 没生子

四十六 妻 赵氏 生六子 长子 衣起布 次子 沙京阿 三子 吴玉亮 四子 吴全永 五子 吴全财 六子 出继外姓

八世祖

衣起布 妻 胡氏 生一子 广海

沙京阿 妻 关氏 生三子 长子 广山 次子 广湖 三子 广德

吴玉亮 妻 雷氏 生一子 广悦

吴全永 妻 赵氏 生二子 长子 广太 次子 广福

吴全财［才］ 妻 赵氏、付氏 生四子 名不详（现住金县普兰店）

盛旺① 妻 雷氏、叶氏 没生子

九世祖

吴广山 妻 刘氏、关氏 生四子 长子 常荣 次子 常胜 三子 常魁［奎］② 四子 常玉

吴广湖 妻 赵氏 生一子 常庆

吴广德 妻 郑氏 继子 常玉

吴广悦 妻 何氏 生二子 长子 常春 次子 常义

吴广太 妻 施氏 继子 常林

吴广福 妻 徐氏 生三字 长子 常山 次子 常林（继出③） 三子 常河

十世祖

吴常山 妻 周氏、刘氏 继子

---

① 原谱字迹不清，此为编者校。
② 据后文应为"常奎"。
③ 应为"出继"，过继之意，下同。

吴常胜 继子

吴常奎 妻 王氏 生二子 长子 庆春 次子 庆祥（继出）

吴常玉 妻 胡氏 没生子

吴常庆 妻 金氏 继子 守先

吴常春 妻 关氏 生二子 长子 守深 次子 守成

吴常义 妻 袁氏、马氏 生三子 长子 守先（继出）次子 庆先（没生子）三子 庆云（早死）

吴常河 妻 周氏 生四子 长子 庆昌 次子 庆增 三子 庆升 四子（不详）

吴常林 妻 郭氏 生五子 长子 庆恩 次子 庆贵 三子 庆寿 四子（不详）五子（不详）

十一世祖

吴庆春（继子）妻 付氏、李氏 没生子

吴守先 妻 何氏 生二子（不详）

吴守深 妻 潘氏 没生子

吴守成 妻 金氏、范氏 生四子（不详）

吴庆祥 妻 刘氏 生五子 长子 德福 次子 德禄 三子 德双 四子 德昌 五子××

吴庆增 生一子（不详）

吴庆升 生三子（不详）

吴庆昌 妻 王氏 生一子 吴德会［慧］①

吴庆恩 妻 唐氏 生三子 长子 德正 次子 德纯 三子（不详）

吴庆寿 妻 张氏 生一子（不详）

吴庆祥 妻 刘氏 生五子（不详）

吴庆贵 妻 郭氏 生一子（不详）

---

① 据后文应为"吴德慧"。

十二世

吴德正 妻 唐玉清 生四子（不详）

吴德纯（叔父）生二子（不详）

吴德双（叔父）妻 唐氏 生四子（不详）

吴德福 妻 刘氏 生二子（不详）

吴德慧 生二子（不详）

吴德禄 妻 万氏 生二子（不详）

十三世

（名讳不详，从略）

直系谱

高祖

吴广太 妻 施氏

曾祖

吴常林 妻 郭氏

祖

吴庆恩 妻 唐氏

父亲

吴德正

1998年整理谱系

元世

吴札拉增 妻 ××氏 生二子 长子 乌雅尔虎带 次子 乌沙尔虎带

二世

乌雅尔虎带 妻 ××氏 生七子 长子 乌伯衣里 次子 活托四格 三子 阿都起 四子 约托三太 五子 乌约托 六子 约米达 七子 约米卡

乌沙尔虎带 妻 ××氏 无子

三世

乌伯衣里 妻 赵氏 生二子 长子 吴陆格 次子 吴塔格

活托四格 妻 ×氏 生三子 长子 三达力 次子 吴阳阿 三子 吴京阿

阿都起 妻 ×氏 生二子 长子 吴活科 次子 阿拉尔虎

约托三太 妻 ×氏 生三子 长子 札捆术 次子 吴诺钦 三子 吴钦宝

乌约托 妻 ×氏 生一子 陆四海

约米达 妻 ×氏 生一子 德格布

约米卡 生三子 长子 阿足太 次子 吴阿兰 三子 他尔你

四世

吴陆格 妻 赵氏 生一子 卓洛罕太

吴塔格 妻 赵氏 无子

吴阳阿 生一子 图生阿

阿拉尔虎 生三子 长子 巴尔那 次子 巴尔牙卢 三子 四小儿

吴钦宝 生一子 胖得

陆四海 生一子 伯寿

德格布 生二子 长子 牙哈乃 次子 三达兰

他尔你 生二子 长子 那尔太 次子 吴尔兴阿

五世

卓洛罕太 妻 赵氏 生一子 图布坎那

四小儿 生二子 长子 德柱 次子 木唐阿

胖得 生三子 长子 吴林 次子 吴太 三子 吴兰

三达兰 生一子 吐紧阿

六世

图布坎那 妻 赵氏 生三子 长子 四十五 次子 四十六 三子 衣昌阿

德柱 木唐阿 吴林 吴太 吴兰 吐紧阿

七世

四十五 妻 赵氏 无子

四十六 妻 赵氏 生六子 长子 依起布 次子 沙京阿 三子 吴玉亮 四

子（继出） 五子 吴全财 六子 吴全永

衣昌阿 妻 ×氏

八世

依起布 妻 胡氏 生一子 广海

沙京阿 妻 关氏 生三子 长子 广山 次子 广湖 三子 广德

吴玉亮 妻 雷氏 生二子 长子 广悦 次子 ×× 出继

吴全财 妻 赵氏、付氏 生四子 在金州老家

吴全永 妻 赵氏 生二子 长子 广太 次子 广福

九世

吴广海 妻 关氏 生二子（不详）

吴广山 妻 刘氏、关氏 生四子 长子 常荣 次子 常胜 三子 常奎 四子 常玉

吴广湖 妻 赵氏 生一子 常庆

吴广德 妻 郑氏 继子 常玉

吴广悦 妻 何氏 生二子 长子 常春 次子 常义

吴广太 妻 施氏 继子 常林

吴广福 妻 徐氏 生三字 长子 常山 次子 常林 三子 常河

十世

吴常荣 妻 胡氏 无子

吴常胜 妻 ×氏（子继出）

吴常奎 妻 王氏 生二子 长子 庆春 次子 庆祥

吴常玉 妻 胡氏 无子

吴常庆 妻 金氏 继子 守先

吴常春 妻 关氏 生二子 长子 守深 次子 守成

吴常义 妻 袁氏、马氏 生三子 长子 守先 次子 庆先 三子 庆云

吴常山 妻 周氏、刘氏 无子

吴常林 妻 郭氏 生五子 长子 庆恩 次子 庆贵 三子 庆寿 四子 庆花 五子 庆久

吴常河 妻 周氏 生四子 长子 庆昌 次子 庆增 三子 庆升 四子 庆×

十一世

吴庆春 妻 付氏、李氏 无子

吴庆祥 妻 刘氏 生五子 长子 德福 次子 德禄 三子 德双 四子 德昌 五子（不详）

吴守深 妻 潘氏 无子

吴守成 妻 金氏、范氏 生四子 长子（不详）次子（不详）三子 德林 四子（不详）

吴守先 妻 何氏 生二子 长子 德芳 次子 闫玉荣

吴庆恩 妻 唐氏 生三子 长子 德政 次子 德纯 三子 ××

吴庆贵 妻 郭氏 生一子（不详）

吴庆寿 妻 张氏

吴庆昌 妻 王氏 生一子 德慧

吴庆增 妻 何氏 生一子（不详）

吴庆升 生三子（不详）

十二世

吴德福 妻 刘氏 生二子（不详）

吴德禄 妻 万氏 生二子（不详）

吴德双 妻 唐氏 生四子（不详）

吴德芳 妻 陈征娥 生五子 吴德东（其余四子不详）

吴德政 妻 唐玉清 生四子（不详）

吴德纯 生二子（不详）

吴德慧 生二子（不详）

十三世

（名讳不详，从略）

三、吴雅（吴）氏家谱

［辽宁沈阳］吴雅氏家经

纂修人不详。民国二十年（1931）农历三月二十五日纂修。手写本，一册。始祖乌尔汗。内容有家经序、家经——四传血统品、家经谱系。家经每句10字，共76句。家经谱系记载了从一始祖乌尔汗至十三世家族世系。辽宁省沈阳市沈北新区黄家锡伯族乡八家子村吴林安收藏。《沈阳锡伯族家谱》收录。① 此据《沈阳锡伯族家谱》整理。

家经序

吴雅氏锡伯人，吉林省伯都讷古村新城扶余县磋草沟人，前清编入旗人，从征回来沈阳界锡伯安乡屯，散居为民，世受皇恩。

家经——四传血统品

世祖传血统品追远慎终
终与始敍［叙］九代本来详情
始祖本锡伯人吴雅氏姓
姓流源血统关根本源清

---

① 王俊、李军编著：《沈阳锡伯族家谱》，辽宁民族出版社2015年版，第147—151页。

三、吴雅(吴)氏家谱

清始祖收锡伯伯都讷境
开辟荒占地土吴氏定名
占东北磋草沟后改名定
定现在扶余县又名新城
居偏邦锡伯人独立国定
出世来居一方终不服从
从满洲崇德帝统一国用
调锡伯人民去〔出〕去当官兵
年羹尧挂帅印征西首领
甘肃省新江地西方从征
征西方柱处夷大事平定
崇德祖又设法民姓劳龙
说锡伯众人民分散各境
万不可居一国恐后世〔事〕生
分锡伯民世散各散地领
领荒甸占勾川屯垦业兴
我始祖本锡伯国名赐姓
吴雅氏追流源由此有姓
在沈界正红旗充差当兵
八家子占荒甸各户分姓
先始祖翻蒙语由此传名
追先远原本来历代祖颂
一始祖乌尔汗祖妣姓佟
佟佳氏传太祖哈巴名诵
富氏妣生后裔接续连宗
宗三代三世祖多罗布等
等三世祖母妣瓜尔佳承
承祖德宗远氏四世名定

本世祖巴尔达祖传宗功
四祖妣安佳氏同齐钟姓
辛先祖多功德遗留后宗
五鼻祖乌色喜乡种德行
祖妣传理佳氏先祖人名
五代传宗祖谱开丕氏姓
留后裔子而孙根本原宗
宗吴氏考妣选天爵赞赠
赠九祖受封号过去先灵
敍先祖名讳表上五代颂
六七八特移刻敍［叙］说一清
作家经按次序九世祖颂
颂九代先灵超极乐高登
登坛来敍［叙］六世高祖名定
定名讳多林阿关氏妣承
承玄祖巴彦图何氏妣定
生人世名常寿充差当兵
充官差后务农一生性耿
直中取渡不求直正公平
平心地作良田阴鸷德种
娶妻来安氏妣这一枝荣
传曾祖名长寿少亡短命
配安氏宋孀居玉法冰清
生九祖梦生子名曰崇庆
配佟氏生十世恩贵题名
十恩贵配李氏十传血统
十一世玉和配葛氏妻定
玉科配佟氏女内助夫成

玉和子长定全次来全诵
玉科子长广全世全全兴
定全配李氏女来全杨姓
广全配佟氏女世全韩荆
兴全配沈氏女二枝昆仲
定全子长林启林太坤名
广全子长林发林安纯纯
两枝传子而孙自子玄曾
九世祖先考妣尊者位定
先仙母天爵品九祖高升
下七玄圣土品夫人荫赠
本世祖巴尔达四传血统

　　承先锋启后昆始［世］锡［系］家经
　　中华民国二十年旧历三月二十五日

家经谱系

一世

乌尔汗 妻 佟佳氏

二世

哈巴 妻 富氏

三世

巴罗布 妻 瓜尔佳氏

四世

巴达尔 妻 安佳氏、齐钟氏

五世

乌色喜 妻 理佳氏

六世

多林阿 妻 关氏

七世

巴彦图 妻 何氏

八世

常寿 妻 安氏

九世

崇庆 妻 佟氏

十世

恩贵 妻 李氏 生二子 长子 玉和 次子 玉科

十一世

玉和 妻 葛氏 生二子 长子 定全 次子 来全

玉科 妻 佟氏 生二子 长子 广全 次子 世全

十二世

定全 妻 李氏 生二子 长子 林启 次子 林太

广全 妻 佟氏 生二子 长子 林发 次子 林安

十三世

（从略见上）

四、那拉（那）氏家谱

［辽宁岫岩］那拉氏家谱

那景春1954年修。手抄本，谱单，不分卷。谱载那氏隶属于岫岩镶蓝旗，始祖巴三太，署1954年6月29日纂修。据那启明注："（那氏）原籍西伯人岫岩厢兰旗庆善悟锦佐领下，北坟茔在那多勤后面，祖茔有碑。老祖茔在张家店后山腰岭子（那举文祖先是巴三太弟之后裔）。"内容有自始祖巴三太以下共计八代吴氏族人世系。辽宁省大连市那启明收藏。此据那启明提供家谱资料整理。

范字由"多"字起排辈二十个字于下：
多举景润广，振兴万世祥，仁德清廉誉，英名维续长。

始祖
巴三太

一世
全德 妻 沈氏① 生四子 长子 文方 次子 文禄 三子 文奎 四子 文玉

---

① 此为编者校，原文为"沈氏全德"。

二世

文方　妻　吴氏　生一子　那宽

文禄　生二子　长子　那盛　次子　那祥

文奎　生二子　长子　那□　次子　那玉（在双城堡）

文玉　生二子　长子　那河　次子　那财（辑安县榆树林子）

三世

那宽　妻　关氏　生二子　长子　泰和　次子　泰平

那盛　生三子　长子　泰清　次子　泰羲　三子　泰远

那祥　生一子　泰厚

那□　那玉　那河　那财

四世

泰和　妻　温氏　生一子　多锡

泰平　妻　关氏　生一子　多林

泰清　生三子　长子　多贵　次子　多荣　三子　多孝

泰远　生二子　长子　多勤　次子　多俭

泰厚　生二子　长子　多仁　次子　多羲

五世

多锡　妻　关氏、付氏　生二子　长子　举贤　次子　举才

多林　妻　关氏　生二子　长子　举法　次子　举忱

多贵　生三子　长子　举仁　次子　举径　三子　举奎

多荣　多孝　多勤　多俭　多仁　多羲

六世

举贤　妻　穆氏、洪氏　生一子　景山

举才　妻　关氏　生一子　景春

举法　妻　白氏、刘氏　生二子　长子　景章　次子　景阳

举忱　妻　关氏、何氏　生三子　长子　景茼　次子　景洲　三子　景俊云

举仁　妻　汪氏、刘氏　生一子　景奎

七世

景山 生五子 长子 向茇 次子 向田 三子 向峰 四子 向国 五子 向胜

景春 妻 洪满春

景章 妻 马氏

景阳 景苘 景洲 景俊云 景奎

八世

（从略见上）

[辽宁岫岩] 叶赫那拉氏家谱

纂修人、纂修时间不详。手抄本，谱单，一幅。始祖西恩达拉，始迁祖四世乌什巴，家族从四世起，于乾隆二十九年（1764）由盛京所辖岫岩城镶蓝旗柏都牛录举家迁徙伊犁。内容有自始祖西恩达拉以下共计十世（自始迁祖七代）族人世系。辽宁省大连市那启明收藏。此据那启明提供家谱资料整理。

乾隆二十九年由盛京所辖岫岩城镶蓝旗柏都牛录举家迁徙伊犁

始祖

西恩达拉

二世祖

那沁布鲁（叶赫城主）

那林布鲁（哈达城主）

三世祖

叶尔那嘎（国丈）

四世（一代）（迁往伊犁的代数）①

乌什巴（又名乌克辛，披甲）生三子 长子 念保 次子 达洪泰 三子 色布尔

五世（二代）

念保（莫昆达，氏族长）生二子 长子 西津保 次子 巴尔嘎布

达洪泰（笔帖式）生一子 那斯胡阿

色布尔（氏族长）生四子 长子 色布哲额 次子 吴尔何额 三子 爱新布（闲散）四子 鄂勒额

六世（三代）

西津保（氏族长）生三子 长子 文克津布 次子 文克津阿 三子 文克津太

巴尔嘎布（比尔扎克图，兵）生三子 长子 伯尔克 次子 吴尔克阿 三子 文何布

那斯胡阿（领催、布什章）生三子 长子 巴沁阿 次子 达西阿 三子 巴图木布

色布哲额（色克图阿，牧畜官）生一子 达哈布

吴尔何额（兵）生一子 萨布阿

爱新布（闲散）缺嗣

鄂勒额（何尔哥额，闲散）生三子 长子 毕林太 次子 苏孙图 三子 景顺太

七世（四代）

文克津布（氏族长）生二子 长子 伊萨春 次子 诺额春（兵）

文克津阿（兵）生一子 文尔舍布

文克津太（骁骑校，又名文里阿）生二子 长子 哥布太 次子 岳安山

---

① 该谱四世（一代）以下与察布查尔锡伯自治县纳达齐牛录《叶赫那拉氏五十八家谱》（《锡伯族家谱史料选编（新疆卷）》）收录完全相同，但人名汉译用字不同。

伯尔克（闲散）生三子 长子 吴山图 次子 橹山（闲散）三子 书恩（领催）

吴尔克阿（牧畜官）生四子 长子 色本布 次子 鄂尔舍布 三子 伯克顺 四子 岳阿布

文何布（闲散）生三子 长子 鄂尔深 次子 揑车布 三子 揑陈太

巴沁阿（蓝翎侍卫，兵）生一子 伊伯登（兵）

达西阿（委官□领）生一子 吴振泰

巴图木布（兵）生二子 长子 忠信 次子 泰民

达哈布（闲散）生二子 长子 西恩太 次子 西额布

萨布阿（闲散）生二子 长子 顺春太 次子 扎鲁里

毕林太（闲散）生一子 吾齐布（兵）

苏孙图（兵）生二子 长子 西恩山 次子 鄂尔垦

景顺太 生一子 索伦太

八世（五代）

伊萨春（兵）生一子 伊萨春①（兵）

文尔舍布（闲散）生一子 挪衣根

哥布太 生一子 索春太

吴山图（兵）生三子 长子 伊克图顺（牧畜官）次子 挪衣布阿 三子 挪衣布春

色本布（防御）生二子 长子 伊克图山 次子 丰那苏

鄂尔舍布（闲散）生一子 双钱

岳阿布（领催）生一子 丰那苏

鄂尔深（兵）生一子 盛吉苏

揑车布（闲散）生一子 杜鲁阿

揑陈太（闲散）生一子 富伦太

西恩太 生一子 常连（兵）

---

① 据《叶赫那拉氏五十八家谱》，应为"巴图尔"。

顺春太 生一子 常晋（闲散）
鄂尔垦 生一子 晋钱
索伦太（闲散）生一子 特太

九世（六代）

索春太（兵）生一子 鄂尔登太
挪衣布阿（兵）生一子 那春
挪衣布春（闲散）生一子 鄂尔德春
伊克图山（牧畜官）生一子 鄂尔德苏
丰那苏（氏族长）
丰那苏（兵）生一子 萨尔山
盛吉苏（兵）生一子 图克塔山
杜鲁阿（兵）生二子 长子 萨柱图木尔 次子 萨春图
富伦太 生一子 辛福阿①
特太 生一子 玖山

十世（七代）

（从略见上）

[辽宁凤城] 凤凰城正白旗西伯（锡伯）那氏历代世系表

纂修人、纂修时间不详，那志涛抄录。手抄本，谱单，一幅。谱单右侧第一列书"凤凰城正白旗西伯（锡伯）那氏历代世系表"，右下角书"那志涛抄于原谱"，左侧书"以上根据乾隆四十四年户口清册至光绪十三年止"字样。始祖拉什。内容有一世祖拉什以下八代那氏族人世系。辽宁省大连市那启明收藏。此据那启明提供家谱资料整理。

---

① 据《叶赫那拉氏五十八家谱》，应为"幸福阿"。

凤凰城正白旗西伯（锡伯）那氏历代世系表

那志涛抄于原谱①

以上根据乾隆四十四年户口清册至光绪十三年止②

一世

拉什 生二子 长子 讷木图 次子 噶力马

二世

讷木图 妻 杨氏 生二子 长子 吾达那 次子 吾达海

噶力马 生一子 班吉力束

三世

吾达那 妻 刘氏 生二子 长子 禄保 次子 太保

吾达海 生一子 佛保

班吉力束 生二子 长子 那保 次子 束克敦

四世

禄保 生三子 长子 安春 次子 太信保 三子 吾都保

太保 妻 仉氏（原谱字迹不清，此为编者校）生一子 满德

佛保 生三子 长子 七十七 次子 七共 三子 良德

那保 生三子 长子 厄伦太 次子 付伦太 三子 付兴阿

束克敦 生三子 长子 吾力滚太 次子 吾林太 三子 特林太

五世

安春 生一子 那明厄

吾都保 生二子 长子 那令厄 次子 长有

满德 妻 温氏 生二子 长子 从喜 次子 成德

七十七 生二子 长子 明德 次子 英德

七共 生一子 卓令厄

良德 生一子 付令厄

---

① 以上内容书于谱单右侧。
② 以上内容书于谱单左侧。

厄伦太　生四子　长子　青海　次子　明海　三子　良海　四子　付海

付伦太　生二子　长子　良喜　次子　长海

付兴阿　生一子　得楞厄

特林太　生一子　英柱

六世

那明厄　生三子　长子　果尔敏　次子　五另厄　三子　当子

从喜　妻　关氏　生五子　长子　永丰　次子　永安　三子　永兴　四子　永明　五子　永成

成德　生三子　长子　吉力哈春　次子　吉力哈宝　三子　吉力哈那

明德　生五子　长子　五力兴厄　次子　付力敏　三子　永太　四子　永付　五子　永山

英德　生二子　长子　永洪　次子　永海

卓令厄　生一子　住尔

付令厄　生二子　长子　七十三　次子　七十五

青海　生二子　长子　长寿　次子　长泰

明海　生一子　长顺

良海　生一子　长永

付海　生一子　长喜

良喜　生一子　长有

长海　生一子　永禄

七世

果尔敏　五另厄　当子　永丰　永安　永兴　永明　吉力哈春　吉力哈宝　吉力哈那　五力兴厄　付力敏　永太　永付　永山　永洪　永海

永成　妻　姜氏

住尔　生一子　全喜

长寿　生一子　依兴阿

长泰　生一子　依令阿

长顺　生一子　付升

长永 生一子 付贵

长有 生一子 付成

永禄 生一子 恩令

八世

（从略见上）①

［辽宁凤城］蓝旗乡蓝旗村那氏家谱

那凤麟1985年纂修。1998年续修。此为续修排印本，一册。该家谱"原谱失落，仅据长辈口传"，于1985年正月整理记录，续修于1998年3月。始祖名无载，谱载那氏祖居伯都讷，后迁至盛京，隶属镶白旗。内容有谱序和那德寿（二世）、那成瑞（三世）一支九代族人世系。辽宁省大连市那启明收藏。此据那启明提供家谱资料整理。

谱序

国有史，家有乘，示不忘也。

国史载：治乱兴衰使后朝代人民放［仿］古，知各朝代的兴衰割让，以了解祖国几千年的延［沿］革情况。

家乘，即是家谱，也称为谱书，记载祖先的德乘后事，泽绍先辈，勤俭治家，光前裕后，耀祖光宗，使后代追念先祖之德以传于后代，使后代儿孙辈追念先祖之德永乘不朽，以教后代儿孙能饮水思源，以报先祖之懿行，传留后代也。

---

① 谱后附那启明校：原谱中五世。1. 安春、太信保、吾都保之子嗣注有"迁移他处"字样；2. 满德长子从喜之子嗣注有"东沟支派，现住本处"字样；3. 满德次子成德及七十七、七共、良德之子嗣注有"西沟支派，现住本处及迁移他处"字样；4. 厄伦太、付伦太之子嗣注有"山咀支派，现在本处及迁移他地"字样；5. 吾力滚太、吾林太、特林太之子嗣注有"山咀支派，迁移他处"字样。

我那拉氏锡伯族也，祖居伯都讷（今吉林扶余）错草沟人。于康熙年代迁入盛京后，我祖带若干户赴龙王庙东北青草坡（东上坡）驻防屯垦，编入满族八旗的镶白旗，在金甲拜牛录当差。约在 1815 年时，先祖那德福与德寿分家。高祖父去世后，高祖母沈氏率三岁的曾祖父那成瑞改嫁到蓝旗吴老房子与吴扎拉·双林结婚，生四子即吴秉仁、吴秉义、吴秉礼、吴秉智。那成瑞在吴家抚养成人，与温氏结婚成家另立门户，婚后生四子即那永福、那永禄、那永祯、那永祥，一女。因家境贫寒，多为富有之家当长工做佃户，直到解放后才过上幸福生活。

由于原谱失落，仅据长辈口传，对家史简要记述，供子孙们了解祖史之用，古今人名为次，以十六字下传。

德成永振，凤启吉运，克立余锡，广盛联新。

那凤麟
一九八五年乙丑正月于大连

一世

高祖 生二子 长子 那德福 次子 那德寿

二世

那德福 妻 沈氏 生一子 那成瑞

那德寿（龙王庙 东上坡）

三世

那成瑞 妻 温氏 生四子一女 长子 那永福 次子 那永禄 三子 那永祯 四子 那永祥 女 张姓

四世

那永福 妻 何氏、吴氏 生四子 长子 那振发 次子 那振福 三子 那振有 四子 那振财

那永禄 妻 何氏、吴氏 生一子二女 长子 少亡 长女 王姓 次女 马姓

那永祯 妻 张氏、吴氏 生三子二女 长子 那振江 次子 那振河 三子 那振祥 长女 杨姓 次女 吴姓

那永祥 妻 刘氏 生一子一女 子 那振海 女 梅姓

五世

那振发 妻 何氏 生一女

那振福 妻 吴氏 生二女 长女 王姓 次女 吴姓

那振有 妻 何氏 二子二女 长子 那凤山 次子 那凤吉（连住）长女 关姓 次女 马姓

那振财 妻 那氏 生三子五女 长子 那凤翥 次子 那凤祥 三子 那凤绅 长女 史姓 次女 艾姓 三女 那淑梅（李姓）四女 那淑清（马姓）五女 白姓

那振江 妻 吴氏 生一女 刘姓

那振河 妻 那氏 无嗣

那振祥 妻 吴氏 生二子 长子 那凤奇 次子 那凤春

那振海 妻 那氏 生六子一女 长子 那凤麟 次子 那凤安 三子 那凤来 四子 那凤良 五子 那凤宾 六子 那凤书 女 那宝珍

六世

那凤山 妻 韩氏 生三子 长子 那启发 次子 那启德 三子 那启升

那凤翥 妻 那氏 生一子 那启昌

那凤祥 妻 那氏 生二子三女 长子 那启良 次子 那启德 长女 那学清 次女 那学兰 三女 那学丽

那凤绅 妻 那氏 生四女 长女 那秀颜 次女 那秀云 三女 那秀英 四女 那秀芳

那凤奇 妻 吴氏 生一子二女 长子 那启发 长女 那淑香 次女 那淑荣

那凤春 妻 蔡桂馨

那凤麟 妻 周亚男 生三子三女 长子 那启明 次子 那启东 三子 那启震 长女 那笑颜 次女 那欣彦 三女 那静彦

那凤安 妻 关赐福 生二子二女 长子 那启光 次子 那启刚 长女 那翠芬 次女 那成颜

那凤来 妻 善氏、刘桂兰 生一子三女 长女 那远清 子 那启长 次女 那玉兰 三女 那玉琴

那凤良 妻 那淑英 生三子二女 长子 那启升 次子 那启文 三子 那启运 长女 那翠兰 次女 那运芝

那凤宾 妻 那培珍 生一子一女 子 那启方 女 那启芬

那凤书 妻 吴淑梅 生二子二女 长子 那启武 次子 那启成 长女 那美颜 次女 那翠凤

那宝珍 夫 李绍麟

七世

那启发 生二子 长子 那树彬 次子 那树江

那启德 妻 郑玉兰 生四女一子 长女 那淑芸 次女 那淑兰 三女 那淑琴 四女 那淑云 子 那树国

那启升 妻 吴桂珍 生二女三子 长女 那亚萍 次女 那亚琴 长子 那亚洲 次子 那亚林 三子 那亚彬

那启昌 妻 赵春英 生一子 那杰

那启良 妻 陈艳 生一女 那琳琳

那学清 夫 汪玉库

那学丽 夫 陈贵友

那秀颜 夫 杜庆平

那秀云 夫 王成祥

那秀英 夫 张志礼

那秀芳 夫 梁春山

那启发 妻 齐仁清 生一子四女 子 那晓安 长女 那晓华 次女 那晓杰 三女 那丽欣 四女 那晓霞

那淑香 夫 顾立成

那淑荣 夫 倪谦成

那启明　妻　吴翠华　生二子　长子　那鑫　次子　那磊

那启东　妻　王玉清　生二子　长子　那晓凡　次子　那俊杰

那启震　妻　丛树凤　生三子　长子　那雨辰　次子　那云峰　三子　那庆峰

那笑颜　夫　赵葛令

那欣彦　夫　刘克亭

那静彦　夫　刘海峰

那启光　生一女　何姓

那启刚　妻　于常华　生一子一女　子　那巍　女　那丽

那翠芬　夫　张学仕

那成颜　夫　崔文山

那远清　夫　马传清

那启长　少亡

那玉兰　夫　吴姓

那玉琴　夫　吕海

那启升　妻　袁淑清　生一子一女　子　那平　女　那燕

那启文　妻　王淑清　生三女　长女　那新　次女　那晓霞　三女　那金霞

那启运　妻　王敏　生三子　长子　那戈　次子　那爽　三子　那畅

那翠兰　夫　李作恒

那运芝　夫　沈世峰

那启方　妻　卜玉琴　生二子二女　长子　那春涛　次子　那春雷　长女　那春阳　次女　那冬艳

那启芬　夫　齐德洲

那启武　妻　范淑兰　生一子一女　女　那军英　子　那军

那启成　妻　张秀兰　生一子一女　女　那燕秋　子　那旭

那美颜　夫　金治山

那翠凤　夫　鄂显仁

八世

那淑兰　夫　张文斌

那淑琴　夫　王占春

那淑云　夫　李岗学

那亚萍　夫　金克玉

那亚琴　夫　李玉

那亚洲　妻　郑桂兰　生一女　翠翠

那亚林　妻　关翠英　生二女　长女　岩颜　次女　苗苗

那亚彬　妻　赵凤令　生三子　长子　那卫华　次子　那卫立　三子　那卫东

那晓安　妻　那欣　生一子　那运来

那晓华　夫　刘清林

那丽欣　夫　赫荣广

那晓霞　夫　倪成君

那鑫　妻　李毓　生一子　那嘉

那磊　妻　李淑荣　生一子　那运涛

那俊杰　妻　王阁艳

那雨辰　妻　王艳敏　生一子　那俊名

那燕　夫　吴廷坚

那新　夫　祝晓梅

那晓霞　夫　潘远龙

那金霞　夫　高明峰

那春涛　妻　张淑青　生一女　那宁

那春雷　妻　韩广春　生一女　那敏

那冬艳　夫　关爱东

那军　妻　宋月娥

九世

（从略见上）

五、宁武图（刘）氏家谱

［辽宁沈阳］宁武图氏谱

刘盛春1938年纂修。手写本，谱单，一幅。谱序书于左上角，署"大满洲帝国伪康德六年二月一日，景暄、刘盛春谨志于陪都"。始祖腾额里，"曾居满洲长白山悟拉山西北伯都讷各地"，康熙二十七年（1688）二月迁盛京，入镶白旗满洲第一佐领下。内容有谱序和自始祖滕额里以下十三世族人世系。辽宁省沈阳市于洪区平罗乡富强村刘致文收藏。《沈阳锡伯族家谱》收录。① 此据《沈阳锡伯族家谱》整理。

谱序②

始祖藤［滕］额里先人，曾居满洲长白山悟拉山西北伯都讷各地，于康熙二十七年二月移来盛京，注册宁武图氏，当时入于镶白旗满洲第一佐领下。乾隆年代奉旨世居镶蓝旗界内养马场。先人名讳册籍，历经遗失，无可查考，有失传统。盛春等谨按各族所记搜集成册印［付］之

---

① 王俊、李军编著：《沈阳锡伯族家谱》，辽宁民族出版社2015年版，第137—146页。
② 书于谱单左上角处。

印刷，以备后世奉祀焉。

"大满洲帝国"伪康德六年二月一日

景暄　刘盛春谨志于陪都

始祖

滕额里　生一子　朱米恺

二世

朱米恺　生三子　长子　乌尔那士图　次子　陶及奈　三子　都力吗

三世

乌尔那士图　生四子　长子　巴达郎贵　次子　沙哈拉奇　三子　巴格　四子　三连力

陶及奈　生三子　长子　伙力活太　次子　德格　三子　蒙古

都力吗　生一子　那力成

四世

巴达郎贵　生一子　依图库

沙哈拉奇　生一子　讬尔吉库

巴格　生一子　多力吉

三连力　生一子　得及隆

伙力活太　生二子　长子　三吉布　次子　万吉布

德格　生二子　长子　哈福那　次子　哈达那

蒙古　生二子　长子　那马力幸　次子　格活图（绝）

那力成　生一子　六十九（绝）

五世

依图库　生一子　绰火奈

讬尔吉库　生二子　长子　束木成（绝）次子　白士那

多力吉　生三子　长子　丰生厄　次子　乌林保　三子　艾同阿

得及隆　生一子　巴牙拉

三吉布　生五子　长子　张索柱（绝）次子　刘英　三子　庆云　四子　刘喜

五子　刘禄

　　哈福那　生一子　哈牙那

　　哈达那　生四子　长子　束明阿　次子　束隆阿　三子　哲力京阿　四子　束崇阿

　　那马力幸　生二子　长子　班那布　次子　班底兀

六世

　　绰火奈　生三子　长子　万寿　次子　阿玉保　三子　阿金太

　　白士那　生一子　七十四

　　丰生厄　生四子　长子　付令阿　次子　扎拉芬（绝）　三子　依力哈那　四子　代明阿

　　乌林保　生三子　长子　海禄　次子　海福　三子　海得

　　艾同阿　生一子　付常阿

　　巴牙拉　生一子　付隆阿

　　刘英　生一子　吉祥

　　刘喜　生一子　七十六（绝）

　　刘禄　生一子　得胖

　　哈牙那　生五子　长子　得隆阿　次子　得崇阿　三子　得兴阿　四子　得清阿　五子　得令阿

　　束隆阿　生一子　孔坤珠

　　哲力京阿　生一子　开锁（绝）

　　束崇阿　生二子　长子　文成　次子　文寿

七世

　　万寿　生一子　木克敦

　　阿玉保　生四子　长子　乌锡讷　次子　哈福康阿　三子　拉马吉（绝）　四子　双喜

　　阿金太　生三子　长子　六尔　次子　七尔　三子　占住

　　七十四　生一子　潘生（绝）

　　付令阿　生一子　乌力吉

依力哈那　生一子　班达力什（绝）

代明阿　生一子　克生厄（绝）

海禄　生一子　付克金厄

海福　生一子　得克金厄

海得　生一子　鲁克金厄（绝）

付常阿　生三子　长子　福寿　次子　福得　三子　福禄康阿

付隆阿　生一子　六尔

吉祥　生二子　长子　荣奎　次子　荣武（绝）

得胖　生一子　常德（绝）

得隆阿　生一子　荣庆

得崇阿　生二子　长子　满昌（绝）次子　得昌

得阿兴　生四子　长子　荣恩　次子　荣福　三子　荣发　四子　荣贵

得清阿　生一子　荣俊

得令阿　生二子　长子　荣喜　次子　荣海

孔坤珠　生一子　荣安

文成　生三子　长子　荣秀　次子　荣贞　三子　荣玉

文寿　生三子　长子　荣泰（绝）次子　荣林　三子　荣琦

八世

木克敦　生二子　长子　卜音讷　次子　刘得（绝）

乌锡讷　生一子　常付

哈福康阿　生二子　长子　哈力沙湖　次子　依林太

双喜　生一子　常往

六尔　生一子　德太

七尔　生一子　二伏

占住　生一子　福禄（绝）

乌力吉　生一子　扎卜

班达力什　克生厄　付克金厄

得克金厄　生三子　长子　巴音　次子　依力布　三子　丰甲

福寿　生二子　长子　达春　次子　索智（绝）

福得　生二子　长子　恒喜　次子　崇礼

福禄康阿　生三子　长子　纯源　次子　忠廉　三子　崇和

六尔　生一子　德太（绝）

荣奎　生二子　长子　廷君　次子　廷臣（绝）

荣庆　生一子　喜春

得昌　生一子　福春

荣恩　生二子　长子　会友　次子　会文

荣福　生一子　赞春

荣发　生一子　亚春

荣贵　生四子　长子　祥春　次子　常春　三子　万春　四子　阳春

荣俊　生三子　长子　馀春　次子　余春　三子　小六

荣喜　生三子　长子　沛春　次子　升春　三子　三春

荣海　生一子　彦春

荣安　生五子　长子　玉吉　次子　玉富　三子　贵林　四子　宜春　五子　忠春

荣秀　生一子　景春

荣贞　生一子　奎春

荣玉　生一子　盛春

荣林　生三子　长子　宝春　次子　宝恒　三子　宝刚

荣琦　生二子　长子　凤春　次子　成春

九世

卜音讷　生二子　长子　福喜　次子　崇喜

常付　生一子　继德

哈力沙湖　生一子　七十七

依林太　生一子　庆喜

常往　生一子　继贵

德太　生一子　继顺

二伏　生二子　长子　继乐　次子　庆富

扎卜　生三子　长子　吉全　次子　庆和　三子　庆昌

巴音　生二子　长子　庆贵　次子　庆吉

依力布　生一子　庆林

丰甲　生一子　庆凯

达春　生二子　长子　恩三　次子　庆三

恒喜　生四子　长子　奉三　次子　贵三　三子　宝三　四子　德三

崇礼　生四子　长子　祝三　次子　馀三　三子　连三　四子　达三

纯源　生二子　长子　勒三　次子　省三

忠廉　生一子　成三

崇和　生一子　多三

廷君　生二子　长子　大泉　次子　二泉

福春　生二子　长子　英泉　次子　宝泉

会友　生一子　朱泉

会文　生一子　玉泉

赞春　生三子　长子　双喜　次子　成喜　三子　三顺

亚春　生一子　刘索

祥春　生一子　四喜

馀春　生一子　永泉

余春　生二子　长子　福会　次子　小泉

彦春　生二子　长子　会泉　次子　德泉

玉吉　生二子　长子　二往　次子　成烈

玉富　生一子　东泉

贵林　生一子　国栋

宜春　生一子　长子　玉佳　次子　连住

忠春　生一子　国泉

景春　生五子　长子　海泉　次子　贵泉　三子　金泉　四子　礼泉　五子　福泉

奎春　生一子　福泉

宝春　生二子　长子　德泰　次子　德信

宝恒　生一子　德宽

宝刚　生一子　德敏

凤春　生二子　长子　德明　次子　德印

十世

福喜　生一子　恩惠

崇喜　生一子　恩申

继德　生五子　长子　恩伦　次子　恩绪　三子　恩吉　四子　恩善　五子　恩成

七十七　生一子　恩林

庆喜　生一子　恩绵

继贵　生五子　长子　恩奎　次子　恩祥　三子　恩福　四子　恩有　五子　恩才

继顺　生一子　恩普

庆富　生二子　长子　恩荣　次子　恩波

吉全　生一子　恩裕

庆和　生一子　恩贵

庆昌　生一子　恩铎

庆吉　生二子　长子　恩发　次子　恩升

庆林　生一子　定柱

庆凯　生一子　小小

恩三　生一子　起祥

庆三　生一子　国泰

奉三　生二子　长子　致中　次子　致和

宝三　生二子　长子　致祥　次子　小廷

德三　生一子　致新

祝三　生一子　致文

馀三　生一子　致纯

连三　生二子　长子　致玉　次子　致林

达三　生二子　长子　致奎　次子　致元

勒三　生一子　致明

省三　生一子　致恒

成三　生五子　长子　致政　次子　致敬　三子　致诞　四子　致敷　五子　致攻

多三　生二子　长子　宾索　次子　连索

大泉　二泉　英泉　宝泉　朱泉　玉泉　双喜　成喜　三顺　刘索　四喜　永泉　福会　小泉　会泉　德泉　二往　成烈　东泉　国栋　玉佳　连住　国泉

海泉　生一子　成普

贵泉　金泉　礼泉　福泉　福泉

德泰　生一子　成博

德信　德宽　德敏　德明　德印

十一世

恩惠　生一子　振春

恩申　生一子　小小

恩伦　生一子　久春

恩绪　生一子　铁春

恩吉　生一子　甲春

恩善　生二子　长子　增春　次子　有春

恩成　生二子　长子　书春　次子　张索

恩林　生四子　长子　德春　次子　荣春　三子　世春　四子　明春

恩绵　生三子　长子　海春　次子　连春　三子　艳春

恩奎　生三子　长子　富春　次子　孟春　三子　印春

恩祥　生一子　季春

恩福　生三子　长子　新春　次子　青春　三子　保成

恩普　生四子　长子　子山　次子　玉山　三子　德山　四子　宝山

恩荣　生三子　长子　新春　次子　宝春　三子　保成

恩裕　生四子　长子　景春　次子　逢春　三子　祥春　四子　耀春

恩贵　生一子　英春

恩铎　生一子　迎春

恩发　恩升　定柱　小小　起祥　国泰

致中　生一子　五成

致和　生一子　延晶

致新　生一子　玉柱

致纯　生一子　成群

致玉　致林　致奎　致元

致明　生一子　继先

致政　生一子　绍光

致敬　致诞　致敷　致攻　宾索　连索　成普　成博

十二世

振春　小小　久春　铁春　甲春　增春　有春　书春　张索

德春　生二子　长子　兴玉　次子　兴五

荣春　生一子　兴福

世春　生一子　兴国

海春　生一子　兴邦

连春　生一子　兴元

艳春　生一子　百余

孟春　生二子　长子　小民　次子　二索

印春　季春　新春　青春　保成　子山　玉山　德山　宝山　新春　宝春　保成

景春　生二子　长子　国栋　次子　国凯

逢春　生一子　国玺

祥春　耀春　英春　迎春　五成　延晶　玉柱　成群　继先　绍光

十三世

兴玉　生一子　宾泉

兴五　生一子　占往

兴福　生一子　小小

十四世

（从略见上）

[辽宁凤城] 合申堡住西甸子
刘氏一支家谱

纂修人、纂修时间不详。此为续修排印本，二册，不分卷。据收集整理人那启明所记："同治八年（1869）又邀到一起和议范字，至今已120余年"，可见，该谱纂修时间应为同治八年（1869），1989年续修。谱有上下两部，均标注为合申堡住西甸子刘氏一支，分别记载本支刘氏一世至六世世系，分别收录如下。该谱原谱收藏于何明武处。辽宁省大连市那启明编《辽宁锡伯族百年实录》（待刊）收录。此据那启明提供材料整理。

谱系（1）

一世

合申堡 生三子　长子　付勒浑　次子　付存　三子　付住

二世

付勒浑（兵）

付存 妻　赵氏、陈氏、王氏　生二子　长子　喜成　次子　庆成

付住 妻　那氏、温氏　无嗣

三世

喜成 生一子　刘国富

庆成 生四子　长子　刘国恩　次子　刘国善　三子　刘国升　四子　刘国原

四世

刘国富 生一子　刘兴全

刘国恩 生一子　刘兴清

刘国善　生四子　长子　刘兴志　次子　刘兴发　三子　刘兴仁　四子　刘兴家

刘国升　生二子　长子　刘兴会　次子　刘兴亚

刘国原　生四子　长子　刘兴弟　次子　刘兴普　三子　刘兴言　四子　刘兴昌

五世

刘兴全　生一子　刘成珠

刘兴清　生二子　长子　刘成云　次子　刘成宣

刘兴志　生二子　长子　刘成春　次子　刘成安

刘兴发　生一子　刘成义

刘兴仁　生一子　刘成国

刘兴家　生一子　刘成方

刘兴会　生三子　长子　刘成福　次子　刘成江　三子　刘成环

刘兴亚　生一子　刘成功

刘兴弟　生一子　刘成林

刘兴言　生一子　刘成金

刘兴昌　生三子　长子　刘成财　次子　刘成铁　三子　刘成悦

六世

（从略见上）

谱系（2）

一世祖

八丽默阿（又名　吾达那）　妻　白氏　生一子　阳朱

二世祖

阳朱　妻　那氏　子　辛一

三世祖

辛一　妻　杨氏　子　宝明

四世祖

宝明 妻 沈氏 生四子二女 长子 云庆（妻盛氏）次子 云魁 三子 云祥 四子 云鹏 长女 云霄（高姓）次女 云霞（王姓）

五世祖

（从略见上）

[黑龙江双城] 刘氏宗族世代谱书

纂修人不详。顺治八年（1651）初修，同治八年（1869）续修。此为同治八年续修本，手抄本，一册。始祖多和。谱载刘氏祖居伯都讷，顺治八年（1651）始祖多和在北京卫队充差，乾隆十年（1745）拨户奉天岫岩，嘉庆二十五年（1820）拨户吉林双城。内容有谱序和自始祖多和以下六代族人世系。辽宁省大连市那启明收藏。此据那启明《辽宁锡伯族百年实录》（待刊）整理。

刘氏宗族世代谱书

大清顺治八年立

锡伯刘姓，伯都讷人，拨京一户，始祖多和生子三人：哈什洛辉[浑]，萨哈连，讷木奇。

顺治八年始祖多和在北京卫队充差，又在东城外管落户。又三世祖等于乾隆十年拨户奉天岫岩界团山子落户，占领土地二百五十垧。又四世祖等于嘉庆二十五年拨户吉林双城界占领七旗丁地22名。于同治八年由里城来族人等到本宅和议二十个字传流后世。二十个字是：治国兴成业、安邦永显明，忠义恒百世、天保福常增。

始祖

多和 生三子 长子 哈什洛浑 次子 萨哈连 三子 讷木奇

二世

萨哈连 生一子 福禄

三世

福禄 生三子 长子 达尔扎哈 次子 阿尔吉母 三子 厄洛海

四世

达尔扎哈 妻 佟氏

阿尔吉母 妻 吴氏

厄洛海 妻 刘氏 生四子 长子 德成厄 次子 德冷厄 三子 牙力哈 四子 拴住

五世

德成厄（兵） 妻 白氏 生一子 合申保

德冷厄（兵） 生二子 长子 丰生厄 次子 色冷厄

牙力哈 妻 吴氏

拴住 妻 张氏 生一子 他克他布

六世

合申保（铁匠） 妻 那氏

丰生厄 妻 赵氏

他克他布 妻 关氏

六、哈斯呼里（韩）氏家谱

[辽宁沈阳] 哈斯呼里（韩）氏谱单（1）*

　　初修者、初修时间不详。同治十一年（1872）十二月初三日吉凌阿、永奎续修。此为同治十一年（1872）续修谱。手写，谱单（布质），一幅，满文。右侧以汉文署"同治十一年（1872）十二月初三日吉旦增绪敬立，操办人吉凌阿、永奎"。内容有谱序和家族一代至十三代族人世系。辽宁省沈阳市于洪区韩恒顺收藏。此据韩恒顺提供家谱整理。（原谱照片见附录8）

＊ 本书锡伯文为现代电脑录入，不是原谱的满文。

六、哈斯呼里（韩）氏家谱

ᠬᠠᠰᠬᠥ᠋ᠷᠢ ᠤᠪᠤᠭᠲᠤ ᠵᠢᠨ ᠤᠭ ᠢᠵᠠᠭᠤᠷ᠃

ᠬᠠᠰᠬᠥ᠋ᠷᠢ ᠤᠪᠤᠭᠲᠤ ᠬᠢᠲᠠᠳ ᠢᠶᠠᠷ ᠬᠠᠨ ᠬᠠᠯᠠᠭᠰᠠᠨ ᠪᠤᠯᠪᠠᠴᠤ᠂ ᠮᠣᠩᠭᠤᠯ ᠤᠨ ᠰᠢᠷᠠ ᠨᠤᠲᠤᠭ ᠤᠨ ᠬᠠᠯᠬ᠎ᠠ ᠠᠢ᠌ᠮᠠᠭ ᠤᠨ ᠠᠢ᠌ᠮᠠᠭ ᠪᠤᠯᠤᠨ᠎ᠠ᠃

ᠬᠠᠰᠬᠥ᠋ᠷᠢ ᠤᠪᠤᠭᠲᠤ ᠵᠢᠨ ᠳᠣᠲᠤᠷ᠎ᠠ ᠬᠤᠸᠠᠩ ᠴᠢ ᠵᠢᠨ ᠪᠠᠢ ᠳᠠᠮᠵᠢᠭᠤᠯᠤᠭᠰᠠᠨ ᠡᠯᠵᠢᠭᠡᠨ ᠠᠢ᠌ᠮᠠᠭ ᠪᠠᠢ᠌ᠵᠤ᠂ ᠵᠢᠷᠭᠠᠯ ᠬᠠᠮᠪᠤ ᠦᠶ᠎ᠡ ᠠᠴᠠ ᠡᠬᠢᠯᠡᠨ ᠡᠳ᠋ ᠬᠦᠷᠦᠩᠭᠡ ᠦᠯᠡᠮᠵᠢᠯᠡᠨ᠂ ᠤᠷᠤᠭ ᠬᠠᠶᠠᠭᠠᠯᠠᠨ᠂ ᠬᠤᠶᠠᠷ ᠬᠦᠦ ᠲᠡᠢ ᠪᠠᠢ᠌ᠭᠰᠠᠨ ᠠᠴᠠ ᠶᠡᠬᠡ ᠨᠢ ᠮᠠᠨᠵᠤ ᠳᠤ ᠬᠠᠷᠠᠲᠤ ᠪᠠᠷ ᠣᠷᠤᠵᠤ᠂ ᠮᠠᠨᠵᠤ ᠵᠢᠨ ᠬᠠᠷᠠᠲᠤ ᠪᠤᠯᠤᠭᠰᠠᠨ ᠠᠴᠠ ᠬᠤᠢ᠌ᠰᠢᠳᠠ ᠬᠠᠨ ᠬᠠᠯᠠᠭᠰᠠᠨ ᠪᠤᠯᠤᠨ᠎ᠠ᠃

ᠮᠠᠨ ᠤ ᠬᠠᠰᠬᠥ᠋ᠷᠢ ᠤᠪᠤᠭᠲᠤ ᠪᠤᠯ ᠤᠳᠤ ᠵᠢᠨ ᠭᠤᠷᠪᠠᠨ ᠵᠠᠭᠤᠨ ᠵᠢᠯ ᠤᠨ ᠡᠮᠦᠨ᠎ᠡ᠂ ᠳ᠋ᠦᠩᠮᠸᠩ ᠱᠸᠩ ᠵᠢᠨ ᠲᠤᠯᠠ ᠰᠢᠶᠠᠨ ᠤ ᠡᠮᠦᠨᠡᠳᠦ ᠬᠡᠰᠡᠭ ᠦᠨ ᠸᠠᠩᠲᠤᠭ ᠬᠡᠮᠡᠬᠦ ᠨᠤᠲᠤᠭ ᠲᠤ ᠠᠮᠢᠳᠤᠷᠠᠵᠤ ᠪᠠᠢ᠌ᠭᠰᠠᠨ ᠠᠴᠠ᠂ ᠳᠠᠷᠠᠭᠠᠯᠠᠨ ᠬᠠᠷᠠᠴᠢᠨ᠂ ᠣᠩᠨᠢᠭᠤᠳ᠂ ᠵᠠᠷᠤᠳ᠂ ᠬᠢᠩᠭᠠᠨ ᠵᠡᠷᠭᠡ ᠨᠤᠲᠤᠭ ᠤᠳ ᠲᠤ ᠨᠡᠬᠦᠳᠡᠯᠯᠡᠨ ᠠᠮᠢᠳᠤᠷᠠᠵᠤ᠂ ᠡᠳᠦᠭᠡ ᠪᠡᠨ ᠣᠯᠠᠨ ᠰᠠᠯᠪᠤᠷᠢ ᠪᠤᠯᠵᠤ ᠪᠤᠢ᠃

第一代

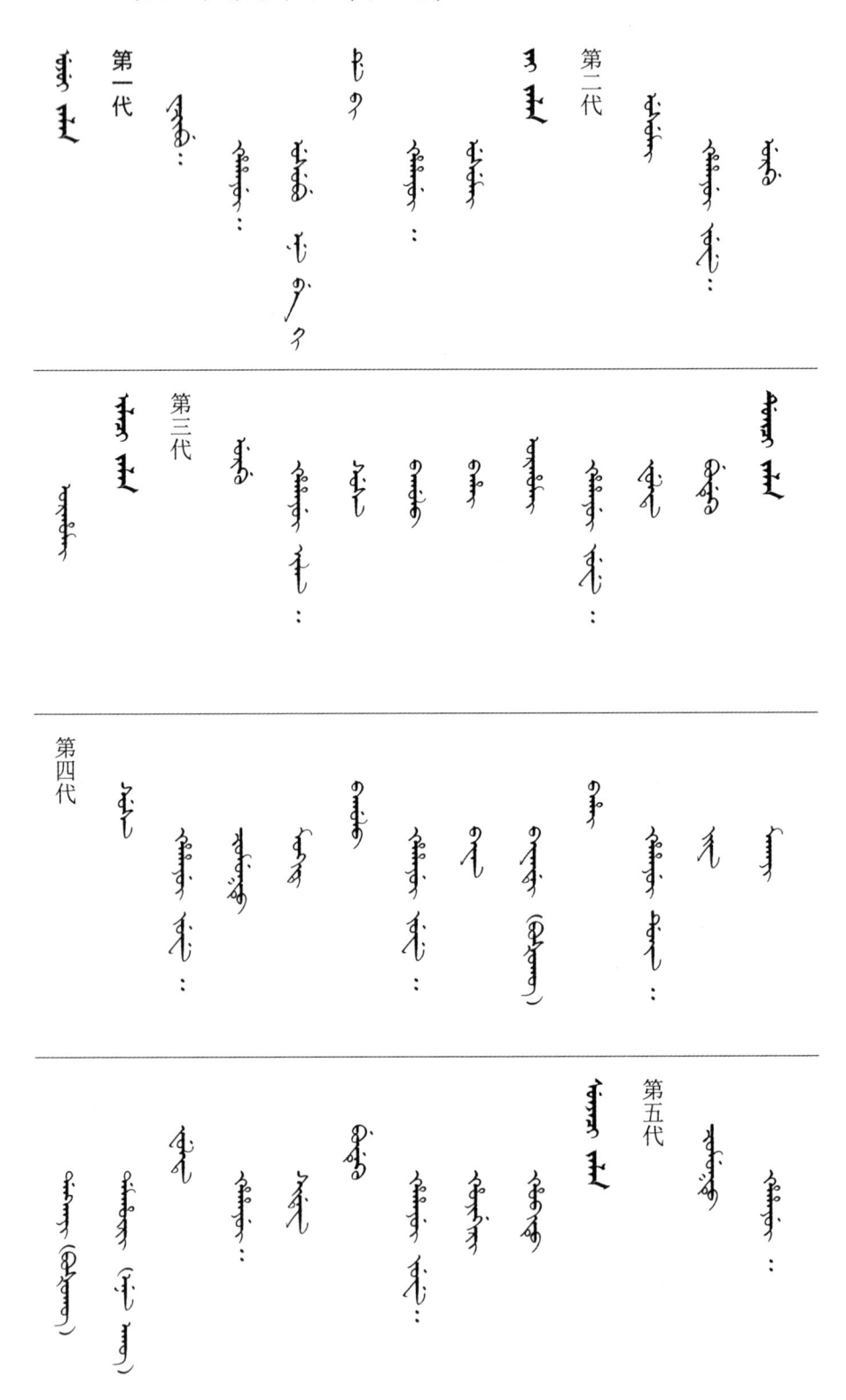

第二代

第三代

第四代

第五代

六、哈斯呼里（韩）氏家谱

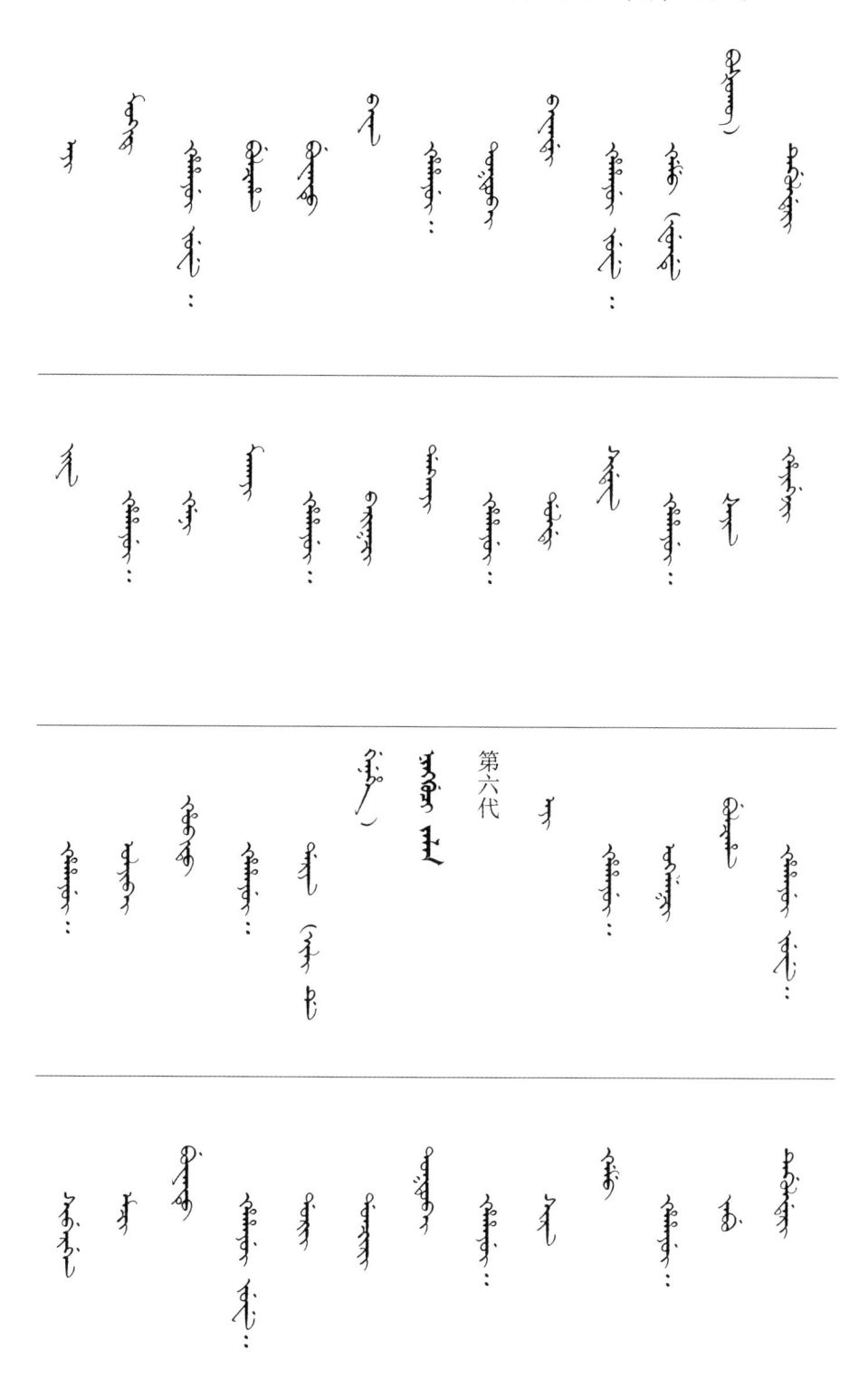

第六代

第七代

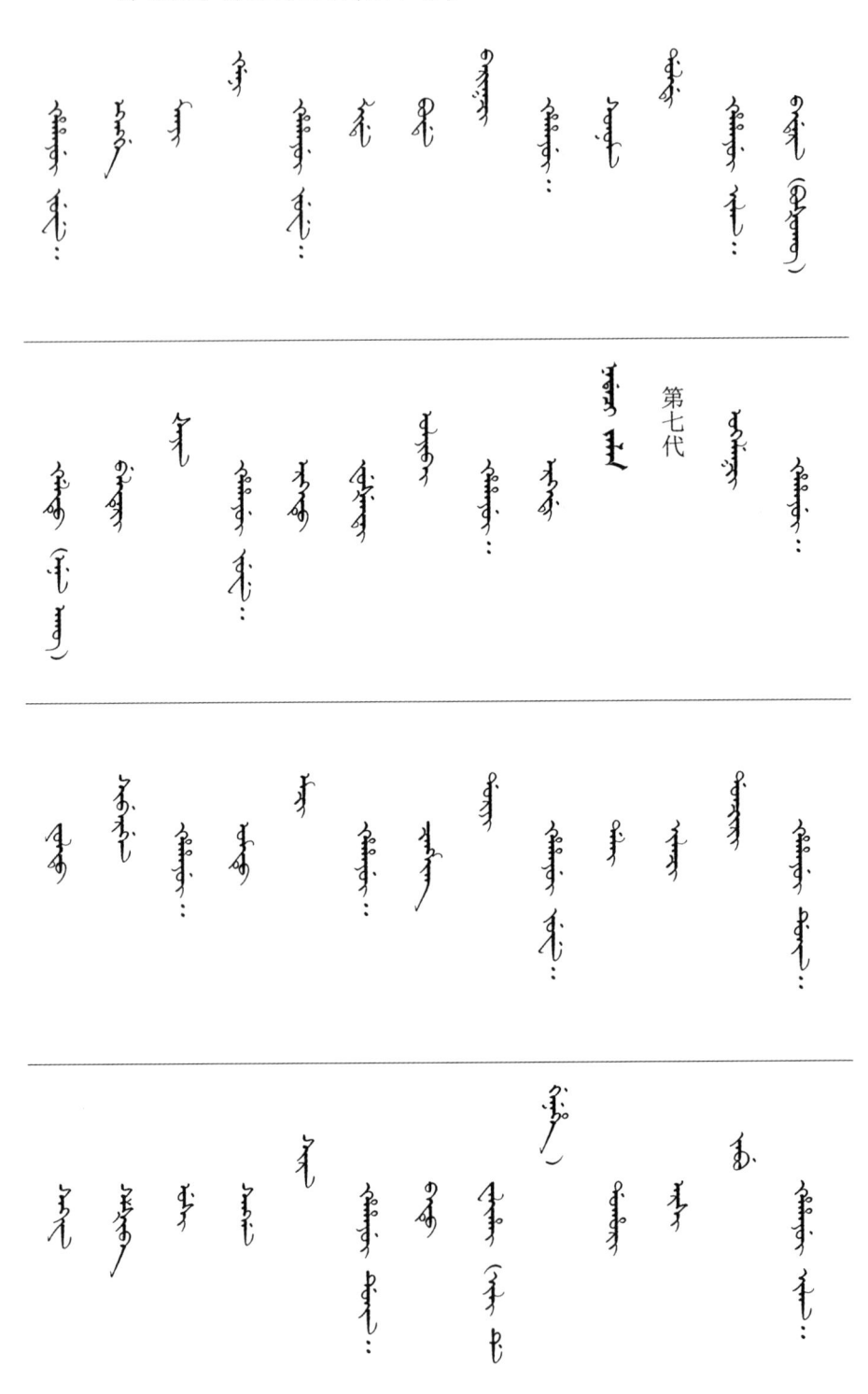

六、哈斯呼里(韩)氏家谱

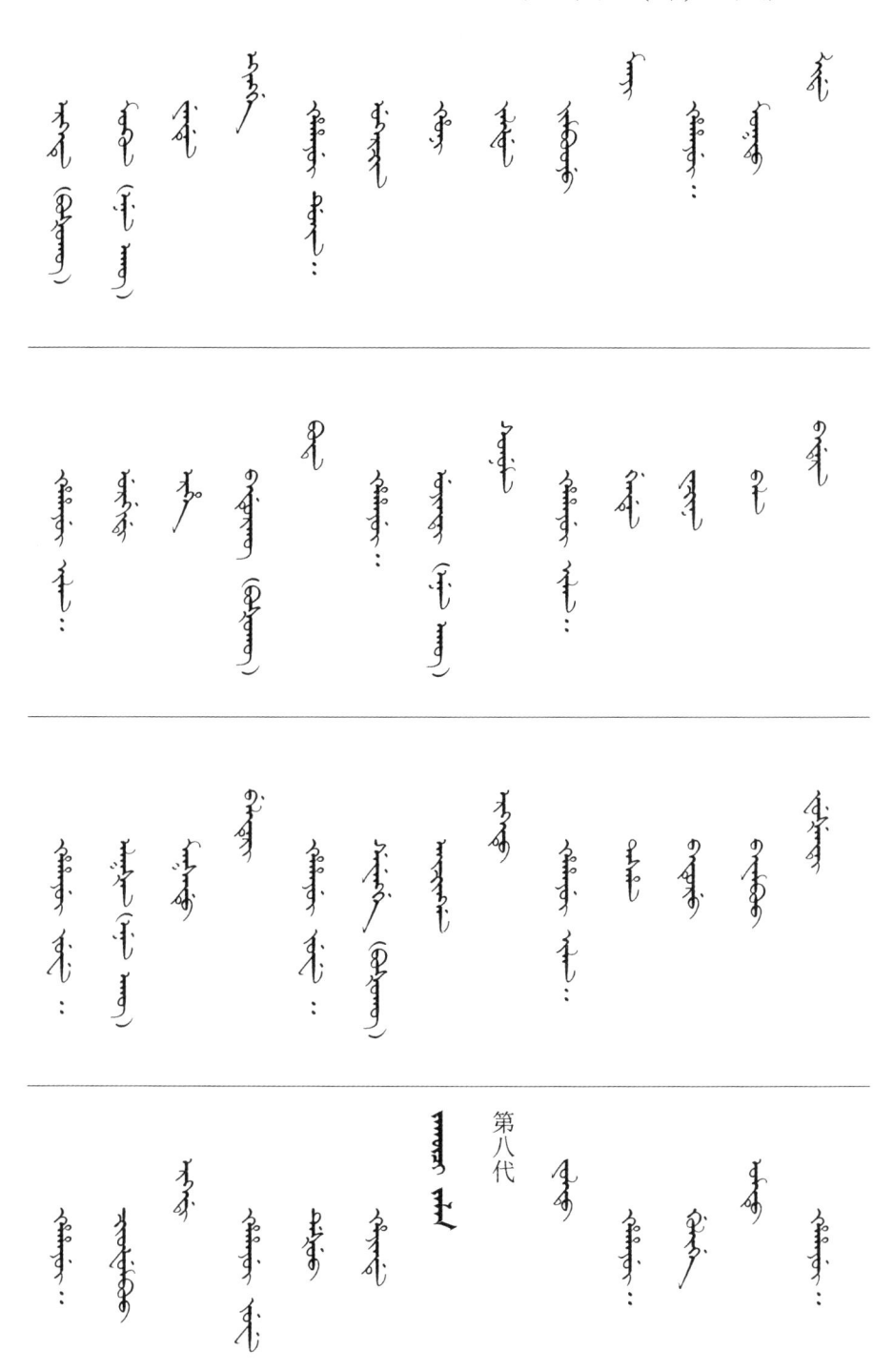

第八代

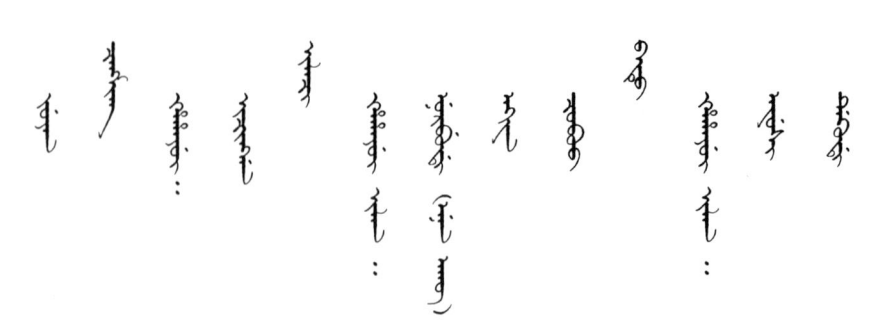

六、哈斯呼里（韩）氏家谱

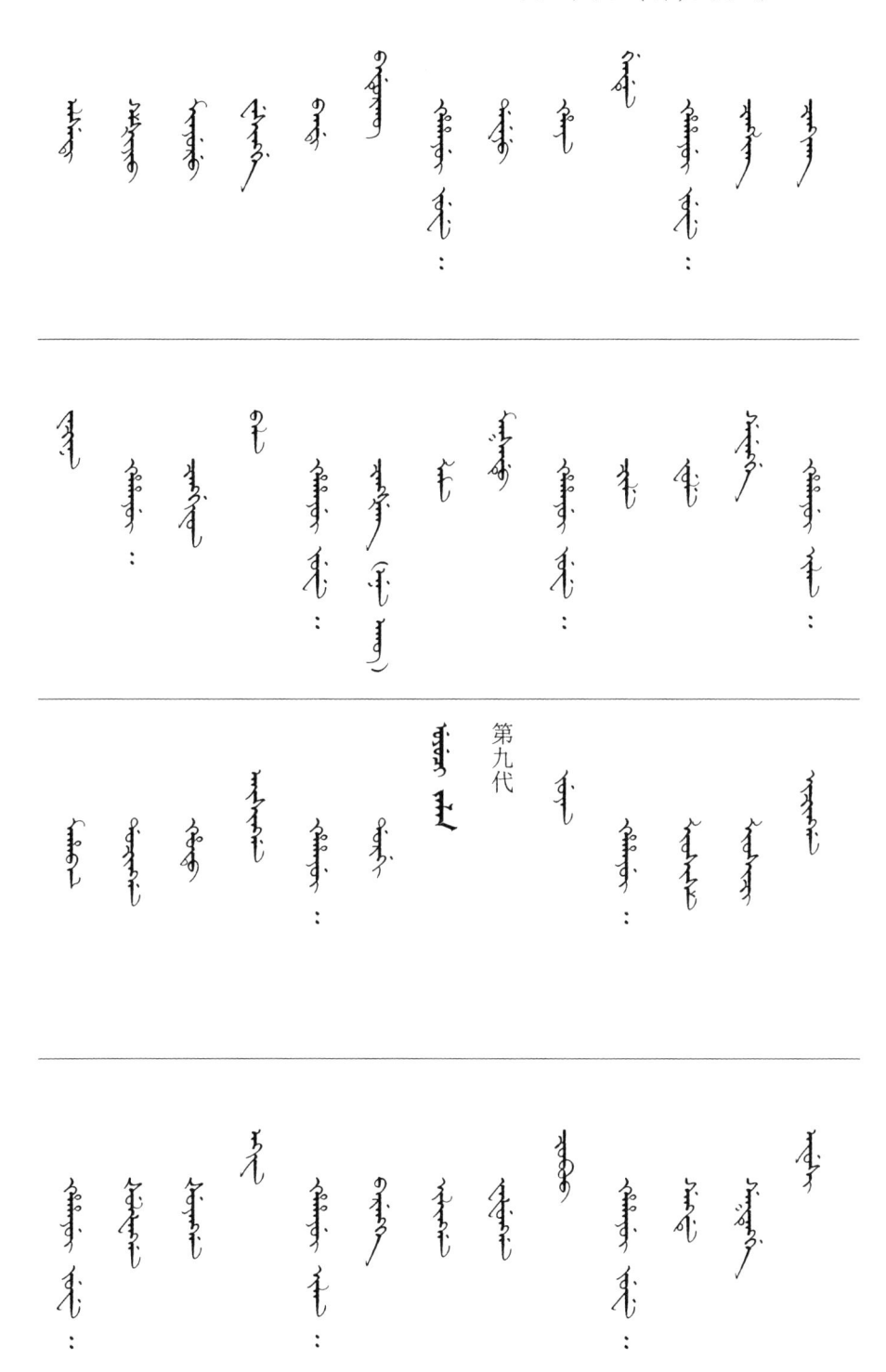

第九代

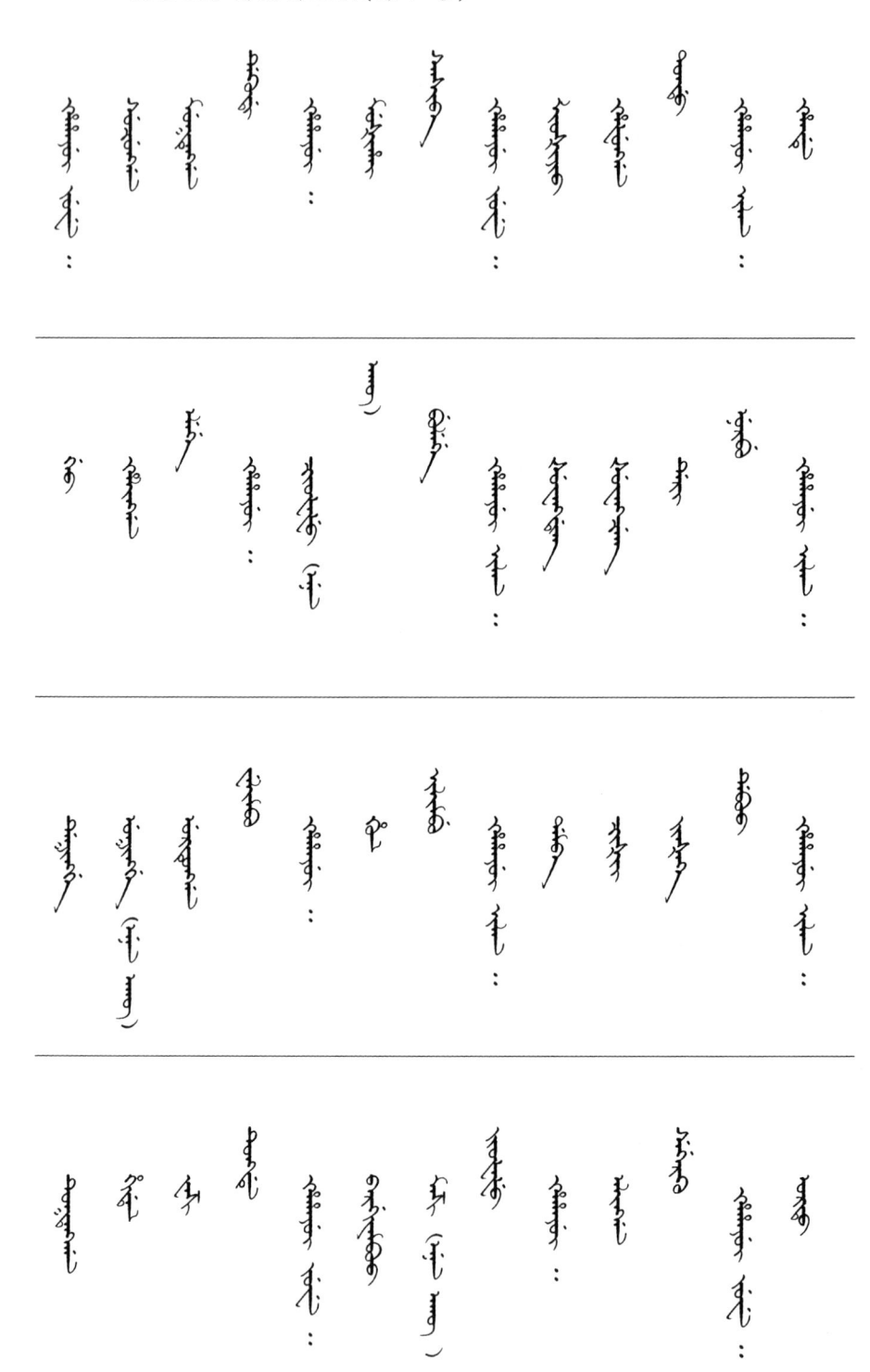

六、哈斯呼里(韩)氏家谱

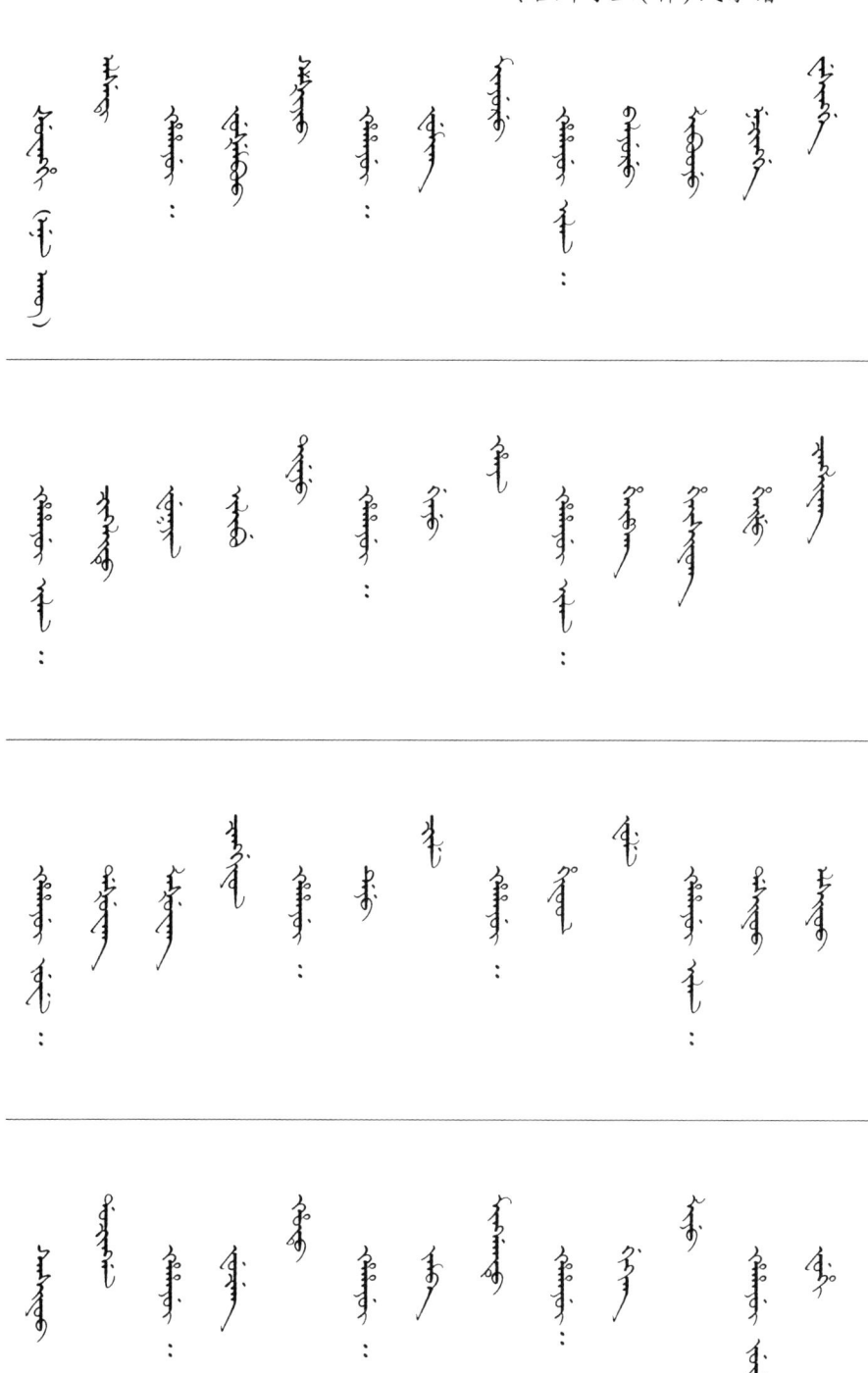

第十代

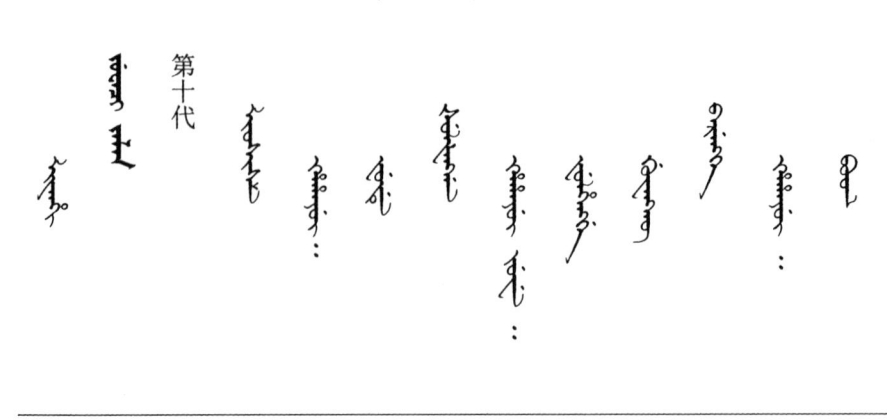

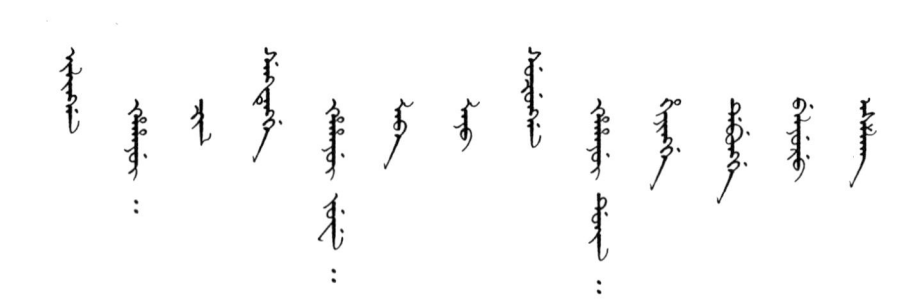

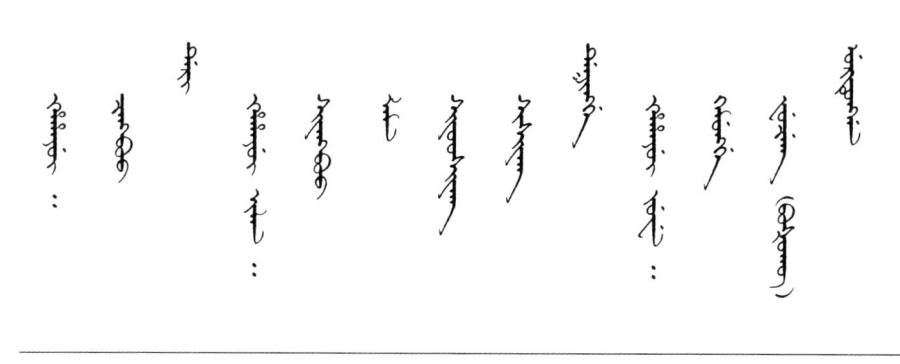

ᠬᠠᠰᠬᠦ᠋ᠷᠢ ᠬᠠᠯᠠᠨ ‍ᠤ ᠤᠭ ᠡᠬᠢ ᠶᠢᠨ ᠰᠤᠳᠤᠷ ᠪᠢᠴᠢᠭ᠌ ᠪᠤᠯᠠᠢ᠃

(Note: This page contains traditional Mongolian script text arranged in multiple vertical columns across four sections separated by horizontal lines.)

第十一代

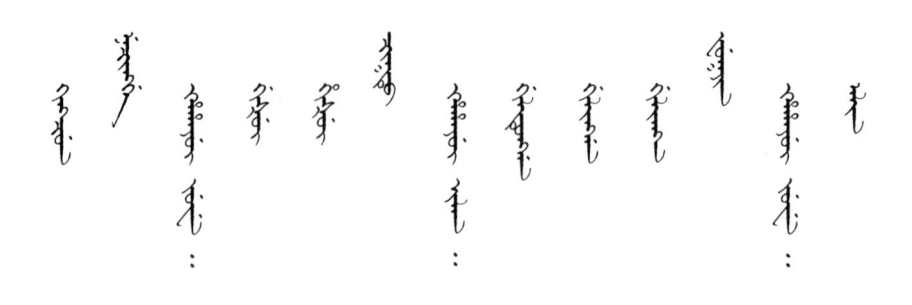

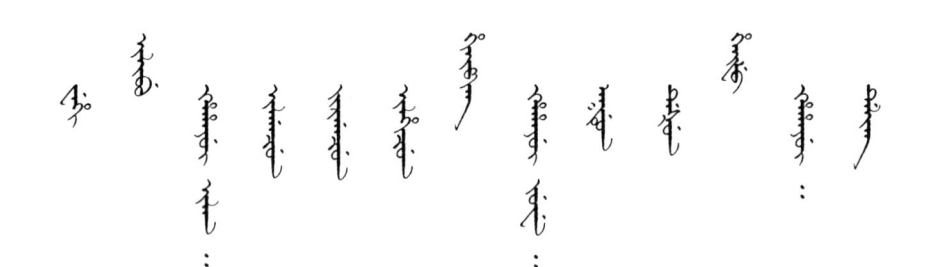

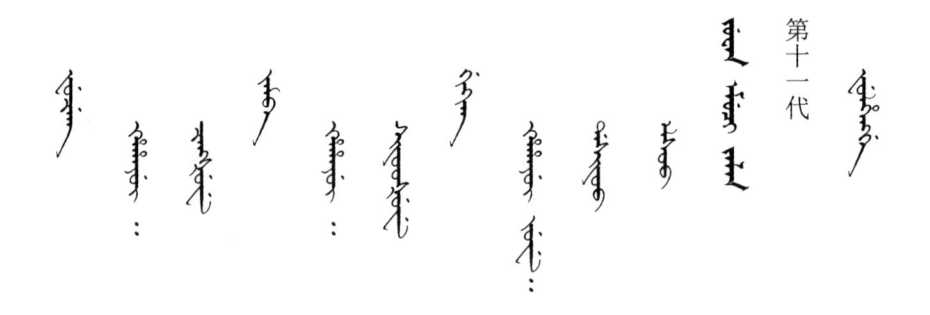

六、哈斯呼里(韩)氏家谱

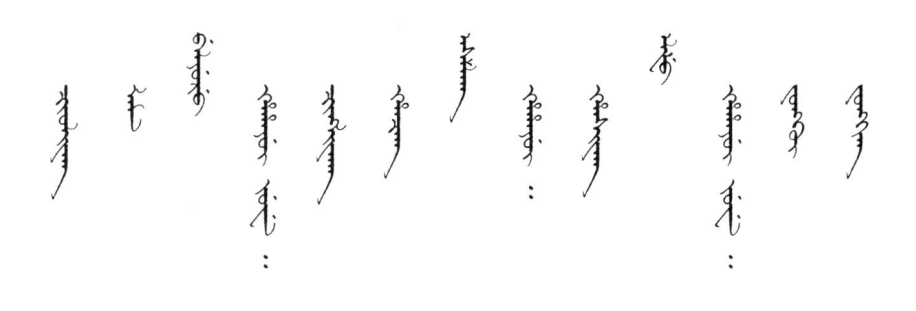

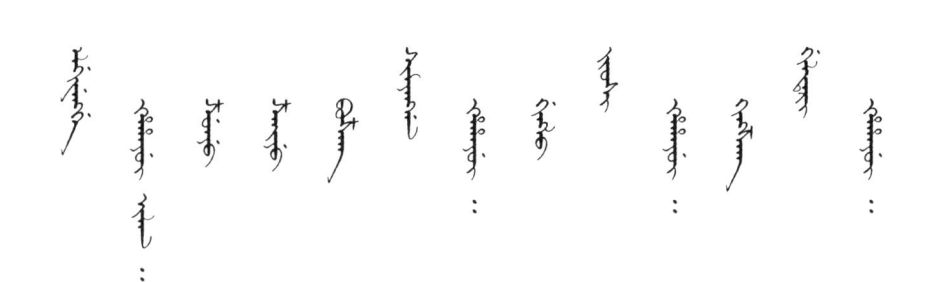

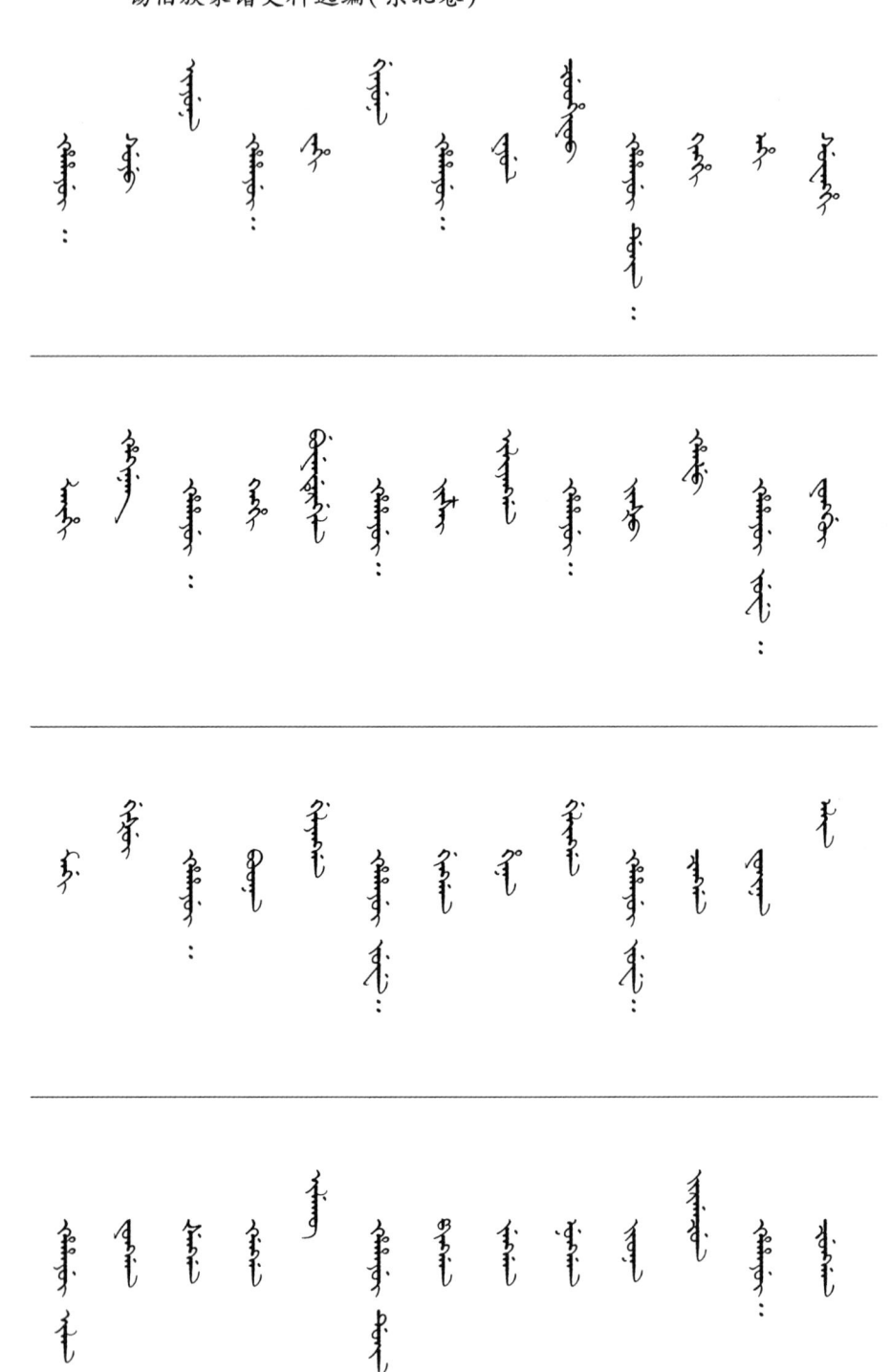

六、哈斯呼里(韩)氏家谱

第十二代

操办人：吉凌阿、永奎
吉旦增绪敬立
同治十一年十二月初三日，

[辽宁沈阳]哈斯呼里(韩)氏谱单(2)

此为前满文家谱汉译续修谱。松严民国二年(1913)修。手写,谱单(布质),一幅。谱载"先世家谱原系满文",清同治十一年(1872)经吉凌阿、永奎二人续修,仍为满文。又于民国二年(1913)重修家谱,"经松严手由满文翻译汉字并增续"。始祖雅奇布。内容有"民国二年(1913)旧历十月二十七日重修谱序"、范字和哈斯呼里(韩)氏自一世雅奇布以下十四代族人世系。辽宁省沈阳市于洪区韩恒顺收藏。此据韩恒顺提供家谱整理。

中华民国二年旧历十月二十七日重修谱序①

谨计:永远常兴国　定会维启恒　溥明继先德　学搏振家庆

盛京入旗佐对谱相符同宗,于康熙四十五年此二支排来。

我哈斯呼里氏翻译韩姓,先世家谱原系满文,于大清同治十一年十二月初三日经吉凌阿、永奎二人操办修谱,仍书满文。又于中华民国二年旧历十月二十七日重修家谱,经松严手由满文翻译汉字并增续。后世宗枝繁,编排二十字,由第六世起以"永"字为首,下辈按字排行次序,以昭慎重,免岂宗枝紊乱为要。②

一世

雅奇布　生二子　长子　乌苏布(白旗堡居住,未入谱)次子　乌苏买

二世

乌苏买　生二子　长子　倭力布　次子　倭力伙买

---

① 书于谱单右侧。
② 书于谱单左侧。

三世

倭力布 生三子 长子 书色 次子 巴古拉库 三子 巴海

倭里[力]伙买 生二子 长子 福尔塔 次子 布得库

四世

书色 生二子 长子 绰穆[木]克托① 次子 穆奇题

巴古拉库 生二子 长子 巴彦 次子 巴彦太

巴海 生四子 长子 吉雅 次子 莽卡吉 三子 当卡吉 四子 达穆胡里

福尔塔 生一子 锡达雅

卜[布]得库② 生二子 长子 活及各力 次子 活弼图

化托伙③生一子 额里德

化森保④生一子 厄力托

五世

绰木克托 生一子 阿吉

穆奇题 生二子 长子 卜尔茶哈 次子 卜彦图

巴彦 生一子 托克托拜

巴彦太（领催）生二子 长子 噶穆 次子 德吉尔德力

吉雅 生一子 噶尼

莽卡吉 生一子 巴力克七

当卡吉 生一子 多尔第

达穆胡里（防御）乏嗣

锡达雅 生一子 沙锦

活及各力 生一子 倭尔及柏

活弼图 生一子 达林（达尔扎）拨往依力⑤

---

① 据后文五世应为"绰木克托"。
② 据前文三世应为"布得库"。
③ 原文三世即无此人。
④ 原文三世即无此人。
⑤ 即"伊犁"。

额里德　生一子　托本达力

厄力托　生一子　倭力［斯］珲①

六世

阿吉　生一子　乌各勒克奇

卜尔茶哈　生二子　长子　锡伯力根　次子　哦木奇

卜彦图　生二子　长子　多力吉　次子　端奇力

托克托拜　生一子　锡拉

噶穆（骁骑校）生一子　扎布

德吉尔德力　生二子　长子　哦铿额　次子　满吉

噶尼　生二子　长子　立达　次子　卜达

巴力克七　生一子　索讷穆

多尔第　生三子　长子　巴达拉　次子　噶尔图（乏）三子　博尔特里

沙锦　生二子　长子　厄力托　次子　福升太

倭尔及柏　生一子　额尔科第

达尔札（旧谱原名达林）拨往依力②

托本达力　生二子　长子　西的　次子　托合托合

倭斯珲　生一子　西凌太

七世

乌各勒克奇　生一子　约尔托

锡伯力根　生一子　倭木图

哦木奇　生一子　常［长］明③

多力吉　生二子　长子　达来（乏）次子　依蓝七

端奇力　生四子　长子　沙哈（乏）次子　四十八（乏）三子　五十（乏）四子　赏阿（乏）

---

① 据后文六世应为"倭斯珲"。
② 即"伊犁"。
③ 据后文八世及《锡伯族哈斯呼里氏谱书》所记，应为"长明"。

六、哈斯呼里（韩）氏家谱

锡拉　生四子　长子　巴图　次子　瓦力海　三子　多伙［火］力①　四子　阿力斯

扎布（前锋）生三子　长子　厄尔特布　次子　穆坤　三子　音登

哦铿额　生四子　长子　乌科力钦　次子　活尼　三子　札［扎］尔山②　四子　金保住

满吉　生一子　莫克托

立达　生三子　长子　乌力吉［及］地［第］③　次子　额力合　三子　巴都力库

卜达　生一子　乌金太（乏）

索讷穆　生三子　长子　根登　次子　雅奇纳　三子　巴拉

巴达拉　生二子　长子　阿力克山　次子　马克沙图

博尔特里　生二子　长子　色英额　次子　安青啊［阿］④

厄力托　生三子　长子　塔斯哈　次子　巴图鲁　三子　巴彦保（乏）

福升太　生一子　付保（乏）

额尔科第　生二子　长子　德寿（乏）次子　奎德（乏）

西的　生一子　牙尔哈吐

托合托合　生一子　厄尔德木特

西凌太　生一子　七小

八世

约尔托　生一子　古尔各（乏）

倭木图　生一子　朱［珠］占⑤

长明　生一子　古力特

依蓝七　生三子　长子　讷力布的（乏）次子　阿洽　三子　绰保

---

① 据后文八世应为"多火力"。
② 据后文八世应为"扎尔山"。
③ 应为"乌力及第"。
④ 据后文八世应为"安青阿"。
⑤ 据后文九世应为"珠占"。

巴图　生三子　长子　阿裕斯　次子　德各力　三子　三十八

瓦力海（组往伊力①）

多火力　生二子　长子　湍多　次子　都勒（乏）

阿力斯　生二子　长子　厄力戈　次子　博力戈

厄尔特布　生一子　挪力布

音登（品级章京）生二子　长子　乌林布　次子　依林布

乌科力钦　生一子　德［得］宝②

活尼　生二子　长子　图木勤　次子　同德

扎尔山　生一子　兼福

金保住　生二子　长子　荣喜（乏）次子　荣德（乏）

莫克托　生二子　长子　存喜（乏）次子　厄林太（乏）

乌力及第　生一子　色克力库

额力合　生五子　长子　阿尔垦的　次子　四十九　三子　敏朱［珠］鲁③　四子　倭斯科［克］④　五子　班第

巴都力库　生三子　长子　铁柱　次子　保住　三子　卜力卜德

根登　生二子　长子　常林　次子　常亮

雅奇纳　生一子　常俊

巴拉　生二子　长子　常寿　次子　常拉吗

马克沙图　生二子　长子　奇勒　次子　福勒

色英额　生三子　长子　马哈巴拉（乏）次子　达青阿　三子　活湍

安青阿　生一子　多力吉

塔斯哈　生三子　长子　明安托　次子　明安那（乏）三子　明安保（乏）

巴图鲁　生二子　长子　立住　次子　拦住（乏）

牙尔哈吐　生一子　根昌

---

① 即"伊犁"。
② 据后文九世应为"得宝"。
③ 据后文九世应为"敏珠鲁"。
④ 据后文九世应为"倭斯克"。

厄尔德木特 生二子 长子 图明阿 次子 依明阿

七小 生二子 长子 双德 次子 双有

九世

珠占 生二子 长子 六十四 次子 六十七（乏）

古力特 生二子 长子 苏尔芳阿 次子 苏章阿（乏）

阿洽 生三子 长子 巴凌［棱］额 次子 依凌［棱］阿 三子 扎丰阿（乏）

绰保 生二子 长子 盛德（乏）次子 色克滕阿

阿裕斯 生二子 长子 束崇阿 次子 木［穆］克栋阿①

德各力 生一子 莫斯海

三十八 生二子 长子 六十九 次子 哈丰阿

湍多 生三子 长子 韩德 次子 根住 三子 哈凌阿

厄力戈 生二子 长子 付福（乏）次子 双顶

博力戈 生二子 长子 双成 次子 得利

挪力布 生三子 长子 得克京厄 次子 乌克京厄（乏）三子 乌力功厄

依林布 生三子 长子 丹巴 次子 七十一 三子 纳［讷］木钦②

得宝 生三子 长子 图唐阿 次子 黑达儿 三子 傻子

同德 生二子 长子 伯力西保 次子 马喜（乏）

兼福 生一子 阿林阿

色克力库 生二子 长子 倭力托 次子 双喜

阿尔垦的 生二子 长子 富森保 次子 富明

敏珠鲁 生三子 长子 巴尔珠鲁 次子 立保住 三子 讷青厄

倭斯克 生三子 长子 奇克力图 次子 福克京厄 三子 依力布

铁柱 生一子 金住

卜力卜德 生三子 长子 黑胖 次子 黑雄 三子 黑福

---

① 据后文十世应为"穆克栋阿"。
② 据后文十世应为"讷木钦"。

常林　生二子　长子　双吉　次子　双庆

常俊　生一子　双裕

奇勒　生一子　锡保

福勒　生三子　长子　大小　次子　二小　三子　三小

达青阿　生一子　福成

活湍　生一子　占巴

多力吉　生二子　长子　永富（乏）次子　永贵

明安托　生一子　吉庆

立住　生二子　长子　富喜　次子　连喜

根昌　生一子　良住

图明阿　生一子　双春

依明阿　生一子　黑英

双德　生一子　满仓

双有　生一子　德玉

十世

六十四　生一子　富德

苏尔芳阿　生二子　长子　福勒恒额　次子　广煜

巴稜额　生一子　保

依稜阿　生一子　勤

色克滕阿　生二子　长子　腊八　次子　腊住

束崇阿　生四子　长子　兴京厄［额］①　次子　德崩厄　三子　伯尔古力　四子　阿斯林

穆克栋阿　生一子　二福

莫斯海　生一子　额尔登额

六十九　生二子　长子　八十二　次子　伯力肯

哈丰阿　生一子　吉尔他里

---

① 据后文十一世应为"兴京额"。

韩德　生二子　长子　福保住　次子　凌保住

根住　生一子　庆保住

哈凌阿　生一子　德福

双成　生一子　长［常］保①

得利　生四子　长子　祥保　次子　拉吗　三子　荣祥　四子　世祥

得克京厄　生二子　长子　克明厄　次子　富成

乌力功厄　生三子　长子　克兴厄　次子　扎隆阿　三子　扎克丹

七十一　生三子　长子　升禄　次子　升贵　三子　升启

讷木钦　生一子　文弼

图唐阿　生二子　长子　音珠那　次子　钦珠那

黑达儿　生二子　长子　世功　次子　韩昌

傻子　生一子　韩升

伯力西保　生一子　依青阿

阿林阿　生二子　长子　得青　次子　长春

倭力托　生五子　长子　卜彦达尔戈力　次子　吉尔杭阿　三子　韩福　四子　韩住　五子　庆福

富明　生一子　山顶

巴尔朱［珠］鲁②　生二子　长子　福常　次子　厄力合春（乏）

立保住　生二子　长子　苏鲁阿　次子　长春

讷青厄　生二子　长子　吉瑞　次子　锡瑞

奇克力图　生三子　长子　吉尔通阿（乏）　次子　吉凌阿　三子　吉林阿

福克京厄　生二子　长子　阿林　次子　佛喜

依力布　生三子　长子　依力哈春　次子　吉力哈春　三子　依力喜春

黑胖　生二子　长子　阿克敦　次子　德顺

黑福　生一子　德林

---

① 据后文十一世应为"常保"。
② 据前文九世应为"巴尔珠鲁"。

三小 生三子 长子 桂林 次子 桂山 三子 桂森

占巴 生一子 锡奎（乏）

永贵 生一子 锡林

吉庆 生二子 长子 奎升 次子 奎祥

连喜 生一子 奎保

良住 生一子 庆三

双春 生一子 韩玺

黑英 生二子 长子 文成 次子 文俊

满仓 生一子 奎元

德玉 生一子 奎耀

十一世

富德 生一子 金安

福勒恒额 生一子 松俊

广煜 生一子 松严

腊住 生一子 松龄

兴京额 生一子 吉尔詹阿

德崩厄 生五子 长子 阿哈 次子 庆有 三子 升禄 四子 秋凉 五子 拉吗

伯尔古力 生二子 长子 庆良 次子 庆昌

阿斯林 生一子 韩祥

二福 生二子 长子 永奎 次子 永庆

额尔登额 生三子 长子 喜住 次子 四柱 三子 保住

八十二 生一子 庆禄

伯力肯 生一子 庆昌

吉尔他里 生一子 庆生

凌保住 生一子 永太

庆保住 生一子 永全

常保 生一子 永年

祥保　生二子　长子　永吉　次子　永新

世祥　生二子　长子　永山　次子　永海

克明厄　生一子　乌吉昌

富成　生一子　巴彦昌

克兴厄　生三子　长子　阿那珲　次子　会清　三子　会相

扎隆阿　生一子　会恩

扎克丹　生一子　会元

升禄　生一子　会海

升启　生一子　会芳

音朱［珠］那①　生一子　会升

钦朱［珠］那②　生一子　会杰（乏）

世功　生五子　长子　庆喜　次子　会珍　三子　春林　四子　会全　五子　会文

韩昌　生三子　长子　会中　次子　会成　三子　会林

韩升　生一子　会斌

卜彦达尔戈力　生一子　金锁

吉尔杭阿　生一子　金贵

韩福　生二子　长子　永贵　次子　恩德

吉瑞　生一子　保安

锡瑞　生一子　钧安

吉凌阿　生二子　长子　景安　次子　锡安

吉林阿　生二子　长子　常安　次子　玉安

阿林　生三子　长子　永安　次子　胜安　三子　刚安

依力哈春　生五子　长子　平安　次子　正安　三子　能安　四子　四安　五子　五安

---

① 据前文十世应为"音珠那"。
② 据前文十世应为"钦珠那"。

吉力哈春　生二子　长子　崇安　次子　吉安

依力喜春　生一子　博安

阿克敦　生二子　长子　会安　次子　升安

德顺　生三子　长子　双安　次子　来安　三子　锁［索］安①

奎升　生一子　长发

韩玺　生一子　景升

文成　生三子　长子　景昌　次子　景春　三子　景和

奎元　生一子　景云

十二世

金安　生二子　长子　维陛　次子　维升

松俊　生四子　长子　维清　次子　维新　三子　维伦　四子　维常

松严　生一子　维藩

吉尔詹阿　生一子　丰恩

庆有　生一子　丰库

升禄　生二子　长子　丰玉　次子　丰仓

拉吗　生三子　长子　丰年　次子　丰阜　三子　丰源

永奎　生一子　丰绅

庆生　生一子　丰春

永太　生四子　长子　成寿　次子　成安　三子　成保　四子　成焕

永全　生一子　成玉

永年　生一子　成贵

永新　生三子　长子　成林　次子　成喜　三子　成住

乌吉昌　生一子　连顺

巴彦昌　生五子　长子　维光　次子　维隽　三子　维桢　四子　维垣　五子　维岳

阿那珲　生一子　维喜

---

① 据后文十二世应为"索安"。

会清　生一子　维玉

会相　生一子　维璧

会恩　生一子　维纯

会元　生一子　维棋

会升　生一子　维翰

庆喜　生三子　长子　维义　次子　维荣　三子　维恒

会珍　生三子　长子　维咸　次子　维德　三子　维一

春林　生一子　维刚

会全　生一子　维城

会文　生二子　长子　维廉　次子　维桢

会斌　生二子　长子　维山　次子　维林

金锁　生一子　庆余

金贵　生一子　庆垣

恩德　生一子　庆有

保安　生一子　庆东

钧安　生一子　庆勋

锡安　生一子　庆林

平安　生一子　庆仁

正安　生二子　长子　庆贵　次子　庆森

能安　生一子　庆兴

四安　生一子二女　子　庆裕　二女（不详）

崇安　生一子　庆保

博安　生五子　长子　庆丰　次子　庆纯　三子　庆海　四子　庆斌　五子　庆恺

会安　生二子　长子　庆多　次子　庆恒

双安　生一子　庆儒

索安　生二子　长子　庆秀　次子　庆和

十三世

丰恩 生一子 启惠

丰库 生一子 启英

丰玉 生一子 启贤

丰仓 生四子 长子 启山 次子 启运 三子 启钧 四子 启元

丰春 生六子 长子 启升 次子 启太 三子 启德 四子 启俊 五子 启文 六子 启武

成寿 生一子 启贵

连顺 生四子 长子 启昆 次子 启恩 三子 启恩 四子 启昌

维光 生一子 启圣

维隽 生一子 启先

维喜 生三子 长子 启禄 次子 启贞 三子 启博

维玉 生一子 启智

维璧 生二子 长子 启尧 次子 启舜

维纯 生一子 启仁

维棋 生一子 启良

维翰 生一子 启玉

维义 生三子 长子 启善 次子 启祥 三子 启方

维荣 生一子 启林

维咸 生一子 启杰

庆余 生一子 启明

庆垣 生二子 长子 启亨 次子 启信

庆保 生一子 启厚

十四世

（从略见上）

[辽宁沈阳] 锡伯族哈斯呼里氏谱书

此为前谱再续谱。韩启昆、韩启久等1986年续修。手写本，一册。封面书"锡伯族哈斯呼里氏谱书"，次页书"沈阳市于洪区马三家镇边台村"。此次续修还根据学者指导，对民国二年（1913）汉译序文疏漏进行订正，对原满文序进行了重译。《家谱新序》载："哈斯呼里氏，汉译为韩姓"，始祖雅奇布，祖居"黑龙江所属墨尔根城（今嫩江）和雅鲁河流域"，康熙三十一年（1692）"编入满洲八旗，分驻齐齐哈尔、伯都讷等地"，康熙三十七年（1698）"再由伯都讷迁来盛京"①，编入镶蓝旗，在"后边台占地定居"。内容有同治十一年（1872）谱书序文（汉译）、民国二年（1913）重修谱序、1986年重修说明、1986年家谱新序和自始祖雅奇布以下十七代族人世系序列谱表。辽宁省沈阳市于洪区韩恒顺和吉林省长春市韩舒梅收藏。《沈阳锡伯族家谱》收录。② 此据韩恒顺和韩舒梅提供家谱资料整理。

谱书序文

哈斯呼里氏，初定居黑龙江所属墨尔根城和雅鲁河流域时，始祖雅奇布有子二人，长子名曰乌苏布，次子名曰乌苏买。乌苏布一支，移居白旗堡地方。

乌苏买有子二人，长曰倭尔布③，次曰倭尔胡买④。倭尔布生三子，长子苏色⑤，次子巴果牢⑥，三子巴海。倭尔胡买生二子，长曰富尔塔，

---

① 同治十一年《谱书序文》记为康熙三十九年迁入盛京。
② 王俊、李军编著：《沈阳锡伯族家谱》，辽宁民族出版社2015年版，第59—91页。
③ 又译作"倭力布"。
④ 又译作"倭尔伙买"。
⑤ 又译作"书色"。
⑥ 又译作"巴古拉库"。

次曰布得库。当时有一位异姓人，名叫哲海，以行医治病为业，倭尔胡买与他结拜为兄弟，并由此地徙往西边，游居于郭尔罗斯王公所属塔尔浑地方，生息三十余载，以此改称蒙古人了。

康熙皇帝施恩，由蒙古王公台吉处赎回锡伯人众，并将倭尔布之子苏色、巴果牢、巴海，倭尔胡买之子富尔塔、布得库等允准记丁，拨往齐齐哈尔驻防。在此处编牛录，居六七年之久。后由齐齐哈尔迁来时，乌苏布、倭尔胡买等，在伯都讷地方又生活了三年。于康熙三十九年，再由伯都讷迁入盛京，编入牛录当差。

同治十一年十二月初三日吉旦

重修谱序

我哈斯呼里氏，翻译韩姓。先世家谱原满文，于大清同治十一年十一月初三日，经永奎、吉凌阿二人操办修谱，仍书满文。于中华民国二年旧历十月二十七日重修谱，经松严手由满文翻译汉文，并增续后世宗枝，因族众枝繁，编排二十字。由第六世起，以"永"为首，下辈按字排行次序，以昭慎重，免岂宗枝紊乱为要。

二十字：永远常兴国　宝会维启恒　溥明继光德　学博振家庆
谨订

注：于康熙四十五年此二支拨来盛系入旗佐对谱相符同宗。

中华民国二年旧历十月二十七日重修谱序

重修说明

我哈斯呼里氏，汉译为韩姓。原谱书使用满文书写，中华民国二年，经松严译成汉文，而对原序文未做详细翻译，有几处重要忽漏。一九七九年新疆社会科学院民族研究所肖夫先生（锡伯族）来沈阳调查时，发现翻译之忽漏，将原满文序译成汉文，即此汉文序文。

康熙四十五年来的二支排,即四世化托伙、化森保二支,因对谱相符回宗,故列入家谱之内,此段说明在旧谱上角,即上四行一段文字。

一九八六年七月

家谱新序

我哈斯呼里氏,汉译韩姓的家谱,从前次(民国二年)续谱到现在已有七十三年了。我们家族户大丁繁,随着社会发展和生活需要,不少家庭前往外地,有的相逢不知同宗,同宗不知辈分,有的不知祖父是谁,再往上追溯是哪支排更不清楚了。尤为甚者有的户口误报族籍,这些实属憾事。为保持与发扬我锡伯族优良传统,增强民族团结,为振兴中华多做贡献,更为今后代代相传,每人都能了解祖先到本身的来龙去脉,旧家谱实有增续之必要。为此,我们部分族人倡议,经众赞同,在旧谱的基础上,再续新谱。

我们锡伯族是中华民族大家庭的一个成员,是个勤劳智慧、勇敢善战,有着悠久历史的少数民族。锡伯族原来生活于黑龙江和吉林西北部境内,是古代鲜卑族的遗民。清代学者何秋清在其《朔方备乘》中,就有这样的注载"鲜卑音转为锡伯,亦作席北,今黑龙江境内和吉林西北境,有锡伯一种即鲜卑遗民"。锡伯本是锡伯人的自称,但在不同时期的汉文史籍中,却出现了失韦、室韦、西北、锡北等多种不同的译音和写法,直到明末清初的《清实录》中,才又使用锡伯族名乃至今日。

旧谱记载,我哈斯呼里初定黑龙江所属墨尔根城(今嫩江)和雅鲁河流域,此地当时隶属于科尔沁蒙古。清初努尔哈赤征服这一地区之后,生活在嫩江流域的锡伯族人,随同蒙古一起被编入蒙古八旗。到了康熙三十一年(1692)清政府将锡伯人从科尔沁抽出编入满洲八旗,分驻齐齐哈尔、伯都讷等地。即旧谱上说的"康熙皇帝由蒙古王公赎回锡伯人众,并将倭尔布之子书色、巴古拉库、巴海,倭力伙买之子富尔塔、布得库等,允准记丁,拨往齐齐哈尔驻防"。在齐齐哈尔住六七年,由齐齐哈尔拨来盛京时，由于需要自备粮草，故而又在伯都讷住了三年，由康熙三十七年（1698）再由伯都讷迁来盛京，编入牛录（镶蓝旗）当差，在沈阳城西五十里后边台占地定居，世代劳动生息繁衍到今天。

需要着重提出的是，乾隆二十九年（1764）清政府拨盛京锡伯官兵到西北边疆伊犁戍边时，我哈斯呼里氏家族中的第六世达尔札（旧谱译作达林），第八世瓦力海都去了，旧谱中在这两位的名下有"拨往伊犁"和"组往伊犁"的记载。一九八一年我到新疆察布查尔锡伯自治县参加锡伯语言学术会议时，找到了达尔札的后代，分离二百余年的一家子又得见了面。

这次续谱，务求周祥，并宜体现时代精神和男女平等的原则，故规定新入谱的是，旧谱遗漏的和一九一三年以后出生的人员，十四世以后各世女子名及各世妻子姓名，辈分排列继续使用前谱编排的"永远常兴国，定会维启恒，溥明继先德，学博振家庆"二十字。十四世"启"字辈到十六世"博"字辈中，很多未按二十字顺序起名者，均原名未动续入谱内，今后要求十七世"明"字辈往后出生的子女，千万不要随便起名，一定要按排字的顺序起名，以期后世辈分不乱。今后，每三十年，务必再修谱一次，以垂永久，切望世世一定按此愿望遵循办理。

此次续谱小组人员，以年龄为序，韩景龙、韩启岫、韩恒珍、韩启学、韩启光、韩启昆、韩启文、韩启功、韩启广、韩恒涛。

主办　韩启久

执笔　韩启岫、韩启学、韩启珍

主笔　韩启岫

撰序　韩启昆

一九八六年七月

说明

一、为了宗支清楚，辈分不乱，从三世祖往下，以两位三世祖名字末字为代号划分为"布一支""布二支""布三支""买一支""买二支",按辈分向下分列。后认同宗的两支,则以四世祖名字末字为代号划分为"保支""伙支",同样向下分列。

二、名字下面有"乏"字的表示无后人。

三、名字下面有"未"字的表示未婚。

四、名字下面有"□"标记的表示少年丧生。

五、十二世以前,名字下面无字、无记号的也是无后人,但究是已婚无后或是未婚无后,查无依据,因而从略。

目录

一、祖先至五世祖各世序列谱表

二、布一支

三、布二支

四、布三支

五、买一支

六、买二支

七、后认同宗两支旧谱上的原文

八、后认同宗两支中"保支"

九、后认同宗两支中"伙支"

序列谱表

祖先

雅奇布　生二子　长子　乌苏布（这支白旗保［堡]）[①]　次子　乌苏买

二世

乌苏买　生二子　长子　倭力布　次子　倭力伙买

---

① 在旧谱满文中写为"乌苏布的后裔在白旗堡"。

三世

倭力布 生三子 长子 书色（布一支）次子 巴古拉库（布二支）三子 巴海（布三支）

倭里［力］伙买 生二子 长子 福尔塔（买一支）次子 布得库（买二支）

四世

书色（布一支）生二子 长子 绰木克托 次子 木奇题

巴古拉库（布二支）生二子 长子 巴彦 次子 巴彦太

巴海（布三支）生四子 长子 吉雅 次子 莽卡吉 三子 当卡吉 四子 塔木胡里（乏）

福尔塔（买一支）生一子 锡达雅

布得库（买二支）生二子 长子 活及各力 次子 活必图

化森保①（保支）生一子 厄力托

化托伙②（伙子）生一子 额里德

五世

绰木克托 生一子 阿吉

木奇题 生二子 长子 卜不茶哈 次子 卜彦图

巴彦 生一子 托克托拜

巴彦太（领催）生二子 长子 噶木 次子 德吉尔德力

吉雅 生一子 噶尼

莽卡吉 生一子 巴力克七

当卡吉 生一子 多尔第

锡达雅 生一子 沙锦

活及各力 生一子 倭尔及柏

活必图 生一子 达尔札

---

① 原文三世即无此人。
② 原文三世即无此人。

厄力托 生一子 倭斯珲

额里德 生一子 托木达力

六世

阿吉 生一子 乌各勒克奇

卜不茶哈 生二子 长子 希伯力根 次子 阿木奇

卜彦图 生二子 长子 多力吉 次子 端奇力

托克托拜 生一子 西拉

噶木（骁骑校）生一子 札布

德吉尔德力 生二子 长子 阿坚额 次子 满吉

噶尼 生二子 长子 力达 次子 卜达

巴力克七 生一子 索讷木

多尔第 生三子 长子 巴达拉 次子 噶尔图（乏）三子 伯尔特里

沙锦 生二子 长子 厄力托 次子 福升太

倭尔及柏 生一子 额尔科第

达尔札（旧谱原名达林）拨往伊犁

倭斯珲 生一子 西凌太

托木达力 生二子 长子 西的 次子 托合托合

七世

乌各勒克奇 生一子 约尔托

希伯力根 生一子 倭木图

阿木奇 生一子 长明

多力吉 生二子 长子 达来（乏）次子 伊兰七

端奇力 生四子 长子 沙哈（乏）次子 四十八（乏）三子 五十（乏）四子 赏阿（乏）

西拉 生四子 长子 巴图 次子 瓦力海 三子 多火力 四子 阿力斯

札布 前锋 生三子 长子 厄力葛特 次子 木坤 三子 音登

阿坚额 生四子 长子 乌克力钦 次子 活尼 三子 札尔三 四子 金保住

满吉 生一子 莫克托

力达 生三子 长子 乌力及第 次子 厄力合 三子 巴都力库

卜达 生一子 乌金太

索讷木 生三子 长子 根登 次子 雅祺纳 三子 巴拉

巴达拉 生二子 长子 阿力克山 次子 马克沙图

伯尔特里 生二子 长子 色英额 次子 安青阿

厄力托 生三子 长子 塔斯哈 次子 巴图鲁 三子 巴彦保（乏）

福升太 生一子 付保（乏）

额尔科第 生二子 长子 德寿（乏）次子 奎德（乏）

西凌太 生一子 七小

西的 生一子 牙尔哈吐

托合托合 生一子 厄尔德木特

八世

约尔托 生一子 古尔各（乏）

倭木图 生一子 珠占

长明 生一子 古力特

伊兰七 生三子 长子 讷力布的（乏）次子 阿洽 三子 绰保

巴图 生三子 长子 阿裕斯 次子 德各的 三子 三十八

瓦力海（拨往伊犁，旧谱原书组往伊力）

多火力 生二子 长子 湍多 次子 都勒（乏）

阿力斯 生二子 长子 额力戈 次子 博力戈

厄力葛特 生一子 挪力布

音登 生二子 长子 乌林布 次子 依林布

乌克力钦 生一子 得宝

活尼 生二子 长子 图木勒 次子 同德

札尔三 生一子 兼福

金保住 生二子 长子 荣喜（乏）次子 荣德（乏）

莫克托 生二子 长子 存喜（乏）次子 额林泰（乏）

乌力及第 生一子 色克力库

厄力合　生五子　长子　阿尔肯的　次子　四十九　三子　敏珠鲁　四子　倭斯克　五子　班第

巴都力库　生三子　长子　铁柱　次子　保住　三子　普力普德

根登　生二子　长子　长林　次子　长亮

雅祺纳　生一子　长俊

巴拉　生二子　长子　长寿　次子　拉马

马克沙图　生二子　长子　齐勒　次子　福勒

色英额　生三子　长子　马哈巴拉　次子　达青阿　三子　活湍

安青阿　生一子　多力吉

塔斯哈　生三子　长子　明安托　次子　明安那（乏）　三子　明安保（乏）

巴图鲁　生二子　长子　立住　次子　拦住（乏）

七小　生二子　长子　双德　次子　双有

牙尔哈吐　生一子　仓根

厄尔德木特　生二子　长子　图明阿　次子　依明阿

九世

珠占　生二子　长子　六十四　次子　六十七（乏）

古力特　生二子　长子　苏尔方阿　次子　苏章阿（乏）

阿洽　生三子　长子　巴稜额　次子　依稜阿　三子　札丰阿（乏）

绰保　生二子　长子　盛德（乏）　次子　色克滕阿

阿裕斯　生二子　长子　束崇阿　次子　木克栋阿

德各的　生一子　莫斯海

三十八　生二子　长子　六十九　次子　哈丰阿

湍多　生三子　长子　韩德　次子　根住　三子　哈凌阿

额力戈　生一子　付福（乏）

博力戈　生三子　长子　双顶（乏）　次子　双成　三子　德力

挪力布　生三子　长子　德克京额　次子　乌克京额（乏）　三子　乌力功额

依林布　生三子　长子　丹巴　次子　七十一　三子　纳［讷］木钦①

得宝　生三子　长子　图唐阿　次子　黑达儿　三子　傻子

同德　生二子　长子　伯力西保　次子　马喜（乏）

兼福　生一子　阿凌阿

色克力库　生二子　长子　倭力托　次子　双喜

阿尔肯的　生一子　付森保

四十九　生一子　付明

敏珠鲁　生三子　长子　巴尔珠鲁　次子　力保住　三子　讷青额

倭斯克　生三子　长子　齐克力图　次子　福克京额　三子　伊里布

铁柱　生一子　金

普力普德　生三子　长子　黑胖　次子　黑熊　三子　黑福

长林　生二子　长子　双吉　次子　双庆

齐勒　生一子　锡保

福勒　生三子　长子　大小　次子　二小　三子　三小

达青阿　生一子　福成

活湍　生一子　占巴

多力吉　生二子　长子　永富（乏）　次子　永贵

明安托　生一子　吉庆

立住　生二子　长子　富喜　次子　连喜

双德　生一子　满仓

双有　生一子　德玉

仓根　生一子　良住

图明阿　生一子　双青

依明阿　生一子　黑英

十世

六十四　生一子　福德

---

① 据后文十世应为"讷木钦"。

苏尔方阿　生二子　长子　福勒恒额　次子　广煜

巴稜额　生一子　保

依稜阿　生一子　勤

色克滕阿　生二子　长子　腊八　次子　腊住

束崇阿　生四子　长子　兴京额　次子　德崩阿　三子　博尔及力　四子　阿斯林

木克栋阿　生一子　二福

莫斯海　生一子　额尔登额

六十九　生二子　长子　八十二　次子　百力肯

哈丰阿　生一子　吉尔他里

韩德　生二子　长子　福保住　次子　凌保住

根住　生一子　庆保住

哈凌阿　生一子　得福

双成　生一子　长［常］保①

德力　生四子　长子　祥保　次子　拉马　三子　荣祥　四子　四祥

德克京额　生二子　长子　克明额　次子　付成

乌力功额　生三子　长子　克兴额　次子　札龙额　三子　札丹额

七十一　生三子　长子　升禄　次子　升贵　三子　升启

讷木钦　生一子　文必必

图唐阿　生二子　长子　音珠讷　次子　钦珠讷

黑达儿　生二子　长子　士公　次子　韩昌

傻子　生一子　韩生

伯力西保　生一子　依青阿

阿凌阿　生二子　长子　德青　次子　长青

倭力托　生五子　长子　卜彦达戈尔刀　次子　吉尔抗［杭］阿②　三子

---

① 据后文十一世应为"常保"。
② 据后文十一世应为"吉尔杭阿"。

韩福　四子　韩住　五子　福庆

　　付明　生一子　山顶

　　巴尔珠鲁　生二子　长子　福举　次子　倭力合青（乏）

　　力保住　生二子　长子　苏鲁阿　次子　长青

　　讷青额　生二子　长子　吉瑞　次子　锡瑞

　　齐克木［力］图①　生三子　长子　吉尔通阿　次子　吉凌阿　三子　吉林阿

　　福克京额　生二子　长子　阿林　次子　佛喜

　　伊里布　生三子　长子　伊力哈青　次子　吉力哈春　三子　伊力喜春

　　黑胖　生二子　长子　阿克敦　次子　德顺

　　黑福　生一子　德林

　　三小　生三子　长子　贵林　次子　贵山　三子　贵森

　　占巴　生一子　锡奎（乏）

　　永贵　生一子三女　子　锡春　长女　适朱氏　次女　适佟氏　三女　适王氏

　　吉庆　生二子　长子　奎升　次子　奎祥（未）

　　富喜　生一子　奎保（乏）

　　满仓　生一子　奎元

　　德玉　生一子　奎耀

　　良住　生一子　庆山

　　双青　生一子　韩玺

　　黑英　生二子　长子　文成　次子　文俊

十一世

　　福德　生一子　金安

　　福勒恒额　生一子　松俊

　　广煜　生一子　松岩

　　腊住　生一子　松龄

---

① 据前文九世应为"齐克力图"。

兴京额　生一子　吉尔詹阿

德崩阿　生五子　长子　阿哈　次子　庆有　三子　升禄　四子　秋凉　五子　拉马

博尔及力　生二子　长子　庆良　次子　庆昌

阿斯林　生一子　韩祥

二福　生二子　长子　永奎　次子　永庆

额尔登额　生三子　长子　喜保　次子　四柱　三子　保住

八十二　生一子　庆禄

百力肯　生一子　庆昌

吉尔他里　生一子　庆生

凌保住　生一子　永太

庆保住　生一子　永全

常保　生一子　永年

祥保　生二子　长子　永吉　次子　永新

四祥　生二子　长子　永山　次子　永海

克明额　生一子　乌及昌

付成　生一子　巴彦昌

克兴额　生三子　长子　阿力珲　次子　会清　三子　会相

札龙额　生一子　会恩

札丹额　生一子　会元

升禄　生一子一女　子　会心　女　适桃氏

升贵　生四女　长女　适王氏　次女　适关氏　三女　适孙氏　四女　□□□

升启　生五子二女　长子　会芳　次子　会川　三子　会春　四子　会英　五子　会贤　长女　适唐氏　次女　适氏

音朱［珠］讷①　生一子　会升

---

① 据前文十世应为"音珠讷"。

钦朱[珠]讷① 生一子 会杰（乏）

士公 生五子 长子 庆喜 次子 会贞 三子 青林 四子 会泉 五子 会文

韩昌 生三子 长子 会中 次子 会成 三子 会林

韩生 生一子 会斌

卜彦达戈尔刀 生一子 金锁

吉尔杭阿 生一子 金贵

韩福 生二子 长子 永贵 次子 恩德

吉瑞 生一子 保安

锡瑞 生一子 钧安

吉凌阿 生二子 长子 景安 次子 锡安

吉林阿 生二子 长子 长安 次子 玉安

阿林 生三子 长子 永安 次子 胜安 三子 刚安

伊力哈青 生五子 长子 平安 次子 正安 三子 能安 四子 四安 五子 五安

吉力哈春 生二子 长子 崇安 次子 吉安

伊力喜春 生一子 博安

阿克敦 生二子 长子 会安 次子 升安

德顺 生三子 长子 双安 次子 来安 三子 索安

锡春 妻 何氏 生六子三女 长子 振旭 次子 振东 三子 振芳 四子 振佳 五子 振忠 六子 振富 长女 淑清 次女 淑珍 三女 淑艳

奎升 生一子 长发

奎元 生三子四女 长子 景云 次子 景林 三子 景福 长女 适关氏 次女 适王氏 三女 适常氏 四女 适林氏

奎耀 生一子五女 子 景龙 长女 桂贞 次女 桂芝 三女 桂芬 四女 桂菊 五女 桂华

庆山 生一子四女 子 景太 长女 适高氏 次女 适赵氏 三女 适李氏

---

① 据前文十世应为"钦珠讷"。

四女 适聂氏

韩玺 生一子 景升

文成 生三子 长子 景昌 次子 景青 三子 景和（乏）

文俊 生一子 景兴 妻 王氏（乏）

十二世

金安 生二子二女 长子 维启 次子 维财 长女 适王氏 次女 适佟氏

松俊 生四子一女 长子 维清 次子 维新 三子 维伦 四子 维常 女 适何氏

松岩 生一子 维藩

松龄 生三子二女 长子 维宇 次子 维宙 三子 维洪 长女 适佟氏 次女 适安氏

吉尔詹阿 生一子 丰恩

庆有 生一子 丰库

升禄 生二子 长子 丰玉 次子 丰昌

永奎 生一子 丰绅

庆生 生一子 丰青

永太 生四子 长子 成寿 次子 德安 三子 成保（未）四子 成焕（未）

永泉［全］①　生一子 成玉

永年 生二子 长子 维贤 次子 维仲

永新 生五子 长子 成林 次子 成言 三子 成之（乏）四子 成绪 五子 成秀

永海 生三子 长子 维士 次子 维俊 三子 维君

乌及昌 生一子 连顺

巴彦昌 生五子 长子 维光 次子 维隽 三子 维贞 四子 维垣 五子 维岳

阿力珲 生一子 维喜

---

① 据前文十一世应为"永全"。

会清　生一子　维玉

会相　生一子　维璧

会恩　生一子　维纯

会元　生一子　维棋

会心　生三子二女　长子　维东　次子　维强（未）三子　维坤　长女　素芹　次女　素云

会芳　生一子五女　子　维祥　长女　秀云　次女　秀英　三女　秀芹　四女　秀芝　五女　秀珍

会川　生四子　长子　维章　次子　维华　三子　维国　四子　维忠

会春　生二子一女　长子　维秀　次子　维书　女　彩

会贤　生一子二女　子　维勇　长女　江萍　次女　海萍

会升　生一子　维翰

庆喜　生三子三女　长子　维义　次子　维荣　三子　维臣（乏）长女　适关氏　次女　适关氏　三女　适佟氏

会贞　生三子　长子　维显　次子　维德　三子　维廉

青林　生二子　长子　维刚（未）次子　维复

会泉　生一子三女　子　维城　长女　适闫氏　次女　适鲁氏　三女　适丁氏

会文　生二子　长子　维恒　次子　维树

会林　生三子三女　长子　维山　次子　维福　三子　维友　长女　秀芹　次女　秀珍　三女　秀菊

会斌　生二子　长子　维山（未）次子　维林

金锁　生一子　庆余

金贵　生一子　庆垣

恩德　生一子　庆有（未）

保安　生一子　庆冬（乏）

钧安　妻　何氏　生二子　长子　庆勋　次子　二秃

锡安　生一子　庆林

正安　妻　高氏　生二子二女　长子　庆贵（乏）次子　庆善　长女　适氏

次女 适崔氏

　　能安　生二子　长子　庆兴　次子　庆仁（未）

　　四安　生一子二女　子　庆玉　长女　适张氏　次女　适何氏

　　崇安　生一子　庆宝

　　吉安　生一子　庆升

　　博安　妻　庄氏　生五子一女　长子　庆丰　次子　庆纯　三子　庆海　四子　庆凯　五子　庆斌　女　菊

　　会安　生二子二女　长子　庆多　次子　庆恒　长女　来媛　次女　来珍

　　双安　生一子　庆仇（乏）

　　来安　生一子二女　子　玉琛　长女　适关氏　次女　适虞氏

　　索安　生五子二女　长子　玉秀　次子　玉珍（乏）　三子　玉山　四子　玉璞　五子　玉民　长女　玉青　次女　玉□

　　振旭　妻　喻淑香　生二子三女　长子　俊生　次子　俊发　长女　冬梅　次女　秋梅　三女　红梅

　　振东　妻　杨丽华　生一子一女　子　俊华　女　俊梅

　　振芳　妻　赵艳华　生一子二女　子　俊辉　长女　玉梅　次女　雪梅

　　振佳　妻　干秀娥　生一子二女　子　俊锋　长女　丽梅　次女　金梅

　　振忠　妻　柴菊兰　生三女　长女　桂梅　次女　秀梅　三女　铁梅

　　振富　妻　韩美华　生一子　明

　　长发　生四子　长子　维平　次子　维斌　三子　维顺　四子　维治

　　景云　生一子　维刚

　　景福　生一子　淑清

　　景龙　生二子二女　长子　维君　次子　维民　长女　秋梅　次女　二丽

　　景太　生一女　维晶

　　景昌　生三子二女　长子　维福（乏）　次子　维民　三子　维安　长女　秀坤　次女　秀莲

　　景青　生三子三女　长子　忠顺　次子　忠俊　三子　忠玉　长女　淑珍　次女　淑芳　三女　淑芹

十三世

维启 妻 郭氏 续王氏 生五子 长子 启龙（未） 次子 启虎（未） 三子 启凤 四子 启英 五子 启友

维财 妻 陈氏 生二子 长子 启昌 次子 启祥

维清 妻 何氏 生一子二女 子 启忠（维伦长子 过继来） 长女 适杨氏 次女 适马氏

维新 妻 高氏 生三子 长子 启学 次子 启斌 三子 启顺

维伦 妻 党氏 生一子 启鹏

维常 妻 英氏 生二子二女 长子 启先 次子 启尧 长女 适马氏 次女 适虞氏

维藩 妻 肇氏 生一子一女 子 启泽（维伦子 过继来） 女 书兰

维宇 妻 袁氏 生二子四女 长子 启武 次子 启君 长女 凤兰 次女 桂兰 三女 玉兰 四女 翠兰

维宙 妻 李素云 生一子一女 子 启坤 女 秀兰

维洪 妻 关玉英 生二子四女 长子 启来 次子 启纯 长女 林香 次女 凤 三女 凤云 四女 庸月

丰恩 生一子 启鱼

丰库 生一子 启英

丰玉 生一子 德盛

丰昌 生四子 长子 启山 次子 启君（乏） 三子 德凯（乏） 四子 德明

丰青 生六子 长子 启俊 次子 启太 三子 启恒 四子 德润 五子 德纯 六子 德化

成寿 生一子一女 子 启贵 女 适何氏

德安 生一女 适□氏

维贤 妻 何氏 续满氏 生一子三女 子 启元 长女 淑琴 次女 淑云 三女 淑丽

维仲 妻 关氏 生二子四女 长子 启广 次子 启光 长女 素凤 次女 素芳 三女 素华 四女 素艳

成林　生一女　玲

成言　妻　韩氏　生五子　长子　福生　次子　启家　三子　成文（乏）四子　成绪　五子　成秀

成绪　妻　赵氏　生五子三女　长子　启新　次子　启国　三子　启林　四子　启伟　五子　启余　长女　素杰　次女　佩杰　三女　丽杰

维君　妻　董淑珍　生一子五女　子　启龙　长女　迪华　次女　迪坤　三女　迪燕　四女　迪君　五女　迪印

连顺　生四子二女　长子　向荣　次子　向明　三子　向如　四子　向国　长女　适王氏　次女　适何氏

维光　生一子　向普

维隽　生一子　向禄

维贞　妻　胡氏　生二子　长子　启环　次子　启贤

维垣　妻　向氏　生二子　长子　启善（乏）次子　启德

维岳　生二子二女　长子　启勋　次子　启瑞　长女　小环　次女　小清

维喜　生三子　长子　启仁（未）次子　启珍（未）三子　启修

维玉　生一子二女　子　启智（乏）长女　适简氏　次女　适□氏

维璧　生二子　长子　友臣　次子　友谦

维纯　生一子　启文（乏）

维棋　生二子四女　长子　启良　次子　启华　长女　适李氏　次女　适张氏　三女　适□氏　四女　适段氏

维东　妻　张凤芹　生三女　长女　虹　次女　云　三女　君

维祥　生一女　笑

维章　妻　林凤华　生一子二女　子　启彪　长女　笑梅　次女　爱梅

维秀　妻　丁宽荣　生二女　长女　业　次女　晶

维翰　生一子　德贵

维义　生三子　长子　德厚　次子　德普（未）三子　德元

维荣　生二子四女　长子　德宣　次子　德海　长女　适韩氏　次女　适刘氏　三女　适欧氏　四女　适王氏

维显 妻 付氏 生三子二女 长子 启杰 次子 启云 三子 启禹 长女 适耿氏 次女 适满氏

维德 妻 海氏 生一子 启芝

维廉 妻 周氏 生二子一女 长子 启智 次子 启久 女 淑琴

维复 生一子三女 子 启文 长女 素芹 次女 素芬 三女 素清

维城 生一子 启昌（维德长子入继）

维恒 妻 马氏 生三子一女 长子 启仈 次子 启青 三子 启纯 女 适何氏

维山 妻 刘双 生三女 长女 丽丽 次女 丽杰 三女 丽新

维福 妻 赵桂芹 生三子三女 长子 启宜 次子 启后 三子 启文 长女 淑芳 次女 淑英 三女 淑凤

维友 妻 陈桂芬 生二子三女 长子 启良 次子 启奎 长女 淑侠 次女 淑萍 三女 淑英

维林 妻 何风云 生一子一女 子 启功 女 会菊

庆余 生一子 启明（乏）

庆垣 生二子三女 长子 启友 次子 启福 长女 适杨氏 次女 适卜氏 三女 秀清

庆勋 妻 高氏 生三子 长子 启义 次子 启师 三子 启升

庆林 妻 施氏 生四女 长女 适马氏 次女 适王氏 三女 适刚氏 四女 适关氏

庆善 妻 关氏 生四子 长子 启孝 次子 启顺 三子 启生 四子 启立

庆兴 妻 刘氏 生二女 长女 三伏 次女 代兄

庆玉 妻 吴氏 生二子一女 长子 启哲 次子 启祥 女 淑莲

庆宝 妻 李氏 生三子二女 长子 启厚 次子 启才 三子 启涛 长女 小二 次女 仲媛

庆升 妻 陈氏 续祝健华 生三女 长女 荣厚 次女 荣斌 三女 荣弟

庆丰 妻 徐氏 生三子 长子 启岫 次子 启昆 三子 启明

庆海 妻 金氏 生一子 启铎

庆凯 妻 佟氏 生一子 启钢

庆多 妻 聂氏 生二子四女 长子 树楷 次子 启东 长女 帼英 次女 帼娜 三女 帼新 四女 帼宾

庆恒 妻 何氏 生一女 小六

玉秀 妻 杨氏 生一子一女 子 启荣 女 素香

玉山 妻 简氏 生五子 长子 启援 次子 启恒 三子 启青 四子 启祥 五子 启文

玉璞 妻 赵芝芳 生三子五女 长子 启海 次子 启保 三子 启洪 长女 亚芳 次女 亚珍 三女 亚文 四女 亚君 五女 亚荣

玉民 妻 许素珍 生五子二女 长子 启亚 次子 启武 三子 启满 四子 启堂 五子 启华 长女 亚宾 次女 亚兰

维平 妻 高氏 生三子三女 长子 启华 次子 启辉 三子 启栋 长女 国珍 次女 宝珍 三女 国英

维斌 妻 李月娥 生二子三女 长子 启侠 次子 启洪 长女 月英 次女 玉英 三女 □英

维治 妻 郭氏 生二子 长子 启良 次子 启君

维刚 妻 付桂清 生四子二女 长子 启光 次子 启明 三子 启杰 四子 启祥 长女 彩 次女 霞

维民 妻 秦玉霞 生一子二女 子 启君 长女 凤云 次女 凤英

维安 妻 张淑云 生二子 长子 启臣 次子 启友

忠顺 生一子四女 子 玉□ 长女 玉梅 次女 玉香 三女 玉霞 四女 玉芬

忠俊 妻 郝芝琴 生三子三女 长子 启坤 次子 启民 三子 启军 长女 亚坤 次女 秀菊 三女 秀艳

忠玉 妻 杨玉珍 生一子四女 子 启国 长女 亚珍 次女 亚娟 三女 亚青 四女 亚秋

十四世

启凤 妻 白素菊 生二子一女 长子 恒月 次子 恒强 女 秋红

启英　妻　张玉珍　生二子　长子　恒明　次子　恒亮

启友　妻　郝玉华　生二女　长女　丽娜　次女　丽萍

启昌　妻　刘绰　生二子　长子　晓光　次子　晓明

启祥　妻　戴桂兰　生一子二女　子　晓川　长女　晓梅　次女　晓菊

启忠　妻　龚文清　生二子二女　长子　恒岱　次子　恒岳　长女　丽贤　次女　丽侠

启斌　妻　龚素芝　生二子二女　长子　恒纯　次子　恒敬　长女　恒平　次女　恒君

启顺　妻　杨振宣　生一子二女　子　玉文　长女　玉平　次女　玉红

启鹏　妻　李素兰　生三子　长子　校明　次子　校均　三子　校文

启先　妻　付氏　生二子四女　长子　恒华　次子　恒昌　长女　丽娟　次女　丽兵　三女　丽梅　四女　丽燕

启尧　妻　刘喜芹　生二子一女　长子　恒兴　次子　恒秋　女　丽珠

启泽　妻　张雅珍　续卜桂兰　生二子四女　长子　恒俭（未）次子　恒杰　长女　丽英　次女　丽芝　三女　丽丽　四女　丽红

启武　妻　杨素芝　生一女　丽新

启君　妻　昝氏　生二女　长女　丽春　次女　丽丹

启坤　妻　何会胶　生一子一女　子　恒冰　女　丽雪

启纯　妻　刘吉芳　生一子一女　子　建国　女　建华

启鱼　生一子　恒绵

德盛　妻　周洪贞　生三子二女　长子　恒立　次子　恒存　三子　恒在　长女　恒辉　次女　恒月

启山　生三子　长子　恒庆　次子　恒发　三子　恒财

德明　妻　张氏　生三子二女　长子　恒安　次子　恒普　三子　恒田　长女　淑芝　次女　淑珍

启俊　妻　戴氏　生二子　长子　恒珍　次子　恒坤

启太　妻　关氏　生二子一女　长子　恒志　次子　恒久　女　淑琴

启恒　妻　付氏　生二子二女　长子　恒达　次子　恒彦　长女　淑芳　次女

淑娟

  德润　妻　张氏　生二子　长子　恒瑞　次子　恒学

  德纯　妻　张氏　生二子五女　长子　恒谦　次子　恒让　长女　淑珍　次女　淑清　三女　淑英　四女　淑华　五女　淑萍

  德化　妻　李氏　生三子一女　长子　恒言　次子　恒谟　三子　恒卓　女　适姚氏

  启贵　妻　李氏　生四子二女　长子　恒年　次子　恒杰　三子　恒中　四子　恒孝　长女　淑珍　次女　淑兰

  启元　妻　刘长环　生一子一女　子　恒业　女　恒珠

  启广　妻　李桂英　生二子一女　长子　恒伟　次子　恒阳　女　恒芳

  启光　妻　李淑艳　生一子一女　子　恒成　女　恒伏

  福生　妻　付淑兰　生二子二女　长子　铁军　次子　铁有　长女　胜兰　次女　胜男

  启家　妻　张淑琴　生二子三女　长子　恒军　次子　恒俊　长女　凤兰　次女　丽兰　三女　香男

  福财　妻　赵桂芝　生二子二女　长子　伟　次子　涛　长女　丽　次女　君

  启新　妻　曹丽琴　生四女　长女　静　次女　华　三女　丽　四女　兵

  启国　生一子　恒岑

  启林　妻　张亚珍　生三女　长女　娜　次女　露　三女　影

  启余　妻　杨素君　生一女　阳

  启龙　妻　刘素会　生一子一女　子　师　女　珠

  向明　妻　陈氏　生二子二女　长子　恒山　次子　恒秀　长女　玉兰　次女　秀英

  向如　生一子　恒海

  向国　生一女　秀芝

  向普　妻　罗氏　生一子　恒吉

  启环　妻　胡玉珍　生二子二女　长子　恒章　次子　恒仁　长女　容娟　次女　雅娟

启德　妻　刘氏　生三子二女　长子　恒夺　次子　恒彪　三子　恒龙　长女　伯颜　次女　伯娟

启勋　妻　程月珍　生一子二女　子　恒洋　长女　舒梅　次女　矜梅

启瑞　妻　王亚民　生一子四女　子　恒善　长女　英　次女　杰　三女　荣　四女　宾

启修　妻　尹桂贞　生一子三女　子　恒栋　长女　翠兰　次女　玉兰　三女　玉华

友臣　妻　何氏　生三子　长子　小纯　次子　恒振　三子　恒祥

友谦　妻　刘玉芬　生一子　恒玉

启华　妻　王洪宾　生一子一女　子　恒冲　女　小雪

德贵　妻　邵国强　生三子　长子　恒富　次子　恒有　三子　恒先

德厚　妻　胡氏　生三子一女　长子　恒仈　次子　恒宝　三子　恒祺（未）女　适柏氏

德元　妻　曹氏　生四子　长子　恒文　次子　恒武　三子　恒勇　四子　恒刚

德宣　妻　杨氏　生四子　长子　恒太　次子　恒青　三子　恒风　四子　恒信

德海　妻　王素环　生一子四女　子　恒宾　长女　恒芝　次女　恒秋　三女　恒清　四女　恒敏

启杰　妻　宪氏　生六子一女　长子　恒忠　次子　恒功　三子　恒涛　四子　恒超　五子　恒海　六子　恒江　女　桂珠

启云　妻　张氏　生三子三女　长子　恒剑　次子　恒通　三子　恒凯　长女　萍　次女　菊　三女　英

启禹　妻　崔凤芹　生四子　长子　恒波　次子　恒利　三子　恒茂　四子　恒野

启芝　妻　商玉兰　生三子二女　长子　恒斌　次子　恒良　三子　恒博　长女　恒香　次女　恒菊

启智　妻　洪素文　生二子四女　长子　恒平　次子　恒新　长女　丽娟　次女　丽敏　三女　丽梅　四女　丽坤

启久　妻　张桂芳　生四子二女　长子　恒顺　次子　恒喜　三子　恒英　四子

恒杰　长女　丽珍　次女　丽君

　　启文　生二子　长子　恒忠　次子　恒强
　　启昌　妻　陈凤英　生四子二女　长子　恒库　次子　恒俊　三子　恒仁　四子　恒力　长女　小荣　次女　小华
　　启仆　妻　徐淑兰　生一子二女　子　恒大　长女　凤菊　次女　凤侠
　　启青　妻　李宝珍　生一子三女　子　恒礼　长女　凤玉　次女　凤伟　三女　凤丽
　　启纯　妻　李桂忱　生一子二女　子　恒国　长女　凤娥　次女　凤仪
　　启良　生一子　颖
　　启功　妻　何淑珍　生二子二女　长子　恒军　次子　恒民　长女　冬梅　次女　冬丽
　　启友　妻　常景玉　生四子二女　长子　恒宜　次子　恒有　三子　恒全　四子　恒世　长女　淑香　次女　淑芝
　　启福　妻　杨氏　生一子三女　子　恒贵　长女　淑云　次女　淑贤　三女　淑玉
　　启义　妻　詹桂兰　生三子一女　长子　恒林　次子　恒杰　三子　恒涛　女　亚君
　　启师　妻　臧秀兰　生一子二女　子　勇　长女　婷　次女　伟
　　启升　妻　刘素芹　生一子二女　子　军　长女　丽　次女　春
　　启孝　妻　张玉霞　生一子　恒秋
　　启顺　妻　阮桂珍　生二子　长子　恒彦　次子　恒影
　　启生　妻　于桂荣　生一子　立冬
　　启哲　妻　杨迎春　生一子　恒辉
　　启祥　妻　齐淑芳　生一子　恒超
　　启涛　妻　王淑芳　生二子三女　长子　恒光　次子　恒辉　长女　秀君　次女　秀彬　三女　秀云
　　启岫　妻　陆淑颖　生四子五女　长子　恒穆　次子　恒熙　三子　英林　四子　铁林　长女　丽华　次女　丽珍　三女　丽清　四女　丽莉　五女　丽文

启昆 妻 牛晶芝 生五女 长女 丽敏 次女 知敏 三女 季敏 四女 颖敏 五女 妍敏

启明 妻 聂桂珍 生一子二女 子 恒纪 长女 恒玉 次女 恒媛

启铎 妻 李桂云 生二子一女 长子 明 次子 青 女 丽萍

启钢 妻 关氏 生四子一女 长子 贵林 次子 贵森 三子 贵平 四子 贵顺 女 贵云

启东 妻 王玉兰 生一子一女 子 恒芦 女 恒娇

启荣 妻 高凤芝 生三子 长子 恒玉 次子 恒金 三子 恒仁

启援 妻 朝丽珍 生一子三女 子 恒宾 长女 艳伟 次女 艳娟 三女 艳薇

启恒 妻 李青华 生三子 长子 恒海 次子 恒良 三子 恒顺

启青 妻 刘忠世 生一子二女 子 恒冬 长女 艳云 次女 艳秋

启祥 妻 关玉芹 生一子一女 子 恒昆 女 艳迎

启文 妻 杨学文 生一子 恒冲

启海 妻 王素娥 生一女 艳艳

启亚 妻 王素菊 生一子二女 子 恒波 长女 艳杰 次女 艳非

启武 妻 佟素康 生一子 恒永

启满 生一女 艳娇

启堂 妻 李敏 生一女 艳洪

启华 妻 赵凤荣 生二子一女 长子 恒正 次子 恒意 女 姝颖

启辉 妻 张素丸 生一子一女 子 恒禹 女 淑文

启光 妻 刘淑荣 生一女 丹丹

启明 妻 赵丽英 生一女 青梅

十五世

晓光 妻 闫茹梅 生一女 芳

晓明 妻 王月 生一女 笑

恒岱 妻 刘丽芬 生一子 涛

恒纯 妻 林秋菊 生三女 长女 颖 次女 薇 三女 冰

恒华 妻 李德勤 生一子一女 子 普丰 女 玲

恒兴 妻 陈红 生一子 普俊

恒杰 妻 徐文霞 生一子 绪

恒绵 妻 张氏 生三子二女 长子 普成（未） 次子 普志 三子 普林 长女 普珍 次女 普桂

恒存 妻 马青贤 生一子 普光

恒在 妻 祁丽清 生一子二女 子 普明 长女 冬 次女 芳

恒庆 生一子 普华

恒发 妻 刘俊生 生一子 普义

恒财 妻 陈淑芝 生二子 长子 普全 次子 普新

恒田 妻 修长斌 生二女 长女 普娟 次女 普芹

恒珍 妻 胡氏 生二子二女 长子 普海 次子 普江 长女 学敏 次女 学令

恒坤 妻 于淑珍 生一子三女 子 普纯 长女 学彦 次女 学莲 三女 学杰

恒志 妻 熊氏 生二子二女 长子 普勤 次子 普俭 长女 学范 次女 学荣

恒久 妻 靳素珍 生一子四女 子 普剑 长女 学云 次女 学芳 三女 学□ 四女 学杰

恒达 妻 金凤堂 生三子一女 长子 普群 次子 普义 三子 普明 女 学彬

恒彦 生一子一女 子 普龙 女 普华

恒瑞 妻 王氏 生三女 长女 学英 次女 学君 三女 学珍

恒学 妻 何氏 生一子三女 子 普龙 长女 普华 次女 普娜 三女 普丽

恒谦 妻 关爱芬 生一子一女 子 龙 女 凤

恒让 妻 付静 生一子 越

恒言 妻 方丽梅 生三子 长子 普良 次子 普金 三子 普胜

恒谟 妻 李中华 生二子二女 长子 普新 次子 普兴 长女 学秀 次女 学红

恒卓 妻 董秀英 生一子一女 子 普洲 女 学梅

恒年 妻 田秀玉 生一子三女 子 普东 长女 丽明 次女 丽红 三女 丽娥

恒杰 妻 聂淑菊 生一子二女 子 普丰 长女 丽丽 次女 丽娥

恒中 妻 杨长梅 生一子一女 子 普庆 女 丽娟

恒孝 妻 聂俊英 生一子二女 子 普冲 长女 丽艳 次女 丽君

恒山 妻 郭青荣 生三子一女 长子 东 次子 海 三子 利 女 杰

恒秀 妻 郑秀青 生三子一女 长子 伟 次子 侠 三子 军 女 萍

恒海 妻 关晶洁 生二子一女 长子 晓东 次子 刚 女 英

恒吉 妻 谷秀贞 生二子二女 长子 普利 次子 普伟 长女 敏 次女 茹

恒章 妻 徐凤兰 生一子一女 子 涛 女 冰

恒仁 妻 陈素华 生一女 燕

恒夺 妻 戴显荣 生二子 长子 浩 次子 岗

恒彪 妻 表秀丽 生一子 颂

恒振 妻 何氏 生二子 长子 普伟 次子 普义

恒祥 妻 刘宝贞 生三子一女 长子 普泽 次子 普良 三子 普剑 女 丽华

恒玉 妻 何洪祺 生一子二女 子 健 长女 丹 次女 冰

恒富 妻 曲玉香 生一女 丽英

恒有 妻 肖桂芝 生二子一女 长子 普伦 次子 普全 女 丽华

恒先 妻 关淑华 生二子一女 长子 普林 次子 普伟 女 丽君

恒仈 妻 杨氏 生三子 长子 普青 次子 普忠 三子 普华

恒宝 妻 宋殿荣 生三子二女 长子 普全 次子 普山 三子 普金 长女 玉珠 次女 玉芳

恒文 妻 刘氏 生二子一女 长子 普正 次子 普济 女 小丽

恒武　妻　葛秀英　生一子一女　子　普良　女　静

恒勇　妻　杨兴华　生一子　林

恒刚　妻　李立军　生二女　长女　健　次女　冷

恒太　妻　唐稚珍　生三子一女　长子　普金　次子　普银　三子　普钢　女　爱丽

恒青　妻　孟淑琴　生三子二女　长子　普安　次子　普臣　三子　普增　长女　小侠　次女　小亮

恒信　妻　赵成美　生二子二女　长子　军　次子　卫　长女　艳　次女　丽

恒宾　妻　隋秀芹　生二子　长子　昱　次子　络

恒忠　妻　葛桂贞　生三子一女　长子　普礼　次子　普辉　三子　普亮　女　小燕

恒功　妻　李秀兰　生二子二女　长子　普仁　次子　普义　长女　艳男　次女　艳丽

恒涛　妻　何丽敏　生一子一女　子　伟　女　艳杰

恒超　妻　李文琴　生一子一女　子　普郷　女　颖

恒海　妻　张青侠　生二子　长子　策　次子　兵

恒江　妻　张敏　生一女　萍

恒剑　妻　付桂贞　生一子一女　子　普奇　女　妞

恒波　妻　关贺敏　生一子一女　子　普友　女　润杰

恒利　妻　刘秀岩　生一子　普奎

恒斌　妻　付素珍　生二子　长子　普维　次子　普高

恒良　妻　宿惠坤　生一子一女　子　普锋　女　雪

恒搏　[博]①　妻　郭素荣　生一女　娇

恒平　妻　付淑文　生一子　贯

恒顺　妻　马宾荣　生一子一女　子　普柏　女　小冬

恒喜　妻　张华　生一子　普广

---

① 据前文十四世应为"恒博"。

恒英 妻 佟小云 生一子 普同

恒杰 妻 张淑艳 生一子 普宇

恒库 妻 虞淑云 生一子二女 子 强 长女 军 次女 侠

恒俊 妻 刘秀芬 生一子二女 子 志伟 长女 英 次女 薇

恒仁 妻 张秀珍 生一子一女 子 猛 女 勇

恒力 妻 刘福艳 生一子 贺

恒宜 妻 孔月珍 生一子 学斌

恒全 妻 赵宝珠 生一子 松

恒世 妻 范凤云 生二子一女 长子 晓松 次子 晓星 女 延辉

恒贵 妻 徐永莲 生一子一女 子 普泽 女 冬梅

恒林 妻 沈会影 生一女 娜

恒杰 妻 朱秀芬 生一子 冬

军 妻 李桂芬 生一子 敏

恒穆 妻 闫惠芬 生一子 普东

恒熙 妻 刘青荣 生二子一女 长子 普强 次子 普盛 女 普娟

英林 妻 张青杰 生二女 长女 普君 次女 普新

铁林 妻 邱素芝 生一女 普晶

明 妻 杜银香 生一子 杨

贵林 妻 柴丽娟 生一子 斌

恒芦 妻 丁京花 生一子 普良

恒玉 妻 何丽珍 生一女 晓菊

恒金 妻 靳婉书 生一女 晓娇

恒仁 妻 欧世君 生一子 普明

十六世

普志 妻 陈淑芬 生二子一女 长子 明利 次子 明彪 女 艳梅

普华 妻 吕明 生一女 晓恩

普海 妻 张秀云 生一子三女 子 杰 长女 艳辉 次女 艳君 三女 艳萍

普江　妻　王丽云　生二子一女　长子　英杰　次子　英哲　女　艳红
普勤　妻　徐凤华　生一子一女　子　阳　女　艳娟
普俭　妻　李贵娟　生一子　闯
普剑　妻　郝玉杰　生一子一女　子　涛　女　华
普群　妻　陆淑萍　生一子二女　子　峰　长女　清侠　次女　海侠
普义　妻　修玉军　生一子一女　子　俊　女　明晶
普东　妻　王洪侠　生一女　丹
海　　妻　汪培珍　生一子　小雨
晓东　妻　贾美女　生一子　笑
普伟　妻　徐凤芹　生二子　长子　雪风　次子　雪冬
普义　妻　贾素军　生一子　雪涛
普泽　妻　张凤侠　生一子一女　子　雪松　女　雪莲
普良　妻　徐连梅　生一子　雪海
普青　妻　杨桂芝　生二子　长子　站东　次子　站胜
普华　妻　许桂芳　生一子一女　子　站见　女　淑云
普金　妻　贾氏　　生一子一女　子　明江　女　明娇
普山　妻　石秀梅　生一女　月华
普金　妻　杨百青　生一女　宾
普安　妻　陶桂华　生一子　明冲
普臣　妻　刘桂荣　生一子　明明

十七世

（从略见上）

七、斡雅拉（韩）氏家谱

[辽宁沈阳] 斡雅拉氏汇宗图

纂修人不详。民国十二年（1923）纂修。手写本，谱单，一幅。始祖名不详，记载为"满文名"，生一子敖奇立。末尾落款时间"中华民国十二年旧历三月初二"。内容为自始祖以下家族八代族人世系。其中对某些人物的官职有所记载，如"二世敖奇立佐领"，"三世巴加里兵"，"六世七十四防御、巴彦仓领催"等。辽宁省沈阳市沈北新区兴隆台锡伯族乡小黑村韩氏族人收藏。《沈阳锡伯族家谱》收录。① 此据《沈阳锡伯族家谱》整理。

汇宗图

始祖

（满文名）生一子 敖奇立

二世

敖奇立（佐领）生三子 长子 巴加里 次子 巴你 三子 苏库鲁

---

① 王俊、李军编著：《沈阳锡伯族家谱》，辽宁民族出版社2015年版，第165—167页。

三世

巴加里（兵）生四子 长子 罗卜昌 次子 敖尔古拜 三子 乌力胡吗 四子 鲁力元

巴你 生一子 托克托末

苏库鲁 乏嗣

四世

罗卜昌（兵）妻 关氏 生四子 长子 依什 次子 倭里 三子 沙奇雅 四子 老各

敖尔古拜 生一子 依什忒

乌力胡吗 生一子 乌巴什

鲁力元 生一子 敖尔买

五世

依什 妻 何氏 生二子（不详）

倭里 妻 韩氏 生二子 长子 达力罕 次子 七十四

沙奇雅 妻 何氏 生四子（不详）

老各 妻 韩氏 生一子（不详）

依什忒 妻 何氏 生二子 长子 三扎布 次子 土木鲁

乌巴什 生三子 长子 巴彦仑 次子 五十一 三子 三达

敖尔买 妻 何氏 生一子 奇力图

六世

达力罕 妻 何氏 生二子 长子 德山 次子 英力根太

七十四（防御）妻 鄂氏 生四子 长子 穆胡郎（其余不详）

三扎布（兵）生一子 色青额

土木鲁（兵）生一子 全德

巴彦仑（领催）生一子 七十八

五十一 乏嗣

三达 乏嗣

奇力图 乏嗣

七世

德山（前锋） 妻 杜氏 生一子 福庆

英力根太 妻 佟氏 生二子 长子 庆海（二子不详）

穆胡郎 妻 何氏 生二子 长子 庆令 次子 庆升

色青额 妻 关氏 生一子 庆宽

全德 妻 何氏 生一子 扎坤珠

七十八 乏嗣

八世

福庆 妻 杜氏

庆海 妻 关氏

庆令（兵） 妻 杨氏

庆升 妻 唐氏

庆宽 妻 杜氏 乏嗣

扎坤珠 妻 于氏

中华民国十二年旧历三月初二

八、果尔吉（高）氏族谱

［辽宁复州］高沙坨屯高氏族谱

高宗政 2007 年纂修。打印本，谱单，一幅。该谱由口传内容整理编写，记录世系自九世起。谱载"高沙坨屯高氏，属正兰旗"，清康熙时期迁复州高沙坨。内容有新修谱书序言、前言、高氏家族公约和自九世高盛仁至十七世族人世系，并附录原谱书序、高家官墓石碑文等。辽宁省大连市那启明收藏。此据那启明提供家谱资料整理。

序言

敦促族人孝顺父母，爱护兄弟，重视搞好父子、夫妇、兄弟、朋友的关系，忠实地对待宗族，以显示内部的和睦、和谐，教育孩子、年轻人，防止他们为非作歹，懂得礼貌和谦让，以养成儒雅的良好习惯。

我们都是炎黄子孙。但可能你还不清楚其中的由来，通过立谱修谱追根溯源，你就会了解你从哪里来。

若干年以后自己的子孙连祖先是谁都不知道，那岂不是枉活一生，白活一世，换言之，你的孩子也就是失去了立世的根本。立谱是使族人的后人代代相传，永远知道你们是他们的先祖，将来和他们一起流芳百世。

前言

我复州高沙坨屯锡伯族高氏，族源商朝的东胡，两晋南北朝时拓跋鲜卑、隋唐时代室韦，宋辽金元的南室韦，最后明清时才演变为锡伯族。由伯都讷（吉林省扶余县）入主复州高沙坨屯锡伯族高氏，是上述祖先的后裔，我们高沙坨屯高氏，属正蓝旗。

1692年（康熙三十一年）科尔沁蒙古将所属锡伯族奉献给清政府，被编入满州上三旗，分驻齐齐哈尔、伯都讷（吉林省扶余县）、乌拉吉林（今吉林市），隶属于吉林、黑龙江两将军管辖，从此满州八旗内也有了锡伯人。

东北除沈阳外，锡伯分驻之城有14个，凤城、辽阳、开源、牛庄、广宁、熊岳、复州、岫岩、金州、盖州、锦州、义州、兴京、抚顺。迁到新疆的在册者为4295人，这些官兵及家眷都是从上述15城（包括沈阳）抽调的。

1699年（康熙三十八年），康熙到盛京东北（今吉林）视察。当时吉林伯都讷（今松原市）错草沟是锡伯族聚集地（称锡伯族高氏为郭尔吉氏）。康熙下旨将伯都讷300余名锡伯族官兵带家眷抽调到复州、金州、盖州等地屯垦戍边。进驻复州高沙坨锡伯族高姓占比例大些，其中我高氏锡伯族就是高氏中的一支人。户籍落在复州高沙坨屯，从事农业生产。如今高沙坨、复州城、沈阳、大连、大连开发区、瓦房店、尖山、虎头山、北京等地、均有我高氏锡伯族后裔居住着。

不忘先祖，岁月祭祀，是我们锡伯族光荣传统。随着社会文明发展，祭敬祖先的形式，也是在不断地发展演变。原来土葬、祖宗板供西墙以及现代火化保存骨灰等形式将逐渐被淘汰，而继往开来保存长久的"族谱"则是最好的祭祖形式，因其具有内容丰富，又不占土地，方法灵活，容易保存等特点，自然会被越来越多的族人所重视。祖谱广泛流传，将使同宗异地的族人，一朝相遇、相识相亲，增强凝聚。

由于过去文化落后，高氏族谱自古至今没有文字记载，主要靠口传，有失祖谱之危险。又因我年岁已高，记忆力逐渐减退，所以我不得不把族谱用文字记载下来，使得以传承万代。经多方搜集、整理，最后将"高氏家庭族谱"整理好。

"高氏族谱"真是来之不易，望我族人共同珍惜，妥善保管，可以定期续修，世代相传。

主编　高宗政

二〇〇七年十二月一日

高氏家族公约

（一）热爱祖国、关爱人民；实事求是，光明磊落。
（二）勤奋好学，劳动致富；重视文化，知识渊博。
（三）爱岗敬业，学习科学；发明创造，教育成才。
（四）孝顺老人，相互尊重；少生优育，厚养薄葬。
（五）互相团结，各族互助；团结和睦，共创和谐。
（六）孝祖祭祖，继修祖谱；妥善保管，永远继传。

谱系

九世

高盛仁　生二子　长子　高伞　次子　高昆

十世

高伞　妻　关氏　生一子二女　子　高克玉　二女（分别出嫁高沙坨付家和李家）

高昆　生一子　高克成

十一世

高克玉　妻　张氏　生一子三女　子　高复升　长女（出嫁北大茔关家）次女（出嫁杨家赵家）三女（出嫁杨家高家）

高克成　妻　×氏　生三子一女　长子　高复举　次子　高复来　三子　高复

太　长女（出嫁高沙坨王家）

十二世

高复升　妻　曹氏　生四子一女　长子　高文明　次子　高文庆　三子　高文鸿　四子　高文奎　长女（出嫁小老虎屯付家）

高复来　妻　付氏　生一子三女　子　高文成　三女（分别出嫁王家、惠家、赵家）

十三世

高文明　妻　高氏　生二子三女　长子　高连山　次子　高连贵　长女（出嫁赵屯赵家）　次女（出嫁那沟那福会）　三女（未出嫁，二十岁因病去世）

高文庆　妻　赵氏　生二子二女　长子　高连顺　次子　高连奎　长女（女婿杨家赵君录）　次女（女婿小四川石长才）

高文鸿　妻　吴氏　生一子三女　子　高连春　长女（出嫁潘大赵家）次女（出嫁西瓦赵方圣）　三女（出嫁苏屯吴作林）

高文奎　妻　赵氏　杨氏　生一子二女　子　高连祥　长女　高凤玉（出嫁瓦房店于恩宽）　次女　高凤珍（出嫁古井那宝顺）

十四世

高连山　妻　高氏　生一女　高宗荣（女婿复州城张齐贤）

高连贵　妻　曲氏　生三子二女　长子　高宗义　次子　高宗林　三子　高宗良　长女　高宗芝（女婿沈阳于广福）　次女　高宗珍（女婿虎头山屯吴忠仁）

高连顺　妻　赵氏　生二子二女　长子　高宗伦　次子　高宗礼　长女　高宗兰（女婿那屯尖山吴殿军）　次女　高宗英（女婿沈阳耿秀义）

高连奎　妻　赵氏、赵洪英　生三子　长子　高宗勤　次子　高宗政　三子　高宗治

高连春　妻　那恩召　生四子一女　长子　高宗显　次子　高宗耀　三子　高宗辉　四子　高宗昆　女　高华（女婿复州城初殿奎）

高连祥　妻　吴桂英　生四子二女　长子　高宗录　次子　高宗福　三子　高宗太　四子　高宗军　长女　高宗香（女婿古井洪卫家）次女　高宗珍（女婿

八虎沟付忠政）

十五世

高宗义 妻 那吉清 生二子二女 长子 高业生［升］① 次子 高业斗 长女 高业琴（女婿古井屯那成武）次女 高业香（女婿大河沿吴世家）

高宗林 妻 那翠荣 生三子 长子 高业群 次子 高业成 三子 高业辉

高宗良 妻 关氏

高宗伦 妻 韩淑范 生一子二女 子 高业卫 长女 高彦（女婿后楼屯蒋业太）次女 高杰（女婿榆树房王家）

高宗礼 妻 吴美荣 生二子一女 长子 高业兴 次子 高明 女 高敏（女婿小四川蒋业斌）

高宗勤 妻 佟喜兰 生二子二女 长子 高繁 次子 高凯 长女 高彦（女婿沈阳张春阳）次女 高敏（女婿沈阳刘景斌）

高宗政 妻 刘瑞燕 生二子 长子 高业源 次子 高扬

高宗治 妻 李玉琴

高宗显 妻 李秀琴 生一子一女 子 高峰 女 高萍（女婿西瓦屯赵运宽）

高宗耀 妻 李明瑞 生一子 高飞

高宗辉 妻 方娜娜 生一女 高凌飞

高宗昆 妻 郭利红 生一女 高凌

高宗录 妻 张永华 生一子一女 子 高科 女 高海燕（女婿盘锦赵明）

高宗福 妻 汤会双 生一子 高鹏

高宗太 妻 关菊芳 生一子一女 子 高业波 女 高丽丽

高宗军 妻 张红玉 生二子 长子 高强 次子 高香芸

十六世

高业升 妻 白新芝 生二女 长女 高岩梅（女婿八虎边石刚）次女 高岩玲（女婿古井屯那荣福）

---

① 据后文十四世应为"高业升"。

高业斗 妻 王家凤 生二女 长女 高月（女婿泡崖屯谢德一）次女 高双（女婿金州于海波）

高业群 妻 刘淑香 生二女 长女 高楠（女婿泡崖屯陈涛）次女 高一多

高业成 妻 许仪伟 生一女 高怡宁

高业卫 妻 赵淑芳 生二子 长子 高振峰（妻科枝）次子 高振晶

高业兴 妻 曲玉复 生一女 高彩霞（又名高琳 女婿闫店乡李洪涛）

高明（又名高业清）妻 吴敬环 生一子 高涵

高繁 妻 葛克敏 生一女 高振娇

高凯 妻 侯敬芝 生一子 高振鹤

高业源 妻 张波 生一女 高悠然

高扬 妻 王筱妮 生一女 高婉婷

高峰 妻 刘畅 生一子 高鹏昊

高科 妻 吴玉娥 生二子 长子 高振傲 次子 高嘉泽

高业波 妻 刘东月

十七世

（从略见上）

附录1：谱书序

清嘉庆年间，十世高伞提出两个字作为行辈名用字，即十一世克字，十二世复字。后来到了光绪初年，十二世高复升又提出五个行辈名用字，从十三世起，即文、连、宗、业、振。民国初年，十四世高连山后续十五个行辈名用字，接前五个行辈名用字，一共二十字行辈名用字，现正在使用。兹定二十字，自十三世起一世一字均在当中，凡我宗族，谨守勿失。

文连宗业振，会德财宝润，志炳元茂新，永红观国论。

附录 2：男女平等，传宗接代

（略）

附录 3：供奉鲜卑兽和喜利妈妈的习俗

（略）

附录 4：日常生活习俗

（略）

附录 5：发祥地高沙坨子

高沙坨屯是我们在旗锡伯族高氏家族的发祥地。南迎复州河半圆地带，北靠老虎洞山、老岳山、养鼻山，东北和潘大屯相邻，东有一个村内石板房、纸房、半道、大河沿相邻，西北相邻大古井屯，面积六万平方公里。清康熙初年，我高氏锡伯族奉旨，来到此发祥地，到今天已有三百多年历史。因为此地以沙丘为主，姓氏以高氏锡伯族为主，所以自然取名叫高家沙坨屯，简称高沙坨屯。

屯中有土地庙一座（"文化大革命"毁掉），屯西侧有老爷庙（关公庙）一座，庙内关公塑像立在中间，两侧有关平和周仓塑像分左右站立，关公塑像前放一张供桌，上面有香碗和馨香摆放。院内东侧有钟楼，钟楼内上边挂一个古老大钟，大门口带有两扇门的门楼，院四周是围墙（1958 年"大跃进"时扒掉）。实际上关公庙就是为了歌颂这位三国时期忠诚一世不保二主的英雄而修的。老爷庙西边不远处还有个城隍庙，不过在新中国成立前后就被毁掉。屯西南方，靠河边有一个墓地，这就是高家官墓。清雍正特颁祭葬，以慰灵魂，立碑于坟前（坟墓内只葬英雄头发一辫儿，因为当时交通不便，尸骨无法运回，所以只割一辫儿带回埋葬）。

其碑文①如下：

高家官墓石碑文
大清国

盛京奉天府复州城正蓝旗领催委苏拉章京给拖沙喇哈番奉征大夫拖尔哈马阵亡事钦奉皇帝谕：祭立碑以慰灵。曰：自尧舜以及清世，皆倚良臣，国出忠良，外帮惊惧，家产强觅，邻佑钦朕，皆然之礼也。今复州乃渤海边窎远僻壤之乡，而出忠勇，御敌冲锋，奋勇阵殁，实乃可嘉。虽蛮陌之邦，闻之战栗，而单于视之，无不惊惧矣。朕用悼唁，特颁祭葬，以慰灵魂，以报碑志。

皇清雍正十二年九月初七日立

---

① 那启明注：此碑为瓦房店太阳升乡大河沿村高沙坨子郭尔吉（高）家官茔石碑。

九、巴雅尔（白）氏家谱

［黑龙江哈尔滨］巴雅尔（白）氏家谱

　　白常有、白春魁纂修。2017年排印本，一册。据编纂者言，因"白氏家族人口难以查清"，"有的从祖居地、移居地迁出年代久远，不知迁往何地"，家谱编纂难以成书，故《巴雅尔（白）氏家谱》实为白氏四个支系家谱资料汇编，并附相关家族史考证。内容主要有巴雅尔（白）氏家族史考、导语、白氏家族联谱二十字以及巴雅尔（白）氏刘德支、阿成支、南京支等三支族人世系、家族人口考察等。吉林省长春市白氏族人白常有收藏。此据白常有提供家谱资料整理。

巴雅尔（白）氏家族史考

　　根据《双城市满族锡伯族志》《大连锡伯族》两书内记载，白氏家族的族源来历及1988年以来，本人利用业余时间，参与锡伯民族研究工作，经考察双城堡（今哈尔滨市双城区）、金州（今大连市金州区）两地白氏家族族源由来，确认两地白氏家族属同族同宗，白氏家族不是满族，民族族属实为锡伯族。

白常有　白春魁　编

白常君　白春君　审定

农历二〇一七年四月十八日

导语

巴雅尔氏汉译白姓的家谱谱单,即白氏家族宗谱,是白氏家族的祖先留给后人的珍贵的文化遗产。

专家、学者指出:"国不能无史,家不能无谱。"中国著名学者梁启超认为:家谱"实可谓史界瑰宝";对家谱的研究,"实为不朽之盛业也"。

家谱亦即家族史。它不仅为进一步研究锡伯族史以及民族史中一些疑难问题提供了原始资料与线索,而且更重要的是它可以补充与订正地方史志乃至国史之不足;家族文化是锡伯族文化的重要组成部分,也是亟待研究的新领域。

礼曰:"尊祖故敬宗,敬宗故收族。"明人道必以宗族为重也。欲联宗族之情,明伦常之理,家谱实不可不修辑也。

按照白氏家族部分族人的建议,提出续谱编印《巴雅尔(白)氏家谱书》(以下简称《白氏家谱》)的建议。自2002年启动编写《白氏家谱》的工作,本人先后去白氏家族移民的祖居地——大连市金州区登沙河镇阿尔滨村三家子屯及白氏家族移民的住地——黑龙江省哈尔滨市双城县(今哈尔滨市双城区)、齐齐哈尔市、内蒙古呼伦贝尔市(原海拉尔市)、大庆市、鹤岗市、海伦市、保清县等地及北京市、长春市、湖南省株洲市、河南省洛阳市及三门峡市等市(县)考察。经过深入细致的考察,发现今白氏家族的部分先辈,及现已迁往外地的白氏家族人口难以查清。有的从祖居地、移居地迁出年代久远,不知迁往何地。因此,编写《白氏家谱》难以成《谱书》,确为憾事。究其原因有三:

一、是从历史根源看,曾经逐鹿松嫩白山、驰骋科尔沁草原的锡伯族纳尔浑、苏完延、卦勒察三大部落,在清朝康熙四年(1665)①至康熙四十一年(1702),锡伯族南迁经历了37年时间。据史料记载,锡伯

---

① 应为公元1664年。

族南迁约 8 万人。锡伯族在迁往辽宁盛京（今沈阳）等地的同时，还有部分锡伯族移师到北京、内蒙古、山东德州、山西晋城等地。嘉庆二十五年（1820）从辽宁省大连市金州迁来的移民屯垦，所建的旗屯分属均按满洲八旗建制，造成锡伯族部分族人长期以来民族观念淡化，白氏家族先辈不重视传承家族族谱。因此，造成我们白氏家族有的不知同族同宗，同宗不知辈分，有的不知祖父是谁？再往下追溯究竟属于哪一支排辈更不清楚了。有的报户口误报满族，还有的误报汉族。

二、是在考察的过程中没有发现白氏家族先辈遗留用文字记录的《巴雅尔（白）氏家族谱书》，仅在黑龙江省双城县水泉乡大义村（新营子镶黄旗二屯）及祖居地大连市金州登沙河镇阿尔滨村三家子屯等地，查到白氏家族先辈遗留的谱单（俗称老祖宗），在谱单内仅记录白氏家族已故成员，有的已故家族成员也没有收录，已故家属女性多数又没收录。

三、是白氏家族先辈分居年久，他们没有向家族晚辈成员作族源族名的说明，没有详细传递介绍从原祖居地何时迁往外地及迁移何地的经历。这两点是造成晚辈误报族属，不知先辈的姓名，不知家族成员何时迁往何地的主要因素。

白氏家族史简介

为了弘扬传承锡伯族优秀文化遗产，让白氏家族晚辈成员进一步了解锡伯族历史及先人的优秀文化传统，了解白氏家族移民的居住地，家族成员及从祖居地迁移至双城堡移民屯垦的经历，以及现今移民的后代繁衍生息的历程。根据白氏家族祖居地《大连锡伯族》《双城满族锡伯族志》及有关锡伯族文史资料，加之多年来对白氏家族的考察资料，精心编辑《巴雅尔（白）氏家族史考》编印成册，仅供白氏家族成员参考。

锡伯族历史悠久。从远古时代的刻木记事，到后来结绳记事的"喜利妈妈"，都是家谱的原始形态。自元代北方少数民族有文字以后，创立与修续家谱，便成为每个家族社会活动的一项重要内容，历来都很重视。

巴雅尔（白）氏家族（以下简称白氏家族）的家谱谱单创修于何时？据黑龙江省双城堡（现哈尔滨市双城区）水泉乡大义村（新营子镶黄旗二屯）白常会家供奉的白氏家族宗谱记载："原居明朝永乐帝（1403—1424）迁民到金州三家子，清代嘉庆帝（1816—1820）从金州迁民到双城堡新营子镶黄旗二屯。"据《大连锡伯族》《双城市满族锡伯族志》记载："于嘉庆二十五年（1820）春正月前往屯垦名为双城堡左、右屯，将屯垦处所名为中屯（现双城区双城镇）……（中国第一历史档案馆藏：军机处汉字文，《录付奏·折农业类·屯垦耕作项》第三十号卷）。从盛京移去双城的锡伯族闲散移民，主要是从金州、复州、凤城县（含东沟县）、岫岩县（含庄河县）等县移民。直到光绪三十三年（1907）双城堡清查户口时，据双城堡地方旗属八旗户口统计表备注栏内称："双城堡旗属八旗原拨正丁四千户，续来浮丁一千七百六十四户，除满、蒙、汉三项外，有西伯（即锡伯族）四百九十五户，男女三千八百九十六口，列入蒙古栏内，理合声明。"（宣统元年双城堡协领各处满汉行稿。第141页）。迁来双城堡的锡伯族是分散安置的，每屯户数不等，最多不超过八户，一般为四户，多数村屯没安置锡伯族。据黑龙江省锡伯族研究会2003年编印《锡伯族今昔》第八期第61页内记载：双城市水泉乡大义村（新营子镶黄旗二屯）村址于双城市西部偏北，距市区27公里，距乡政府2公里，全村410户，2640人，其中：锡伯族为1320人。在这些锡伯族人口中，经考察大义村白氏家族金州移民及后代人口340人，男141人女91人，家属108人。

随着社会的发展、工作的调动、生活的需要和女儿的出嫁，白氏家族移民的后代除大义村新营子镶黄旗二屯老屯外，已分散到县（市）城乡，居住本省——哈尔滨市、双城堡、齐齐哈尔市、大庆市、鹤岗市、海伦市、宝清县等市（县），居住外省——北京市、长春市、湖南省株洲市、河南省三门峡市及洛阳市、内蒙古呼伦贝尔市（原海拉尔市）、牙克石市等地。

按上述史料推算，白氏家族始祖从辽宁省大连市金州移民来双城堡水泉乡大义村距今 190 多年。白氏家族的谱单创修时间大约在清代嘉庆年间（1796—1820 年）。这里说的"先世谱单"修谱可能是最早的。

白氏家族联谱二十字

据白氏家族长辈们讲：白氏家族是从里城（指今大连市金州等地域）来到边外的（指双城堡地域），来了三支族人，我们是金州人。外族人称我们是"西北（锡伯）鞑子"，供奉"喜利妈妈"（汉译为"子孙妈妈"）、供家族宗谱、佛像（铜佛）。每逢春节时男性去给长辈们拜年，祭拜家族宗谱、佛像，祭拜"喜利妈妈"。白氏家族供奉的"喜利妈妈"，在双城堡水泉乡大义村新营子镶黄旗二屯白常明家，"喜利妈妈"现在移居双城市邮政局局长白春武（白常明五子）家。长辈们还告诉白常有说：白氏家族辈数排字二十个字：

永、玉、常、春、乐，
龙、有、宝、殿、英，
石、璧、久、生、辉，
文、章、华、国、兴。

（下略）

追本溯源明察兴替

（略）

巴雅尔（白）氏刘德支家谱谱单（简谱）

始祖

白刘德 妻 白赵氏 子 白雅拉

二世

白雅拉 妻 白傅氏 子 白帝明

三世

白帝明 妻 白赵氏 生三子 长子 白福成 次子 白×× 三子 白瑞云

四世

白福成 妻 白韩氏

白×× 妻 郭氏

白瑞云 妻 ×××

五世①

白永年 妻 白关氏

白永昌 妻 白李氏

白永顺 妻 白傅氏

白永庆（二子）妻 南氏

六世

白玉英 妻 ×××

白玉盛 妻 ×××

白玉田 妻 白车氏

白玉崑（长子）妻 白赵氏

白玉贵（次子）妻 郭振春

白玉喜 妻 白刘氏

白玉珠 妻 ×××

七世

白长清（长子）妻 ×××

白常荣 妻 ×××

白长江 妻 白麦氏

注：

1. 以上《巴雅尔（白）氏家谱谱单（简谱）》（以下简称《谱单》），抄自辽宁省大连市金州区登沙河镇阿尔滨村三家子屯，白常平家供奉的家谱祖谱谱单。

2. 在上述《谱单》内记录人员均已故去，有的已故人员没有记录谱

---

① 该谱五世有三人、六世有二人、七世有三人无任何姓名信息，整理时未作收录。五世以后有新增姓名者，为依原家谱录入。另，后文凡有前世无后世有新增人名情况，均为依据原谱录入，不重复注释。

单内，不知姓名无可考证，用"×××"记录。2017 年 8 月，经金州区登沙河镇白常平的长子白春君进一步考证：在他家供奉的《谱单》内"玉"字辈，白玉崑是长子，谱单的记录应是第 4 位，妻子叫白赵氏；白玉贵是次子，妻子叫郭振春，没有记录谱单内，白玉贵记录谱单其顺序应为第 5 位，在原祖谱单内记录顺序第 4 位有误。

3. 《谱单》内记录的"常"字辈与"长"字是同一辈人，正确记录应以"常"字为准。

4. 抄录祖谱单人：白乐永（大连市金州区登沙河镇阿尔滨村）。

5. 审核人：白常有（现居住吉林省长春市，出生地黑龙江省哈尔滨市双城区）。白春君（大连市金州区）。

6. 由于相关原因，未获得家族继承关系的信息，故部分家谱谨记录有世代信息，特此指出。

巴雅尔（白）氏阿成支家谱谱单（简谱）

始祖

阿成 妻 赵氏 子 ××

二世

×× 子 ××

三世

×× 生二子 长子 文明 次子 文喜

四世

文明 妻 关氏、富氏 生一子 成贵

文喜 妻 高氏 生一子 ××

五世

成贵 妻 赵氏 生三子 长子 永福 次子 永太 三子 永俊

×× 妻 ×氏 生二子 长子 永顺 次子 永魁

六世

永福 妻 黄氏 生一子 玉成

永太　妻　张氏

永俊　妻　张氏　生一子　玉林

永顺　妻　汪氏　生二子　长子　玉宽　次子　玉昌

永魁　妻　马氏　生一子　玉令

七世

玉成　妻　关氏　生五子　长子　常明　次子　常魁　三子　常恩　四子　常山　五子　常久

玉林　妻　宫氏　生一子　常禄

玉宽　妻　汪胜清

玉昌　妻　张氏

玉令　妻　张氏　生二子　长子　常喜　次子　常印

八世

常明　妻　关淑贤　生二子　长子　春山　次子　春贵

常恩　妻　赵文琀　生一子　春太

常久　妻　于常芬

常喜　妻　范垂琴

常印　妻　赵淑兰

九世

春山　妻　薛忠云

巴雅尔（白）氏南京支家谱谱单

始祖

南京　妻　付氏　子　英太

二世

英太　妻　赵氏　子　德胜

三世

德胜　妻　赵氏　子　文湧

四世

文湧 妻 赵氏、胡氏 子 成福

五世

成福 妻 金氏 生二子 长子 永德 次子 永春

六世

永德 妻 赵氏、张氏 生三子 长子 玉昶 次子 玉海 三子 玉珍

永春 妻 于氏 生一子 玉崑

七世

玉昶 妻 黄氏 生一子 常庚

玉海 妻 张氏

玉珍 妻 王氏 生一子 常会

玉崑 妻 韩氏 生二子 长子 常青 次子 常龙

八世

常庚 妻 陈桂芝 子 春荣

常会 妻 蔡氏 生二子 长子 春方 次子 春祥

常青 妻 石氏

常龙 妻 吴德荣

九世

春方 妻 韩玉兰

注：

1. 以上《巴雅尔（白）氏阿成支系家谱谱单（简谱）》《巴雅尔（白）氏南京支系家谱谱单（简谱）》（以下简称《谱单》，抄自黑龙江省双城县（今哈尔滨市双城区）水泉乡新营子镶黄旗二屯，白常会家供奉的锡伯白氏家族祖谱谱单简谱。

经考察在《谱单》的右上角注写："明代永乐年间（1403—1424）迁徙到金州"；在谱单左上角注写"清代嘉庆年间（1798—1820）拨民迁居双城堡新营子镶黄旗二屯民族锡伯"。

2. 在《谱单》内各辈分两侧，注写锡伯白氏家族辈分，从"永"字

辈起范二十字:"永、玉、常、春、乐;龙、有、宝、殿、英;石、壁、久、生、辉;文、章、华、国、兴"。

上述范字前10个字,移民锡伯白氏家族祖居地大连金州的锡伯白氏家族,与从金州移民双城堡的锡伯白氏家族范字基本是一致的,金州的锡伯白氏家族对范字第六辈、第七辈有误。上述范字后10个字,是移民双城堡水泉乡大义村的锡伯白氏家族先辈拟定的,祖居地金州的锡伯白氏家族成员不了解。

3. 锡伯白氏家族已故人员,有的没有记录《谱单》内,对他们无可考证,故此用"×××"占空位。

4. 锡伯白氏家族原供奉的《谱单》,后被焚毁,经白常会、白常庚、白常君、白春学重新记录整理。于2016年至2017年农历四月十八日,经白春魁、聂云霞进一步考察记录整理。

5. 审核人:白常有(现居住吉林省长春市、出生地黑龙江省哈尔滨市双城区),白常君(现居住黑龙江省齐齐哈尔市、出生地哈尔滨市双城区),农历2017年12月8日审核。

巴雅尔(白)南京支家谱谱单

一世

达洪阿 子 迦洪阿

二世

迦洪阿 生二子 长子 永泉 次子 永宽

三世

永泉 妻 ×氏 生三子 长子 玉印 次子 玉宽 三子 玉祥

永宽 妻 ×氏 生二子 长子 玉章 次子 玉先

四世

玉印 妻 吴氏 生三子 长子 常青 次子 常安 三子 常富

玉宽 妻 金氏、赵氏 生二子 长子 常贵 次子 常吉

玉祥 妻 ××

玉章　妻　××
玉先　妻　××

五世

常青　妻　吴氏　子　春方
常安　妻　曹氏
常富　妻　刘茂英　子　春雨
常贵　妻　佟氏　生二子　长子　春甫　次子　春民
常吉　妻　耿丽芳

六世

春方　妻　白淑芹

农历二〇一七年四月十八日　抄录

注：1. 以上《巴雅尔（白）氏南京支系家谱谱单（简谱）》，是黑龙江省双城县（今哈尔滨市双城区）农丰镇保安村新营子正白旗二屯锡伯白氏家族成员白春甫、白春田、白春祥回忆，经白春田、王英（爱人：白乐城农丰镇保安村）记录整理。

2. 以上《谱单》不是抄录原始《谱单》，经认真思考回忆对他们的先辈：白玉祥及白永宽的后人白玉章、白玉先的子女考证不清，因此没有收入《谱单》内，敬请谅解。

3. 居住农丰镇保安村锡伯白氏家族移民，与水泉乡大义村居住的锡伯白氏家族移民，于清代嘉庆二十五年（1820）春移民来双城堡同居住大义村新营子镶黄旗二屯，他们是后迁居保安村新营子正白旗二屯。

4. 审核人：白常有（现居住吉林省长春市，出生地黑龙江省哈尔滨市双城区）。

巴雅尔（白）氏家族祖居地家族人口考察

经初略考察锡伯白氏家族祖居地先祖支系大约分为6支系，其家族成员分别居住在辽宁省大连市金县（现金州区）登沙河镇阿尔滨村三家子屯亮甲店镇柳树村都家屯、瓦房店、十三里堡等地及抚顺市红庙子乡红庙子村、营口等地。在这几处居住的白氏家族大约93户，人口大约249人（含已故人）。其中男154人，女43人，家属52人。

（部分家族晚辈记不清先辈人的姓名）。

经考察白氏家族世祖因无文字记录，对世祖支系无法查清。谱单内对"永"字辈、"玉"字辈家族成员没有全部收录，因此无法考证。自先祖确认家族范字，从"永"字辈起至"龙"字辈，白氏家族成员大约249人（含已故人）。其中"永"字辈23人，男20人，家属3人；"玉"字辈43人，男32人，家属11人；"常（长）"字辈74人，男43人，女12人，家属19人；"春"字辈79人，男43人，女23人，家属13人；"乐"字辈19人，男10人，女4人，家属5人；"龙"字辈11人，男6人，女4人，家属1人。

考察主笔人：白常有
审稿人：白常君
2017年4月18日

双城堡巴雅尔（白）氏家族人口考察

经考察黑龙江省双城堡（现哈尔滨市双城区，以下简称双城区）锡伯白氏家族人口约739人（含已故人）。其中男315人，女211人，家属213人。

一、双城区水泉乡大义村新营子镶黄旗二屯，居住锡伯白氏家族移民先辈及移民的后代人口340人，其中：男141人，女91人，家属108人。

二、双城区农丰镇保安村新营子正白旗二屯，居住锡伯氏移民先辈及移民的后代人口112人，男49人，女31人，家属32人。

三、双城区东官镇庆东村前九家子屯，居住锡伯氏移民先辈及移民的后代人口43人，男23人，女9人，家属11人。

四、双城区东官镇庆新村、东官村，联新乡庆华村，同心乡同村，居住锡伯氏移民先辈及移民的后代人口46人，男20人，女14人，家属12人。

五、双城区新兴乡新华村关家窝棚、唐家窝棚屯，居住锡伯氏移民先辈及移民的后代人口130人，男53人，女48人，家属29人。

六、哈尔滨市平房区平新镇平新村正黄旗三屯、新华村、长胜村、韩祯窝棚屯，居住锡伯氏移民先辈及移民的后代人口68人，男29人，女18人，家属21人。

上述锡伯白氏家族移民的后代人口，因参军、升学、工作调动及婚姻出嫁，部分家族成员从双城堡移居本省——哈尔滨市内、齐齐哈尔市、大庆市、鹤岗市、海伦市、宝清县等地；移居外省——北京市、吉林省长春市、湖南省株洲市、河南省三门峡市及洛阳市、内蒙古自治区呼伦贝尔市（海拉尔市）、牙克石市等地繁衍生息。

锡伯白氏家族移民人口从祖居地移民至今190余年，由于部分家族先辈没有向移民的后代传承家族成员移居外地的时间及地址，对部分移居外地的锡伯白氏家族成员无法考察。前文对锡伯白氏家族人口考察，截至2017年4月，提供的人口数据仅供参考。

在考察锡伯白氏家族人口期间，没有会面遗漏的长辈、晚辈们，敬请你们谅解。

考察主笔人：白常有

考　察　人：白春魁（水泉乡）、王英（爱人：白乐城农丰镇）

考　察　人：白常瑞、白常印（东官镇）

考　察　人：白常树、白常林（联新乡）

考　察　人：白常余、白常瑞（哈尔滨市平房区）

2017年4月18日（农历）

十、白雅拉（白）氏家谱

[辽宁凤城] 白雅拉氏家谱

白松年等纂修。康熙二十六年（1687）初修，2009年9月续修。此为2009年续修打印本，一册。该谱康熙二十六年（1687）首次修立谱单，为墨笔在绢布上书写。始祖无载，据纂修者记："（家族）先后分两批由伯都讷附迁近莝草沟地方拨驻凤凰城屯垦驻防。第一批，康熙二十六年（1687），移防凤凰城。第二批，康熙三十八年（1699）南迁到凤凰城。"家族共八大宗支，各大支下又分若干小支，分散于辽宁凤城宝山镇、白旗镇、沙里寨镇等地。家谱内容主要为家族八大支族人十七世至二十六世或二十二世至二十八世世系。因族大支繁，有的宗支范字使用存在错漏现象。辽宁省丹东市白松年收藏。此据白松年提供家谱资料整理。

白雅拉氏八大支世系表

大支

（居宝山镇白家村、仲林村、小四台子村，凤城镇，白旗镇民主村，沙里寨镇洋河村，宽甸县宽甸镇，青山沟镇徐家堡子村）

1. 粉房支

二十二世（玉）

白玉庆 妻 ×氏 生三子四女 长子 白世明 次子 白世昌 三子 白世平（四女不详）

白玉林 妻 ×氏 生二子三女 长子 白世荣 次子 白世勋（三女不详）

白玉衡 妻 周氏、吴氏 生五子二女 长子 白世德 次子 白世显 三子 白世跃 四子 白世全 五子 白世新 长女 白× 次女 白世春

二十三世（世）

白世明 妻 赵氏 生二子二女 长子 白传芳 次子 白国庆 长女 白桂兰 次女 白春兰

白世昌 妻 杨氏 生三子二女 长子 白国珍 次子 白傅国 三子 白国峰 长女 白淑珍 次女 白淑兰

白世平 妻 焦氏 生二子 长子 白国善 次子 白国玉

白世荣 妻 秦桂英 生三子一女 长子 白国武 次子 白国振 三子 白国斌 女 白秀文

白世勋 妻 杨氏 生二子三女 长子 白国森 次子 白国林 长女 白秀芳 次女 白秀云 三女 白秀杰

白世德 妻 周氏 生二子一女 长子 白国树 次子 白国荣 长女 白秀芹

白世显 妻 付春艳 生二子二女 长子 白国洪 次子 白国鹏 长女 白秀华 次女 白秀珠

白世跃 妻 关广珍 生三子一女 长子 白国范 次子 白国静 三子 白国强 长女 白秀英

白世全 妻 冷淑清 生三子一女 长子 白国成 次子 白国言 三子 白国辉 长女 白秀莲

白世新 妻 沈淑梅 生一女 白秀波

二十四世（国）

白传芳 妻 陈氏 无嗣

白国庆　妻　赵淑珍　生一女　白志红

白国珍　妻　×　生一子一女　子　白志　女　白×

白傅国　妻　郭淑兰　生一子三女　子　白杰（三女不详）

白国峰　妻　周银菊、门氏、史氏　生一子五女　子　白杰　长女　白晶雨　次女　白晶露　三女　白茹　四女　白晶　五女　白×

白国善　妻　关景兰　生二子一女　长子　白暹辉　次子　白暹坤　女　白莲莹

白国玉　妻　×（绰号七疯子）

白国武　妻　汪俊芝　生三子一女　长子　白志东　次子　白志秋　三子　白志秀　女　白志娟

白国振　妻　国春荣　生二子一女　长子　白志广　次子　白志宽　女　白志贤

白国斌　妻　关迎春　生二子　长子　白志运　次子　白志坤

白国森　妻　苏风琴　生二子　长子　白志龙　次子　白志江

白国林　妻　曹氏　生一子　白志家

白国树　妻　刘淑芹　生二子二女　长子　白志发　次子　白志刚　长女　白志燕　次女　白晓美

白国荣　妻　付宝珍　生二子二女　长子　白晓林　次子　白志辉　长女　白晓娥　次女　白晓萍

白国洪　妻　孙淑珍　生一女　白丹丹

白国鹏　妻　程秋锦　生一女　白雪

白国范　妻　李淑华　生一子一女　子　白志岩　女　白雪

白国强　妻　宫风英　生二子　长子　白杨　次子　白志伟

白国成　妻　关景燕　生一子一女　子　白新吉　女　白芳

白国言　妻　曲志芹　生二子　长子　白志野　次子　白志亮

白国辉　妻　王志娥　生一子　白志鹏

二十五世（志）

白暹辉　妻　谭志娥　生一子　白新明

白暹坤　妻　杨丽娜　生一子　白杨

白志东　妻　孙玉芳　生一子　白宇

白志秋 妻 王荣 生一子 白天明

白志秀 妻 卢美晶 生二女 长女 白茹雪 次女 白茹鑫

白志广 妻 王风清 生二子 长子 白斌 次子 白天宝

白志宽 妻 闫氏 生一女 白静

白志运 妻 李秀云 生一子 白以魁

白志坤 妻 胡国华 生一女 白芮

白志龙 妻 佟玉荣 生一子 白岩

白志江 妻 刘昕莉 生一子 白盛宇

白志发 妻 李景云 生二子 长子 白以龙 次子 白以鹏

白志刚 妻 蒋国菊 生一子一女 子 白冰 女 白颖

白晓林 妻 石桂红 生一子一女 子 白明 女 白华

白志辉 妻 于琴 生一子 白以成

白志岩 妻 陈海燕 生一女 白×

白杨 妻 车艳霞 生一女 白璐硕

白志伟 妻 刘国辉 生一女 白芸歌

白新吉 妻 袁敬波 生一子 白旭东

白志野 妻 吴伟 生一子 白贺文

二十六世（以）

白以龙 妻 杨晓红 生二女 长女 白婷婷 次女 白露

白冰 妻 李灵芝 生一子 白本航

二十七世（本）

白婷婷 白露 白本航

二十八世（守）

2. 梨树底支

二十三世（世）

白春发 妻 沈氏 生二子 长子 白云山 次子 白云章

二十四世（国）

白云山 妻 赫显清 生二子二女 长子 白志聪 次子 白志智 长女 白

志明　次女　白志瑞

　　白云章　妻　申万惠　生五子一女　长子　白志诠　次子　白志达　三子　白志超　四子　白志浩　五子　白志敏　女　白志珍

二十五世（志）

　　白志聪　妻　苏桂兰　生一女　白玉娟

　　白志智　妻　吴蔚　生一子　白佳明

　　白志诠　妻　孙莲香　生二子二女　长子　白刃　次子　白旭　长女　白丹　次女　白铌

　　白志达　妻　梁芝兰　生三子　长子　白云　次子　白枫　三子　白鑫

　　白志超　妻　周淑荣　生二子一女　长子　白钢　次子　白强　女　白晶

　　白志浩　妻　张淑梅　一子三女　长子　白雪峰　长女　白雪凤　次女　白雪红　三女　白雪萍

　　白志敏　妻　周景莲　生一子一女　子　白剑秋　女　白剑红

二十六世（以）

　　白刃　妻　徐美玲　生一女　白琳

　　白旭　妻　王晓玲　生二女　长女　白雪垠　次女　白雪筝

　　白枫　妻　宋严艳　生一子　白雪松

　　白鑫　妻　李丹庭　生一子　白峻硕

　　白钢　妻　王春荣　生一子　白玉

　　白强　妻　丁进凤　生一女　白冰

　　白雪峰　妻　王俊华　生一子　白鹤

　　白剑秋　妻　潭志秋　生一子　白钧文

二十七世（本）

（从略见上）

3. 鸦雀岭支

二十二世（玉）

　　白永祥　妻　×氏　生六子一女　长子　白玉亮　次子　白玉廷　三子　白玉丰　四子　白玉清　五子　白玉杰　六子　白玉驰　长女　白×

白永春 妻 李氏 生三子二女 长子 白玉航 次子 白玉章 三子 白玉琢（二女不详）

二十三世（世）

白玉亮 妻 ×氏 生四子一女 长子 白国恩 次子 白国清 三子 白国义（过继）四子 白国俊 女 白×

白玉廷 妻 ×氏 生一子一女 子 白国安 女 白淑清

白玉丰 妻 × 生一女 继子 白国义 女 白桂芝

白玉清 妻 × 生一子 白国福

白玉杰 妻 × 生三女（不详）

白玉驰 妻 × 生二子 长子 白国柱 次子 白国良

白玉航 妻 孙氏（生二子夭折）

白玉章 妻 唐氏 生二女 长女 白国芹 次女 白国云

白玉琢 妻 陈桂英 生四子二女 长子 白国臣 次子 白国山 三子 白国胜 四子 白国利 长女 白桂荣 次女 白桂凤

二十四世（国）

白国恩 妻 ×氏 生一子 白志斌

白国清 妻 张淑芝 生三子一女 长子 白志科 次子 白志武 三子 白志任 女 白志华

白国义（过继）

白国俊 妻 唐桂红（居沈阳市）

白国安 妻 关淑芹 生三子一女 长子 白国安 次子 白志任 三子 白志庆 女 白×

白国义 妻 郑×（居沈阳市）

白国福 妻 杨翠兰（居黑龙江省）

白国臣 妻 陈淑梅 生一子三女 子 白志新 长女 白志兰 次女 白志红 三女 白志菊

白国山 妻 白凤蛾 生三子 长子 白时生 次子 白志富 三子 白志成

白国胜 妻 关美华 生二女 长女 白志芹 次女 白志玲

白国利　妻　黄杰　生二女　长女　白志慧　次女　白志佳

二十五世（志）

白志斌　妻　孟繁春（居沈阳市）

白志科　妻　×氏（三女居沈阳市）

白志武　妻　牟秀华　生一子一女　子　白军　女　白燕春

白志任　妻　赵广凤　生一子　白以奎（居沈阳市）

白国安　妻　李玉珍　生一子一女　子　白冰　女　白玉

白志任　妻　徐忠梅（居黑龙江省）

白志庆　妻　×（居草河口镇）

白志新　妻　曹继艳　生一女　白心语

白时生　妻　于玲　生一子　白长龙

白志富　妻　周秀丽　生一子　白力嘉

白志成　妻　孙坤　生一子　白天宇

二十六世（以）

（从略见上）

注：据说有个白国良居本溪市。又，今居南红旗那边的白氏属鸦雀岭支。

4. 炉上支

二十二世（瑞）

白福振　妻　关氏　生一子　白玉海

二十三世（世）

　白玉财（老大爷子）妻　杨氏　生二子　长子　白云瑞　次子　白云亮

　白玉海（老二爷子）妻　满氏　生三子　长子　白云汉　次子　白云兴　三子　白云德

　白玉祥（老四爷子）妻　×氏　生一子　白云生

二十四世（国）

　白云瑞　妻　王氏　生二子九女　长子　白金玉　次子　白志福　长女　白志×　次女　白志×　三女　白志×　四女　白志香　五女　白志梅　六女　白志凤

七女 白志红 八女 白志雨 九女 白志双

白云亮 妻 高晶 生一子三女 子 白志龙 长女 白志英 次女 白志花 三女 白志颜

白云汉 妻 关氏 生一子 白志明

白云兴 妻 郑氏、赵氏 生一女 白志红（赵氏生）

白云德 妻 杜氏 生六子 长子 白志和 次子 白志武 三子 白志恩 四子 白志文 五子 白志义 六子 白志晶

白云生（民间艺人）妻 石氏、王凤兰 生五子 长子 白志忠 次子 白志远 三子 白志永 四子 白志清 五子 白志俊

二十五世（志）

白金玉 妻 胡氏 生五子 长子 白以成 次子 白以国 三子 白以龙 四子 白以清 五子 白以伟

白志福 妻 马淑 生一子三女 子 白以晶 长女 白霞 次女 白光 三女 白玉

白志龙 妻 白志娥

白志明 妻 王福芹 生一子三女 子 白以龙 长女 白以坤 次女 白以娟（居宽甸县城）三女 白以梅

白志和 妻 吴淑清 生四子一女 长子 白川 次子 白山 三子 白印 四子 白江 女 白萍

白志武 妻 周晶兰 生三子三女 长子 白以凯 次子 白以歌 三子 白以伦 长女 白芬 次女 白芳 三女 白丹

白志恩 妻 杜春梅 生二子二女 长子 白以海 次子 白以秋 长女 白丽 次女 白以艳

白志文 妻 周淑珍 生一子二女 子 白以华 长女 白霞 次女 白光

白志义 妻 高喜芳 生一子一女 子 白涛 长女 白凌云

白志晶 妻 周凤梅 生一子一女 子 白栋 长女 白洁

白志忠 妻 卢桂荣 生三子三女 长子 白以山 次子 白以杰 三子 白以龙 长女 白淑芹 次女 白淑艳 三女 白淑萍

白志远　妻　张坤艳　生四女　长女　白晶　次女　白娥　三女　白玲　四女　白菊

白志永　妻　宋淑兰　生二子一女　长子　白斌　次子　白伟　女　白月

白志清　妻　于敏　生二子　长子　白以东　次子　白以飞

白志俊　妻　赵雅芹　生一子一女　子　白以军　女　白楠

二十六世（以）

白以成　妻　刘淑芝　生二子　长子　白明海　次子　白本刚

白以国　妻　×

白以龙　妻　王×

白以清　妻　×

白以伟　妻　×

白以晶　妻　×

白以龙　妻　袁秋霞　生一子一女　子　白昊林　女　白贺

白川　妻　丛兰　生一子　白如冰

白山　妻　张淑敬　生二女　长女　白本玉　次女　白本娇

白印　妻　姚凤　生一子　白本成

白江　妻　周芳　生一女　白如月

白以凯　妻　吴翠凤　生一子一女　子　白天　女　白雪

白以歌　妻　关永梅　生一子　白松

白以海　妻　姜洪珍　生一子　白本权

白以秋　妻　张红丽　生一女　白洪宇

白以华　妻　王芳　生一子　白鹏

白涛　妻　谭鸿艳

白栋　妻　隋丽波　生一子一女　子　白本鑫　女　白鑫贺

白以山　妻　赵凤杰　生一子一女　子　白露　女　白婷婷

白以杰　妻　孙国凤　生二女　长女　白莹莹　次女　白铖铖

白以龙　妻　杨萍　生一女　白雪

白斌　妻　宫广波　生一子　白鸿珲

白伟　妻　李海晶　生一子　白鸿洋

白以军　妻　陈丽娜　生一女　白思彤

二十七世（本）

白明海　妻　满×

（其余从略见上）

5. 老户长支

二十三世（世）

白玉成（老三爷子、老户长）妻　关氏　生三子三女　长子　白云傲　次子　白云楼　三子　白云鹏　长女　白×　次女　白×　三女　白×

二十四世（国）

白云傲　妻　关氏、周舒兰　无嗣

白云楼　妻　杨喜凤　生二子三女　长子　白志奇　次子　白志国　长女　白志芳　次女　白志荣　三女　白志花

白云鹏　妻　关氏　生四子一女　长子　白志政　次子　白志强　三子　白志君　四子　白志贤　女　白志红

二十五世（志）

白志奇　妻　武秀兰　生三子一女　长子　白明　次子　白东　三子　白波（居华南县）女　白晶

白志国　妻　刘亚芹　生一子二女　子　白×　长女　白艳（居黑龙江省孟家岗镇）次女　白梅

白志政　妻　郑运芝　生一子二女　子　白刚　长女　白晶　次女　白杰

白志强　妻　关运芬　生一女　白雪

白志君　妻　关运华　生一子　白金

白志贤　妻　姜玉梅　生一女　白冰

二十六世（以）

白明　妻　肖×

白东　妻　×

白波（居桦南县，子女不详）妻　肖×

（其余从略见上）

6. 当间屋支

二十二世（玉）

白玉×（白忠武、老五爷子） 妻 王氏 无子女

白玉×（老六爷子） 妻 王氏 生一子 白世春

白玉×（老七爷子） 妻 迟氏 生二子三女 长子 白世良 次子 白世业（三女不详）

白玉珍［老八爷子，开商号（天泰庆）］ 妻 何氏 生一子 白世英

二十三世（世）

白世春 妻 关氏 生一子二女 子 白国发 长女 白雪晶 次女 白雪清

白世英 妻 石氏 无嗣

二十四世（国）

白国发 妻 徐淑芹 生一子一女 子 白明军 女 白明坤

二十五世（志）

白明军 妻 韩雪 生一女 白雪

二十六世（以）

白雪

7. 当间屋支[①]

二十二世（瑞）

白景瑞（大支族长） 妻 那氏 生三子 长子 白玉琛 次子 白玉玺 三子 白玉珍

二十三世（玉）

白玉琛 妻 时氏 生四子二女 长子 白世魁 次子 白世其（过继白玉珍） 三子 白世俊 四子 白世杰 长女 白世镜 次女 白×

白玉玺 妻 王氏

白玉珍 妻 周氏 纪氏 生一子 白世其

---

① 与上一支有部分重合。

二十四世（世）

白世魁 妻 关氏 生三子 长子 白传意 次子 白传训 三子 白传福
白世俊 妻 周淑甄 生三子 长子 白国魂 次子 白国威 三子 白国襄
白世其 妻 纪氏

二十五世（国）

白传训 妻 赵桂芝 生二子一女 长子 白哈生 次子 白而夫 女 白子丹
白传福 妻 艾玉英
白国魂 妻 何淑芹 生四子二女 长子 白志奇 次子 白志侠 三子 白志刚 四子 白志杰 长女 白志敏 次女 白志嬬
白国威 妻 邢焕芹 生一子 白山
白国襄 妻 纪秀兰 生一子一女 子 白志平 女 白海兰

二十六世（志）

白哈生 妻 王玉蓉
白而夫 妻 王庆兰
白志奇 妻 贾淑华 生一女 白莉
白志侠 妻 黄敏 生一子 东东（乳名）
白志刚 妻 姜玉春 生一子 白以琨
白志杰 妻 齐艳红 生二子 长子 白晓宁 次子 白晓齐
白山 妻 孙华 生一子一女 子 白× 女 白以凤

二十七世（以）

（从略见上）

8. 西头支

二十二世（玉）

白玉珠 妻 郑氏 生二子四女 长子 白世连 次子 白世忠 长女 白世芹 次女 白世红 三女 白世花 四女 白世兰

二十三世（世）

白世连 妻 关氏 生一女 白雪芝

白世忠　妻　王氏　生一女　白雪冰（居黑龙江省）

白世生　妻　×氏　生一子　白国栋（居沈阳市）

白春林　妻　×氏　生一子一女　子　白国庆　女　白国翠

二十四世（国）

白雪冰（居黑龙江省）

白国栋　妻　×氏（居沈阳市）

白国庆　妻　徐芬　生一子三女　子　白志强　长女　白曙光　次女　白志红　三女　白志娟

二十五世（志）

白志强　妻　胡燕　生一女　白雪

居白旗镇民主村白家堡子东厢房支

第十七世

白德臣

第十八世

白世亮

第十九世

白忠和

第二十世

白玉林

第二十一世（瑞）

白增祥　生四子　长子　白文会　次子　白文润　三子　白文范　四子　白文英

白鸿祥　生四子一女　长子　白文艳　次子　白文藻　三子　四子　白文连　女　×

白庚祥　生二子三女　长子　白文波　次子　白文和（三女不详）

白书祥　生三子　长子　白文治　次子　白文瑞　三子　白文谋

白多祥　生一子　白文举

第二十二世（玉）

白文会 生一子 白景锋（由白文润长子过继）

白文润 生二子一女 长子 白景锋 次子 白景春 女 ×

白文范 生二子四女 长子 白景华 次子 白景义 长女 白景琴 次女 白景兰 三女 白景珍 四女 白景艳

白文英 生二子四女 长子 白景山 次子 白景玉 长女 白伟 次女 白玉琪 三女 白玉书 四女 白玉画

白文洞[艳] 生二子一女 长子 白铁友 次子 白军友 女 ×

白文藻 生二子三女 长子 白景胜 次子 白景利 长女 白景秋 次女 白景英 三女 白景琴

白文连 生三子二女 长子 白景年 次子 白景全 三子 白景国 长女 白景珍 次女 白雅琴

白文波 生一子三女 子 白景忠 长女 白景清 次女 白景英 三女 周雅丽

白文和 生二子一女 长子 白云龙 次子 白云良 女 白景翠

白文治 生二子二女 长子 白景明 次子 白景轩 长女 白景丽 次女 白景蕴

白文瑞 生一女 白景珍

白文谋 生二子三女 长子 白景星 次子 白景义 长女 白景芳 次女 白景梅 三女 白雪芝

白文举 生一子 白景洲

第二十三世（世）

白景锋（由白文润长子过继）生三子一女 长子 白云龙 次子 白云鹏 三子 白云飞 女 白玉珍

白景春 生三子三女 长子 白学继 次子 白学忠 三子 白学良 长女 白琴 次女 白丽 三女 白杰

白景义 生二子 长子 白钢 次子 白肖飞

白景山 生二子 长子 白义 次子 白坤

白景玉　生一子一女　子　白旭　女　白晶

白景胜　生二子二女　长子　白海涛　次子　白海丰　长女　白海艳　次女　白海霞

白景利　生一子　白海军

白景年　生一子六女　子　白金（六女不详）

白景全　生一子一女　子　白成玉　女　白艳

白景国　生二子一女　长子　白成华　次子　白成　女　白秀坤

白云龙　生二子二女　长子　白东　次子　白伟　长女　白杰　次女　白晶

白云良　生一子二女　子　白洋　长女　白雪　次女　白玉

白景明　生三子　长子　白伟捷　次子　白仲捷　三子　白捷

白景星　生二子一女　长子　白永强　次子　白永钢　女　白雅娟

白景义　生一子一女　子　白大勇　女　白丹

白景洲　生二子（不详）

第二十四世（国）

白云龙　生一子一女　子　白鹤　女　白金书

白云鹏　生一子　白秋实

白云飞　生一女　白璐

白学继　生一子二女　子　白明君　长女　白静　次女　白艳

白学忠　生一子一女　子　白金龙　女　白鸿霞

白学良　生二女　长女　白杨　次女　白玉

白钢　生一女　白雪

白肖飞　生一子　白龙汉

白义　生一女　白雪婷

白旭　生二女　长女　白燚微　次女　白燚彬

白成华　生一女　白丽君

白成　生一子　白暑光

第二十五世（志）

白明君　生一女　白航宇

第二十六世（以）

白航宇

9. 居民主村白家堡子西厢房支

二十一世（瑞）

白福祥　生一子　白文斗

二十二世（玉）

白文斗　生三子　长子　白景忱　次子　白景贵　三子　白景龙

二十三世（世）

白景忱　生二子二女　长子　白俊　次子　白新　长女　白伟　次女　白晶

白景贵　生三女　长女　白芳　次女　白虹　三女　白微

白景龙　生一女　白萍

二十四世（国）

白俊　生一子　白艳博

白新　生一女　白嫚嫚

二十五世（志）

（从略见上）

10. 居民主村曲家堡子支

二十一世（瑞）

白世英　生三子　长子　白长坤　次子　白长仑　三子　白长伸

二十二世（玉）

白长坤　生四子　长子　白景春　次子　白景芳（白桂久）三子　白景元　四子　白景丰

二十三世（世）

白景春　生一子　白成玉（由白景元长子过继）

白景芳（白桂久）生二子　长子　白成林　次子　白成信

白景元　生五子　长子　白成玉　次子　白成礼　三子　白成志　四子　白成义　五子　白成宏

白景丰　生二子　长子　白成喜　次子　白成海

白景忱　生一子　白成贤

白景全　生三子六女　长子　白成福（白珂）　次子　白成宇　三子　白成斌　长女　白淑云　次女　白淑珍　三女　白艳　四女　白淑芬　五女　白淑范　六女　白波

白景普　生二子二女　长子　白成仁　次子　白亮　长女　白淑菊　次女　白萍

二十四世（国）

白成玉（由白景元长子过继）生一子　白晓光

白成林　生一子　白志勇

白成信　生三子　长子　白志强　次子　白志国　三子　白波

白成礼　生一子　白志刚

白成志　生一子　白云刚

白成义　生一女（不详）

白成宏　生一女（不详）

白成喜　生一女　白晓俊

白成海　生一子二女　子　白志军　长女　白晓伟　次女　白晓梅

白成福（白珂）　生二子一女　长子　白宇新　次子　白宇杨　女　白露

白成宇　生一子一女　子　白宇龙　女　白雪

白成斌　生一子　白宇鹏

白成仁　生二子　长子　白志利　次子　白志升

白亮　生一女　白晓娜

二十五世（志）

白志军　生一子　白杨

白宇新　生一子　白依然

二十六世（以）

（从略见上）

11. 居民主村豹子沟支

二十一世（瑞）

白俊山　生三子　长子　白洪仁　次子　白洪义　三子　白洪礼

二十二世（玉）

白洪仁　生二子一女　长子　白景陵　次子　白景荣　女　白景芹

白洪义　生三子四女　长子　白景利　次子　白景财　三子　白景华　长女　白淑芹　次女　白淑艳　三女　白淑娥　四女　白淑芝

白洪礼　生二子　长子　白仁伟　次子　白仁龙

二十三世（世）

白景利　生一子一女　子　白杨　女　白丹

白景财　生一子　白鹤

白景华　生一子　白松

二十四世（国）

（从略见上）

12. 居沙里寨镇洋河村

白成禄（大太爷）妻　高氏　生三子　长子　白凤显　次子　白凤明　三子　白凤亮

白成有（二太爷）（居通化市）

二十一世（瑞）

白凤显　妻　唐氏　生二子二女　长子　白玉章　次子　白玉珊　长女　白×　次女　白×

白凤明　妻　何氏　生四子　长子　白玉文　次子　白（不详）　三子　白玉深　四子　白玉勤

白凤亮　妻　赫氏　生四子二女　长子　白玉盘　次子　白玉珂　三子　白玉朴　四子　白玉堂　长女　白×　次女　白×

二十二世（玉）

白玉章　妻　唐氏　生一女　白桂娥

白玉珊　妻　赵氏　生一子　白贵卿

白玉文　妻　何氏　生一子二女　子　白世卿（二女不详）

白玉深　妻　汪美荣　生一子二女　子　白永卿　长女　白秀英　次女　白秀清

白玉勤 妻 × 生三子 长子 白俊卿 次子 白俊宝 三子 白俊宇

白玉盘 妻 陈氏 生一子三女 子 白绍卿 长女 白桂菊 次女 白桂芝 三女 白桂梅

白玉珂 妻 蔡氏 一子四女 子 白运卿 长女 白桂兰 次女 白桂香 三女 白桂凤 四女 白桂英

白玉朴 妻 李淑兰 生六子一女 长子 白富卿 次子 白会卿 三子 白相卿 四子 白亚卿 五子 白文卿 六子 白志卿 女 白桂荣

白玉堂 妻 关玉环 生三子一女 长子 白汉卿 次子 白岫卿 三子 白岩卿 女 白雪

二十三世（世）

白贵卿 妻 刘淑香 生一子二女 子 白永刚 长女 白淑贤 次女 白淑娟

白世卿 妻 唐淑清 生二子 长子 白永波 次子 白永忠

白永卿 妻 王淑清 二子一女 长子 白银贵 次子 白银山 女 白相华

白俊卿 妻 刘× 生二子 长子 白× 次子 白×

白俊宝 妻 王淑敏 生一子 白×

白绍卿 妻 赵茹安 生三子 长子 白永福 次子 白永春 三子 白永忱

白运卿 妻 肖玉兰 生三子 长子 白晓东 次子 白晓峰 三子 白晓明

白富卿 妻 白运珍 生三子 长子 白永财 次子 白永舟 三子 白永军

白会卿 妻 王英 生一子一女 子 白永辉 女 白淑杰

白相卿 妻 杨佩英 生一子一女 子 白永斌 女 白淑芳

白亚卿 妻 杨桂芹 生一子三女 子 白永成 长女 白淑晶 次女 白淑艳 三女 白淑玲

白文卿 妻 何淑艳 生一子一女 子 白永久 女 白淑芹

白志卿 妻 宁伯平 生二女 长女 白雨 次女 白杨

白汉卿 妻 × 生一子 白永丹

白岫卿 妻 董丽华 生一子 白旭

白岩卿 妻 张玲 生一子 白东

二十四世（国）

白永刚　妻　崔玉珍　生一子二女　子　白宏昇　长女　白宏霞　次女　白彩霞

白永波　妻　高凤清　生一子一女　子　白宏义　女　白宏岩

白银贵　妻　刘丽　生一女　白天书

白银山　妻　李霞　生一女　白一迪

白永福　妻　石敏　生一子一女　子　白宏伟　女　白宏梅

白永春　妻　胥清范　生一子一女　子　白宏涛　女　白宏艳

白永忱　妻　姜桂娟　生一子　白宏旭

白晓东　妻　胡立新　生一子　白杨

白晓峰　妻　顾丹　生一子　白鸽

白晓明　妻　刘云　生一女　白渲赫

白永财　妻　马平　生一子　白宏亮

白永舟　妻　刘秀荣　生一子　白宏宇

白永军　妻　汪丽华　生二女　长女　白宁宁　次女　白爽

白永辉　妻　朱秋艳　生一子　白宏新

白永成　妻　蔡莉松　生一子　白宏运

白永久　妻　刘×

白永舟　妻　任晓云　生一女　白任可尼

二十五世（志）

白宏伟　妻　×　生一子　白冰

白宏涛　妻　×　生一子　白夺

13. 居宽甸县青山沟镇

二十二世（玉）

白俊哲　妻　×氏　生六子二女　三子　白万科（其余不详）

二十三世（世）

白万科　妻　×氏　生一子一女　子　白福政　女（不详）

二十四世（国）

白福政 妻 花淑芝 生一子三女 长子 白志文 长女 白淑梅 次女 白淑芝 三女 白淑英

二十五世（志）

白志文 妻 冯家荣 生一子一女 子 白永利 女 白岩

二十六世（以）

白永利 妻 吕庆华 生一子一女 子 白云彩 女 白阳

二十七世（本）

（从略见上）

大支世系，居住在今兰旗镇老虎洞村的白文生、白文延（范"玉"字）等族内各户，未经考察入谱。

二大支

1. 居大营子村榆树底

二十二世（玉）

白福文 妻 郎氏 生三子 长子 白连义 次子 白连碧 三子 白连鸿

白贵文 妻 吴氏 生一子 白连清

白忠文 妻 徐关氏 生八子一女 长子 白连玉 次子 白贵春（白连喜）三子 白贵新（白连有）四子 白贵有（白连臣）五子 白贵生 六子 白贵贤 七子 白贵德 八子 白贵良 女 白荣花

二十三世（世）

白连义 妻 关氏 生二子七女 长子 白永满 次子 白永果 长女 白淑英 次女 白淑凤 三女 白淑芳 四女 白淑芝 五女 白淑艳 六女 白淑芹 七女 白淑荣

白连碧 妻 于淑兰 生四子五女 长子 白永旭 次子 白永太 三子 白永波 四子 白永涛 长女 白凤珍（给王家改王姓）次女 白宝珠 三女 白宝贤 四女 白宝浩 五女 白宝华

白连鸿 妻 邢淑梅 生二子一女 长子 白伟 次子 白阳 女 白雪

白连清 妻 姜氏 生六子四女 长子 白金明 次子 白永成 三子 白金生 四子 白金龙 五子 白金亮 六子 白金丰 长女 白春英 次女 白春凤 三女 白春珊 四女 白春雷

白贵春（白连喜）妻 戴氏 生三子二女 长子 白永利 次子 白永信 三子 白永禄 长女 白淑兰 次女 白丽杰

白贵新（白连有）妻 董风云 生一女 白艳丽

白贵有（白连臣）妻 孙淑珍 生五子一女 长子 白永彦 次子 白永茂 三子 白永全 四子 白永盛 五子 白永武 女 白燕

白贵生 妻 焉氏 生三子二女 长子 白永巨 次子 白永芳 三子 白永辉 长女 白淑娟 次女 白淑娥

白贵贤 妻 白玉兰 生一子三女 子 白永宽 长女 白淑云 次女 白淑秋 三女 白淑晶

白贵德 妻 宫玉兰 生四子 长子 白永安 次子 白永鹏 三子 白永盛 四子 白永波

白贵良 妻 李凤芹 生一子四女 子 白永刚 长女 白永玲 次女 白永萍 三女 白淑清 四女 白坤

二十四世（丗）

白永满 妻 王芳 生一子 白伟伟

白永果 妻 王颖 生一女 白洋洋

白永旭 妻 王玉艳 生二子 长子 白俊武 次子 白俊英

白永太 妻 吴燕（改嫁后）生一女 白春

白永波 妻 杨光 生一女 白露

白永涛 妻 闫燕 生一女 白辰芳

白凤珍（给王家改王姓）

白金明 妻 张红叶 生三子 长子 白永 次子 白云 三子 白星

白永成 妻 鄂淑花 生一女 白霏

白金生 妻 梁德梅 生二女 长女 白月 次女 白芯

白金龙 妻 孙喜红 生一子一女 子 白环宇 女 白凰

白金亮　妻　齐晶　生一子　白冰

白金丰　妻　周华　生一子一女　子　白佳瑞　女　白婷

白永利　妻　徐晓芹　生一子一女　子　白云龙　女　白妍

白永信　妻　李丽华　生一子一女　子　白冰　女　白丹

白永禄　妻　×氏　生一子　白×（居长春市农村）

白永彦　妻　吴永英　生一子一女　子　白俊风　女　白俊凤

白永茂　妻　包淑芹　生一子一女　子　白俊东　女　白俊宁

白永全　妻　×　生一女　白丽娜

白永盛　妻　周玉娟　生一子　白俊强

白永武　妻　李凤红　生一子　白明明（乳名）

白永巨　妻　李丽君　生一子　白宇

白永芳　妻　冯巍　生一子　白俊鸽

白永辉　妻　曹夫荣　生一子　白师存

白永宽　妻　王忠华　生二子　长子　白娇　次子　白雪

白永安　妻　张燕　生一女　白儒宇

白永鹏　妻　刘英　生一女　白儒霏

白永盛　妻　汤雪芹　生一子　白俊东

白永波　妻　初钊芬　生一子　白俊达

白永刚　妻　王学芳　生一女　白玉

二十五世（志）

白永　妻　刘丽丽　生一子　白厅阳

白云龙　妻　王杰　生一子　白晓航

白冰　妻　赵磊　生一子　白璐萌

白宇　妻　曾珊珊　生一子　白明昊

二十六世（以）

（从略见上）

三大支

（据长辈人说今白旗镇莫家村等白氏系三大支族人，未考察入谱）

四大支

（居三家子堡、东萝卜沟）

1. 居三家子堡

十七世

白汉卿 妻 ×氏 生一子 白托宝

十八世

白托宝 妻 ×氏 生一子 白兴龙

十九世

白兴龙 妻 ×氏 生三子 长子 白寿长 次子 白寿元 三子 白寿永

二十世

白寿长 妻 孟氏 生一子一女 子 白明九 女 白×

白寿元 妻 高氏 生二子 长子 白云璋 次子 白云起

白寿永 妻 杨氏 生一子 白云起（由白寿元过继）

二十一世（瑞）

白明九 妻 孟氏 生一子三女 子 白玉新（三女不详）

白云璋 妻 高氏 生三子一女 长子 白玉书 次子 白玉英 三子 白玉恒 女 白春英

白云起 妻 包氏 生二子三女 长子 白玉璋 次子 白玉珍（三女不详）

二十二世（玉）

白玉新 妻 关氏 生三子二女 长子 白福年 次子 白贵年 三子 白荣年 长女 白淑梅 次女 白淑荣

白玉书 妻 姜凤英 生二子四女 长子 白春年 次子 白树年 长女 白秀芝 次女 白秀兰 三女 白秀范 四女 白赢环

白玉英 妻 吴氏 生五子 长子 白丰年 次子 白庆年 三子 白昌年 四子 白世年 五子 白乃年

白玉恒　妻　鲍氏、郎氏　生一子　白富年

白玉璋　妻　关氏　生一子五女　子　白松年　长女　白崇丽　次女　白秀芹　三女　小肥子（乳名，十八九岁病逝于吉林省桦甸县三姑住地）四女　白崇霞　五女　白崇凡

白玉珍　妻　姜氏　生二子三女　长子　白鹏年　次子　白成年　长女　白崇俊　次女　白崇萍　三女　白崇华

二十三世（世）

白福年　妻　王秀珍　生三子一女　长子　白国静　次子　白国良　三子　白国山　女　白凤兰

白贵年　妻　孟关荣　生一子七女　子　白国庆　长女　白凤芹　次女　白凤云　三女　白凤红　四女　白凤珍　五女　白凤芝　六女　白凤萍　七女　白凤玲

白荣年　妻　王月英　生三子三女　长子　白国志　次子　白国文　三子　白国诚　长女　白凤杰　次女　白凤媛　三女　白凤姝

白春年　妻　孙敬暄　生一子一女　子　白国威　女　白莹

白树年　妻　关秀珍　生二子一女　长子　白柯　次子　白焱　女　白皎

白丰年　妻　包氏　生二女　长女　白×　次女　白×

白庆年　妻　于凤花　生五子四女　长子　白国强　次子　白国忱　三子　白国镇　四子　白国胜　五子　白国忠　长女　白凤菊　次女　白凤花　三女　白凤香　四女　白凤梅

白昌年　妻　毛氏　生一子　白国章

白世年　妻　葛桂珍　生七子二女　长子　白国安　次子　白国利　三子　白国鹏　四子　白国有　五子　白国成　六子　白国军　七子　白国辉　长女　白国凤　次女　白国荣

白富年　妻　高云贞　生五子　长子　白国相　次子　白旭　三子　白洋　四子　白月　五子　白平

白松年　妻　吕子英　生一子三女　子　白国皎　长女　白卓　次女　白冰　三女　白雪

小肥子（乳名，十八九岁病逝于吉林省桦甸县三姑住地）三女

白鹏年　妻　姜桂荣　生一子一女　子　白国丹　女　白金霞

白成年　妻　宋景荣　生一子　白国栋

二十四世（国）

白国静　妻　周桂清　生一子二女　子　白云龙　长女　白迎春　次女　白丽娟

白国良　妻　赵华　生一女　白云

白国山　妻　×孙　生一子一女　子　白云飞　女　白鹤

白国庆　妻　徐凤月　生一子一女　子　白云鹤　女　白金凤

白国志　妻　孙英　生一子　白中明

白国文　妻　王美静

白国诚　妻　逄增宇　生一女　白郁

白国威　妻　王杰　生一子一女　子　白鹏　女　白晓斐

白柯　妻　刘宏艳　生一女　白鹭

白焱　妻　王巍巍　生一子　白卓群

白国强　妻　孟桂英　生三子　长子　白志波　次子　白志涛　三子　白志海

白国忱　妻　丛桂兰　生一子一女　子　白志江　女　白春萍

白国镇　妻　徐丽红　生一子一女　子　白志军　女　白春玲

白国胜　妻　邢桂敏　生二女　长女　白春美　次女　白春艳

白国忠　妻　顾雪艳　生一子一女　子　白志巾　女　白丽丽

白国安　妻　范桂珍　生一子一女　子　白志飞　女　白玉

白国利　妻　高燕清　生二子　长子　白志国　次子　白志明

白国鹏　妻　李艳梅　生一子一女　子　白志达　女　白雪

白国有　妻　张美仙　生一子　白云

白国成　妻　毛萍　生一子　白志东

白国军　妻　雷芹　生一子　白浩天

白国辉　妻　陈丽娟　生一子　白志鑫

白国相　妻　鲍瑞兰　生三子　长子　白志宏　次子　白志刚　三子　白志发

白旭　妻　孙少琴　生三子　长子　白志远　次子　白志成　三子　白志福

白洋　妻　周淑凤　生一子一女　子　白志勇　女　白人杰

白平　妻　唐丽静　生一子　白志壮

白国皎　妻　王作萍　生一女　白穗铭

二十五世（志）

白鹏　妻　张绍岚　生一女　白玥

白志波　妻　齐元凤　生一子一女　子　白以富　女　白鸽

白志涛　妻　罗兰　生一子一女　子　白罗成　女　白罗颖

白志江　妻　洪辉　生一女　白丽诺

白志军　妻　姜继红　生一女　白雪洁

白志飞　妻　高萍　生一子　白以铭

白志明　妻　陈丹

白志宏　妻　孙杰　生一子　白以力

白志远　妻　徐美华　生一子　白以帅

白志福　妻　白玉　生一女　白欣怡

二十六世（以）

（从略见上）

2. 居东萝卜沟

二十世

白义亮　妻　蔡氏　生五子　长子　白玉秀　次子　白玉清　三子　夭折　四子　白玉丰　五子　白玉林

白义和　妻　马氏　生一子一女　子　白玉晶　女　白×

二十一世（瑞）

白玉秀　妻　杨氏　生一子　白国清

白玉清　妻　张氏　生一子　白国春

白玉丰　妻　包氏

白玉林　妻　关氏　无嗣

白玉晶　妻　毛凤兰　生五子二女　长子　白国富　次子　无名夭折　三子　白国民　四子　白国华　五子　白国武　长女　白春荣　次女　白春月

白玉升（土改老会长）妻 包氏 生四子六女 长子 白国祥 次子 白国云 三子 白国俭 四子 白国维 六女 白淑云（其余五女不详）

二十二世（玉）

白国清 妻 包淑梅 生六子二女 长子 白作侠 次子 白作林 三子 白作荣 四子 白作文 五子 白作军 六子 白作龙 长女 白作芳 次女 白作芹

白国春 妻 毕玉珍 生二子二女 长子 白作良 次子 白作阳 长女 白丽霞 次女 白丽红

白国富 妻 徐凤珍 生二子一女 长子 白作鹏 次子 白作有 女 白雪芝

白国民 妻 李淑芹 生一子一女 子 白作田 女 白雪凤

白国华 妻 李庆萍 生一子一女 子 白岩 女 白彦文

白国武 妻 李淑红 生二女 长女 白雪莲 次女 白雪健

白国祥 妻 何氏 生一女 白×

白国云 妻 姜氏、王氏 生一子一女 子 白作成 女 白美花

白国俭 妻 康凤云 生二子三女 长子 白作林 次子 白作刚 长女 白丽杰 次女 白丽艳 三女 白丽娟

白国维 妻 于桂芳 生三子三女 长子 白作连 次子 白作跃 三子 白作利 长女 白凤珍 次女 白凤华 三女 白凤红

二十三世（世）

白作侠 妻 车万世 生二子 长子 白军辉 次子 白军义

白作林 妻 张玉岭 生二女 长女 白萍 次女 白×

白作荣 妻 白凤花 生一子一女 子 白丹 女 白双

白作文 妻 何丽芳 生一女 白雪

白作军 妻 张晓花 生一女 白洋

白作良 妻 张庆兰 生二女 长女 白玲 次女 白娥

白作田 妻 高颖

白岩 妻 徐艳

白作成 妻 刘淑云 生二子一女 长子 白志伟 次子 白志强 女 白

志贤

　　白作林　妻　黄殿英　生一子一女　子　白兵　女　白雪

　　白作刚　妻　陈淑清　生一女　白微

　　白作连　妻　阎红　生一子　白坤

　　白作利　妻　姜玲　生一子　白波

二十四世（国）

　　白军辉　妻　朱金凤　生一子　白宏宇

　　白志伟　妻　王慧　生一子　白清源

　　白志强　妻　徐广艳　生一子　白骐恺

二十五世（志）

（从略见上）

五大支

（居大营子村西萝卜沟）

二十二世（玉）

　　白运和　妻　于氏　生一子二女　子　白长和　长女　白×　次女　白玉珍

　　白运广　妻　×氏　生二子二女　长子　白长清　次子　白长明　长女　白翠英　次女　白翠梅

　　白运禄　妻　杨氏　生二子二女　长子　白长有　次子　白长全　长女　白×　次女　白淑梅

二十三世（世）

　　白长清　妻　何淑梅　生一子三女　子　白永富　长女　白翠兰　次女　白翠荣　三女　白翠芳

　　白长明　妻　马淑梅　生一子　白利

　　白长有　妻　何玉英　生五子二女　长子　白荣春　次子　白×　三子　白荣山　四子　白荣德　五子　白荣贵　长女　白荣珍　次女　白荣琴

　　白长全　妻　鲁氏　生二子二女　长子　白永森　次子　白永利　长女　白雪艳　次女　白雪琴

二十四世（国）

白永富 妻 刘永梅 生二子 长子 白云江 次子 白云海

白利 妻 杜凤琴 生二子 长子 白云龙 次子 白云永

白荣春 妻 周淑英 妻 廖佑娥 生二子一女 长子 白德芳 次子 白国栋 女 白依萍

白荣山 妻 姜秀清 生三子三女 长子 白云峰 次子 白云广 三子 白云飞 长女 白淑兰 次女 白淑芝 三女 白淑英

白荣德 妻 周桂玲 生二子一女 长子 白云祥 次子 白云涛 女 白云燕

白荣贵 妻 徐晓强 生二子 长子 白云生 次子 白云蛟

白永森 妻 何平 生二子 长子 白云强 次子 白云刚

白永利 妻 侯雪英 生一女 白雪

二十五世（志）

白云江 妻 唐艳 生二子 长子 白志东 次子 白志超

白云海 妻 孔黎黎 生一女 白羽嘉

白云永 妻 徐艳 生一子 白志成

白德芳 妻 包春兰 生二子 长子 白智勇 次子 白志翔

白云峰 妻 姜敏 生二子 长子 白志国 次子 白志华

白云广 妻 夏淑君 生一子 白志强

白云飞 妻 聂敏 生一女 白雪

白云祥 妻 李金华 生一子一女 子 白新宇 女 白婷婷

白云涛 妻 赵明荣 生一女 白露露

白云生 妻 朱玉华 生二子 长子 白志远 次子 白志炬

白云蛟 妻 李丽芳 生一子一女 子 白志文 女 白羽

二十六世（以）

白智勇 妻 张明月 生一女 白远音

二十七世（本）

（从略见上）

六大支

（居大营子堡、黑沟堡，仲林村）

1. 居大营子堡

二十一世（瑞）

白凤麟　妻　武氏　生三子　长子　白绍卿　次子　白绍丰　三子　白×

白廷阁　妻　唐氏　生一子　白绍增

白凤泰　妻　杨氏　生一子三女　子　白绍坤　长女　白淑云　次女　白淑兰　三女　白淑珍

白凤祥　妻　何氏　生二子一女　长子　白绍义　次子　白绍礼　女　白淑芳

白凤显　妻　吴氏　郎氏　生二子二女　长子　白金良　次子　白银良　长女　小善子（乳名，吴氏生）次女　白淑珍

二十二世（玉）

白绍卿　妻　武氏　生一子二女　长子　白宝清（由白绍丰过继）（二女不详）

白绍丰　妻　关氏　生三子　长子　白宝清　次子　白宝荣　三子　白宝章

白绍增　妻　关氏　生二子　长子　白雪军（未婚）次子　白秀君

白绍坤　妻　何淑珍　生三子二女　长子　白宝光　次子　白宝敏　三子　白宝振　长女　白宝芹　次女　白宝萍

白绍义　妻　王文兰　生二子六女　长子　白宝山　次子　白宝国　长女　白宝芝　次女　白宝兰　三女　白宝威　四女　白宝花　五女　白宝晶　六女　白宝娟

白绍礼　妻　杨氏　无嗣

白金良　妻　鲁桂芹　生二子三女　长子　白宝春　次子　白宝祥　长女　白宝英　次女　白宝艳　三女　白宝丽

白银良　妻　隋国英　生二子三女　长子　白宝文　次子　白宝武　长女　白宝芳　次女　白宝杰　三女　白宝香

二十三世（世）

白宝清　妻　鲁桂芳　生四子三女　长子　白光有　次子　白光余　三子　白

光敏 四子 白光威 长女 白秀云 次女 白秀芹 三女 白秀兰

白宝荣 妻 王淑芝 生一子 白光来

白宝章 妻 秦艳云 生二子三女 长子 白光仁 次子 白光辉 长女 白秀芝 次女 白秀芳 三女 白秀丽

白秀君 妻 于永花 生二子 长子 白凤生 次子 白凤德

白宝光 妻 邢氏 生一子 白光涛

白宝敏 妻 王媛 生二女 长女 白丽波 次女 白丽丽

白宝振 妻 郑玉石（居密山市）

白宝山 妻 王敏 生一子一女 子 白光旭 女 白丽颖

白宝国 妻 于世芹 生一子一女 子 白光宇 女 白雪

白宝春 妻 张淑华 生一子一女 子 白光侠 女 白丽娜

白宝祥 妻 高俊玲 生一子一女 子 白光明 女 白丽凤

二十四世（国）

白光有 妻 胡美娜 生二女 长女 白晶 次女 白英

白光余 妻 关秀清 生一子一女 子 白振君 女 白萍

白光敏 妻 何桂琴 生二子 长子 白振伟 次子 白振利

白光威 妻 孙喜艳 生一子一女 子 白振良 女 白洋

白光来 妻 王竹凤 生二子一女 长子 白振华 次子 白振东 女 白杰

白光仁 妻 王永娥 生一子一女 子 白振富 女 白凤

白光辉 妻 孙天玲 生一子 白振龙

白凤生 妻 王俊杰 生一子一女 子 白鑫 女 白昀玉

白凤德 妻 白萍 生一子一女 子 白志强 女 白金玉

二十五世（志）

（从略见上）

2. 居黑沟堡

二十一世（瑞）

白明 妻 ×氏 生三子一女 长子 白绍绪 次子 白绍然 三子 白× 女 白×

二十二世（玉）

白绍绪　妻　何氏　生一女　白×

白绍然　妻　杨淑兰　生四子一女　长子　白宝生　次子　白宝仁　三子　白宝玉　四子　白宝金　女　白艳

二十三世（世）

白宝生　妻　王莲　生二子三女　长子　白光林　次子　白光华　长女　白丽娟　次女　白丽芹　三女　白丽平

白宝仁　妻　张凤梅　生二子一女　长子　白光君　次子　白光臣　女　白丽华

白宝玉　妻　杨凤媛　生一子一女　子　白光海　女　白丽君

白宝金　妻　何崇芹　生一子一女　子　白光波　女　白丽霞

二十四世（国）

白光华　妻　张喜凤　生一子　白振群

白光君　妻　王艳静　生一子　白爽

白光臣　妻　辛喜艳

白光海　妻　周春玲　生一女　白雪

白光波　妻　董金凤　生一子　白浩辰

二十五世（志）

（从略见上）

3. 居仲林村

二十一世（瑞）

白凤山　妻　关氏　生三子五女　长子　白奎武　次子　白奎元　三子　白奎铎　长女　白×　次女　白×　三女　白×　四女　白×　五女　白玉芹

二十二世（玉）

白奎武　妻　包氏　生二子　长子　白宝生　次子　白宝刚

白奎元　妻　包氏　生三子三女　长子　白宝玉　次子　白宝石　三子　白宝珠　长女　白×　次女　白×　三女　白×

包奎铎　妻　李氏　生一子三女　子　白宝聚　长女　白桂芹　次女　白桂兰

三女　白桂英

白玉发　妻　沈氏　生二子　长子　白世春　次子　白世清

二十三世（世）

白宝生　妻　郎氏　生二子一女　长子　白玉升　次子　白×　女　白×

白宝刚　妻　周氏　生一女（不详）

白宝石　妻　夏氏　生二子（不详）

白宝珠　妻　×　生一子一女（不详）

白宝聚　妻　王淑英　生二子二女　长子　白喜仁　次子　白喜文　长女　白凤云　次女　白凤霞

白世春　妻　刘宝珍　生三子四女　长子　白云学　次子　白云宽　三子　白云胜　长女　白淑珍　次女　白云兰　三女　白云芳　四女　白云书

白世清　妻　吴淑英　生一子　白云方

白金库　生四子二女　长子　白云飞　次子　白云桥　三子　白云波　四子　白云海　长女　白云香　次女　白云清

二十四世（国）

白玉升　妻　×生一子　白×

白喜仁　妻　邢淑珍　生一子　白贺

白喜文　妻　王晓云　生一女　白雪

白云学　妻　何凤云　妻　王月贤　生二子一女　长子　白志勇　次子　白志宏　女　白志英

白云宽　妻　邵金兰　生一子　白志国

白云胜　妻　姜金荣　生二子　长子　白志明　次子　白志亮

白云方　妻　山福生　生一子四女　长子　白志强　长女　白志丹　次女　白志杰　三女　白志惠　四女　白志卓

白云飞　生一子二女　子　白志鹏　长女　白志晶　次女　白志红

白云桥　妻　×　生一子　白志铭

白云波　妻　×　生一子　白博文

白云海　妻　×　生一女　白玉琪

二十五世（志）

白志勇　妻　韩文美　生一女　白玉

白志宏　妻　苏红

白志国　妻　宋丹　生二子　长子　白岩松　次子　白志全

白志明　妻　徐晶　生一子　白英杰

白志强　妻　孙丽艳　生一子　白晓君

二十六世（以）

（从略见上）

七大支

（居大营子村黑沟堡、芹菜沟）

1. 居黑沟堡

二十二世（玉）

白云阁　妻　×氏（子女不详，现居凤城镇）

2. 居芹菜沟

二十一世（瑞）

白明坤　妻　温氏　生三子　长子　白绍璞　次子　白绍堂　三子　白绍亭

二十二世（玉）

白云财　妻　×氏　生二子三女　长子　白宝发　次子　白宝生（三女不详）

白云芳　妻　洪氏　生一子　白宝洪

白云贵　妻　何氏　生二子　长子　白宝荣　次子　白宝清

白绍璞　生一子三女　子　白宝林（三女不详）

白绍堂　妻　温氏　生一子一女　子　白宝山　女　白宝珍

白绍亭　妻　包氏、李庆珍　生二子二女　长子　白宝杰　次子　白宝义　长女　白桂春　次女　白桂兰

二十三世（世）

白宝发　妻　李氏　生二子一女　长子　白树林　次子　白树清　女　白淑芹

白宝生　妻　刘氏　生二子三女　长子　白树山　次子　白树和　长女　白淑

玲 次女 白淑荣 三女 白淑梅

白宝洪 妻 车秀珍 生三子 长子 白树国 次子 白树军 三子 白树刚

白宝荣 妻 魏秀兰 生一子三女 子 白树晶 长女 白淑红 次女 白淑华 三女 白树君（居本溪市）

白宝清 妻 何氏 生一子二女 子 白楼 长女 白娥 次女 白丹

白宝林 妻 洪氏 妻 吴淑芹 生三子五女 长子 白树生 次子 白树财 三子 白树利 长女 白雅芹 次女 白雅珍 三女 白雅媛 四女 白雅菊 五女 白雅丽

白宝山 妻 关淑云 生一子一女 子 白阳秋 女 白丽萍

白宝杰 妻 姜淑凤 生二子 长子 白国君 次子 白国双

白宝义 妻 姜红云 生一子一女 子 白志军 女 白雅君

二十四世（国）

白树林 妻 曹桂芹 生三子 长子 白庆余 次子 白庆福 三子 白庆斌

白树清 妻 曲艳芳

白树山 妻 李国华 生一子 白庆雨

白树国 妻 吴伟 生一子 白庆坤

白树军 妻 彭家秀 生一女 白宁

白树刚 妻 赵金波 生一女 白欣慧

白树晶 妻 ×氏

白树生 妻 翟氏 生一女 白云霜

白树利 妻 李翠芸

白阳秋 妻 刘雅娟 生一子 白龙

白志军 妻 赵娇娇 生一女 白宜鑫

二十五世（志）

白庆余 妻 李晶 生一子 白天明

白庆福 妻 王海晶 生一子 白冬

白庆斌 妻 刘天英 生一子 白晓哲

二十六世（以）

（从略见上）

八大支

（居大营子堡、东萝卜沟、岔路子村、鸡冠山镇）

1. 居大营子堡

二十一世（瑞）

白明镐 妻 鲍氏 生四子 长子 白绍林 次子 白绍堂 三子 白绍芳 四子 白绍×

白明麒 妻 ×氏 生三子 长子 白绍云 次子 白绍× 三子 白绍×

二十二世（玉）

白绍林 妻 ×氏 子女不详

白绍堂 妻 ×氏 子女不详

白绍芳 妻 ×氏 子女不详

白绍× 妻 ×氏 子女不详

白绍云 妻 关氏 生二子 长子 白宝琛 次子 白宝臣

白绍× 走失

白绍× 居关内无后人

二十三世（世）

白宝琛 妻 鲍氏 生三子五女 长子 白天彬 次子 白天贵 三子 白天明 长女 白天杰 次女 白天荣 三女 白天红 四女 白天英 五女 白天娥

白宝臣 妻 赵春梅 生五子三女 长子 白天福 次子 白天林 三子 白天义 四子 白天坤 五子 白天国 长女 白天菊 次女 白天花 三女 白天香

二十四世（国）

白天彬 妻 宋雪华 生一子一女 子 白冰 女 白羽

白天贵 妻 杜福英 生二子 长子 白勇 次子 白亮

白天明 妻 何淑华 生一女 白东平

白天福 妻 王恩云 生二子 长子 白玉 次子 白俊

白天林 妻 李淑华 生二子 长子 白雯雯 次子 白鹤

白天义 妻 姜展月 生二子 长子 白刚 次子 白韧

白天坤 妻 姜展凤 生一子 白辛

白天国 妻 石绍芬 生二子 长子 白伟 次子 白均金

二十五世（志）

白冰 妻 杨晓丹 生一女 白洋

白勇 妻 鲁雪妍

白玉 妻 陈晓东 生一女 白巧云

白俊 妻 林丽燕

白刚 妻 王和平 生一子 白以帅

二十六世（以）

（从略见上）

2. 居东萝卜沟

二十一世（瑞）

白景玉 妻 吴氏 生二子 长子 白绍斌 次子 白绍春

白景贵 妻 宣氏 生三子二女 长子 白绍年 次子 白绍财 三子 白绍忠（二女不详）

二十二世（玉）

白绍斌 妻 关氏 生三子二女 长子 白宝荣 次子 白宝华 三子 白宝云 长女 白淑兰 次女 白淑芝

白绍春 妻 那氏 生五女 长女 白宝芹 次女 白× 三女 白宝香 四女 白宝荣 五女 白宝凤

白绍年 妻 何氏 生一女 白宝芹

白绍财 妻 杨庆芝 生一子 白宝龙

白绍忠 妻 ×氏（居边民镇）

二十三世（世）

白宝荣 妻 邢玉珍 生一子二女 子 白广有 长女 白秀丽 次女 白秀凤

白宝华 妻 葛玉凤 生二子二女 长子 白广义 次子 白广生 长女 白秀红 次女 白秀芹

白宝云 妻 关氏 生一子一女 子 白光安 女 白秀燕

白宝龙 妻 宋淑萍 生一女 白锦

二十四世（国）

白广有 妻 林清 生一子 白长宏

白广义 妻 鲍萍 生一女 白秋菊

白广生 妻 毕辉霞 生一女 白秋雪

二十五世（志）

（从略见上）

3. 居鸡冠山镇

二十一世（瑞）

白景亮 妻 吴氏 生二子 长子 白绍清 次子 白绍阳

二十二世（玉）

白绍清 妻 何氏 生一子 白宝珍

白绍阳 妻 × 生一子 白宝龙

二十三世（世）

白宝珍 妻 关淑兰 生三子一女 长子 白广伟 次子 白广福 三子 白广昌 女 白广芹

二十四世（国）

白广伟 妻 于广芝 生二女 长女 白云飞 次女 白云

白广福 妻 安凤珍 生二子一女 长子 白军然 次子 白军海 女 白云莲

白广昌 妻 隋淑兰 生一子一女 子 白军有 女 白洋

二十五世（志）

（从略见上）

4. 居岔路子村

二十二世（玉）

白云峰 妻 郭氏 生二子 长子 白宝森 次子 白宝秋

二十三世（世）

白宝森 妻 包淑兰 生二子 长子 白树森 次子 白树仁

白宝秋 妻 宫秀娟 生一女 白晶

二十四世（国）

白树森 妻 姜华 生一女 白鑫

白树仁 妻 刘丹

二十五世（志）

（从略见上）

十一、卜占那哈拉（卜姓）家谱

[辽宁沈阳] 卜姓三处坐落亲派族内男女家谱清册

纂修者不详。民国九年（1920）纂修。手写本，一册。谱名据封面题。该谱为谱折，共9折，附谱单。谱折封面，自右向左竖行书写如下内容：右侧"喇嘛台居住族内人处"，中间"卜姓三处坐落亲派族内男女家谱清册""供俸喇嘛台处"，左侧"中华民国九年正月十八日吉立"；封面上侧自右向左横书"喇嘛营子、牛营子、喇嘛台"。卜占那哈拉，汉译卜姓，始祖奇塔忒。谱载卜姓为"元太祖第三子苗裔"，天聪八年（1634）至盛京当差，后"分拨镶白旗第一佐领"，"系蒙古根基"，家族分居于喇嘛营子、牛营子、喇嘛台三处。家谱内容有谱序、自始祖奇塔忒氏以下本支族人一至九世世系和堂叔祖一支（居住喇嘛营子）六代世系。辽宁省沈阳市沈北新区黄家锡伯族乡卜姓族人收藏。《沈阳锡伯族家谱》以《卜占那哈拉家谱》之谱名收录（由卜宝儒提供）。① 此据《沈阳锡伯族家谱》整理。

---

① 王俊、李军编著：《沈阳锡伯族家谱》，辽宁民族出版社2015年版，第105—113页。

十一、卜占那哈拉（卜姓）家谱

谱序

世祖系元太祖第三子苗裔塞棱车臣台吉，天聪七年十一月由锡尔哈锡穆抡锡伯图处起程归贡来，天聪八年正月至盛京归圣驾当差。太宗元皇帝赏蟒袍等物，牛六只，庄村四处，每处赏仆人十名，守村度日。又赏差为牛录额真，原分设为八旗，分拨镶白旗第一佐领当差，原任佐领，系蒙古根基，锡伯卜姓，卜占那哈拉。

太高祖奇塔忒遗留二子，长高祖卜彦图遗留七子，侵占三处坐落。长子、四子在喇嘛营子处居住侵占，二子、三子在牛营子处侵占居住，五子、六子，七子在喇嘛台处侵占居住，俱系各占一处，各守各业。次高祖图会（合）们遗留二子，俱在喇嘛营子处侵占居住。

谱系（1）

太高祖

奇塔忒（佐领）生二子 长子 卜彦图 次子 图合们

高曾祖

卜彦图（兵）妻 吴氏（喇嘛营子居住）生七子 长子 额米图 次子 班忠 三子 喇木扎 四子 安春 五子 喇什 六子 丹品 七子 公卜扎布

图合们 妻 吴氏（喇嘛营子居住）生二子 长子 王古力台 次子 黄英

曾祖

额米图（防御，喇嘛营子居住）生一子 阿吉耐

班忠（兵）妻 韩氏（牛营子居住）生一子 巴力克奇

喇木扎 妻 吴氏（牛营子居住）生一子 花什保

安春（领催）妻 何氏（喇嘛营子居住）生一子 束国亮

喇什 妻 包氏（喇嘛台居住）生四子 长子 色汪扎卜 次子 嘎力升 三子 安达 四子 嘎力图

丹品 妻 关氏（喇嘛台居住）生四子 长子 艾喜 次子 束班 三子 那士图 四子 卜尔通阿

公卜扎布（兵）妻 何氏（喇嘛台居住）生二子 长子 吉牙 次子 巴尔朱鲁

王古力台 妻 关氏（喇嘛营子居住）生一子 扎拉芬

黄英 妻 吴氏（喇嘛营子居住）生二子 长子 全德 次子 明德

祖

阿吉耐 生一子 参皮

巴力克奇 妻 吴氏 生二子 长子 束楞额 次子 德升

花什保 妻 韩氏 生一子 倭升额

束国亮（领催）妻 关氏 生一子 巴喇

色汪扎卜 妻 关氏 生二子 长子 七十八 次子 绰霍托

嘎力升 妻 韩氏 生二子 长子 常成 次子 扎力丰阿

安达 妻 佟氏 生二子 长子 菩萨保 次子 观音保

艾喜 妻 佟氏 生二子 长子 七十一 次子 老各

束班 妻 吴氏 生一子 柏凌阿

那士图 妻 韩氏 生三子 长子 克什布 次子 得喜 三子 阿力必士克

卜尔通阿（前锋）妻 吴氏 生四子 长子 额尔登布 次子 福寿 三子 色力布 四子 连喜

三吉才［吉牙］①　妻 何氏 生三子 长子 都伦昌 次子 德克金布 三子 嘎尔丹

扎拉芬 妻 何氏 生一子 阿力必什户

全德（前锋）妻 何氏 生三子 长子 那彦 次子 那力泰 三子 何申保

明德（兵）妻 关氏 生三子 长子 德胜保 次子 德楞额 三子 阿力泰

五世

束楞额（领催）妻 韩氏 生二子 长子 阿唐阿 次子 拴住

德升 妻 石升 生一子 德音保

倭升额（兵）妻 傅氏 生一子 色卜通额

---

① 据前文三世应为"吉牙"。

巴喇 妻 关氏 生一子 八十一

七十八（兵） 妻 韩氏 生二子 长子 福禄 次子 成禄

绰霍托 妻 傅氏 生三子 长子 萨朗阿 次子 福寿 三子 海明阿

常成 妻 关氏

扎力丰阿 妻 何氏 生二子 长子 金福 次子 成福

菩萨保 妻 傅氏

观音保 妻 何氏 生一子 色楞额

七十一 妻 何氏 秦氏 生四子 长子 雅隆阿 次子 达洪阿 三子 哈丰阿（喇嘛） 四子 达明阿

老各 妻 韩氏 生三子 长子 所住 次子 存住 三子 老小

柏凌阿（兵） 妻 徐氏 生二子 长子 福海 次子 海隆阿

克什布 妻 关氏

得喜 妻 关氏 生一子 经海

阿力必士克 妻 单氏 生一子 命常

额尔登布 妻 关氏

福寿 妻 胡氏

色力布 妻 韩氏 生一子 存住

连喜 妻 关氏

都伦昌 妻 何氏 生四子 长子 依常阿 次子 巴克唐阿 三子 全禄 四子 金喜

德克金布 妻 何氏 生二子 长子 福寿 次子 依隆阿

阿力必什户 妻 关氏 生一子 常命

那彦（前锋） 妻 何氏 生三子 长子 刘住 次子 顺住 三子 银山

那力泰 妻 刘氏 生一子 铁住

德胜保 妻 关氏 生二子 长子 巴罕都鲁 次子 巴哈那

德楞额 妻 何氏 生三子 长子 拴住 次子 佔住 三子 小喇嘛

阿力泰 妻 关氏 生一子 常住

六世

阿唐阿　妻　韩氏　生二子　长子　所底那木　次子　言勒杭阿

拴住　妻　关氏　生二子　长子　永庆　次子　永成

德音保　妻　关氏　生二子　长子　常寿　次子　倭什克

色卜通额（兵）妻王氏　生二子　长子　庆升　次子　双寿

八十一　妻　关氏

福禄　妻　胡氏　生二子　长子　喜尔　次子　黑小

成禄　妻　白氏　生二子　长子　迎运　次子　太运

萨朗阿　妻　韩氏

海明阿（兵）妻　关氏　生一子　额图珲

成福　妻　关氏

雅隆阿（兵）妻　赵氏　生二子　长子　庆恩　次子　八郎

达洪阿　妻　兰氏　沙氏　生四子　长子　庆咸　次子　庆春　三子　庆山　四子　庆丰

达明阿　妻　李氏　生四子　长子　庆昌　次子　庆麟　三子　庆魁　四子　庆云

所住　妻　韩氏　生一子　庆云

福海　妻　何氏　生二子　长子　小得　次子　玉得

命常　妻　关氏　生一子　色名［合］珲①

存住　妻　萧氏　生二子　长子　庆玉　次子　庆祥

依常阿（防御）妻　伊氏　生二子　长子　百顺　次子　百林

金喜　妻　张氏

依隆阿　妻　张氏

刘住　妻　关氏

银山　妻　何氏　生一子　所住

铁住　妻　田氏　生三子　长子　石头　次子　庆得　三子　三成

---

① 据后文七世应为"色合珲"。

巴罕都鲁　妻　高氏　生二子　长子　德住　次子　博云忒

巴哈那　妻　关氏　生二子　长子　德保　次子　小保

拴住　妻　佔氏

七世

永成　妻　关氏　生一子　玉山

常寿　妻　李氏　生一子　石头

倭什克（兵）　妻　陈氏　生一子　石德

庆升（领催）　妻　傅氏　生二子　长子　福海　次子　富德

双寿　妻　韩氏　生一子　富来

喜尔　妻　王氏　生一子　永寿

通［迎］运①　妻　高氏　生二子　长子　永禄　次子　永祥

太运　妻　张氏　生一子　永安

额图珲　妻　关氏　沙氏　生二子　长子　永魁　次子　永禄

庆恩　妻　白氏　生一子　小扣

庆咸　妻　陈氏　钟氏　生二子　长子　永兴　次子　永芳

庆春　妻　石氏　生四子　长子　永和　次子　永印　三子　永柏　四子　永胜

庆丰　妻　王氏　生三子　长子　永卿　次子　永相　三子　永臣

庆昌　妻　倪氏　生一子　永俊

庆麟　妻　王氏　生一子　永通

庆魁　妻　郑氏　生一子　永亨

庆云　妻　杨氏　生二子　长子　永业　次子　永治

小得　妻　何氏　生一子　永谦

玉得　妻　何氏　生一子　永顺

色合珲　妻　葛氏　生一子　永德

庆玉　妻　萧氏　生二子　长子　永银　次子　永宽

庆祥　妻　王氏　生一子　永旺

---

① 据前文六世应为"迎运"。

八世

福海 妻 吴氏 生二子 长子 依清阿 次子 何崩阿

富来 妻 韩氏 生二子 长子 各国珲 次子 怀他布

永寿 妻 陈氏 生二子 长子 宝山 次子 宝海

永禄 妻 韩氏 生一子 宝库

永安 妻 朱氏 生二子 长子 宝金 次子 宝银

小扣 妻 马氏 生一子 宝成

永兴 妻 韩氏 生二子 长子 恒宝［宝恒］① 次子 金善

永芳 妻 周氏 生一子 宝玺

永德 妻 韩氏 生一子 宝玲

九世

宝山 妻 张氏 生一子 德喜

宝金 生一子 德林

宝成 生一子 小记

宝恒 妻 孟氏 生一子 二纪

谱系（2）

太高祖（此一户系堂叔一家）

图来 妻 关氏（居住喇嘛营子）生一子 那笋

曾祖

那笋 妻 何氏 生二子 长子 依林泰 次子 玉达户

祖

依林泰 妻 吴氏 生一子 三及浪

玉达户 妻 关氏 生一子 阿力布达

四世

三及浪 妻 官氏 生二子 长子 达罕泰 次子 扎坤朱

---

① 据后文九世应为"宝恒"。

五世

达罕泰 妻 何氏 生一子 当六

扎坤朱 妻 关氏 生一子 色力布

六世

色力布 妻 关氏 生四子 长子 满何 次子 满仓 三子 满福 四子 九月

十二、苏慕禄（徐）氏家谱

［黑龙江哈尔滨］锡伯苏穆禄家族命名谱书

徐树萱、徐树年纂修。初修于清光绪三十年（1904）以前，1984年重修。此为1984年重修打印本，一册。一世祖四诺米仓。据那启明所记，该家族"远祖四诺米仓于康熙三十八年（1699）安家于金洲南三家子，编入满洲镶白旗"。家谱内容主要有前言、谱序、锡伯苏穆禄家族命名谱书、徐氏家族传统组织略表。其中"锡伯苏穆禄家族命名谱书"，为一世祖四诺米仓至六世祖玉芳一支前六世谱系。"徐氏家族传统组织略表"载一世祖四诺米仓以下九代族人世系。辽宁省大连市那启明收藏。此据那启明提供资料整理。

前言

宗谱之立很早，树萱二哥从宗族中于一九四〇年前，得到一个谱单，仅是一纸世系，用墨字书写于上，后来根据询问长辈草草做记录，记录了远古的传说和先祖之源流。而闲居家中时抄写出来。然而事件发生与发展过程多缺少史实考证；但再慎重追远实难所知，又加之年代久远先辈高德追溯维艰。今余暇间搞一点民族史，多查得史料和古籍，查得了族源。前不知所始，从宗谱中知吾族是锡伯人，树萱二哥曾写我族是傍山近水的渔猎民族。先祖应是今日之（锡伯）。此可查《沈阳县志》卷十三中记载的"万世永传"的锡伯家庙"太平寺碑文"，吾族历尽千辛万苦，调遣跋涉离开故地，徐姓原称（苏穆禄哈拉），从前凡隶旗籍者命名定例则多用满蒙文双音多字名，直至清未期将原姓氏改为汉姓贯［冠］姓称名。近百年之事，尚可追述，也可能存有不尽之说，待我族之后裔努力探求。念修宗谱，为吊先人创业之难辛，又为后来者之垂念，写此以供未来者作研究之贡献。吾修此谱之时，藩字辈皆或古人，树字辈尚有二十余人。如不早日抢救这一历史，恐后来者更为资料难寻而忧，故此修宗谱稿留给子孙铭记之。望我族人，有志于此者继我而修辑吧！

原稿树萱记写于一九四〇年前
现稿由书典重写于一九八四年五月
苏穆禄　树年
时已而知之年

谱序

辟地荒天，人为万物之灵。犹如山有脉系，水有源头。一族之源众多，一家之源确如树枝繁叶茂，从一根而生，本固枝繁。山高而蜿蜒，源长而浩淼，树茂而枝繁。夫家之宗族，有源流之宗派，确似山之脉，水之源，木之枝。礼曰："尊祖故敬宗，敬宗故收族。"由流而溯源，同为一本之亲疏，呼吸相通。从源及流，永志祖宗之功业，创初之艰，子孙承继，家谱之重，世绪永绵；世远则不识，族繁则乃乱。由此可知，人不可无宗谱，以统系昭穆，知远近亲疏。家族宗谱之学，不可不修辑也。

1. 苏穆禄哈拉之源流

苏穆禄哈拉本系源于锡伯族，归顺满洲之后，用民族语言。因本民族语言近于满文满语。按照"满洲八旗姓氏之原谱"，其家族可谓望姓。原称为苏穆禄哈拉，锡伯语译之汉意是为"寺庙"之意，后来则用对音汉字所代，则成为苏木禄氏。后又经演变，一时曾把后面的禄字遗失简称苏木哈拉，究其失掉禄字之原因，可能因声音之尾音而产生的，因苏木的穆字与禄字相重叠，其尾音之元音字母相同，长久用之则把禄字而省略，则成现今之称苏木（存于一九四〇年本）苏木按现代锡伯语译为寺庙之意。实际应谓苏穆禄哈拉。

通过上述对姓氏的查考，尚有三件事情值得说明：

①苏木哈拉：这是一九四〇年本抄写时存之，实质此二字是苏穆禄哈拉的简化，因这都是对音之汉字，用之也谓之不可。

②苏穆禄氏：本有"寺庙"之意，按锡伯语对寺庙之称呼为苏木。想必远祖在南迁北移之中，始于近寺庙之地；或在傍山近水之地处于山形状貌似寺庙，或为便于相互之间往来辨认，根据其地形之状称其谓"寺庙"之部落，因而以"寺庙"贯［冠］之其姓氏尚为贴切。此证尚待深究，也实为难也。

③从远祖世居之地在墨尔根附近，墨尔根是满语，汉译为猎人的首领之意。墨尔根即在鲜卑石室祖庙的附近（指大兴安岭嘎仙洞），一九八〇年考证东北地区锡伯族渊源于幽都之祖庙的守庙人，因此有可能以寺庙为据冠以守庙人为姓，后来演化成满语苏木禄氏，因是用汉字对音也可写做苏穆禄氏。

2. 锡伯族（略）

3. 苏穆禄哈拉汉译徐姓之始

从远祖四诺米仓到高祖福寿约经百余年。从前皆以满姓满名，直到祖父一代才开始冠以汉名，但有时也间杂着满名，只是不常用了。如我父就曾有满名为苏穆禄德隆阿，后来都习惯于汉名称徐国藩。查家谱得知一世祖四诺米仓，二世祖纳勒喜，三世祖以满名那字为先，高祖以福字冠前，曾祖以广字相连，祖父以玉字（毓）镶嵌中间，从父辈开始以二十个字继往后传：藩树富国、元学荣风、修文德士、祥琏瑛钟、臣明兴邦。后来不知从何时起又给二十个字后加了二十八个字：仁孝忠诚、振起家鸿、杰立圣春、泊泽东亚、永世和平、安祥维民、万源天恩。

实际上藩树富国四字都没能贯穿始终。藩字辈已成古人，树字辈多数在世已更名不少，富字辈有的开始就不排列称之，因而对于二十个字继续传宗将是鲜为人知了。为不失其意义及有宗可寻，现将录于此。

锡伯苏穆禄家族命名谱书

一世祖：四诺米仓→二世祖：讷勒喜→三世祖：那英阿→四世祖：福寿→五世祖：广福→六世祖：玉芳→父辈以藩字缀后→我辈树字贯中→富字仍是缀后→国字仍然嵌中→元学荣凤、修文德士、祥琏英钟、臣明典帮。其应用之规律仍是一尾一中。远祖满名，四诺米仓，苏穆禄讷勒喜，苏穆禄那英阿。高祖兄弟二人，福寿、福喜。曾祖亦只有二个兄弟广发、广福。祖父五人，以玉传宗。父叔十一人，形成了老五股，在家族中已属近代。

徐氏家族传统组织略表

锡伯苏穆禄家族命名谱书

一世祖　四诺米仓

二世祖　讷勒喜

三世祖　那英阿

四世祖　福寿

五世祖　广福

六世祖　玉芳

徐氏家族传统组织略表

一世

四诺米仓　生三子　长子　讷勒喜　次子　巴哈那　三子　色音泰

二世

讷勒喜　生四子　长子　那丹珠　次子　那伦泰　三子　那志宝　四子　那

英阿

  巴哈那 生三子 长子 依居那 次子 苏音保 三子 依所那

  色音泰 生四子 长子 那音保 次子 那三保 三子 吉二章阿 四子 双复

三世

  那丹珠 生一子 苏崇阿

  那英阿 生二子 长子 福喜 次子 福寿

  依居那 生二子 长子 托诺 次子 福来

  苏音保 生二子 长子 德泰 次子 德禄

  依所那 生三子 长子 柒子 次子 吴英阿 三子 喜子

  那音保 生三子 长子 衣河阿 次子 衣令阿 三子 衣成阿

  那三保 生二子 长子 依问阿 次子 大寿

  吉二章阿① 生二子 长子 苏崇阿 次子 依中阿

  双复 生二子 长子 郭兴 次子 依克唐阿

四世

  苏崇阿 生二子 长子 永河 次子 永山

  福喜 生一子 广发

  福寿 生一子 广福

  福来 生一子 永山

  德禄 生一子 外伯

  柒子 生一子 永富

  衣令阿 生一子 永和

  依问阿 生一子 江北

五世

  永河 生一子 成有

  永山 生一子 成富

---

① 应译为"吉尔章阿",满语意为能恕的人。

广发　生三子　长子　玉贵　次子　玉河　三子　玉景

广福　生五子　长子　玉芝　次子　玉明　三子　玉芳　四子　玉美　五子　玉成

六世

成有　生一子　文善

成富　生一子　文喜

玉河　生三子　长子　忠藩　次子　成藩　三子　维藩

玉景　生一子　喜子

玉芝　生一子　孔藩

玉明　生二子　长子　忠藩　次子　宁藩

玉芳　生三子　长子　庆藩　次子　恩藩　三子　国藩

玉美　生三子　长子　桂藩　次子　景藩　三子　宁藩

玉成　生三子　长子　君藩　次子　文藩　三子　鸿藩

七世

文善　生一子　德成

文喜　生一子　德利

忠藩　生二子　长子　树生　次子　树财

成藩　生二子　长子　树坤　次子　树有

维藩　生三子　长子　树林　次子　树山　三子　树棠

孔藩　生五子　长子　徐树森　次子　徐树林　三子　徐树松　四子　徐树杨　五子　徐树桐

忠藩　生三子　长子　徐树珊　次子　徐树魁　三子　徐树青

庆藩　生四子　长子　徐树枫　次子　徐树彦　三子　徐树栋　四子　徐树信

恩藩　生四子　长子　徐树治　次子　徐树礼　三子　徐树义　四子　徐树德

国藩　生八子　长子　徐树年　次子　徐树绵　三子　徐树廉　四子　徐树贤　五子　徐树权　六子　徐树田　七子　徐树萱　八子　徐树楠

桂藩　生一子　徐树仁

景藩　生二子　长子　徐树忠　次子　徐树春

君藩　生二子　长子　徐树民　次子　徐树辉

文藩　生二子　长子　徐树良　次子　徐树本

鸿藩　生一子　徐树新

八世

徐树森　生二子二女　长子　铁柱　次女　雅奇　三女　雅新　四子　铁石

徐树松　生二子　长子　铁盾　次子　铁矛

徐树杨　生二子三女　长子　铁铙　次子　××　次女　雅萱　三女　雅君　四女　雅惠　五子　铁峰

徐树青　生一子　鸿富

徐树枫　生一子　徐震

徐树彦　生一子三女　长子　徐谊　次女　徐丹　三女　徐晶　四女　徐莹

徐树信　生四子二女　长子　国富　次子　成富　三女　惠光　四女　惠君　五子　志富　六子　仁富

徐树治　生三子四女　长女　雅东　次女　雅丽　三女　雅君　四女　雅杰　五子　文富　六子　友富　七子　仁富

徐树礼　生一子　治富

徐树义　生四子　长子　成富　次子　俭富　三子　雅玲　四子　勤富

徐树德　生三子　长子　俊富　次子　静茹　三子　中富

徐树年　生三女　长女　慧　次女　露　三女　晶

徐树绵　生二子　长子　徐刚　次子　徐强

徐树廉　生四子　长子　徐志敏　次子　徐志英　三子　徐志军　四子　徐志伟

徐树权　生五子　长子　君富　次子　荣富　三子　秀富　四子　纯富　五子　萨富

徐树萱　生二子四女　长女　波　次女　英　三女　华　四女　丽　五子　德民　六子　德富

徐树楠　生五子四女　长子　冬富　次子　长富　三女　雅志　四女　雅茹　五女　雅玲　六女　志　七子　民富　八子　鸣富　九子　良富

徐树仁 生二女 长女 徐强 次女 徐岩

徐树忠 生四子二女 长子 徐润富 次子 徐华富 三女 荣娟 四女 荣斌 五子 徐进 六子 徐猛

徐树春 生二子二女 长子 徐文富 次女 荣芳 三女 荣华 四子 徐学富

徐树民 生一子 徐进

徐树辉 生二子 长子 徐涛 二子 徐皓

徐树良 生二子四女 长子 徐金富 次女 秀范 三女 秀敏 四女 秀琴 五女 秀燕 六子 徐荣富

徐树本 生二子 长子 徐太富 次子 徐仁富

徐树新 生四子二女 长子 徐鸿彬 次子 徐铁富 三子 徐铁军 四子 徐洪富 五女 徐荣娟 六女 徐荣丽

九世

徐铁柱 徐雅奇 徐雅新 徐铁石 徐铁盾 徐铁矛 徐铁铙 徐雅萱 徐雅君 徐雅惠 徐铁峰 徐鸿富 徐震 徐谊 徐丹 徐晶 徐莹 徐国富 徐成富 徐惠光 徐惠君 徐志富 徐仁富 徐雅东 徐雅丽 徐雅君 徐雅杰 徐文富 徐友富 徐仁富 徐治富 徐成富 徐俭富 徐雅玲 徐勤富 徐俊富 徐静茹 徐中富 徐慧 徐露 徐晶 徐刚 徐强 徐志敏 徐志英 徐志军 徐志伟 徐君富 徐荣富 徐秀富 徐纯富 徐萨富 徐波 徐英 徐华 徐丽 徐德民 徐德富 徐冬富 徐长富 徐雅志 徐雅茹 徐雅玲 徐志 徐强 徐岩 徐润富 徐华富 徐进 徐猛 徐荣娟 徐荣斌 徐文富 徐学富 徐荣芳 徐荣华 徐进 徐涛 徐皓 徐金富 徐荣富 徐秀范 徐秀敏 徐秀琴 徐秀燕 徐太富 徐仁富 徐鸿彬 徐铁富 徐铁军 黎洪富 徐荣娟 徐荣丽 徐民富

藩字辈兄弟共十一人。于民国八年（1919）在呼兰县曾合影一张，存于各兄弟手中，当时署名为"善德堂"之家族，其排列依年龄吾父居长。

徐国藩（一）徐宁藩（二）徐鸿藩（三）徐恩藩（四）徐忠藩

（五）徐景藩（六）徐文藩（七）徐庆藩（八）徐桂藩（九）徐君藩（十）徐孔藩（十一）

树字辈以树楠大哥居长，按年龄排列共有兄弟三十二人，据现在所知仍健在者二十一人。

1. 徐树楠　呼兰镇　已逝；2. 徐树萱　双鸭山；3. 徐树春　长春　徐为民；4. 徐树田　出走无讯；5. 徐树德　哈尔滨；6. 徐树青　呼兰　已逝；7. 徐树信　佳木斯　已逝；8. 徐树权　哈尔滨；9. 徐树贤　哈尔滨；10. 徐树义　伊春；11. 徐树忠　呼兰依兰后哈　已逝；12. 徐树本　出走无讯；13. 徐树新　阿城；14. 徐树廉　北京；15. 徐树礼　在黑河逝去；16. 徐树栋　在长春；17. 徐树魁　哈尔滨　已逝；18. 徐树桐　早逝；19. 徐树珊　南宁；20. 徐树柏　呼兰县　逝世；21. 徐树松　哈尔滨（徐爽）；22. 徐树治　伊春；23. 徐树绵　哈尔滨（徐鹏志）；24. 徐树林　早逝；25. 徐树仁　哈尔滨；26. 徐树延　去银川；27. 徐树年　哈尔滨（徐书典）；28. 徐树良　蒲家井　已逝；29. 徐树枫　银川　已逝；30. 徐树森　呼兰县；31. 徐树辉　庆安县；32. 徐树民　哈尔滨

十三、图克色里（佟）氏家谱

［辽宁沈阳］图克色里氏宗谱

宝亲纂修。清光绪二十六年（1900）初修，民国十八年（1929）重修。此为宝亲重修本。打印本，一册。始祖阿勒奈。谱载"图克色里，译音佟姓，西伯族也"，康熙四年（1665）"随军拨归奉天厢兰旗满洲第二佐领下。尚有一支，居于城北荒岗，又有一支，居于中后所，北鞑子营"。家谱内容有立谱意义、图克色里氏族谱溯源、本族服饰制表、本族茔地图、自一世祖阿勒奈以下家族十代宗支。辽宁省沈阳市佟钟时、吉林省长春市佟靖飞收藏。《沈阳锡伯族家谱》收录。[1] 此据《沈阳锡伯族家谱》整理。

立谱意义

谱之立所以重远也，前不知所始，后不知所终。于吾心独无忮乎，求之而不能知，则亦已矣。知之而不能以记之，于理为不顺，而怜情更无以遣，吾族之初不可考，每一念及而心为不快。盖血统之追求，人之情也。然远者不可追，而近者犹可述，今幸由吾人在本佐领处，查得根册籍知吾族之本源。即考求吾族历世相承之统系，询为他日追溯之准备，

---

[1] 王俊、李军编著：《沈阳锡伯族家谱》，辽宁民族出版社2015年版，第105—113页。

设并此而不知，则后世之子孙。欲求姓氏所自来，且不可得。亦可伤矣。故谱者也，对于前以为追述之基，垂于后，以为世守之本。圣人创业，首重厥初谱系之功。宁可忽视，苏明无不云乎。观吾之谱，孝悌之心，可以油然而生。然则后世有光明俊伟之子孙，思发扬祖德，而大昌宗功。未始不由此谱系成之。前者已往，后者未来，不可知，不能究，而知之者，又复不能记，设吾人不乘此时创立，则谱系之成，终无日矣。见义不为无勇，后世子孙当仁不让也可。

图克色里氏族谱溯源

图克色里，译音佟姓。西伯族也。欲知本族之由来，吾得略言之。考吾族系夏桀太史终古之后。当桀无道时，知天数之不挽，携眷隐于辽东，易终为佟。按西伯人，初起于北昆仑山阳，其地沙石不毛，苦于耕牧。元末，辽金称帝，迫兵燹，迁于满洲伯都讷（今吉林新城）附近揩草沟处。代远年湮，其祥不可考，原其所以得名者，以在满洲之西北，故以西北名之。后稍事增稀，因易西北为西伯，爱辛氏盛，统一近旁诸部落，故西伯人隶于各旗籍。盖锡伯人刚勇诚朴，善战，屡立奇功，其所以不单设牛录，而分隶于各旗者，实因彼时当道之忌。然曰西伯，而不曰满洲者，良以来归稍晚，故以此区之，亦若新满洲之于陈满洲耳，观其待迁［遇］可知。且吾之上世，均以满语为名，其时文化未兴。咸丰初，始有掇芹者，自此学者日藩，而文艺亦渐昌。西伯之义既明，则吾族之源亦可考。惜吾族之谱，早年为火所焚，欲溯遗事，莫可详查。今者拟上述祖宗之流风，下启子孙之遵守。则惟自迁于诺木珲始，按由揩草沟迁居此地，时在康熙四年，随军拨归奉天厢兰旗满洲第二佐领下。尚有一支，居于城北荒岗，又有一支，居于中后所，北鞑子营。我支始为兄弟四人。

一、为佟铁会纯之祖

二、为增禄宝山之祖

三、为吉振恩惠之祖

四、为佟焕书林之祖

以上均有七八两代人书名，以为行辈之标准，唯佟铁会纯，于其本支宗谱，则为九世十世，较他支宗谱，似多二代，盖以先人抄谱时，按本佐领三代根册所录，其实上二代，名虽具根册，而未来奉天，其未录前二代者，仅以迁奉天者为始祖。

谱之意义及源流即备，谨为世守之则如次。

第一条：本宗谱之设，所以祀先，惟代久年湮无由调查，谨按我支之先人为始，各备龛以供之，使后世子孙，稍知本流，以存观忠。祭祀时，均用果品蔬菜之素餐。

第二条：敬先祖，睦宗族，以为孝弟之本，凡族中子弟有不善者，皆得尽训诲之责，不可有亲疏之见，而子弟对于族中尊长，均须恭顺，亦不可存亲疏之见。

第三条：凡分居者，各宜备宗谱一份，以知已之远源。每三十年，合族通修一次，其地点时间，皆临时核定，但此三十年中，迁［遇］有死亡者，得有子弟记其事迹，以备通修时，记录于事迹栏内。

第四条：此次排定字数为：先远垂鸿业，承芳晋文明，守全宜懋振，嘉耀世英荣。计二十字。即二十代也，不论远近宗支，历代均遵此字命名，以为行辈之次第。即不本此命名，亦宜知己所在某字，以免行辈凌越。其弟第四支则为，伯阿开宗派，分流百世昌，守崇先代志，薄厚继清光，他支则尚未拟设。

第五条：事迹栏内，为记述先人之事迹，及其生平，凡子孙欲传先人之行状者，即注于栏内，不原注者听，若事迹繁多，此栏不及备载者，宜注于最后附记事迹栏内。

第六条：此谱之创修，于清朝光绪二十六年三月，由本佐领处抄录，及给先人之遗传，首先创修，规模制度多有未善，望后世于通修时，可力求美善，以便世守，至于通修之手续，可分数项：

一、选择吉日，召集族人，将三十年内本族已故先人，叙［续］入谱内，如谱纸不敷用时，可另备新宗谱，新谱成立，旧谱纸仍慎敬保存，但本支欲成立新谱者，宜以长房立宗。次房非所宜也，如无长房之可立，再按上辈追求，直至长房乃已。

二、新谱即叙［续］旧谱之所未备，不必另行更张。使前后衔接，但旧谱未备者，新谱亦可叙明。

三、关于先人之嘉言懿行，既其行状，可由各人子孙通修时宣布，书之于事迹栏内以彰先德。

第七条：我族对于丧事服制，久已复杂，今参订礼制。及先人所传之原则，酌定五族服制，使后世子孙永远遵守，庶免纷歧附表于后。

第八条：茔地为葬埋先人之所，后世子孙宜按时用素餐，尽祭扫之礼。但代远年湮，茔墓众多，后世虽知先墓之所在，卒皆罔知某墓中之先人为谁，兹将本族各茔墓及地点按葬埋年月，分列次序（即第一茔地，第二茔地之类）绘图于后。

第九条：按设谱规则，于谱表之外，宜另备谱册，注载细则，今取法简便，备有事迹栏，表彰先人之懿行，并女氏之所娶及所适，以备后世查考。

第十条：凡乏嗣者，均于名下注成黑点，过继于伯叔者，填有连线，使阅者易于明瞭。

附言

夫创业垂统先人之本，慎终追远来者之责。此后世欲知先人之来源，重赖乎宗谱之详述也。余年将弱冠，即注意于斯，但因代远年湮，难于考核，后经种种搜求，历三十余年之寒暑，始渐成编。然皆著述参差而不详，脱稿者十数次，幸今岁告成。其于宗谱之创，可谓幸且至矣！昔刘思贞有言，"为之者劳，观之者逸"，若余创修斯谱，不知历尽几多心血，而后世或有习而不察；视为具文者，其于吾心能无憾乎。特抒数语以示后世，慎勿虚掷轻视，以负余心也。此识。

光绪二十六年庚子创修
民国十八年己巳重修
八世宝亲识
时年五十四岁

本族服饰制表

斩衰：

五服式：

头部服饰：

男白沿帽（毡布均可），或青布帽头白边白结亦可。

妇包头长六尺垂穗于衣下边齐

孝衣式：

用上白大布为之，不缝衣下边。

服制期限：

衣白：三月；衣青：周年；衣素：二年半。

期服：

头部服饰：

男青布帽头白结或礼帽与草帽白箍亦可。

妇包头长五尺八寸垂穗距衣下边二寸。

孝衣式：

用清水白布为之，衣边向内单折缝之。

服制期限：

衣白：三月；衣青：八月；衣素：周年。

大功：

头部服饰：

男青布帽头青结或礼帽与草帽青箍亦可。

妇包头长五尺六寸垂穗距衣下边四寸。

孝衣式：

用稍次尺布为之，垛下边。

服制期限：

衣白：三月；衣青：六月；衣素：九月。

小功：

头部服饰：

男青布帽头青结或礼帽与草帽青箍亦可。

妇包头长五尺四寸，垂穗距衣下边六寸。

孝衣式：

用次尺布或花旗布为之，直针缝下边。

服制期限：

衣白：七七；衣青：百日；衣素：五月。

缌麻：

头部服饰：

男绒帽头青结或缎帽青结均可。

妇包头长五尺二寸，垂穗距衣下边八寸。

孝衣式：

用花旗布为之，静下边。

服制期限：

衣白：五七；衣青：六十日；衣素：三月。

行辈：

（同辈）：孝衣骑袖口不代［带］白领；

（子侄辈）：男妇孝衣袖口均带马蹄，妇人包头带服制。

（孙辈）：男妇衣袖无马蹄，包头无制服，唯长孙男妇除袖无马蹄，余皆与子同，若不承重孙男孝帽按本服制与众孙同。

（曾孙辈）：大功服头肩均订［钉］单白英［缨］，小功服头肩均订［钉］单兰［蓝］英缌麻头肩均订单红英［缨］。

（玄孙辈）：小功服头肩均订［钉］双兰［蓝］英［缨］缌麻头肩均订［钉］双红英［缨］。

（袒免孙）：无服。

备考：

男妇孝带包头垂穗及曾孙男妇订［钉］各色孝英［缨］者，均按故者男左女右。

男女包带尺寸不可拘泥于定数，须酌核身量长短为增减，但妇女包头垂穗距离孝衣下边尺寸不可稍改。

亲丧未及周年，期服未及三月，不得另服，较远支之孝白余类推。

脱换各项服制，均宜于所定日期之内，勿须到期及过期。

族中遇有喜事，宜于本服日期已及三分之二者，顺序换之服制，稍远者不在此例。凡承继伯父叔父为子者，对于生身父母则为降服，子继父母若有一人存在时宜服本服，倘继父母均已弃世，应按子服之日期代之，无论服期长短，孝衣下边宜由里向外一折缝之。其子与众孙同。

夫为妻齐衰杖期（五月）父母在不杖。妻为夫斩衰三年。

本族茔地图

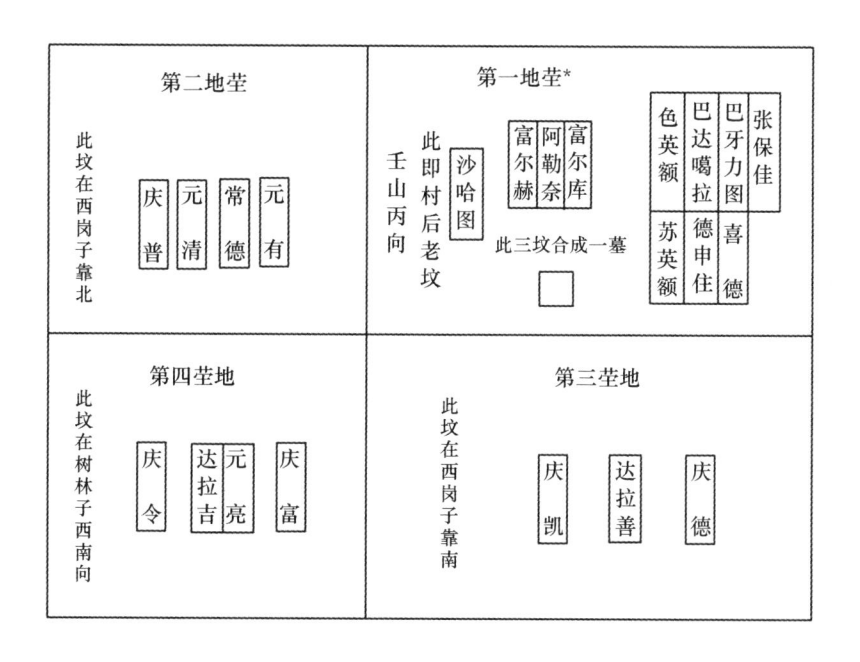

第二地茔	第一地茔*
此坟在西岗子靠北　庆普　元清　常德　元有	此即村后老坟　壬山丙向　沙哈图　富尔赫　阿勒奈　富尔库　此三坟合成一墓　色英额　巴达噶拉德申住　巴牙力图　喜德　张保佳　苏英额
第四茔地	第三茔地
此坟在树林子西南向　庆令　元亮达拉吉　庆富	此坟在西岗子靠南　庆凯　达拉善　庆德

---

* 原谱如此。

宗支

一世

阿勒奈　生二子　长子　富尔库　次子　富尔赫

二世

富尔库　生二子　长子　色英额　次子　札卜

富尔赫　生一子　苏英额

三世

色英额　生二子　长子　巴达葛拉　次子　巴牙力图

札卜　生一子　花申保

苏英额　生一子　德申保

四世

巴达葛拉　生一子　张保住

巴牙力图　生一子　泰（早卒）

花申保　生三子　长子　常寿　次子　夜布肯　三子　图莫德

德申保　生二子　长子　常德　次子　喜德

五世

张保住　生一子　沙哈布

常寿　　生三子　长子　元亨　次子　元贞　三子　元春

夜布肯　生一子　元青

图莫德　生四子　长子　元利　次子　元庆（出继）三子　元隆　四子　启发（早卒）

常德　生四子　长子　元亮　次子　达拉吉　三子　元有　四子　元清

喜德　生一子　达拉善

六世

元亨　生一子　恩铭

元贞　生四子　长子　恩普　次子　恩荣　三子　恩泰　四子　恩吉

元春　生二子　长子　增禄　次子　增科

元利　生二子　长子　庆升　次子　庆如

元庆 生三子 长子 庆吉 次子 庆祥 三子 庆和

元隆 生三子 长子 庆阁 次子 庆贵 三子 庆富

元亮 生一子 庆贵

达拉吉 生一子 庆令

元有 生一子 庆荣

元清 生二子 长子 庆富 次子 庆普

达拉善 生三子 长子 庆德 次子 庆明 三子 庆凯

七世

恩铭 生三子 长子 积德 次子 积纯（早卒） 三子 积富

恩普 生一子 德顺

恩泰 生一子 富有（早卒）

恩吉 生一子 富春

增科 生一子 宝清

庆升 生一子 宝山

庆如 生一子 宝恒

庆吉 生二子 长子 宝廉 次子 宝亲

庆祥 生三子 长子 宝成 次子 宝升 三子 宝文

庆和 生一子 宝魁

庆阁 生二子 长子 宝蕴（早卒） 次子（不详）

庆荣 生三子 长子 宝贤 次子 宝臣 三子 宝会

庆普 生三子 长子 宝春 次子 宝兴 三子 宝珍

庆德 生一子 小顶

八世

积德 生三子 长子 文汉 次子 文林 三子 文多

积富 生二子 长子 文修 次子 文典

德顺 生三子 长子 文凯 次子 文元 三子 文田

宝清 生一子 文涛

宝山 生三子 长子 文玉 次子 文璞 三子 文言

宝恒　生二子　长子　文阁　次子　文芳（早卒）

宝廉　生一子　文绪（出继）

宝亲　生三子　长子　文敏　次子　文申（早卒）　三子　文纲

宝升　生一子　文治

宝魁　生一子　文质

九世

文汉　生四子　长子　明良（早卒）　次子　明善　三子　明新　四子　明允

文林　生五子　长子　明夷（早卒）　次子　明赫　三子　明信　四子　明成　五子　明释

文多　生三子　长子　明明（早卒）　次子　明显　三子　明振

文元　生二子　长子　明齐　次子　明达

文田　生二子　长子　明远　次子　明伦

文涛　生一子　明昌

文玉　生二子　长子　明哲　次子　明太

文璞　生二子　长子　明宣　次子　明祥

文言　生二子　长子　明中　次子　明谦（早卒）

文阁　生二子　长子　明羽　次子　明德

文绪　生一子　明权

文敏　生一子　明钧

文纲　生一子　明海

文治　生二子　长子　明柱　次子　明春

十世

明权　生二子　长子　守胜　次子　守锋

明钧　生四子　长子　守安　次子　守泽　三子　守正　四子　宝志

十一世

守锋　生一子　宜文

[吉林长春] 图克色里（佟）氏近几代谱系

纂修人及纂修时间不详。打印本，一册。一世祖伯世胡朗。载一世祖以下七代族人世系。吉林省长春市佟靖飞收藏。此据佟靖飞提供家谱资料整理。

一世

伯世胡朗 佐领 子 苏隆阿

二世

苏隆阿 骁骑校 子 佟焕

三世

佟焕（字祥云，祥二爷）生四子 长子 书麟 次子 尚麟 三子 绂麟 四子 藻麟

四世

书麟 生二子二女 长子 宗元（原）长女 兰英 次女 玉英 次子 宗厚

尚麟（字秉仁）生七子 长子 宗刚 次子 宗毅 三子 雪× 四子 宗泽 五子 雪航 六子 宗× 七子 宗×

绂麟 生二子 长子 宗章 次子 雪舫

藻麟（字玉章）生二子 长子 宗景 次子 宗岐

五世

宗元（原）（字魁一）生一子二女 长子 咸亨 长女 淑芳 次女 淑琴

宗厚 生一子 淑文

宗毅 小丫

雪航 滨生

宗× 滨育

宗章 生六子 长子 咸沛 次子 咸豪 三子 咸吉 四子 咸利 五子 咸民 六子 咸佳

宗景　×英

六世

咸亨　生三子　长子　毓敏　次子　靖飞　三子　佟伟

淑芳　生二子　长子　玉竹　次子　玉石

淑文　生一女　佟欣

咸沛（古野）生一女　毓红

咸豪　生一女　佟欣

咸吉　生一子　毓卓

咸利　生一子　佟树

咸民　生一女　玲玉（燕舞）

咸佳　生一子　晓明

七世

毓敏　生一女　佟玲

靖飞　生一女　娇阳

佟伟　生一女　佼佼

十四、佟佳（佟）氏家谱

［辽宁沈阳］佟佳氏家谱

佟宝财2007年纂修。打印本，一册。该谱书是"在原有祭祖用'包袱单'基础上，新续后五世，成为新谱书"。始祖班达拉，"原姓氏'佟佳'，在清代由'三姓'地区迁来义县"，远祖班达拉"于清代编入镶黄旗充差"。家族现居辽宁省锦州市义县高台子满族锡伯族乡石家堡子村。家谱内容有韩启昆2006年撰序、纂修者前言、家族远祖班达拉、一世祖褚库里以下十代人世系、包袱单子、祖宗龛、后记等。辽宁省锦州市佟姓族人收藏。此据佟靖飞提供家谱整理。

序

我和佟宝财同志是在民族活动中相识的，是亲密的族友。宝财同志和我谈论过他欲修家谱之事，我也向他讲过我的见解，近日他将修完的谱稿拿来请我看，请提意见与撰序，我欣然承诺。修家谱很重要，也很有意义。家谱亦即家族史，它不仅为研究锡伯族史提供了原始资料与线索，而且更重要的是它可以补充与订正地方史志乃至国史之不足。凡研究历史者，对于各类家谱都是非常重视的，都十分肯定它的史料价值。

锡伯族的家谱历史悠久,从远古时代的刻木记事,到后来结绳记事的"喜利妈妈",都是家谱的原始形态。有了文字以后,创立与修序家谱便成为每个家庭社会活动的一项重要内容,历来都很重视。锡伯族的家谱就是锡伯族祖先留给后人的一份弥足珍贵的文化遗产。我续修过边台哈什胡里氏(韩)我的家族的宗谱,我的体会是:"修立新谱或续谱,是锡伯族人民群众保存家谱文化的内在需求,每位锡伯族领导干部、专家学者、教师、工程师、有经济实力的经理或企业家,都有责任整理与修立自己的家谱,使家谱文化在锡伯族整体文化中放射出更加绚烂的光辉"。

佟宝财同志修立的家谱有几个特点值得赞佩。其一,是其孝敬祖先的修谱精神。从对修谱的一无所知,到完成谱稿,用了十年工夫,民族意识不强、民族感情不深、自尊自强与爱国主义精神不高是做不到的。其二,是将民族史写入家谱。突破了常规写法,体现了时代气息与自身需求,从先辈讲的"清朝从三姓来的"一句话追本探源,简要讲清锡伯族史,令后代人知道自己的家族史与民族史。其三,是修续了新的世系表,编排了辈序二十八字。在原有祭祖用"包袱单"基础上,新续后五世,成为新谱书。其四,是将"生活习俗"也写进家谱,使后人知道锡伯族人固有的生活民俗。其五,是将祖先供于家中,创造了家居沈阳这样大城市的锡伯人家,供奉祖先的先例。实为实践着我锡伯族人敬仰祖先之美德,令人敬佩。

韩启昆
二〇〇六年一月十六日

前言

我萌生修立与撰写家谱之志始于离岗后,至今已有十余年。在小学念书时就知道我家是锡伯人,但直至参加工作,甚至离开工作岗位退休时,对本民族历史仍然不知或知之甚少。加之从上初中就离开家乡,个人来沈阳念书,对家族历史也全然不知,这在撰写家谱中增加了很大难度。经十来年多次访问、核对,几易其稿,才完成了家谱谱系正文。在此期间,除参加每年的锡伯族"四一八"西迁节活动外,还先后参加了一九九一年在新疆召开的"锡伯族爱国历史研讨会"、一九九七年在黑龙江省齐齐哈尔市召开的"锡伯族民俗研讨会"、二〇〇〇年在沈阳召开的"锡伯族第四次学术讨论会",我受益匪浅,增强了我写家谱的信心。与此同时,又多方收集、反复阅读了"锡伯族史"等方面的论著,总算对本民族历史有了一些了解。故将族史、生活习俗各写成一部分,将这些介绍给族人,可增强民族自尊心和民族自豪感,以利继承发扬本民族光荣传统。

中华人民共和国成立后,在中国共产党的正确领导下,祖国各项事业在不断地向前发展,人民生活水平逐年的改善,人们文化水平逐步提高。因国家各项事业发展的需要,我家族已有多人离开家乡去外地谋生,去城里参加工作,现已分别居住在义县、阜新、沈阳等地,不能经常见面。五世祖佟巨福在新中国成立前去了通辽地区后就无法联系,对该支的人员、住地等一切情况全然不知,即使相逢也不能相识。今后,还会有族人去外地工作,甚至走得更远,唯恐日久年深,再有族人相逢不知同族、同宗,不知辈分,甚至报错族籍,造成误会,近亲结缘,遗患后世,悔之不及。据口碑资料,原盛京(今沈阳)有我们一家子人,因无家谱,加之日久年深,也无法联系。综上所述,我们应尽早建立一部家谱。有了家族世谱,就等于有了一部家族史,上述一些现象都可以避免。而且为我族研究民族的历史文化提供了宝贵资料,为后人留下珍贵遗产。

为此,依据有关历史资料和我家族保管的包袱单子,即从褚库里始五代谱单这一珍贵资料,重修家谱,使族人和后世了解我族族源、族史和兴旺发展,以及人口繁衍等情况,并希望永远继承和发扬我族文明礼貌、尊长爱幼、勤劳节俭、英勇顽强的爱国主义优良传统。不论在什么地方、什么行业,都要勇于克服困难,树立自尊、自信、自强的民族精神。积极进取、努力学习、勤奋工作、遵纪守法、正派做人、忠于国家,团结族内外所有同志，为祖国振兴，为民族兴旺做出更大贡献。

由于本人对族史、家史知之甚少，加之水平有限，定有疏漏或错误，愿后世有志人士，热心民族事务者不断补充、纠正、完善。并望每隔二三十年一续，使我族"佟佳氏"万世永传。

世系表

远祖

班达拉（清代编入镶黄旗充差）

一世

褚库里 妻 杨氏

二世

依的根儿 妻 韩氏（瓦房村人）

三世

窝国金阿 妻 白氏（旧陵村人）

四世

佟进金 妻 关氏（北偏坡屯人）、孙氏 生三子 长子 佟巨福 次子 佟巨仁 三子 佟巨顺

五世

佟巨福 妻 韩氏（瓦房村人 迁往通辽地区，具体情况不详）

佟巨仁 妻 孟氏（杏树台村人）生三子一女 长子 佟玉贵 次子 佟玉荣 三子 佟玉春 女 佟玉芬

佟巨顺 妻 白氏（台子山村人）生二子 长子 佟玉昌 次子 佟玉文

佟巨仁房系

六世

佟玉贵 妻 王氏（杏树台村人）生四子 长子 佟永江 次子 佟永海 三子 佟永河 四子 佟永恩

佟玉荣 妻 安氏（石家堡子村人，锡伯族）乏嗣

佟玉春　妻　郭氏（石家堡子村人，满族）生一子一女　子　佟永祥　女　佟永香

佟玉芬　夫　吴景瑞（荒地村人）

七世

佟永江　妻　于兰英（柳河沟村人，汉族）生三子二女　长子　佟宝财（长久）次子　佟宝源（长儒）三子　佟宝华（长瑞）长女　佟宝珍　次女　佟宝芳

佟永海　妻　门福珍（柳河沟村人，汉族）生三子　长子　佟宝库　次子　佟宝昌　三子　佟宝良

佟永河　妻　张淑芬（九道岭人，汉族）生二子二女　长子　佟宝忠　次子　佟宝贤　长女　佟桂芝　次女　佟桂琴

佟永恩　妻　王素琴（敞亮屯人，汉族）生三子一女　长子　佟宝山　次子　佟宝林　三子　佟宝全　女　佟桂英

佟永香　夫　母廷吉（石家堡子村人，汉族）

佟永祥　妻　于凤兰（荒地村人，汉族）生一子一女　子　佟宝金　女　佟宝荣

佟巨顺房系

六世

佟玉昌　妻　李氏　乏嗣

佟玉文　妻　富氏　生一子　佟永余

七世

佟永余（夭折）

佟永江支系

八世

佟宝财　妻　周凤兰（罗家屯村人，汉族）生二子一女　长子　佟国庆　次子　佟国良　女　佟国欣

佟宝源　妻　苗永琴（库伦旗人，汉族）生一子二女　长子　佟静波　长女　佟月娟　次女　佟亚娟

佟宝华（长瑞）妻　张玉香（阜新市人，汉族）生一子　佟国慧

佟宝珍　夫　周跃繁（阜新市水泉乡人，汉族）

佟宝芳　夫　刘敏（阜新市人，汉族）

九世

佟国庆　妻　王树军（离异）生一女　佟美玥
　　　　妻　张莉（沈阳市人，汉族）生一子　佟威震

佟国良　妻　孙红（沈阳市人，汉族）生一子　佟威汉

佟国欣　夫　肖丹（沈阳市人，汉族）

佟静波　妻　徐春玲（阜新市人，汉族）生一子　佟威剑

佟月娟　夫　贾柏文（北京市人，汉族）

佟亚娟　夫　金剑（阜新市人，满族）

十世

（从略见上）

佟永海支系

八世

佟宝库　妻　石桂霞（阜新市人，汉族）生一子一女　子　佟国辉　女　佟国明

佟宝昌　妻　刘淑华（阜新市人，汉族）生一女　佟星

佟宝良　妻　王兴莲（锦州市人，满族）生一女　佟国婧

九世

（从略见上）

佟永河支系

八世

佟宝忠　妻　宋玉华（义县人，汉族）生一女　佟丽

佟宝贤 妻 刘燕萍（阜新市人，汉族）生一子 佟国宇

佟桂芝 夫 关俊岐（杏树台村）

佟桂琴 夫 郝风林（吉林市，汉族）

九世

（从略见上）

佟永恩支系

八世

佟宝山 妻 王素萍（红墙子村人，满族）生一子 佟国强

佟宝林 妻 汪素霞（九道岭人，汉族）生一子 佟阳

佟宝全 妻 艾月霄（杏树台村人，汉族）生一女 佟佳兴

佟桂英 夫 安贵洪（石家堡子村人）生一子 佟家旺

九世

（从略见上）

佟永祥支系

八世

佟宝荣 夫 安宏伟（石家堡子村人）

辈序用字

此辈序用字为新编，目的为使我家族今后族宗辈分不致紊乱，编排了辈序用字。拟由我四世先祖，佟进全的"进"字为首，下辈按字排行次序，编排二十八个字（各辈范字）：

进 巨 玉 永 宝 国 威

俊 官 思 宗 兆 松 根

纯 真 有 奉 合 家 旭

明 政 全 星 纳 吉 祥

后世远近宗支，可参照此字序起名，这样就可辈分分明，排行有序，

不致误会。

族史

（略）

包袱单子

我家族包袱单子（左边的五世谱单）原件由七世永恩保存。包袱单子也称"祭祀谱"。在春节午夜"烧包袱"时写名用。"烧包袱"是义县锡伯族人的一个习俗。

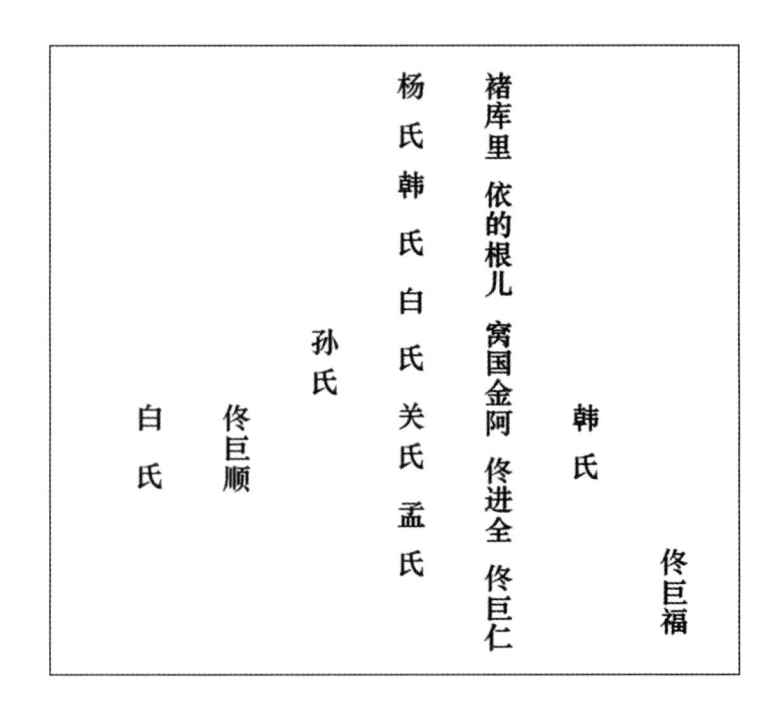

```
褚库里 依的根儿 窝国金阿 佟进全 佟巨仁    韩氏    佟巨福
杨氏 韩氏 白氏 关氏 孟氏
         孙氏
         佟巨顺
         白氏
```

祖宗龛

祖宗龛，龛内供奉先人留下的五世谱单，（也称"供奉谱"）。二〇〇三年一月一日敬立。

为继承先人尊老敬祖供奉祖先的习俗，后又依照我家族原始供奉制作了二男二女四位布人供奉在祖宗龛里。

门上对联是：上联"祖德流芳思木本"、下联"宗功浩大想水源"、横批"慎宗追远"。供奉在八世宝财家屋的西北方，每年春节时祭祖，上供、敬香、叩头祭拜。

供祖先是义县锡伯族人的又一习俗。

后记

（略）

十五、扎木库哩（张）氏家谱

［辽宁辽阳］扎木库哩氏家谱

　　修纂人不详。民国十年（1921）纂修。手抄本，一页。谱载本族为"前清镶蓝旗西伯扎木库哩氏"，始祖来住。内容为"扎木库哩氏先远三代九族"自一始祖来住、二始祖拉住以下七世族人世系。辽宁省辽阳市张振伦收藏。此据张振伦提供家谱资料整理。

谱系

中华民国十年十月二十八日敬立
另户系前清镶蓝旗西伯扎木库哩氏
先远三代九族

一世

　　（一始祖）**来住**（镶蓝旗领催委官）妻 朱氏 生三子 长子 乌明保 次子 乌力滚保 三子 乌力滚珠
　　（二始祖）**拉住**（镶蓝旗闲散）

二世

　　（曾祖）**乌明保** 妻 赵氏 生二子 长子 窝恒额 次子 窝凌额
　　（曾祖）**乌力滚保** 妻 胡氏 生一子 有发

（曾祖）乌力滚珠　妻　尚氏　生一子　存喜

三世

（祖伯考）窝恒额　妻　边氏　生二子　长子　荣升　次子　荣琳

（族考）窝凌额　妻　马氏

（族考）有发　妻　刘氏　生三子　长子　荣安　次子　荣泰　三子　荣库

（故祖）存喜　妻　佟氏

四世

（伯考）荣升　妻　安氏　生三子　长子　承印　次子　承发　三子　承喜

（先考）荣琳　妻　张氏　生二子　长子　承富　次子　承金

荣库　妻　张氏

五世

承发　妻　李氏

承喜　妻　韩氏　生三子　长子　兴源　次子　兴权　三子　兴武

承富　妻　赵氏　生二子　长子　兴钰　次子　兴昌

承金　妻　孟氏　生三子　长子　兴国　次子　兴民　三子　兴利

六世

兴源　妻　柏氏　生五子　长子　常任　次子　常义　三子　常礼　四子　常智　五子　常信

兴权　妻　赵氏

兴武　妻　董氏

兴钰　妻　任氏　生一子　常德

兴昌　妻　不详　生一子　常山

兴国　兴民　兴利

七世

（从略见上）

十六、何叶尔（何、赫）氏家谱

［辽宁沈阳］何叶尔氏宗谱

纂修者不详。乾隆五十五年（1790）重修，咸丰三年（1853）重立，光绪二十九年（1903）重抄。手写本，谱单，一幅。内容有序言和前代三位先祖名讳。辽宁省沈阳市于洪区马三家乡边台村何宏芳收藏。《沈阳锡伯族家谱》收录。[①] 此据《沈阳锡伯族家谱》整理。

序言

始祖原为妹妹江齐齐哈尔地方达尔奇村人，康熙四十年住四十洼村，迁入盛京驻四十洼地方。于康熙四十六年又移住前孤家台村。

乾隆五十五年重修
咸丰三年二月十六日重立
光绪二十九年五月十七日重抄

其乏嗣者　蒙克巴图、喀布勒
依玛（拨往伊犁者）

[①] 王俊、李军编著：《沈阳锡伯族家谱》，辽宁民族出版社2015年版，第173页。

[辽宁沈阳] 何叶尔氏供俸谱

纂修人及纂修时间不详。手写本，谱单（布质），一幅。原谱为白布手写（有装裱）供俸单，宽48厘米，长63厘米。始祖额洛得。内容为何姓自始祖（头世）额洛得以下九世族人世系。辽宁省沈阳市黄家锡伯族乡龙岗子村何忠山收藏。此据何忠山提供家谱整理。

供俸

头世

额洛得 妻 关氏

二世

伯洛 妻 李氏
喀力马 妻 关氏

三世

必力查 妻 吴氏
多保 妻 潘氏
巴底 妻 刘氏
阿什图 妻 安氏
阿奇各

四世

火岩尔底 图木录 姐妞 所落 巴彦 巴项尔图 巴音布①
三札布 妻 韩氏
五十三 妻 孟氏

---

① 该家谱世系子嗣关系不清晰，故将未列妻室者也全部并入横排予以保留。

代喜色冷 马守 班底

五世

卓多巴 告令阿 东章阿 卜彦仓 克达力

札克通阿 妻 王氏

依令阿 妻 吴氏

卜羊何 妻 何氏

马哈□部

朱力梳阿 妻 关氏

富克金布 妻 宁氏

丹卜 扎力巴

六世

□得 妻 何氏

风得 妻 梁氏

祥得 妻 安氏

景杏 妻 关氏

札隆阿 札阿

常明阿 妻 李氏

札卜桑阿 妻 何氏

景林 胜林

索连保 妻 李氏

七世

生禄 禄喜 常云

常会 妻 张氏

依春 妻 关氏

风泰 妻 关氏

风岐 风山

庆生 妻 马氏

庆山 妻 吴氏

庆春 妻 张氏

庆海 妻 张氏

庆林 妻 段氏

八世

永福 妻 裴氏

祥林 妻 李氏

何玉善 妻 崔氏

玉伦

玉祥 妻 李氏

玉全 妻 李氏

玉珍 妻 张氏

玉起 妻 关氏

玉生 妻 裴氏

玉德 玉发

玉奎 妻 刘氏

九世

宝玉 妻 关氏

保仁 妻 李氏

何富宽 妻 李氏

［辽宁沈阳］何氏宗谱

何明琪、何明揄、何玉忱1987年纂修。打印本，一册3页，分别为封面、序言、谱单（折页），约宽12厘米，长18厘米。手写本谱单，宽39厘米，长51厘米。始祖布吉格。谱载何姓是锡伯族，"上祖先人曾居满洲长白山伯都讷各地"，"康熙年间移来盛京（奉天）"，入镶白旗满洲充差。内容有序言、始祖布吉格以下八代族人世系。辽宁省沈阳市黄家锡伯族乡龙岗子村何志发收藏。此据何志发提供家谱整理。

序言

　　从来国不能无史，家不能无谱，家谱之重，等于国史，恐世远则易疏，族繁则易乱也。亲亲故尊祖，尊祖故敬宗，敬宗故收族，联宗族之情，明常伦之理，家谱实不可不修绩［辑］也。

　　为了我族何氏代代有序不乱，树茂千枝须思本，水流各脉当想之来源，要有宗谱记载，免有混乱之。尤为我何氏户大丁繁，年代久远，言及此谱，方知一祖先所留。近年发生祖辈与孙辈成婚甚多，业已铸成大错晚矣。如有宗谱，年久不能有失乱伦，诚为浩叹。

　　自我记事起，闻老人所言，我家系锡伯族，何××氏汉译：何姓，上祖先人曾居满洲长白山伯都讷各地，于康熙年间移来盛京（奉天，今沈阳），当时入镶白旗满洲××佐领下充差，先人详记名册历经遗失，无可查考，仅记从：布吉格以下各辈谱单一份。五十年前，我曾亲眼看见以白纸墨笔写成一单，每年春节期间，为我祖先烧纸化钱时，均为我写祖先各辈名字，所以对此我记忆较深。由于旧社会多次战乱，国不太平人无安宁之日，加之水患多起，特别是五十年代初期，老家长期居住在黄家乡老龙岗子村，两次大水成灾。辽河两岸，大部房屋被水冲倒，水速流急，眨眼之间，全村所有房屋全被淹没。人人雇［顾］及生命财产还来不及，那［哪］有雇［顾］及家谱一单之时，从此我家谱单与大水同舟而去。此后，大约在四十年以后，仅从健在的几位老人的脑海记忆中叙述了先人的名字，补写了谱单，以后又经多方收集有关资料，编订成此册。望后代有识之人，为我宗族之谱再加以续整，不愧我先人之厚望。为此，经多方人事商讨，编成二十字。按序排行。望后代有所遵循，不致遗憾也。

　　连、文、玉、明、治，富、国、振、兴、华，
　　家、庆、同、宗、荣，永、世、延、春、发。

注：附世系表一份。

编续人：何明琪
参加人：何明揄
定稿人：何玉忱
一九八七年十月一日
农历丁卯年　八月初九日　敬立

世系表

一世

布吉格　妻　韩氏　生一子　裕本扎布

二世

裕本扎布　妻　王氏　生一子　德克吉贺

三世

德克吉贺　妻　韩氏　生一子　胜德

四世

胜德　妻　石氏　生四子　长子　连成　次子　连福　三子　连禄　四子　连祥

五世

连成　妻　韩氏

连福　妻　何氏

连禄　妻　戈氏、曾氏　生四子　长子　文启　次子　文×（少亡）三子　文科　四子　文凯

连祥　妻　赵氏

六世

文启　妻　赵氏　生三子　长子　玉信　次子　玉顺　三子　玉喜

文科　妻　胡氏　生五子　长子　玉昌　次子　玉库　三子　玉仁　四子　玉刚　五子　玉忱

文凯　妻　佟氏　生一子　玉坤

七世

玉信 妻 胡氏 生二子 长子 明武 次子 明祥
玉顺 妻 李氏 生一子 长子 明安
玉喜 妻 李氏 生一子 长子 明山
玉昌 妻 张氏 生二子 长子 明奇 次子 明贺
玉库 妻 刘氏 生三子 长子 明文 次子 明太 三子 明久
玉仁 妻 赵氏
玉刚 妻 林氏
玉忱 妻 曾氏
玉坤 妻 王氏 生一子 长子 明贵

八世

明祥 妻 刘氏
明安 妻 佟氏
明奇 妻 张氏
明贺 妻 杨氏
明太 妻 杨氏
明久 妻 关氏

[辽宁沈阳] 何姓供谱

纂修人及纂修时间不详。手写本，谱单，一幅。始祖空古起。内容为始祖空古起以下九代族人世系。辽宁省沈阳市沈北新区兴隆台何世义收藏。此据何世义提供家谱整理。

供谱

谱单右书：德其增世泽
谱单左书：永庆福绵延

始祖

空古起 生一子 阿音达里

二世祖

阿音达里 生二子 长子 加色本 次子 马金太

三世祖

加色本 生一子 那里图

马金太 生一子 乌拉代

四世祖

那里图 生四子 长子 仓保 次子 阿力尔□洛 三子 双喜 四子 孟库

乌拉代 生一子 哈力托

五世（高祖）

仓保 妻 吴氏 生二子 长子 白英厄 次子 那丹珠

阿力尔□洛 生一子 沙克唐阿

双喜 生二子 长子 三音布 次子 四小

孟库 生二子 长子 令通 次子 青付

哈力托 生一子 存住

六世

白英厄 妻 韩氏 生一子 多力巴底

那丹珠 妻 关氏 生一子 依山阿

沙克唐阿 妻 关氏 生一子 哈达那

三音布 妻 徐氏 生一子 常住

四小 妻 韩氏 生一子 五丁

令通 妻 关氏 生一子 格布芹

存住 妻 关氏 生一子 何祥

七世

多力巴底 妻 佟氏、高氏 生一子 永福

依山阿 妻 鄂氏 生一子 世本

哈达那 妻 徐氏 生一子 永吉

常住　妻　徐氏　生二子　长子　永昌　次子　永清
五丁　妻　关氏　生一子　永林
格布芹　妻　葛氏
何祥　妻　伦氏

八世

永福　妻　关氏、程氏　生三子　长子　德林　次子　德清　三子　德焕
世本　妻　郎氏　生三子　长子　德源　次子　德顺　三子　德钦
永吉　妻　关氏、李氏、姚氏　生一子　德春
永昌　妻　康氏　生一子　明启
永清　妻　安氏
永林　妻　关氏

九世

德林　妻　王氏
德清　妻　□氏
德焕　妻　关氏
德源　妻　孔氏
德顺　妻　卜氏、杨氏、关氏
德钦　妻　尹氏
明启　妻　关氏

[辽宁沈阳] 何氏供奉家谱

该谱今存二幅谱单。谱单一：纂修者不详。1939 年纂修。手写本，一幅。左上角竖排记："康德六年旧历十二月二十八日敬立"，中间居中书"供奉"二字，左右二侧对称书写："祖宗前清八旗苗裔（右），子孙满洲国国民（左）。"始祖阿音达里。主要内容为始祖阿音达里以下家族八代世系。

谱单二：贵伦、会俊 1953 年纂修。手写本，一幅。右侧竖排记：

"中华人民共和国旧历四十一年十二月二十七日九世孙贵伦敬立"[①]，左上角书1953年九世孙会俊考证"锡伯族之来源"，记载家族原住阿章库，清康熙十年（1671）前后迁来本地。该谱单始祖名讳处残缺不可辨识，记二世祖为阿音达里。

以上两幅谱单现均收藏于辽宁省沈阳市兴隆台何姓族人何贵文处。因1953年会俊续修谱有多处破损，字迹多模糊难辨，故仅以收藏人已整理"锡伯族之来源"和1939年谱为据，整理该家谱内容如下。

锡伯族之来源

锡伯民族实系蒙古人，蒙古利亚人。一般人认为满族是错的，据史证之：明末叶才见于史书。在从前所有记载并无有满洲两字，也没有锡伯两字。

（略）

锡伯人在清室当差也没有独立的牛录头，不过分发满洲牛录头当差。

迁徙的年头：清室康熙十年前后
原住地点：阿章库
制谱年月日：公元一九五三年二月十日
作考证人：九世孙会俊敬录

供奉

（祖宗前清八旗苗裔，子孙满洲国国民）

始祖

阿音达里 子 武力古吉

二世祖

武力古吉 生三子 长子 色伦保 次子 巴图力 三子 巴力口代

---

① 此纪年有误，根据前后内容推测，应是1953年。

三世祖

色伦保 妻 徐氏 生二子 长子 各色力 次子 得克精额

巴图力 妻 徐氏 生二子 长子 得升 次子 忒克德

巴力□代 妻 关氏 生二子 长子 孟库 次子 花沙布

四世祖

各色力（僧）

得克精额 妻 刘氏 生四子 长子 宝住 次子 占住 三子 喜住 四子 恩昌

得升（前锋，巴图鲁）妻 ×氏 生二子 长子 额尔德恩 次子 祥宝

忒克德 妻 王氏 生二子 长子 富宝 次子 宝春

孟库（兵）妻 关氏 生四子 长子 丹参 次子 达克得 三子 绰克德 四子（过继）阿伏那

花沙布 妻 关氏 生一子 立昌

五世祖

额尔德恩（行一）妻 不详 生二子 长子 丰绅 次子 六十四

立昌（系防御）妻 桂氏 生一子 伯彦图

达克得（行三）妻 吴氏 生一子 倭什布

祥宝（行四）妻 关氏 生二子 长子 六十五 次子 小有

富宝（行五）妻 马氏 生二子 长子 七五 次子 景昌

绰克德（行六）妻 关氏、韩氏 生一子 札蓝布

宝春（行七）妻 鄂氏 生一子 景惠

丹参 妻 关氏 生三子 长子 阿力布 次子 英查布 三子 阿查布

阿伏那（宝元佐洞）生一子 依力布

宝住（行十）妻 关氏 生三子 长子 长清 次子 依门阿 三子 景兴

占住 妻 付氏 生三子 长子 景龄 次子 依卿阿 三子 依明阿

喜住 妻 关氏 生四子 长子 存挤子 次子 景泰 三子 景春 四子 景瑞

恩昌 妻 吴氏 生三子 长子 景云 次子 富昌阿 三子 景顺

库伯他 子 乌林布 子 □□

六世祖

丰绅 妻 赵氏 生三子 长子 全禄 次子 全庆 三子 全德

六十四 妻 卜氏

伯彦图（行五）妻 郭氏

倭什布（行八）妻 关氏

六十五 妻 伦氏 生四子 长子 中秋 次子 来秋 三子 德秋 四子 何贵

小有 妻 卜氏 生二子 长子 庆三 次子 □□（不详）

七五 妻 周氏 生一子 庆普

景昌 妻 赵氏

札蓝布（行一）妻 唐氏

景惠 妻 葛氏 生二子 长子 庆喜 次子 庆泰

阿力布（行二）妻 施氏 生一子 庆魁

英查布（行四）妻 严氏 生二子 长子 常明 次子 德魁

阿查布（行六）妻 魏氏 生三子 长子 思魁 次子 常泰 三子 文魁

依力布 妻 赵氏

长清 妻 关氏

依门阿 妻 付氏

景兴 妻 关氏

景龄 妻 关氏

依卿阿 妻 关氏

依明阿 妻 吴氏

存捺子 妻 关氏 生一子 老西

景泰 妻 崔氏

景春 妻 赵氏 生一子 常顺

景瑞 妻 关氏 生一子 庆云

景云（贡生）妻 关氏

富昌阿 妻 关氏、关氏 生二子 长子 庆善 次子 庆吉

景顺 妻 佟氏

乌林布（系兵，行三）

□□（行七）妻 张氏

七世祖

全德 妻 曾氏

中秋 妻 李氏

来秋 妻 罗氏

德秋 妻 金氏

何贵 妻 李氏

庆三 妻 关氏

□□（不详）妻 关氏

庆普 妻 吴氏

庆喜 妻 董氏 生一子 承恩

庆泰 妻 徐氏

庆魁 妻 关氏

常明 妻 杨氏

德魁 妻 蔡氏

思魁 妻 孙氏

常泰 妻 关氏

文魁 妻 葛氏

老西 常顺 庆云 庆善 庆吉

八世祖

承恩 妻 赵氏

［辽宁沈阳］何氏家谱

纂修人不详。乾隆五十五年（1790）初修，咸丰三年（1853）重

修，光绪二十九年（1903）续修，1942年四修。原为满文本，1942年依原满文谱汉语音译修立。此为1942年农历十二月七日修立稿本，谱单（布质），墨（红）书，汉文记录满语。始祖不详，第二世分为四支系，分别为长子沃沃太、次子临察、三子特华、四子特户太。内容有序言和家族自二世以下到十二代世系。辽宁省沈阳市何雪收藏。此据何雪提供家谱整理。

序言

始祖为妹妹江齐齐哈尔地方达林村的人，康熙四十年来（盛京）四十洼居住，又于康熙四十六年由盛京四十洼地方移前顾家台村居住。乾隆五十五年修立。咸丰三年二月十二日重立。光绪二十九年五月十七日修立。以上经数次修立均系满字，嗣因满文不传，遂至十无一识，后人怀有敬祖之心，目无认祖之力，殊为遗憾。今将满文完全翻成汉字，不特瞻阅便利，即千百年后一展而瞭然矣。复编组二十字，仰将来按照字之次序，慎为排列，勿稍紊乱，或永居斯土，或久客远乡，□至万世亦有所遵寻，凡我何姓阖族虔诚奉守是所望于将来。兹将二十字列下：宏纪兴家永，广德国泽长，克忠达显泰，启绍万世祥。

康德九年十二月七日修立

始祖

二世

沃沃太 生三子 长子 安出哈 次子 武力 三子 果伦凯
临察 生三子 长子 奇昌库 次子 端吉来 三子 多耐
特华 生二子 长子 嘎補拉 次子 作克托克
特户太 生一子 路记

沃沃太支系

三世

安出哈 生一子 沃挪

武力 生一子 哈尔苏

果伦凯（兵）生二子 长子 西林太 次子 大林

四世

沃挪 生二子 长子 拉噶代 次子 大喜

哈尔苏（兵）生二子 长子 大哈太 次子 观成

西林太（兵）生二子 长子 阿尔必七库 次子 察浑

大林 生三子 长子 昌甲 次子 武凌阿（步领催，乏嗣）三子 乌云太

五世

拉噶代（领催）生四子 长子 伯拉坤诸 次子 奎吞诸 三子 占丹诸 四子 同冠

大喜（兵）生二子 长子 图桑阿 次子 依克唐阿

大哈太（兵）生七子 长子 德柱 次子 德明（步甲）三子 德凌（兵）四子 德云（兵）五子 德新 六子 德发 七子 德隆

观成 生二子 长子 德永 次子 西明

阿尔必七库 生四子 长子 户保珠（兵，乏嗣）次子 户保书（乏嗣）三子 武喜留 四子 木特布

察浑（兵）生二子 长子 瓜民保 次子 阿林保

昌甲（兵）生一子 哈勒兵阿

乌云太（兵）生一子 喀崩额

六世

伯拉坤诸（领催）生二子 长子 木当阿（兵）次子 书章阿

奎吞诸（前锋校）生二子 长子 山音得 次子 色木保

占丹诸（贴写）生三子 长子 武章阿 次子 班的 三子 武西田

同冠（兵）生二子 长子 何同保 次子 百里

依克唐阿（领催）

德柱（兵）生二子 长子 何福 次子 长生

德永 生二子 长子 那木精阿 次子 那隆阿

武喜留 生二子 长子 占柱 次子 怀他布

哈勒兵阿（骁骑校）生一子 佛凌额

喀崩额（兵）生二子 长子 奇新 次子 伯音图

七世

书章阿 生四子 长子 双喜 次子 依山布 三子 依哈那 四子 扎哈那

色木保 生一子 留所

武章阿 生一子 葛崩额

班的 生二子 长子 合所 次子 福勒兴额

武西田（前锋校）生一子 福明

百里（兵）生二子 长子 永清 次子 永祥

长生（兵）生一子 吉存

那隆阿（兵）生一子 庆云

怀他布（兵）生二子 长子 庆德 次子 庆吉

佛凌额（品级章京兰翎世袭）生三子 长子 恩山（兵）次子 恩凯（兵）三子 恩荣

奇新 生一子 增春

八世

双喜 生一子 文径

依山布（兵）生一子 明星

依哈那（前锋校）生二子 长子 明德（步领催）次子 何福

扎哈那 生四子 长子 明庆 次子 明秀 三子 明寿 四子 何昌

葛崩额（兵）生二子 长子 沃司克 次子 巴杭阿

福勒兴额 生一子 永发

福明（兵）生一子 成海

永清（兵）生一子 依立海

永祥　生一子　景思

庆云　生三子　长子　世英　次子　世臣　三子　世禄

庆德（步甲）生一子　德凌阿

庆吉（兵）生一子　德崇阿

恩荣（兵）生三子　长子　永额　次子　玉崑　三子　玉□

增春　生三子　长子　德清阿　次子　德隆阿　三子　德成阿

九世

文径（兵）生一子　多林布

何福　生二子　长子　永和　次子　思惠

明庆（兵）生二子　长子　思升　次子　思启

明秀（步甲）生一子　思成

何昌　生二子　思海　次子　思连

巴杭阿（兵）生一子　思喜

永发　生一子（无名，编者注）

景思　生一子　思贵

世臣（迁山城子）

世禄　生一子　永昌

德凌阿　生一子　广顺

德崇阿　生一子　广学

永额（迁小营子）

玉□　生一子　胜利

德成阿　生四子　长子　有才　次子　广仁　三子　广有　四子　广礼

十世

多林布　生三子　长子　荣福　次子　贵臣　三子　贵斌

思惠　生四子　长子　贵吉　次子　贵庆　三子　贵有　四子　贵润

思升（兵）生三子　长子　贵福　次子　贵禄　三子　贵祥

思启　生二子　长子　贵祯　次子　贵春

思海　生二子　长子　贵贤　次子　贵三

思喜（迁西边外四家子）生三子 长子 守成 次子 守仁 三子 守田

广顺 生三子 长子 守中 次子 守原 三子 守良

广学 生二子 长子 守明 次子 守亮

胜利 生一子 何震

有才（迁城东兴家沟）

广仁 生一子 振平

广有 生一子 何杰

广礼 生二子 长子 文平 次子 何强

十一世

贵臣（迁山城子）

贵斌（医士）生二女 长女 玉兰 次女 玉梅

贵吉 生一子 何宏凯

贵有 生一子 宏让

贵润（教员）生二子 长子 宏谦 次子 宏赞

贵福 生二子 长子 宏芳 次子 宏宝

贵禄 生二子 长子 宏俊 次子 宏傑

贵祥 生二子 长子 宏兴 次子 宏顺

贵春 生一子 宏普

贵贤 生五子 长子 宏昌 次子 宏达 三子 宏志 四子 宏德 五子 宏典

贵三 生一女 宏连

守成 生一子 宏勋

守仁 生三子 长子 宏仓 次子 宏起 三子 宏甫

守田（迁李官堡）生二子 长子 宏飞 次子 宏盛

守中（迁新京市）生四子 长子 经环 次子 纬环 三子 王环 四子 治环

守原 生二子 长子 启环 次子 玉环

守良 生一子 震环

守明 生二子 长子 俊山 次子 俊峰

守亮 生二女 长女 俊颖 次女 俊杰

十二世

何宏凯 生一子 何成

宏谦 生一子 何为

宏赞 生二女 长女 何旭 次女 何莹

宏芳 生二子 长子 纪林 次子 纪盛

宏宝 生二子 长子 纪亭 次子 纪新

宏傑 生一子 健男

宏兴 生三女 长女 何伟 次女 何英 三女 何军

宏顺 生一子 何光

宏普 生二子 长子 纪冠 次子 纪庆

宏达 生三子 长子 纪荣 次子 纪伟 三子 纪光

宏志 生一子 何勇

宏德 生二子 长子 纪刚 次子 纪强

宏典 生二女 长女 纪彬 次女 纪□

宏勋 生三子 长子 纪生 次子 纪才 三子 纪发

宏仓 生二子 长子 纪□ 次子 纪中

宏起 生一子 纪海

宏飞 生一子 纪勇

宏盛 生一子 纪刚

经环 生一子 何刚

纬环 生二子 长子 何进 次子 何洪

治环 生二子 长子 何航 次子 何程

启环 生一子 何鑫

玉环 生一子 何磊

震环 生一女 何放

十三世

（从略见上）

临察支系

三世

奇昌库 生三子 长子 依马（兵）次子 百司户郎 三子 格深

端吉来 生二子 长子 何多 次子 麦色

多耐 生二子 长子 阿拉 次子 沃普斯

四世

百司户郎（品级章京世袭）生二子 长子 山吉哈 次子 萨达里

格深（兵）生二子 长子 萨发里 次子 母克得克

麦色（领催）生二子 长子 八百 次子 活作

阿拉（领催）生一子 七喜就

沃普斯（兵）生一子 哦班图

五世

山吉哈（品级章京世袭）生四子 长子 百凌阿 次子 柱楞阿 三子 雪松阿 四子 碴勒封阿

萨达里（骁骑校）生四子 长子 汤果 次子 得筹 三子 西吉尔洪阿 四子 依洪阿（兵）

萨发里（贴写）生一子 哦腾哦（养育兵）

母克得克（步甲）

八百（移去他尔巴哈台兵）

活作（徙发河南）生三子 长子 得宝 次子 萨凌阿 三子 合色本

七喜就 生一子 当宝

哦班图（兵）生一子 哦少山保

六世

百凌阿（兵）生一子 扎隆阿

柱楞阿（前锋校）生一子 错哈南

西吉尔洪阿 生一子 永富（兵）

哦少山保（前锋校）生二子 长子 书佛宁阿 次子 巴宁阿

七世

扎隆阿（领催）生一子 扎坤诸

错哈南（兵）生二子 长子 喜书 次子 喜得

巴宁阿（兵）生三子 长子 阿克敦保 次子 那音保 三子 福兴阿（兵）

八世

阿克敦保（兵）生二子 长子 书林 次子 德林

那音保（兵）生二子 长子 德荣 次子 德昌

九世

书林（品级章京兰翎世袭）生二子 长子 汉文 次子 景文（步甲）

德林（步甲）生一子 贵文

德荣 生一子 启文

德昌（兵）生一子 会文

十世

汉文（兵）生三子 长子 全新 次子 全勋 三子 全英

贵文 生三子 长子 全柱 次子 全义 三子 全生

启文 生一子 全治

会文 生三子 长子 全禄 次子 全富 三子 全忠

十一世

全新 生三子 长子 宏韬 次子 宏钧 三子 宏喜

全勋 生一女 宏菊

全英 生一子 宏明

全柱 生一子 宏福

全义 生三子 长子 宏宾 次子 宏祥 三子 宏营

全生 生一子 宏林

全治 生一子 宏学

全禄 生三子 长子 宏震 次子 宏源 三子 宏星

全富 生二子 长子 宏策 次子 宏纯

全忠 生三子 长子 宏启 次子 宏胜 三子 宏利

十二世

宏韬 生三子 长子 润隆 次子 润良 三子 润来

宏钧 生六女 长女 立华 次女 立彦 三女 何炬 四女 立芳 五女 立凤 六女 立娜

宏喜 生一子 健秋

宏明 生二子 长子 何斌 次子 何光

宏福 生四子 长子 纪范 次子 纪华 三子 纪兴 四子 纪龙

宏宾 生四子 长子 纪聪 次子 纪放 三子 纪然 四子 纪杰

宏祥 生一子 纪明

宏营 生三子 长子 纪崑 次子 纪崙 三子 纪山

宏林 生二子 长子 纪辉 次子 纪超

宏学 生一子 何强

宏震 生一子 何占

宏源 生四子 长子 何平 次子 何涛 三子 何闯 四子 何洋

宏星 生二子 长子 何武 次子 何奎

宏策 生一子 何毅

宏纯 生一子 何新

宏启 生一子 何猛

宏胜 生二子 长子 何勇 次子 何俭

宏利 生一子 何江

十三世

（从略见上）

特华支系

三世

作克托克（佐领）生一子 阿代

四世
阿代　生二子　长子　七格　次子　扬桑阿

五世
七格（兵）生四子　长子　吉伦图　次子　木克敦布　三子　我克金布　四子　吉克金布

扬桑阿（品级章京世袭）生三子　长子　特克金布（兵）次子　依克坦布　三子　巴克坦布

六世
木克敦布　生二子　长子　特克今　次子　福克今

我克金布　生二子　长子　福庆　次子　河南

七世
特克今（步甲）生三子　长子　明阿禄　次子　喜盈　三子　喜明

福庆（兵）生一子　喜至

八世
明阿禄　生二子　长子　恩会（兵）次子　布扬阿

喜盈　生二子　长子　武太　次子　宝库

喜至　生二子　长子　巴扬阿　次子　巴升阿

九世
布扬阿（迁移边外）

宝库（迁移边外）

巴扬阿（步甲）生一子　九顺

巴升阿　生三子　长子　常顺　次子　永顺　三子　景顺

十世
九顺（远出）

永顺　生二子　长子　守仁　次子　守义

十一世
守义　生三子　长子　立名　次子　立荣　三子　立志

十二世

立名　生一女　家佳

立荣　生一子　世杰

立志　生一子　何川

十三世

（从略见上）

特户太支系

三世

路记（挑从征半途军人）生二子　长子　成巴图　次子　蒙巴图

四世

成巴图（领催）生二子　长子　武言图　次子　呼图凌阿

五世

武言图（兵）生一子　福珠

呼图凌阿（步甲）生二子　长子　佛尔郭春　次子　巴哈布

六世

巴哈布（兵）生二子　长子　林保　次子　双保

七世

林保（步甲）生一子　生阿木布

双保（兵）生三子　长子　明安布　次子　讬音布　三子　庚音布（兵）

八世

生阿木布（前锋校）

明安布　生三子　长子　玉庆　次子　玉思　三子　玉玺

讬音布（兵）生一子　玉会

九世

玉庆　生一子　维顺

玉思　生二子　长子　忠顺　次子　国顺

玉会　生一子　禹顺

十世

维顺 生三子 长子 守立 次子 守金 三子 守明

忠顺 生二子 长子 守信 次子 守震

十一世

守立 生一子 宏岑

守信 生一子 俭峰

守震 生一子 宏峰

十二世

（从略见上）

[辽宁瓦房店] 赫姓碑谱

该石碑由那启明发现于辽宁省瓦房店市驼山乡双山村赫家营东村，刻立于民国十年（1921）十月初六日，经伊犁师范学院佘吐肯与那启明共同考证，该谱为赫姓锡伯人。此据辽宁省大连市那启明提供资料整理。

一世 得愣额（佐领）

二世 得顺（领催）明保（领催）

三世 孝顺（武略骑尉）

四世 得保（昭武都尉）

五世 朱力孙太（兵）莫力根太（兵）倭什太（兵）明安太（骁骑校）合伦太（兵）乌行机阿（领催）乌行珠（兵）□□太（领催）吉勒伦（佐领）都伦太（昭武都尉）富伦太（兵）西伦太（领催）那伦太（领催）

六世 依勒喜春（兵）佛勒果春（闲散）卜也春（兵）武勒喜春（领催）赛沙春（兵）特通阿（兵）苏芳阿（领催）额勒锦（闲散）诺木晖（兵）讷束肯（兵）哈普其先（兵）哈其先（兵）合是先（领催）承恩（兵）承安（兵）

七世 庆春（兵）庆亮（兵）庆福（兵）塔发卡（领催）花莲都（兵）朱拉卡（兵）依拉阿（领催）海明阿（兵）三青阿（兵）常盛（兵）菜凯（兵）凤凯（兵）常凯（委官）朱拉杭阿（兵）朱拉洪阿（兵）

民国十年十月初六日

附录[①]：赫姓是随巴尔虎蒙古旗过来的，有韩康寇卜四姓，当官的多是锡伯族，供喜利妈妈。考证人是伊犁师范学院副教授，精通满、蒙、汉语，石碑是那启明首次发现，在东村井台上，另一碑在西村，家谱在沙坨。

---

① 附录部分为调查提供资料中所附。

十七、何舍哩（何）氏家谱

［辽宁沈阳］何舍哩氏家谱

纂修者不详。1935年续修。始祖勒德黑。内容为谱序和始祖至二世二代世系。辽宁沈阳市何兴武收藏。《沈阳锡伯族家谱》收录。[①] 此据《沈阳锡伯族家谱》整理。

谱序

康熙三十六年由新城伯都讷拨往凤凰城西小四台子落户，正红旗属兵。

伪康德二年新正月　敬续

宗支

始祖

勒德黑（原系兵）生二子　长子　马什图　次子　托本太

---

① 王俊、李军编著：《沈阳锡伯族家谱》，辽宁民族出版社2015年版，第175页。

二世

马什图（原系兵）

托本太

（下略）

[辽宁凤城] 何氏家族谱系

何健1990年7月修。打印本，谱单，一幅。始祖何亮。内容为一世祖何亮以下六代族人世系。辽宁省大连市那启明收藏。此据那启明提供家谱资料整理。

一世

何亮　生一子　何万福

二世

何万福　妻　高氏　生一子　何永盛

三世

何永盛　妻　那氏　生一子　何桂中

四世

何桂中　妻　吴氏　生三子三女　长子　何及人　次子　何卓人　三子　何建之　长女　何恩菊　次女　何恩梅　三女　何俪人

五世

何及人　生三子　长子　何春霖　次子　何简文　三子　何巧文

何卓人　生五子　长子　何春雨　次子　何春涛　三子　何晓岚　四子　何晓兴　五子　何春光

何建人　生三子　长子　何红　次子　何芳　三子　何春雷

六世

（从略见上）

[辽宁凤城] 何舍哩氏谱书

何明武、何德常等 1988 年续修。手写本，一册。据谱序载，该家谱原谱为满文，后译为汉文。汉译的老谱存有两份，第一份注有"五辈查清"，第二份为 1935 年续修至十世的家谱。现谱增续至十三世，"复印成书，每户一册"。始祖勒德黑，祖居伯都讷，康熙二十六年（1687）迁至凤凰城西小四台子村，隶属正红旗。家谱内容有何舍哩氏谱书原序文（2篇）、何舍哩氏家谱增续序、世系表、何舍哩氏家族续谱工作会议记录、后记等，世系记自始祖勒德黑以下十三支族人十三代世系。辽宁省大连市那启明收藏。此据那启明提供家谱资料整理。

何舍哩氏谱书序文（1935 年由何文麒主办续的谱书）

康熙贰拾陆年由新城伯都讷拨往注（驻）防凤凰城西小四台子落户，正红旗居兵，起名排十字，不许混乱宗支。

文武德智广　永远继世长

锡伯姓　何舍哩氏

康德二年新正月

何舍哩氏谱书序文（藏何文盛家的谱书）

康熙二十六年间由伯都讷拨往驻防凤凰城正红旗何姓五辈查清，传与后世。原拨来五世之下，谱字十字川流不息，子孙万代，后辈无疆。

文武德志[①]广　永远继世昌[②]

---

① 据本谱前文应为"智"。
② 据本谱前文应为"长"。

何舍哩氏家谱增续序

何舍哩氏家谱原为满文。于何时、何地，经何人之手译成汉文已不可考。何舍哩氏汉译为何姓。何姓现存两份家谱，一份注明："五辈查清"，另一份是公元1935年（康德二年）续到十世的家谱。这两份家谱似出两个译者之手，但谱序从始祖以下，五世名字的译音均相同。从1935年续谱至今有五十二个年头了。现在我们户大丁繁，分居各地，恐世远易疏，族繁易乱，实有在原谱上增续之必要。为此，经族人倡议，族众赞同，将原谱增续到十三世，并撰写增续序，复印成书，每户一册，代代相传，万世永存，以资备查。

我何舍哩氏家族的族籍为锡伯族。锡伯族是中华民族大家庭中成员之一，其人口虽少，但是一个勤劳智慧，英勇善战，源远流长，历史悠久的民族，为中华民族的形成和发展，为祖国边疆的开发和保卫，做出不可磨灭的贡献。我锡伯族人远族是鲜卑，早期居大兴安岭北段，今呼伦贝尔盟一带。"鲜卑"音转为"锡伯"。锡伯本是锡伯族的自称，但在不同时期的汉文史籍中，却出现失韦、室韦、西北、席北等多种不同译音和写法，直到明末，在《清实录》中才第一次使用"锡伯"这个族名，乃至今日。

明末清初，我何舍哩氏居住在嫩江流域，小地名已不可考。嫩江流域当时隶属于科尔沁蒙古，当努尔哈赤征服这一地区后，生活在这一地区的锡伯族人，同科尔沁蒙古一起被编入蒙古八旗。后来，清政府将锡伯人从科尔沁蒙古抽出，编入满族八旗，分驻齐齐哈尔、伯都讷（今吉林扶余）等地。不久，清政府为了加强盛京（今沈阳）防务，并进一步控制锡伯族人，遂将上述两地的锡伯人迁往盛京等地，也就是我何舍哩氏家谱记载的"康熙二十六年由新城伯都讷拨往凤凰城西小四台子，编入牛录，为正红旗，居兵"。小四台子于凤城镇西三十五华里处。我们的始祖在此占地定居、劳动、生息、繁衍，一直到今天已有二百九十九年了。小四台子何姓有两大支子人。这两大支子人都说始祖是一家人，一个先来的，一个后到的；先来的占了地，后来的没有占地。从我们这两大支子的坟茔地来看，都在何家堡子西头的一个山头下，一左一右、紧紧相连。这些就足以证明：何姓这两支子人是同一祖先的后代。因后来这支子的家谱已无法查到，两位始祖到底是什么关系已不可考，但肯定关系是非常密切的。

后来这支子人，到了四五代后，随着人丁的增加，又分出了许多支子。有以居住地名称呼的，有"鸦雀岑""小雅河"等；以居住地特点称呼的，有"榆树底下""坎底下""大甸子"等；有以何家堡子为中心称呼的，有"前屋""东头""东岑"等。

先来这支子人，从家谱上看出，我们锡伯姓氏是多音节的，叫何舍哩氏。大约在清朝末译为汉姓的，叫何姓，同时也起了汉字名。何姓的族籍，在原谱上用大字标明"锡伯姓何舍哩"。在1928年（民国十七年）立的入官册底栏根簿上写明"锡伯姓何舍哩"。这些都证明，我们何姓的家族是锡伯族这确定无疑的。但由于日寇的法西斯统治，强令把锡伯人的族籍统统改为"满族"，加之，我们族内有些人，对历史不清楚，认为：我们锡伯人加入"八旗"，就是"旗人"，而"旗人"就是"满人"，致使不少人把自己的族籍误报为"满族"。这种情况一直延续到解放后的很长一段时间，到了一九七九年党的十一届三中全会以后，由于恢复和发扬了实事求是的作风，随着党的民族平等、共同繁荣政策的逐步落实，我们锡伯族人误报其他民族的才陆续地改正过来，人口数量有了迅速增加。对此，族内群众奔走相告，莫不欢欣鼓舞。

七世何玺之子成海、成江、成波迁往宽甸县永甸镇、杨木川乡等地定居，其四子成祥又从永甸镇迁往黑龙江省鸡东县哈达乡落户。七世何堂之子成启又从永甸迁往长甸香炉沟定居。这就是居住在小四台子何姓常说的"永甸老何家"。这是何姓一大支子。九世文禄迁往黑龙江省勃力县刁翎乡落户、文瑞迁往黑龙江省牡丹江市居住，他们逐渐形成又一大支子，这就是我们常说的"勃力县老何家"。至于武字辈的到外县市工作的就更多了，在这里不再赘述。

我们何姓家谱记载："文、武、德、智、广、永、远、继、世、长"，作为排辈分起名字的依据，但从"武"字后，有许多未按"德""智""广"的辈分起名。对此，我们认为不必强求，可以听便，但应记清自己的辈分，以免造成混乱。

　　这次续谱，为体现时代精神，从"文"字辈起，将女儿妻子的姓名列入谱内，但女儿出嫁所生子女不再上谱。同时，在名字前冠姓，不再只写名字。同时，按前辈的遗嘱，再增加辈分的十个字："国""兴""天""景""顺""丰""富""庆""吉""祥"。

　　今年，是我们始祖受命南迁到凤城县小四台子三百周年（公元1687—1988 年），也是我们顺利地完成了何姓家族史上承上启下，继往开来续家谱这件大事。我们的先人，祖祖辈辈传下来，告诉我们是鲜卑族的后裔。鲜卑族在我国历史上曾创造了光辉的历史和业绩。我们和我们的子孙后代，要把锡伯族崇尚礼节的传统发扬光大。要严格保持尊敬长辈的习俗。对长者不敬和对父母不孝，甚至虐待，不仅为法律所不容，而且要受到族众的非议和社会公德的谴责。既要保持和发扬本民族的优秀文化传统，又要善于学习，积极进取，吸收兄弟民族的长处，掌握现代的科学文化知识，不断丰富和发展自己的才智，提高民族自尊心和自豪感，振奋民族精神，永远同兄弟民族和睦相处，并肩前进，人人争做遵纪守法、讲道德、守纪律的有用公民，为把我们伟大的、统一的、多民族的祖国，建设成为"四个现代化"的社会主义强国贡献自己的一切力量。

　　本谱由谱序、世系表，家族成员登记表、续谱会纪要四部分组成。从"文"字起，世袭表只排列排行姓名。家族成员登记表，包括生、卒、年、月、日，文化程度、职业、职称、主要经历、生平事迹等，依据每个人的具体情况，据实填写。其中"生平事迹"一项，由后人填写，如本人撰写须加以注明。

　　今后每二十年，务必再续一次，以垂永久。切望后世有识之士，主动牵头、主持办理，族众支持，共同完成。我们相信，后来者居上，定能会办理得更好。

倡议续谱人：

何明武　何兴武　何德常　何锡武　何惠春

参加续谱人：

何惠春　何文盛　何文秀　何文亭　何云武　何明武　何兴武　何锡武　何殿武　何显武　何旭武　何成　依淑清　矫桂芹　何德祥　何德常　何德财　何德良　何德成　何德顺　何德斌　何德兵　白翠英　何志坚

撰序：何兴武

编辑与抄写：何德常

一九八八年二月

于凤城满族自治县宝山乡小四台子村

谱表次序

一、始祖至三世祖各世序列谱表

二、四世祖至八世祖各世序列谱表

三、七世祖和永甸支（一）序列谱表

四、永甸支（二）序列谱表

五、永甸支（三）序列谱表

六、永甸支（四）序列谱表

七、永甸支（五）序列谱表

八、刁翎支序列谱表

九、小东沟支（一）序列谱表

十、小东沟支（二）序列谱表

十一、鸦雀岑支（一）序列谱表

十二、鸦雀岑支（二）序列谱表

十三、鸦雀岑近支序列谱表

十四、大甸子支序列谱表

十五、前屋支序列谱表

十六、桓仁支序列谱表

十七、哈尔滨支序列谱表

十八、涣胜支序列谱表

十九、东头支序列谱表

二十、坎底下支序列谱表

二十一、小鸦河支序列谱表

二十二、榆树底下支序列谱表

一世

勒德黑（原系兵）生二子 长子 马什图 次子 托本太

二世

马什图（原系兵）生五子 长子 巴特马 次子 达拉太 三子 满代 四子 苏珠克土 五子 厄本太

托本太 生一子 花沙布

三世

巴特马 妻 沈氏 生二子 长子 黑英 次子 老各

达拉太 妻 高氏 生二子 长子 他力 次子 他兴阿

满代 妻 高氏 生一子 哈撒力

苏珠克土 妻 温氏 生二子 长子 满三 次子 马占

厄本太 生一子 刷音保

花沙布 生一子 乌力青厄（无嗣）

四世

黑英 妻 白氏 生四子 长子 说落 次子 窪口哈力 三子 谭占保 四子 合京额

老各 妻 白氏 生二子 长子 保福 次子 保明

他力 妻 安氏 生二子 长子 怕巴各 次子 扎坤珠

他兴阿 妻 白氏 生一子 波力讷

哈撒力 妻 沈氏 生一子 得克精阿

满三 妻 白氏 生四子 长子 各土肯 次子 章金保 三子 章保 四子 青石保

马占 妻 白氏 生二子 长子 官兴 次子 官得

刷音保 原系兵 生二子 长子 青隆 次子 木克得科

五世

说落 妻 那氏 生三子 长子 双得 次子 双保 三子 得住

漥□哈力 妻 白氏 生一子 束合讷

谭占保 妻 吴氏 生一子 永得

合京额 妻 白氏

保福 妻 包氏 生一子 双禄

保明 妻 沈氏 生一子 双庆

怕巴各 妻 白氏

扎坤珠 妻 吴氏 生一子 吉力兴阿

波力讷 妻 白氏

得克精阿 妻 白氏

各土肯 妻 白氏 生一子 巴哈

章金保 妻 白氏 生一子 西榜厄

章保 妻 白氏 生一子 石柱

青石保 妻 白氏 生二子 长子 大双 次子 隆武

官兴 妻 白氏 生一子 存住

官得 妻 沈氏 生一子 成和

青隆 妻 沈氏 生一子 保玉

木克得科 生一子 色卜贞

六世

双保 妻 包氏 生二子 长子 连福 次子 二得

束合讷 生一子 常明

双禄 无嗣

双庆　妻　白氏　生四子　长子　金　次子　玉　三子　满　四子　堂

吉力兴阿　妻　赫氏　生四子　长子　官住　次子　恒祥　三子　英春　四子　英山

巴哈　妻　白氏

存住　妻　赵氏　生一子　保玉

七世

金　妻　吴氏　生四子　长子　成海　次子　成江　三子　成波　四子　成祥

满　妻　艾氏

堂　妻　焦氏　生四子　长子　成发　次子　成文　三子　成启　四子　成礼

连福　妻　吴氏　生二子　长子　德恩　次子　德亮

二得　生二子　长子　德财　次子　德禄

常明　生三子（不详）

恒祥　妻　那氏　生一子　成保

保玉　妻　那氏

八世

成发　妻　卢氏

成文　妻　袁氏

成启　生二子

德禄　妻　石氏

成保　妻　关氏

成海　妻　高氏　萧氏　吴氏　生二子　长子　何文峰　次子　何文秀　生三女　长女　艾何氏　次女　张何氏　三女　刘何氏

成江　妻　矾氏

成波　妻　张氏

永甸支（一）

九世

何文峰　妻　刘淑梅　生三子四女　长子　何乃武　次子　何庆武　三子　何胜武　长女　何洁雪　次女　何洁珍　三女　何洁清　四女　何洁艳

何文秀 妻 袁桂珍 生四子二女 长子 何占武 次子 何凤武 三子 何成武 四子 何献武 长女 何占凤 次女 何凤琴

十世

何乃武 妻 杨圣月 生二子一女 长子 何德泉 次子 何德胜 女 何萍

何庆武 妻 教传荣 生二子 长子 何德利 次子 何德伟

何胜武 妻 高国琴 生二女 长女 何苗 次女 何花

何占武 妻 刘淑清 生一子一女 子 何德深 女 何艳君

何凤武 妻 吕凤珍 生二子 长子 何德杰 次子 何德乐

何成武 妻 周丽萍

十一世

（从略见上）

永甸成江支（二）

八世

何成江 妻 樊氏 生二子三女 长子 何文盛 次子 何文福 长女 马何氏 次女 马何氏 三女 艾何氏

九世（文）

何文盛 妻 王金英 生三子三女 长子 何贵武 次子 何生武 三子 何有武 长女 何桂凤 次女 何桂芹 三女 何桂莲

何文福 妻 赵成荣 生一子二女 子 何全武 长女 何玉红 次女 何运杰

十世（武）

何贵武 妻 柳桂英 生二子一女 长子 何德兵 次子 何德伟 女 何艳

何生武 妻 张显英 生二子 长子 何德虎 次子 何德龙

何有武 妻 姜秀梅 生一子 何德旭

十一世（德）

（从略见上）

永甸支（三）

八世

何成波 妻 张氏 生五子三女 长子 何文生 次子 何文森 三子 何文亭 四子 何文清 五子 何文太 长女 何文花 次女 何文梅 三女 何文荣

九世（文）

何文生 妻 张丽花 生五子三女 长子 何运武 次子 何振武 三子 何延武 四子 何泽武 五子 何利武 长女 何运兰 次女 何运芝 三女 何运花

何文亭 妻 王慧敏 生二子二女 长子 何智武 次子 何斌武 长女 何玉华 次女 何玉玲

何文太 妻 孙永花 生一子三女 子 何建武 长女 何运香 次女 何运清 三女 何运慧

十世（武）

何运武 妻 国淑英 生一子一女 子 何德君 女 何德凤

何振武 妻 程丽 生一女 何颖

何延武 妻 位在芝 生一子 何德伟

何泽武 妻 李淑华

何智武 妻 蔡桂华

何建武 妻 马兰 生一子 何德东

十一世（德）

（从略见上）

永甸支（四）

八世

何成祥 妻 纪桂荣 生四子二女 长子 何文章 次子 何文举 三子 何文财 四子 何文秀 长女 何文兰 次女 何文珍

九世

何文举 妻 杨桂芹 生三子二女 长子 何平武 次子 何彦武 三子 何

军武　长女　何艳清　次女　何艳秋

　　何文财　妻　生二子五女　长子　何永武　次子　何强武　长女　何艳华　次女　何艳晶　三女　何艳春　四女　何艳丽　五女　何艳伟

　　何文秀　妻　卢桂兰

十世

（从略见上）

永宽支

八世

　　何成发　妻　卢氏　生二子四女　长子　何文明　次子　何文东　长女　何桂贤　次女　何桂清　三女　何桂芳　四女　何桂珍

　　何成启（旗）生四子二女　长子　何文亮　次子　何文清　三子　何文财　四子　何文贵　长女　何文英　次女　何文花

　　何成奎　生一子五女　子　何文库（五女不详）

九世

　　何文明　妻　闫淑清　生二子三女　长子　何占武（妻王连荣）次子　何英武（妻刘凤芹）长女　何秀芹　次女　何秀荣　三女　何秀云

　　何文东　妻　常映心　生三子二女　长子　何宇石　次子　何宇奇　三子　何宇志　长女　何春华　次女　何春艳

十世

（从略见上）

永甸支（五）

八世

　　何成启（旗）生四子二女　长子　何文亮　次子　何文清　三子　何文财　四子　何文贵　长女　何文英　次女　何文花

九世

　　何文亮　妻　刘玉琴　生一子三女　子　何继武　长女　何云霞　次女　何云

丽 三女 何云红

何文清 妻 初德珍 生二子一女 长子 何忠武 次子 何金武 女 何云杰

何文财 妻 石军 生二子 长子 何君武 次子 何海武

何文贵 妻 刘丽 生一子二女 子 何占武 长女 何海燕 次女 何海霞

十世

（从略见上）

刁翎支

八世

德恩 生五子二女 长子 何文福 次子 何文禄 三子 何文珍 四子 何文祥 五子 何文林 长女 张何氏 次女 何桂英

九世

何文福

何文禄 妻 包氏 生一子 何继武

何文珍 妻 包氏 生二子 长子 何振武 次子 何显武

何文祥 妻 那氏 生一子二女 子 何善武 长女 何亚珍 次女 何亚芳

何文林 妻 夏淑珍 生一子一女 子 何胜武 女 何双林

十世（武）

何继武 妻 谢氏 生一女 何晶

何振武 妻 王桂芹 生五子三女 长子 何德海 次子 何德胜 三子 何德峰 四子 何德春 五子 何德泉 长女 何淑兰 次女 何淑云 三女 何淑波

何显武 妻 张桂珍 生五子三女 长子 何德江 次子 何德利 三子 何德君 四子 何德臣 五子 何德鑫 长女 何淑清 次女 何淑艳 三女 何淑平

何善武 妻 刘贵芹 生二子 长子 何德利 次子 何德强

何胜武 妻 翟丽华 生二子 长子 何德涛 次子 何彦艳

十一世（德）

何德海 妻 何秀芝 生一子一女 子 何成智 女 何彦玲

何德胜　妻　张丽华　生三子　长子　何永智　次子　何冬智　三子　何忠智

何德峰　妻　高明芹　生二子　长子　何林智　次子　何秋智

何德江　妻　车凤梅　生二子　长子　何新智　次子　何怀智

何德利　妻　李玉霞　生二女　长女　何欣欣　次女　何明智

十二世（智）

（从略见上）

小东沟支（一）

八世

德亮　妻　温氏　生二子　长子　何文會　次子　何文麒

九世（文）

何文會　妻　温氏　生二子二女　长子　何耀武　次子　何英武　长女　何凤英　次女　何凤云

何文麒　妻　关氏　生三子三女　长子　何明武　次子　何锡武　三子　何成武　长女　何梅武　次女　何桂花　三女　何淑芳

十世（武）

何耀武　妻　何白氏　生一子一女　子　何哲　女　何桂云

何英武　妻　高淑珍　生一子　何德清

何明武　妻　赵菊英　生四子二女　长子　何德深　次子　何德春　三子　何德斌　四子　何德洪　长女　何晓芹　次女　何秀芹

何锡武　妻　杜秀芝　生三子二女　长子　何江　次子　何德敏　三子　何德俊　长女　何静　次女　何燕

十一世（德）

何哲　妻　白翠英　生二子二女　长子　何志坚　次子　何志刚　长女　何欣　次女　何红

何德清　妻　赫凤芹　生一子二女　子　何双庆　长女　何智　次女　何慧

何德深　妻　刘玉华　生一子二女　子　何志佳　长女　何凤莲　次女　何凤云

何德春 妻 李桂芳 生六女 长女 何志贤 次女 何志玲 三女 何志娥 四女 何志苹 五女 何志新 六女 何志媛

何德洪 妻 张淑梅

何江 妻 吴月兰 生一子 何志威

何德敏 妻 孙士芹 生一女 何宁

何德俊 妻 王瑞香 生一女 何岩

十二世（智）

（从略见上）

小东沟支（二）

八世

德亮 妻 温氏 子 何文贵

九世（文）

何文贵 妻 白氏 生三子一女 长子 何兴武 次子 何旭武 三子 何忠 女 何淑清

十世（武）

何兴武 妻 王秀英 生二子二女 长子 何平 次子 何明 长女 何大梅 次女 何梅

何旭武 妻 王玉杰 生二女 长女 何英 次女 何华

何忠 妻 姜淑英 生二子二女 长子 何晶波 次子 何显波 长女 何彩云 次女 何彩霞

十一世（德）

何平 妻 孟黛玉 生一子 何放

何明 妻 杨晓明 生一女 何芳

十二世（智）

（从略见上）

鸦雀岭支（一）

六世前无文字记载

七世

何福 生一子 何成庆

八世

何成庆 妻 张氏 生二子五女 长子 何唤春 次子 何常春 长女 齐何氏 次女 何何氏 三女 关何氏 四女 吴何氏 五女 李何氏

九世（文）

何唤春 妻 白氏 生三子五女 长子 何云武（妻 高明芹）次子 何宪武（妻白云珍）三子 何祥武（妻李景兰）长女 何淑梅 次女 何凤云 三女 何淑珍 四女 何淑芝 五女 何淑琴

何常春 妻 代氏 生一子一女 子 何继武 女 何凤荣

十世（武）

（从略见上）

鸦雀岭支（二）

十世（武）

何云武 妻 高明琴 生二子三女 长子 何德宽 次子 何德安 长女 何桂珍 次女 何彦 三女 何丽

何宪武 妻 白玉珍 生五子一女 长子 何德明 次子 何德水 三子 何德方 四子 何德源 五子 何德森 女 何玉芹

何祥武 妻 李景兰 生二子三女 长子 何轩阁 次子 何杰 长女 何君 次女 何萍 三女 何莉

十一世（德）

何德宽 妻 辛淑芳 生一子三女 子 何志伟（妻范丽梅）长女 何英 次女 何慧 三女 何红

何德安 妻 郑凤英 生一子 何志东

何德明 妻 付桂荣 生一子一女 子 何志民 女 何颖

何德水 妻 王秀芝 生二子 长子 何静 次子 何新

何德方 妻 董玉兰 生五女 长女 何志慧 次女 何志霞 三女 何志梅 四女 何志娟 五女 何志秀

何德源 妻 翟兴荣 生四女 长女 何丹 次女 何志华 三女 何志丽 四女 何志霜

何德森 妻 焦艳梅 生一子 何贺

何轩阁 妻 胡景芝 生二子 长子 何爱民 次子 何琼斌

何杰 妻 王青华 生一女 何爱华

十二世（志）

（从略见上）

鸦雀岭近支

八世前无文字记载

九世

何喜春 妻 蔡氏 生二子一女 长子 何凤桐 次子 何凤义 女 颜何氏

十世

何凤桐 妻 孙淑兰 生一子二女 子 何川 长女 何素琴 次女 何富玲

何凤义 妻 赵淑贤 关桂荣 生三子二女 长子 何广福 次子 何广财 三子 何广华 长女 何秀龙 次女 何秀娟

十一世

何川 妻 周丽荣

何广福 妻 黄凤玲

何广财 妻 鄂宾

何广华 妻 刘丽

大甸子支

七世前无文字记载

八世

何贵 生三子二女 长子 何福亮 次子 何福宽 三子 何福申 长女 白何氏 次女 白何氏

九世（文）

何福亮 妻 潘氏 生三子五女 长子 何凤山 次子 何俊武 三子 何春山 长女 王何氏 次女 白何氏 三女 李何氏 四女 袁何氏 五女 张何氏

何福宽 妻 王氏 生一子二女 何相武 长女 何玉梅 次女 何玉香

何福申 妻 孙氏 生一子二女 何青山 长女 齐何氏 次女 宋何氏

十世（武）

何凤山 妻 温氏 生一子 何德璋

何俊武 妻 石氏 生一子五女 子 何德祥 长女 何桂珍 次女 何英珍 三女 何秀珍 四女 何秋珍 五女 何雅珍

何春山 妻 白氏

何相武 妻 胡桂芝 生一子三女 子 何德顺 长女 何景珍 次女 何永珍 三女 何淑珍

何青山 妻 白世凤 生三子二女 长子 何德成 次子 何德贵 三子 何德君 长女 何杰 次女 何萍

十一世（德）

何德璋 妻 何徐氏

何德祥 妻 沈学珍 生一子三女 子 何志国 长女 何北 次女 何南 三女 何磊

何德顺 妻 刘秀英 生一子 何志伟

何德成 妻 白宝荣 生二子三女 长子 何志辉 次子 何志民 长女 何艳琴 次女 何艳丽 三女 何艳侠

何德贵 妻 焦运芹 生一子一女 子 何志松 女 何岩

何德君　妻　李洪珍　生二女　长女　何艳彬　次女　何艳梅

十二世（志）

何志国　妻　关淑琴　生一子一女　子　何广明　女　何颖

十三世（广）

（从略见上）

前屈支

七世前无文字记载

八世

何坤　生四子　长子　何焕文　次子　何焕生　三子　何焕玉　四子　何焕廷

何仑　生一子　何景春

九世（文）

何焕玉　妻　白氏　生一子一女　子　何凤武　女　何凤兰

何焕廷　妻　吴氏　生一子二女　子　何凤阁　长女　何凤珍　次女　何凤菊

何景春　妻　齐秀英　生一子一女　子　何凤桐　女　何淑英

十世（武）

何凤武　妻　依淑清　生一子六女　子　何成钢　长女　何桂琴　次女　何桂凤　三女　何桂英　四女　何桂苹　五女　何桂杰　六女　何桂香

何凤阁　妻　王玉蓉　生一女　何桂凤

何凤桐　妻　赫淑芝　生六子二女　长子　何生财　次子　何生喜　三子　何生信　四子　何生全　五子　何生元　六子　何生贵　长女　何桂兰　次女　何桂芹

十一世（生）

何生财　妻　赵淑娟　生一子一女　子　何志海　女　何智慧

何生喜　妻　王玉凤　生三子　长子　何志刚　次子　何志明　三子　何志成

何生信　妻　翟淑清　生二子一女　长子　何志勇　次子　何志强　女　何志凤

何生全　妻　李庆香　生一子一女　子　何志波　女　何立丽

何生元　生一子　何智奇

十二世（志）

（从略见上）

桓仁支

七世前无文字记载

八世

何山（父何尚永　母白氏）妻　白氏　生四子　长子　何青春　次子　何新春　三子　何贵春　四子　何长春

何俊峰（父尚永）妻　吴氏

九世（文）

何青春　妻　李凤兰　生二子　长子　何相武　次子　何桓武

何新春　妻　王氏　生一子　何殿武

何贵春　妻　刘氏

何长春　妻　柳氏

十世（武）

何相武　妻　孙长凤　生三子二女　长子　何成明　次子　何成运　三子　何成坤　长女　何成敏　次女　何成杰

何桓武　妻　冷淑英　生二子二女　长子　何成良　次子　何承忠　长女　何艳　次女　何萍

何殿武　生三子六女　长子　何成国　次子　何成志　三子　何成玉　长女　何艳华　次女　何艳丽　三女　何艳琴　四女　何艳君　五女　何艳玲　六女　何艳东

十一世（德）

何成明　妻　王举兰　生二子　长子　何志鹏　次子　何志勇

何成运　妻　张国贤　生二女　长女　何爱菊　次女　何爱君

何成坤　妻　张丽兰　生一子　何志刚

何成良　妻　姜侠

何成国　妻　王桂芝　生二子三女　长子　何志宏　次子　何志君　长女　何志贤　次女　何志娟　三女　何志敏

何成志　妻　武淑芬　生三子　长子　何志海　次子　何志斌　三子　何志伟
何成玉　妻　康玉娥

十二世（智）

（从略见上）

哈尔滨支

八世前无文字记载

九世（文）

何运　何运财　何运富
何运贵　妻　包氏　生一子　何成

十世（武）

何成　妻　杨桂芳　生一子二女　子　何志鹏　长女　何江波　次女　何海波

十一世（德）

（从略见上）

涣胜支

八世前无文字记载

九世（文）

何涣胜　妻　代氏　生二子一女　长子　何贵荣　次子　何贵武　女　何淑梅

十世（武）

何贵荣　妻　卢氏
何贵武　妻　袁桂芳　生三子二女　长子　何德良　次子　何德栓　三子　何德胜　长女　何雪凤　次女　何雪芹

十一世（德）

何德良　妻　姜桂华　生一子　何智野
何德栓　妻　洪淑媛　生一子　何智远

十二世

（从略见上）

东头支

七世前无文字记载

八世

何庆贵 生二子一女 长子 何福春 次子 何惠春 女 何留哥

九世（文）

何福春 妻 孙氏
何惠春 妻 卢桂英 生一子 何双武

十世（武）

何双武 妻 矫桂芹 生三子一女 长子 何德利 次子 何德宏 三子 何德富 女 何丽华

十一世（德）

（从略见上）

坎底下支

七世前无文字记载

八世

何久江 生一子 何栢春

九世（文）

何栢春 生一子一女 子 何连武 女 何桂芝

十世（武）

何连武 妻 关淑芹 生二子四女 长子 何德年 次子 何德清 长女 何德芹 次女 何德云 三女 何德英 四女 何德芳

十一世（德）

何德年 妻 于桂萍 生二子一女 长子 何智军 次子 何智民 女 何智梅
何德清 妻 栾凤清 生一子一女 子 何智国 女 何智艳

十二世（智）

（从略见上）

小雅河支

七世前无文字记载

八世

何成喜　妻　沈氏　生五子　长子　何文发　次子　何文福　三子　何文良　四子　何文才　五子　何文举

九世（文）

何文发　妻　刑氏　生一子　何奎武

十世（武）

何奎武　妻　黄秋菊　生二子二女　长子　何德品　次子　何德仁　长女　何淑艳　次女　何淑琴

十一世（德）

何德品　妻　张旭丹　生一女　何丹凤

十二世（志）

（从略见上）

榆树底下支

七世前无文字记载

八世

何×　生四子　长子　何春荣　次子　何春贵　三子　何春鲜　四子　何春生

九世（文）

何春荣　妻　何白氏　生三子三女　长子　何仁武　次子　何义武　三子　何志武　长女　沈何氏　次女　包何氏　三女　周何氏

何春鲜　妻　白云清　生三女　长女　何淑英　次女　何淑兰　三女　何淑花

何春生　妻　何王氏

十世（武）

何仁武　妻　何温氏　生四子三女　长子　何德喜　次子　何德贵　三子　何德财　四子　何德福　长女　何德珍　次女　何桂珍　三女　何琴珍

何义武 妻 荀淑英

何志武 妻 于宝琦 生一子一女 子 何澄 女 何晓林

注：何春荣之次子何义武现居敦化，由于没联系上，子嗣情况暂时填不上。

十一世（德）

何德喜 妻 张德花 生二子一女 长子 何军 次子 何勇 女 何丽

何德贵 妻 李淑琴 生二子一女 长子 何斌 次子 何伟 女 何新

何德财 妻 张红 生一子一女 子 何岩 女 何娜

何德福 妻 郭长芬 生一女 何叶

何澄 妻 郭本红 生一子 何曜

十二世（智）

（从略见上）

何舍哩氏家族续谱工作会议记录

（1988年2月21日 全体代表一致通过）

（略）

后记

上谱书的人口数816，截至一九八八年二月二十日，在世的人口数为508。

本谱书由何德常整理、抄清，经辽宁沈阳何舍哩氏家谱校审，得到何平、何明、何殿武在经济上的资助，得以复印出版。

本谱书共印□份。

十八、依尔根觉罗（肇、赵）氏家谱

[辽宁沈阳] 依尔根觉罗焚伯肇宗谱

吉尚阿等修纂。民国二十一年（1932）重印，肇上林、肇春林1941年再印。铅印本，一册。编者序载，该谱"旧谱原系满文，后人弗克译释，惧其久而失实，余具述所闻，再为之序而录之"。始祖武毅都尉公图格马发①，先世系长白山西伯部落地方人氏，康熙二十八年（1689）迁归盛京，隶镶红旗满洲第二佐领处。内容有李儒汉序、编者序、依尔根觉罗西伯肇氏宗支、后记等。世系记至第十一世。辽宁省沈阳市苏家屯区林盛镇褚贵村赵延利收藏。《沈阳锡伯族家谱》收录。② 此据《沈阳锡伯族家谱》整理。

谱序

族谱之学，不讲于世者久矣。余读苏氏族谱引条，知古之君子学成名立，不忘先祖创业艰难，复冀子姓繁荣增大。由流溯源，同为一本之亲，呼吸相通，从源及流，远在百代之后，精神仍聚。所以，族谱之学，有重

---

① 马发，满语祖宗之意。
② 王俊、李军编著：《沈阳锡伯族家谱》，辽宁民族出版社2015年版，第1—12页。

于世而不能废焉。肇君桂一君子人也,先世依尔根觉罗,译音曰肇。古居北地伯都讷部落。始祖武都尉公图格马发,随清太祖于天命初年创业兴京,殉节疆场有功。当时子孙因受爵禄,乃卜居于沈阳城南储贵堡红旗界,迄今三百余年,代有显达,不堕宗风。君为都尉公九世孙,兄弟三人,君其季也。少好读书,孝友性成。乃长一游学四方,旋入政界,以黑龙江望奎县硝磺局长致仕,富居滨江省青冈县城,杜门谢客不问世事,终日读书味道,诵经理佛,劝导世人,古称笃行君子,询无愧色焉。争于客春旅次青冈,与君相遇,畅谈之条,知君收宗睦族之情,殷然杜念。及度过新岁,果出肇氏族谱,焉余为序。惜余材识浅陋,对于族谱之学,素无研究,安敢牵然命笔为文,以纪其事乎?独喜肇君,以将近古稀之年,犹能不忘先人,戚丕先烈,有功于肇氏也大矣,岂仅纪次族姓而已哉。

康德八年二月九日凤城李光珍儒汉序

宗谱

书曰"以亲九族,九族既睦,是帝尧首以睦族示教也。"礼曰,"尊祖故敬宗,敬宗故收族。"明人道必以宗族为重也。夫家之有宗族,犹水之分派,木之分枝,远近异势,疏密异形,要其本源则一,然欲睦族,非修有族谱之书,将何以联疏达而昭雍穆?余族自祖宗以来,隶前清旗籍,崇尚武功,不以读书为业,以致未经修有谱书。余系第四宗枝之子孙孙仲彦之孙,叨承祖荫,即读诗书,应尽孝悌之道,尤宜叙修谱书为要。因编求原谱族书之规模不嫌杜撰,参与己意,求其简赅,而使族宗稍识字义者,开卷即可了然。缘以九族为秩序,并附录生平事略。深愧不文,非敢为自序年谱,不过聊述。以备将来子孙,知有读书明理或显达者,欲修家谱乘,有所采择,是则余之所期望也!夫依尔根觉罗肇氏西伯宗谱之流。系九族及辈行编成定字并命名,应从此冠姓。

各表目列后

一、由高曾祖父而身,身而子,子而孙,自子孙至曾元之九族,自一圈至九圈,合九族之数,以便分析昭穆统系之秩序。

二、先辈命名,多用满蒙文吉祥成语类,字数多寡不同,故未能编列辈行定字。嗣后诚恐族众子孙繁衍,年远未经聚会者,一经面叙,虽须盘问三代,方知辈行。倘有不记忆三代者,殊多费解。用特由"林"辈编定"林玉达明学永恒,福德中世泰安宏;健克仁良恩纯厚,文广志大显增荣"此二十八个字,以备后嗣命名之用。

将来排字,一辈字在中,一辈字落底,周旋复始用法,辈行之中不有从绪,族宗辈行不准紊乱。

从前凡隶旗籍者,命名定例,准用满蒙文吉祥成语类。现在各处国命名,字数较多,以致不能冠姓。现已改大同,共和国命名即不用满蒙文语,此后命名,自应一律冠姓,以昭大同。

盛京即奉天镶红旗满洲第二佐领处所属,改沈阳县,我依尔根觉罗译音肇,随为肇姓宗族谱书。

谨按:

我依尔根觉罗肇氏,先世系长白山西伯部落地方人氏。于前清天命初年,太祖高皇帝并业兴京,我始祖武毅都尉公讳图格马发,效力疆场,遇危殉节,遗嫡庶二位夫人,生子十一。于康熙二十八年奉旨,嫡庶二位夫人率子十一位,迁归盛京镶红旗满洲第二佐领处。嫡夫人率子六,世居省南五十里储贵堡镶红旗界,赐地数百日以资生计。俾庶夫人率生子五位,居于镶红旗蒙古佐领下注册,亦赐地数百日以裕其生,省南韩城堡是也。自是至后,繁衍日滋。三百年来,两派子孙散处各省者甚众,且旧谱原系满文,后人弗克译释,惧其久而失实,余具述所闻,再为之序而录之,以宗其谱焉。

后记

编纂宗谱,族盛繁衍,有落贻误兼有差出,外省者未书完全之处,设有宗派见着，请为原鉴。希望后嗣万代绵绵为肇氏子孙者，务要光宗耀祖，治强有恒，扬名于世，随时修补，以弥不足耶欤。

虔敬天地尊亲师

谨守十规要旨

一、孝顺父母　二、尊敬长上

三、和睦宗族　四、严肃正直

五、谨慎俭朴　六、清洁安静

七、知过必改　八、正心修正

九、谨言慎行　十、治强有恒

谨守八戒要务

一、戒奢华骄傲　二、戒谎言戏谑

三、戒杀生嗜酒　四、戒奸淫邪道

五、戒嫉贤害能　六、戒强横凌弱

七、戒欺孤灭寡　八、戒奸拐偷盗

余系第八代孙吉尚阿　字星全　儒业　八十三叟　率子孙修纂

率子蓝翎骁骑候补防御　理斗传道师戒纳中心肇富林　字润山　道号至诚

次子黑龙江望奎县硝磺局局长肇上林　字桂一　号丹久

三子　肇桂林　字兵圃

长孙肇玉清　农业治家

次孙　第八军军需正兼征收主任肇玉正　字兴亚　号济民

三孙　肇玉钰　字子明

四孙　肇玉鼎　字宝光

重孙肇福达　等敬谨修纂

中华民国二十一年孟夏之月　敬书　重印

伪康德八年二月十九日　肇上林　肇春林　重印

十八、依尔根觉罗(肇、赵)氏家谱

谱系

始祖

武毅都尉公 讳 图格马发（袭云骑尉）

嫡夫人 生六位 郭巴尔图 郭弼 索弼 青额讷 色力木 艾力木

庶夫人 生五位 倭绰里 乌尔吉图 倭穆克图 沙克沙巴图 巴力马岱

二世

郭巴尔图（将军职）子 沙必图 沙木达

郭弼 子 阿力那 依蜜力图 阿力哈孙

索弼 子 阿力珲 哈尔岱

青额讷 子 那束图 乌力滚吉

色力木（佐领）子 查特伙朗

艾力木（防御）子 卜伦图

倭绰里（镶红旗蒙古佐领处，世居韩城堡）子 阿拉仙 巴雅里 巴来 色楞危

乌尔吉图 子 常禄

倭穆克图 子 班色气

沙克沙巴图（协领）子 巴图 额木图 阿沙拉胡

巴力马岱 子 衣兜

三世

沙必图（防守御）子 什拉 巴特马 那沙尔图 图木禄

沙木达 子 托来 图伯格 巴力达库

阿力那 子 乌力图

依蜜力图（骁骑校）子 乌力马吉 伯图 阿力拉胡

阿力哈孙（将军职）子 厄普德勒什 乌根 喀尔他库 乌克里 班吉

阿力珲 子 哈当依 雅尔岱

哈尔岱 子 阿巴拉 必力珲

那束图 子 伯力托 卡力扎 莫尔吉

查特伙朗 子 额伦多 巴力哈岱 茶克七

卜伦图 子 伙里 阿都气 阿哈达

巴雅里 子 托多力海

巴来 子 巴力书

班色气 子 色克巴 巴彦

巴图（骁骑校）子 哈那

衣兜（佐领）子 依达

四世

巴特马（佐领）子 托克图

图木禄 子 图力七

雅尔岱 子 云保

阿巴拉 子 乌尔吉岱 绰伙

必力珲 子 宾布 哈雅那

卡力扎（协领）子 绰伙尔库

莫尔吉（骁骑校）子 额多 卓尔博

巴力哈岱 子 兆朗

阿都气 子 诖连太 沙林阿

阿哈达 子 兆明 久成厄 英申保 拖恩多

五世

图力七（佐领）子 福禄

云保（领催）子 兆书 倭格 四格 七十四

乌尔吉岱 子 翘福 乌云保 七达色

绰伙 子 二小儿 六十一

哈雅那 子 纯生 木克敦 七佛讷

绰伙尔库（佐领）子 阿克敦阿 六十八 桃金保 七十五

额多 子 六十七 七十四

兆朗 子 关音保 福海 青海 敦音气

诖连太 子 达升阿

沙林阿 子 德音布

兆明 子 果尔敏 二格 喀力塞 德升

久成厄（云骑尉）子 六十五 德金布 德金泰

托恩多（笔帖式）子 德力布 阿其布

六世

福禄（防御）子 扎隆阿 雅力哈

兆书 子 巴海 巴明阿

倭格 子 德明阿

木克敦 子 扎升阿 扎力金 扎力芬

阿克敦阿（伯房）子 达三

六十八（仲房）妻 杨氏 子 讷木珲 翥凤 庆昌

桃金保（叔房）妻 崔氏 子 德三

七十五（季房）妻 关氏 子 双福 全福

六十七（领催）子 八十五 克蒙阿

三成阿（云骁尉）子 恩锡

敦音气 子 恩车恒阿

德音布（领催）子 委恒阿 委明阿

德升 子 常吉

六十五 子 保全

德金布 子 庆善 福善

德力布 子 常安

阿其布 子 赏安布

七世

扎隆阿（领催）子 岳克精阿

雅力哈（佐领）子 富克精阿 英良

巴海（骁骑校）子 兆福 有福

德明阿 子 英福

七达色（骁骑校）子 海隆阿

达三（军门校）妻 史氏 子 束尔防阿 依尔栋阿 绩尔通阿

翯凤（前锋校）妻 徐氏 子 德克精阿 阿尔奉阿

庆昌（披甲）妻 刘氏 子 吉尚阿

德三（领催）妻 石氏 子 依克精阿 常有 依克坦布

双福 妻 李氏 子 祥奎

全福 妻 王氏 子 德庆 纯庆

八十五 子 祥安 祥来

恩锡（军将衙门司达兼充满教习）妻 崔氏 子 博文 保春

保全（图记处司达）子 卜业春 卜玉春

庆善（领催）子 英育 英隆

常安 子 英俊 英德 英凯

赏安布（领催）子 英奎

八世

岳克精阿（领催）子 文翰 文斌

富克精阿（盖州骁骑校）子 文海

英良 妻 张氏 子 文炳 文魁 文尉

兆福 子 德义

有福 妻 闻氏 子 德春

束尔防阿 妻 马氏 继贺氏 子 连升 连魁 连桂 连庚 连甲

依尔栋阿 妻 崔氏 子 文义

绩尔通阿（出家僧戒纳一如）妻 史佟氏 子 文涛

德克精阿（领催）妻 关氏 子 文哲

吉尚阿（字星全 儒业）妻 郭氏 子 富林 上林 桂林

依克精阿（前锋校）妻 井氏 子 文林 都林 德林

常有（农业）妻 那氏 子 博林 松林 柏林

依克坦布（领催）妻 那氏 子 文焕

祥奎（五品军功骁骑校）妻 郑氏 子 印升 印棠 印成

纯庆 妻 牛氏 子 春林

祥安　子　文清

保复　子　文翔

保桂　妻　闻氏　子　文祯

博文　妻　吴氏　堪与大家

保春　子　文喜　文福　文元　文禄

卜业春（儒业）子　中和　中凯

卜玉春　子　中兴

英育　子　桂喜　桂元　贵恒　贵力

英隆　妻　关氏　子　边林

英俊　子　文中

英德　子　文启　文富　文科

英凯　子　文山　文香　文明

英奎（领催）子　哲忱

九世

文翰（披甲）子　玉珍　玉全

文斌（前锋校）子　玉福　玉珩

文海（字汇川　披甲）子　玉田

文炳（字筎臣）妻　韩氏　子　玉珂

文魁　妻　王氏　子　玉华

文尉　妻　郑氏　子　玉光　玉耀　玉辉　玉昌

德义　妻　孟氏　子　玉仑

德春　妻　刘柳氏　子　玉崑　玉荣　玉书

连升（字仲三）妻　王氏　子　玉琛　玉玺

文义　妻　李氏　子　玉明

文哲　妻　白氏　子　玉璋　玉璞

富林（字润山　蓝翎骁骑校　候补防御　劝戒烟酒会会长　理斗传道师　戒纳中心）妻　张氏　子　玉清

上林（字桂一　前充望奎县硝磺局长　现充青岗县理善会宣道股长　号

丹久法系性园）妻 张氏 继刘氏 子 玉正

  桂林（字香圃）妻 张氏 子 玉钰 玉鼎

  文林（披甲）妻 关氏 子 玉桂 玉材

  都林 妻 穆氏 子 玉有

  德林 妻 穆氏 子 玉轩

  松林（字寿山 五品军功 候选府经历南五乡董兼初学员）妻 李氏 妾吕氏 子 育忠 育恕

  柏林（木行）妻 关氏 子 玉良 玉庆 玉善

  文焕（字双一）子 玉芳 玉宽 玉珊

  印升（披甲）妻 陶氏 子 玉德 玉宝

  印棠 子 玉安

  印成 妻 李氏 子 玉学 玉东 玉方

  春林 妻 王氏 子 玉久

  文翔 子 玉升 玉英

  文祯 妻 谭氏 子 玉成

  文福 子 玉太

  文元 妻 关氏 子 玉振

  文禄 妻 咸氏 子 玉琢 玉泰

  中凯 子 玉强

  中兴 子 德音布

  哲忱 妻 关氏 子 玉琪 玉奎

十世

  玉珍（儒业）子 王全

  玉田（儒业）妻 关氏 子 永贵 永发

  玉珂 妻 王氏 子 小德子

  玉辉 妻 张氏 子 福成

  玉昌 子 福全

  玉崑 妻 王氏 子 喜达 永达 祥达

玉荣　妻　侯氏　子　永禄　永祥

玉书　妻　关氏　子　元普

玉璋　妻　李氏　子　英达

玉璞　妻　苗氏　子　世达

玉清（农业）妻　关氏　子　福达

育恕　妻　朱氏　子　永仁

玉德　妻　张氏　子　永昌　永库

玉宝　子　永霖　永震

玉升　子　万德

玉成　妻　于氏　子　玺文

十一世

福达　妻　潘氏　子　明聪

万德　子　扣住　存住

［辽宁大连］赵家谱单

纂修人、纂修时间不详。打印本，谱单，一幅。始祖为卧莫克图等八人。谱载家族"自西伯伯册诺四道沟拨金州"，五世鄂力"拨衣里"。提供者注："西伯（即锡伯），伯册诺（即伯都讷）；'衣里'即伊犁，谱中第五代鄂力（拨衣里）是指鄂力一支被拨往新疆伊犁。其后裔现居察布查尔锡伯自治县。"世系记至第十一世。该谱为黑龙江省双城市双城镇中兴村进步屯（赵铁头窝棚）赵家（金州赵氏原籍）谱单，现收藏于辽宁省大连市金州区华家乡新石村赵姓族人赵家元处。此据辽宁省大连市那启明提供影印件整理。

自西伯伯册诺四道沟拨金州远近枝告明于后自族从古稽载

赵家先祖

一世

卧莫克图

巴朱代

雅力布

得克楚

诺莫图　生一子　雍卧索

那楚布

达力布

乐则

二世

雍卧索　生五子　长子　巴当阿　次子　布力贰合　三子　启朗阿　四子　七哥　五子　文都力海

三世

巴当阿　生一子　五达库

启朗阿　生一子　关住

四世

五达库　生一子　马格

关住　生二子　长子　鄂力　次子　巴尔虎

五世

马格　生一子　合什布

鄂力（拨衣里①）

巴尔虎　生二子　长子　单保　次子　双保

---

① "衣里"即伊犁。

六世

合什布 生三子 长子 五十六 次子 六十一 三子 呢朱布

双保 生一子 赵君邦

七世

五十六 生二子 长子 傅扬阿 次子 骚达色

呢朱布 生一子 三牙图

赵君邦 生四子 长子 赵安富 次子 赵安贵 三子 赵安荣（僧）四子 赵安仁（僧）

八世

赵安富 生二子 长子 赵玉连 次子 赵玉升

赵安贵 生二子 长子 赵玉章 次子 赵玉秀

九世

赵玉连 生五子 长子 赵吉林 次子 赵吉云 三子 赵吉臣 四子 赵吉海 五子 赵吉仁

赵玉秀 生二子 长子 赵吉义 次子 赵吉顺

十世

赵吉林 生三子 长子 赵家喜 次子 赵家英 三子 赵家焕

赵吉云 生四子 长子 赵家珍 次子 赵家琢 三子 赵家宝 四子 赵家珠

赵吉臣 生一子 赵家义

赵吉海 生二子 长子 赵家瑞 次子 赵家存

赵吉仁 生二子 长子 赵家元 次子 赵家德

赵吉顺 生五子 长子 赵家敏 次子 赵家丰 三子 赵家义 四子 赵家遵 五子 赵家全

十一世

（从略见上）

[黑龙江双城] 赵姓家谱

纂修者、纂修时间不详。打印本，谱单，一幅。始祖布拉那。谱载"锡伯赵氏隶满洲厢黄旗双顶佐领下"，道光十七年（1837）由金州迁移到边外双城堡满堂，自同治五年（1866）移至双城。内容有范字和赵氏八代族人世系。现收藏于黑龙江省哈尔滨市双城区赵氏族人处。此据《双城市满洲锡伯族志》整理。

范字

由振而下续十六字：文、明、延、显，道、德、方、圆，乃、同、日、月，善、运、坤、乾。

一世

布拉那（伯都讷）生一子 巴师

二世

巴师（奉天）妻 关氏 生五子 长子 牙力太 次子 德伦大 三子 巴其图 四子 托克托乎 五子 老各

三世

牙力太（老虎洞）生三子 长子 嘎海（孤）次子 洛海（孤）三子 甘吉力（孤）

德伦大 妻 关氏 生二子 长子 硕色 次子 黑参保

巴其图（金州老虎洞）妻 关氏 生二子 长子 阿力克奇 次子 乌力

托克托乎 妻 关氏（孤）

老各 生一子 吉兰太（孤）

四世

硕色 妻 吴氏 生二子 长子 巴当阿 次子 德顺

黑参保 妻 傅氏 生一子 又成

阿力克奇 妻 韩氏 生二子 长子 关住 次子 付隆厄

乌力 妻 关氏 生五子 长子 满堂 次子 满常 三子 须丰 四子 双喜 五子 长发

五世

巴当阿 妻 王氏 生二子 长子 何崩 次子 连成

关住 妻 韩氏（孤）

付隆厄 妻 吴氏 生三子 长子 七十子（孤） 次子 满囤 三子 三达

满堂 妻 洪氏（孤）

满常 妻 苏氏 生三子 长子 广福 次子 广禄 三子 广有

须丰 妻 白氏

双喜 妻 关氏 生二子 长子 喜庆 次子 广增

长发 妻 那氏 生一子 七住

六世

满囤 妻 洪氏 生一子 永顺

三达 妻 雷氏

广福 妻 钟氏

广禄 妻 王氏 生三子 长子 中和 次子 中明 三子 中清

广有 妻 苏氏 生一子 中亮

喜庆 妻 张氏 生一子 永春

广增 妻 关氏 生二子 长子 永平 次子 永禄

七住 妻 葛氏（孤）

七世

永顺 妻 王氏 生一子 振国（妻陆氏）

中和 妻 刘氏 生三子 长子 振国 次子 振邦 三子 振扬

中明 妻 王氏 生四子 长子 振兴 次子 振家 三子 振立 四子 振业

中清 妻 富氏 生二子 长子 振江 次子 振江[①]

[①] 此依据家谱内容录入，原文应有误。

中亮 妻 宋氏 生一子 振声
永春 妻 那氏 生三子 长子 振山 次子 振海 三子 振东
永平 妻 南氏（孤）
永禄 妻 郑氏（孤）

八世

（从略见上）

十九、瓜尔佳（关）氏家谱

［辽宁沈阳］锡伯瓜尔佳氏宗谱

关玉琛等1954年初修，关世孝、关作安等1984年续修。1954年初修本为铅印本，一册，31页，名为"关氏宗谱"，署1954年3月1日修，世系记至十三世。1984年续修本为手写本，一册，74页，名为"锡伯瓜尔佳氏宗谱"，署1984年12月9日修，增续旧宗谱遗漏、1954年后出生人员和十世以后各世女子名、妻子姓名。一世祖雅葛拉朱、巴葛拉朱，原居吉林伯都讷磋草沟，康熙三十八年（1699）拨盛京镶黄旗蒙古佐领下充差，任副都统。此整理著录本为1984年续修本，内容包括1954年宗谱序2篇、1984年续谱序1篇、家族世系，后附古钟记载、1954年关氏族谱启发人、1984年关氏宗谱续谱启发人。世系记至十六世。辽宁省沈阳市沈北新区尹家乡小营子关之耀、沈阳市于洪区解放乡达连屯关作安收藏。《沈阳锡伯族家谱》收录。① 此据《沈阳锡伯族家谱》整理。

宗谱序

当思江淮别派终归沧海，桂花万朵究属同枝。岂知源远则流长，本

---

① 王俊、李军编著：《沈阳锡伯族家谱》，辽宁民族出版社2015年版，第13—51页。

固则枝繁。尚不追源溯本，何以知江淮归海，万花一本。

由此观之，人不可无宗谱也。如我关姓之宗族，原居吉林伯都讷磋草沟人氏。由"满清"定鼎，分为八旗，于康熙三十八年（1699），将我瓜尔佳氏（译音关姓）锡伯宗族，拨归盛京（今沈阳）镶黄旗蒙古佐领下充差。

彼时未携宗谱，惟赖本佐领构造户口册籍，存放库房，因库房失火，册籍被焚，年远则无存矣。

尾后，由军衙门恩赏库搜寻，得乾隆二十五年本宗册籍一本。始知达连屯村之始祖雅葛拉朱，小营子村之始祖巴葛拉朱，均系副都统之职，以上则无从查考矣。

今有族人关文德、关明武、关世贵三人，恐户大丁繁，难免远迁，如无宗谱年久则见面不识，冠婚颠倒，乱伦失序，诚为浩叹！于一九五四年三月一日，是以不避烦劳，毅然勇为，联结达连屯同宗之关玉琛、关玉奎人等，一再追寻，极力进行将残缺氏名聚构一处，并拟编五十字按序排行，永垂不朽，传后世有所遵循，不致有遗憾也！谨序。

排列五十字于后

> 文明世泽永　忠厚国恩长
> 守成荣万载　治安保家邦
> 崇礼恭良让　存仁福禄祥
> 宗同山岳久　谱庆丰恒昌
> 太运兴隆绪　德鸿喜华堂

一九五四年三月一日

宗谱序

盖闻民族广大，团结为先；宗族族法繁，亲睦为贵；人人祝和乐，家庭代代传。秩序不乱，是以树茂千枝须恩本固，水流各派当想来源，难免有混乱之虞矣。

如我关姓之宗族，户大丁多，散住各方，代远年灭不知叔季，言念及此，殊深浩叹。幸于一九五四年春季，有小营子村我宗族关文德、关明武、关世贵等人，抱谱持宗，冒雪来村，访询同宗，详为查对。经我村族人关玉奎、关玉振等，尽力欢迎。互相赞研，始得知我达连屯村本宗始祖雅葛拉朱居长，小营子村本宗始祖巴葛拉朱居次，同胞兄弟，册载说明。

并由小营子本宗人编定文明世泽永五十字用作排行。以上氏名，因满字时期亦不过随时命名而已，但我两村宗名虽以文字为首，共下玉安连三字相差，而归永字之时，则划为合一矣。从此次序井然，愈行亲坊，而宗谱之传统，庶几于万斯年也，是为序。

关玉琛　谨序
一九五四年三月一日

续谱序

我国是一个具有悠久历史，古老文明的多民族国家。

我们锡伯族作为民族大家庭一个成员，也如其他兄弟民族一样，有着自己辉煌民族史，有着幸福的今天和美好的未来。据锡伯族家庙太平寺碑文记载，远在十六世纪以前，锡伯部族世居海拉尔东南扎兰陀罗河流域。十七世纪中末期，先后被编入蒙古和满洲八旗，移居墨尔根、伯都讷（今吉林扶余）等地驻防。后于康熙三十八年（1699）、三十九年（1700）、四十年（1701），清政府又将锡伯族分三批迁移到盛京（今沈阳）及所辖十余个城镇驻防。

我们瓜尔佳氏（关姓），在达连屯始祖雅葛拉朱和小营子村始祖巴葛拉朱，于康熙三十八年（1699）拨给盛京镶黄旗蒙古佐领下充差，任副都统职务。其后世代绵延一直劳动生息繁衍定居到今天。一九五四年由小营子村关惠云、关文德、关明武、关世贵会同达连屯村关玉琛、关玉奎等人，依据数百年的旧宗谱，向各方面联系查找，重新编写成关氏宗谱流传至今。为我们保存了家族世系，也为社会保存了珍贵的民族史资料。

当前，我族户大丁繁，随着社会发展，工作调动，迁居各地。深恐日久年多，相逢不知同族，同亲不知辈分，甚至错排族籍，造成误会，近缘结亲，遗患后世，悔之不及。

为增强民族团结，发扬锡伯族优良传统，为振兴中华而献。我们部分族人，再续宗谱，从一九五四年到一九八四年，计三十年内，各家各户人口繁衍，按辈续编新宗谱。

续谱规定如下：

一、续旧宗谱遗漏和一九五四年后出生人员。

二、续十世以后各世女子名和各世妻子姓名。

三、经我们研究规定今后每隔三十年，关氏宗谱再续编一次，望后世遵循。

参加此次续编工作的同族人员有关之杰、关玉禄、关玉贵、关明云、关明江、关维国、关桂玲、关世国、关世菊、关连成、关义岩、关祥安、关余安、关清安、关世奎、关世绵。

续编总负责人关文远、关文耀、关作安、关世孝、关德安、关连民。

关世孝　关作安　谨序
一九八四年十二月九日

谱系

一世

雅葛拉朱

巴葛拉朱

二世

达乌力德海

三世

玛烈忽珊

四世

德得力 生二子 长子 哈达 次子 忒卜吞

马得力 生三子 长子 多尔代 次子 火吉克力 三子 达色

巴达克图 生二子 长子 班的 次子 马金太

五世

哈达 生三子 长子 班达力什 次子 都伦 三子 多隆五

忒卜吞 生二子 长子 达陵阿 次子 克申保

多尔代 生一子 那彦泰

火吉克力 生一子 牙隆阿

达色 生一子 沙炳阿

班的 生二子 长子 巴力什 次子 那木鲁

马金太 生二子 长子 各吉 次子 五力七库

六世

班达力什 生一子 乌力朱葛

都伦 生二子 长子 德成 次子 七十三

多隆五 生一子 四十五

达陵阿 生三子 长子 依查布 次子 隋克敦 三子 德玉

克申保 生三子 长子 青德 次子 庆陵 三子 付住

那彦泰 生一子 关索

牙隆阿 生三子 长子 海青阿 次子 海明 三子 海亮

沙炳阿 生一子 福禄堪

巴力什 生一子 恩克

那木鲁 侄子 恩特合莫 侄子 依力布

各吉 生一子 伕生厄

五力七库 生二子 长子 官明 次子 达木拉（侄族尹家村）

七世

乌力朱葛 生二子 长子 黄英 次子 黑英

德成 生二子 长子 庆海 次子 庆禄

七十三　生四子　长子　吉恒厄　次子　乌陵厄　三子　满福　四子　增福

四十五　生一子　庆成

依查布　生一子　长贵

陭克敦　生一子　长福

德玉　妻　关氏　生一子　长凯

青德　生一子　各土肯

庆陵　生一子　连柱

付住　生一子　明海

关索　生一子　盛德

海青阿　妻　付氏　生一子　安庆

海明　妻　戚氏　生一子　仲申保

海亮　妻　关氏　生一子　永申保

福禄堪　妻　何氏　生一子　永恩

依力布　妻　杨氏　生一子　巴彦保

恩克　生五子　长子　克兴厄　次子　沙陵阿　三子　三喜　四子　达桑阿　五子　乌尔通阿

伍扎那　生一子　铁柱

陶世　妻　佟氏　生一子　朝相

八世

黄英　生三子　长子　色普珍　次子　色克丹　三子　德福

黑英　妻　关氏、单氏　生二子　长子　色普征额　次子　色普鑑额

庆海　生一子　德胜

庆禄　生二子　长子　巴哈那　次子　维传达

吉恒厄　生一子　色合保

乌陵厄　生一子　连庆

满福　生一子　双德

增福　妻　宋氏　生二子　长子　双喜　次子　吉庆

庆成　生一子　巴哈

长贵　生一子　荣德

长福　生一子　胜喜

长凯　妻　关氏　生一子　宝谦

各土肯　妻　郑氏　生一子　胜春

连柱　妻　何氏　生一子　荣成

明海　生一子　荣春

盛德　妻　马氏　生一子　乌陵阿

安庆　妻　马氏　生二子　长子　德启　次子　德清

仲申保　妻　董氏　生一子　奇凌阿

永申保　妻　周氏　生一子　德谦

永恩　妻　陈氏、余氏　生四子　长子　德明　次子　德鑫　三子　德伦　四子　德普

沙陵阿　妻　关氏　生六子　长子　三瓦里　次子　三朱里　三子　三音布　四子　图明阿　五子　七车布　六子　丰安布

克兴厄　妻　关氏　生三子　长子　庆山　次子　庆奎　三子　丰伸布

三喜　生一子　托克托布

达桑阿　生一子　清安布

依力海　生一子　永安布

乌尔通阿　妻　关氏　生一子　永钦布

巴彦保　妻　李氏　生一子　祥荣

朝相　妻　沈氏　生一子　永清

铁柱　妻　何氏　生一子　福田

保亮　生二子　长子　德辛布　次子　德润堂

九世

色普珍　生一子　伕辛布

色克丹　生二子　长子　伕什克　次子　伕什布

德福　生一子　伕什珲

色普征额　妻　关氏　生三子　长子　伕景阿　次子　伕力布　三子　伕申布

色普鑑额 妻 关氏 肇氏 生四子 长子 倭什讷 次子 倭力阿 三子 倭隆阿 四子 倭凌阿

德胜 生一子 伕伦布

巴哈那 生一子 伕合布

维传达 生二子 长子 诺金布 次子 伕什厄

巴哈 妻 郑氏 生一子 伕仁布

色合保 妻 连氏 生一子 惠升

连庆 妻 何氏 关氏 韩氏 生二子二女 长子 惠风 次子 惠云 长女 淑成 次女 淑元

双德 妻 王氏 生一子 倭升厄

双喜 妻 胡氏 生二子 长子 恩涛 次子 恩普

吉庆 生三子 长子 会文 次子 恩波 三子 恩泽

荣德 妻 李氏 生一子 伕金布

胜喜 妻 韩氏 生一子 阿克达布

宝谦 妻 穆氏、聂氏 生一子 树藩

胜春 妻 王氏 生一子 德山

荣成 妻 李氏 生一子 德五

荣春 生一子 九令

乌陵阿 妻 张氏 生三子 长子 景禄 次子 景祥 三子 景全

德启 生二子 长子 玉福 次子 志绵

德清 生二子 长子 维华 次子 惠普

奇凌阿 妻 关氏 生一子 长顺

德谦 妻 关氏 生一子 维国

德明 妻 张氏 生二子 长子 景福 次子 景轩

德鑫 妻 关氏 生一子 景海

庆山 生一子 关荣

三瓦里 生二子 长子 关寿 次子 关升

三朱里 生二子 长子 关魁 次子 关凤

三音布　生三子　长子　关杰　次子　关明　三子　关德

图明阿　生一子　蔡宝

七车布　生二子　长子　英魁　次子　仲魁

托克托布　生三子　长子　关祥　次子　关吉　三子　关成

清安布　生二子　长子　大丰户　次子　厄尔登厄

永安布　生一子　关印

永钦布　生二子　长子　关清　次子　关永

祥荣　妻　肇氏　生一子　裕春

永清　妻　张氏　生四子　长子　关发　次子　关福　三子　关升　四子　关财

福田　妻　何氏　生二子　长子　常发　次子　常海

德辛布　妻　佳氏　生一子　玉贤

德润堂　生一子　玉成

长生　妻　何氏　生二子　长子　玉武　次子　玉仁

德秀臣　妻　赵氏　生二子　长子　品清　次子　凯丰

十世

伕辛布　妻　魏氏　生一子　文焕

伕什克　妻　张氏　生一子　文俊

伕什布　妻　门氏　生一子　文忠

伕什珲　生一子　文斌

伕景阿　妻　方氏　生一子　文志

伕力布　妻　白氏　生一子　文振

伕申布　生二子　长子　文广　次子　文贵

倭什讷　妻　芦氏　生一子　文秀

倭力阿　妻　关氏　生一子　文裕

倭隆阿　妻　成氏　徐修慧　生三子七女　长子　文教　次子　文敏　三子　文耀　长女　贻姝　三女　幼丘　六女　浣姝　七女　石（二、四、五女不详）

倭凌阿　妻　张氏　生一子一女　子　文虎　女　文芳

伕伦布　生二子　长子　文凯　次子　文山

伕合布 妻 杨氏 吴氏 生二子 长子 文喜 次子 文庆

诺金布 妻 张氏 生一子 文印

伕什厄 生一子 文升

惠升 妻 李氏 生一子 文亮

惠风 生二女 长女 桂芝 次女 桂琴

惠云 妻 佟氏 生二子三女 长子 文昌 次子 志文 长女 敏燕 次女 欣荣 三女 春华

倭升厄 生一子 文富

恩涛 妻 杨氏 生一子 文珍

恩普 妻 林氏 生四子 长子 文英 次子 文举 三子 文汉 四子 文正

会文 妻 陈氏 生一子 文元

恩波 妻 葛氏 生四子 长子 文成 次子 文德 三子 文华 四子 文瑞

恩泽 妻 关氏 生二子 长子 文显 次子 文远

伕仁布 妻 王氏 生一子 文哲

伕金布 妻 张氏 王氏 生一子二女 子 文兴 长女 素琴 次女 素清

阿克达布 妻 信氏 生一子 文宝

德山 妻 朱氏 生二子一女 长子 文惠 次子 文库 女 静茹

德五 妻 王氏 生一子 文柱

九令 生一子 文涛

景禄 妻 李氏 生一子 文斗

景祥 妻 王氏 生二子 长子 文阁 次子 文多

景全 妻 谢氏 生三子三女 长子 文轩 次子 文章 三子 文保 长女 桂云 次女 桂菊 三女 桂芝

玉福 妻 何氏 生一子 文学

维华 妻 侯氏 生二子二女 长子 文鹏 次子 文庸 长女 霞云 次女 凤春

惠普 妻 庄氏 生四子 长子 文光 次子 文生 三子 文典 四子 文彬

长顺 妻 穆氏 生一子 文祥

维国 妻 张氏 生三子二女 长子 文杰 次子 文侠 三子 文信 长女 凤兰 次女 凤菊

志绵 妻 任氏 生一子 文良

景福 妻 王氏 生三子 长子 文连 次子 文仲 三子 文元

关荣 生一子 文音

关寿 生一子 文兴

关升 生二子 长子 文琦 次子 文德

关魁 生一子 文吉

关凤 生一子 文庆

关杰 生一子 文发

关明 生二子 长子 文成 次子 文启

关德 生二子 长子 文海 次子 文治

英魁 妻 伊氏 生一子 文溥

仲魁 生一子 文清

蔡宝 生一子 文宝

关祥 妻 何氏 生一子 文升

关吉 妻 何氏 生二子 长子 文煜 次子 文魁

关成 妻 伊氏 生三子 长子 文国 次子 文翰 三子 文库

大丰户 生一子 得隆阿

厄尔登厄 生二子 长子 文韬 次子 文恩

关印 生二子 长子 文贺 次子 文清

关清 妻 吴氏 魁氏 生一子 文富

关永 妻 尤氏 生一子 文贵

裕春 妻 周氏 生二子 长子 文耀 次子 文斗

关升 妻 魏氏 生五子 长子 文山 次子 文海 三子 文江 四子 文河 五子 文永

关财 妻 刘氏 生一子 文秀

常发 妻 何氏 生一子 连和

常海 妻 关氏 生一子 连富

玉贤 妻 李氏 生二子四女 长子 连兴 次子 连甲 长女 素安 次女 素云 三女 素文 四女 素芳

玉成 妻 安氏 生一子二女 子 连芝 长女 淑清 次女 淑艳

玉武 妻 荣氏 生三子 长子 连生 次子 连昌 三子 连库

品清 妻 郑氏 生五子 长子 连厚 次子 连明 三子 连举 四子 连志 五子 连贵

常禄 妻 安氏 生二子 长子 连启 次子 连普

十一世

文焕 妻 王氏 生一子 明全

文俊 妻 全氏 生一子 明泰

文忠 生三子 长子 明多 次子 明普 三子 明新

文斌 生一子 明绪

文志 妻 方氏 生一子 明庆

文振 妻 沈氏 生二子 长子 明本 次子 明武

文广 生一子 明德

文贵 妻 杨氏 生一子 明升

文秀 妻 冯氏 生一子 明辉

文裕 妻 赫氏 董慎身 生三子二女 长子 明勤 次子 明廉 三子 明学 长女 惠庚 次女 博仁

文敦 妻 赫云舫 生一女 明佶

文敏 妻 恩肃容 生一子三女 子 明鹏 长女 鹤 次女 鸽 三女 鹃

文耀 妻 马淑贞 生二子 长子 明涵 次子 明翊

文虎 妻 赵逎文 生二女 长女 明伦 次女 明礼

文凯 妻 李氏 生三子 长子 明伦 次子 明高 三子 明白

文山 妻 魏氏 生五子 长子 明忠 次子 明信 三子 明铎 四子 明显 五子 明良

文喜 妻 刘氏 生三子 长子 明金 次子 明仁 三子 明清

文庆 妻 蒋氏 生一子 明义

文印 妻 关氏 生二子 长子 明月 次子 明星

文升 生一子 明会

文禄 妻 关氏 生四子 长子 明福 次子 明中 三子 明贺 四子 明元

文亮 妻 蒋氏 生二子一女 长子 明富 次子 明泉 女 明芝

文昌 妻 张芳霞 生一子一女 子 明銮 女 明娉

文富 妻 郭氏 生二子 长子 明厚 次子 明启

文珍 生三子 长子 明仁 次子 明哲 三子 明礼

文英 妻 张氏、牟氏 生一子 明谦

文举 妻 鲁氏 生四子一女 长子 明友 次子 明俊 三子 明海 四子 明水 女 淑兰

文汉 妻 于氏 生二子 长子 明镇 次子 明利

文正 妻 何氏 生三子二女 长子 明礼 次子 明军 三子 兴国 长女 明彦 次女 明春

文元 妻 夏氏 生一子 明训

文成 妻 王氏 生一子 明久

文德 妻 叶氏 生一子 明辉

文华 妻 赵氏 生四子 长子 明纯 次子 明皎 三子 明正 四子 明岩

文瑞 妻 仇氏 生三子二女 长子 明伟 次子 明乾 三子 明坤 长女 淑清 次女 淑贤

文显 妻 李氏 生二子三女 长子 明臣 次子 明秀 长女 淑艳 次女 淑英 三女 淑玉

文远 妻 孙秀珍、王桂芳、项翠珍 生一子二女 子 明顺 长女 淑云 次女 淑风

文哲 妻 葛氏 生五子 长子 明东 次子 明山 三子 明玉 四子 明春 五子 明武

文兴 妻 关淑方 生二子二女 长子 明尧 次子 明舜 长女 丽颖 次女 丽芬

文宝 妻 高彩凤 生三子三女 长子 明宇 次子 明造 三子 明国 长女 明华 次女 明辉 三女 明亚

文惠 妻 谭敏文、刘淑卿 生一子 明彝

文库 妻 刘凤兰 生二子二女 长子 明尧 次子 明亲 长女 明伟 次女 明华

文涛 妻 吴凤云 生三子二女 长子 明义 次子 明文 三子 明玉 长女 明芝 次女 立新

文斗 妻 吴桂英 生三子 长子 明昆 次子 明良 三子 明魁

文多 妻 单氏 生三子二女 长子 明方 次子 明春 三子 明臣 长女 淑芬 次女 淑艳

文轩 妻 李桂英 生一子四女 子 明志 长女 淑莲 次女 淑华 三女 明玉 淑荣 四女 淑琴

文章 妻 孙凤英 生五子一女 长子 明彦 次子 明清 三子 明珠 四子 明玉 五子 明金 女 淑英

文保 妻 刘凤云 生二子一女 长子 明红 次子 明起 女 军

文学 妻 任素清 生五子二女 长子 明山 次子 明久 三子 明发 四子 明水 五子 明才 长女 素贤 次女 素清

文良 妻 孙桂兰 生二子二女 长子 明义 次子 明福 长女 宏英 次女 明琴

文鹏 妻 张春荣 生一子二女 子 明新 长女 明清 次女 明琦

文庸 妻 孙玉清 生二子 长子 明军 次子 明平

文光 妻 果雅珍 生二子一女 长子 明智 次子 明勇 女 英

文生 妻 李新萍 生二子一女 长子 明芳 次子 明英 女 春艳

文典 妻 王玉清 生二子一女 长子 明喜 次子 明飞 女 铁英

文彬 妻 李淑娟 生二女 长女 婷玉 次女 婷丽

文祥 妻 安国元 生二子六女 长子 明翰 次子 明灏 长女 素贤 次女 素珍 三女 素华 四女 世 五女 会 六女 玉

文杰 妻 关淑文 生一子一女 子 明锡 女 兴梅

文侠 妻 郭桂英 生一女 晓东

文仲 妻 吴素兰 生三子二女 长子 明伟 次子 明强 三子 明成 长女 明琴 次女 明英

文元 妻 王素芹 生二子二女 长子 明钢 次子 明航 长女 明丽 次女 钦颢

文音 生一子 玉清

文兴 妻 金氏 生二子 长子 玉珍 次子 玉振

文琦 妻 佟氏 生一子 玉璞

文德 妻 关氏 生二子 长子 玉瑛 次子 玉振

文吉 妻 赵氏 生三子 长子 玉润 次子 玉善 三子 玉琳

文庆 妻 关氏 梁氏 生四子 长子 玉荣 次子 玉德 三子 玉魁 四子 玉伦

文发 生二子 长子 玉昆 次子 玉芳

文成 妻 佟氏 生二子 长子 玉山 次子 玉庆

文启 妻 李氏 生四子 长子 玉钟 次子 玉秀 三子 玉琪 四子 玉章

文海 妻 黎氏 生二子 长子 玉轩 次子 玉新

文治 妻 佟氏 生一子 玉麟

文溥 妻 王氏 生二子二女 长子 玉衡 次子 玉成 长女 喜姑 次女 玉珍

文清 生三女（不详）

文宝 妻 赵氏 生一子 玉封

文升 妻 关氏 生二子 长子 玉仲 次子 玉琛

文煜 妻 项氏 生三子 长子 玉亮 次子 玉臣 三子 玉书

文魁 妻 佟氏 生二子 长子 玉升 次子 玉泉

文国 妻 张氏 生二子 长子 玉厚 次子 玉信

文翰 妻 闫氏 生一子 玉惠

文库 生一子九女 子 玉贵 长女 素梅 次女 素香 三女 素清 四女 素芹 五女 素云 六女 素杰 七女 素华 八女 素媛 九女 素艺

文贺 妻 杨氏 生一子 玉良

文清 妻 生一子 玉存

文富 妻 王氏 生二子 长子 玉发 次子 玉福

文贵 妻 白氏 生三子 长子 玉升 次子 玉才 三子 玉库

文耀 妻 赵氏 生二子三女 长子 玉禄 次子 玉对 长女 景梅 次女 景兰 三女 淑芬

文斗 妻 任氏 生五子二女 长子 玉贤 次子 玉廉 三子 玉勋 四子 玉文 五子 玉武 长女 景艳 次女 景珍

文金 妻 赵氏 生一子 玉太

文才 妻 王氏 生一子 玉平

文山 生三子 长子 宝昌 次子 宝庆 三子 宝珍

文海 妻 杜氏 生二子 长子 宝库 次子 宝贵

文河 生二子 长子 宝忠 次子 宝荣

文永 生二子 长子 宝林 次子 宝峰

文秀 生一子 宝仁

连和 妻 王素君 生二子 长子 维清 次子 维斌

连奎 妻 安氏 生一子 维城

连富 妻 李氏 生五子一女 长子 维民 次子 维孝 三子 维志 四子 维昆 五子 维伦 女 淑元

连兴 妻 宫淑芸 生三子一女 长子 明江 次子 明志 三子 明海 女 秀菊

连甲 妻 王香芹 生一子一女 子 明辉 女 敬

连芝 妻 鲁秀岩 生一子二女 子 明涛 长女 明杰 次女 明静

连生 妻 马凤菊 生四女 长女 桂华 次女 桂英 三女 桂兰 四女 桂芳

连昌 妻 李桃香 生二子三女 长子 维民 次子 红纯 长女 桂芬 次女 桂芹 三女 桂杰

连库 妻 沈永斌 生二子 长子 红权 次子 红艳

连明　妻　高淑芹　生三子　长子　明杰　次子　明学　三子　明迁
连志　妻　于桂兰　生一子　明月
连贵　生四子　长子　明生　次子　明才　三子　明臣　四子　明库
振东　妻　杜氏　生一子　维奎
连启　妻　潘国栋　生二子　长子　维信　次子　维真
连普　妻　关福泰　生三子　长子　维学　次子　维田　三子　维久
连仲　妻　全氏　生二子　长子　维俊　二子　维忠
恩科　妻　关永久　生三子三女　长子　奎多　次子　三多　三子　维绵　长女　淑珍　次女　淑云　三女　淑芹

十二世

明全　妻　石氏、佟氏　生四子三女　长子　世宏　次子　世振　三子　世君　四子　世伟　长女　志琴　次女　志侠　三女　志清
明泰　妻　李氏　生三子二女　长子　世元　次子　世达　三子　世全　长女　世平　次女　世承
明多　妻　孟宪芬　生三子二女　长子　世燕　次子　世凌　三子　世聪　长女　艳华　次女　丽华
明普　妻　李春荣　生二子　长子　世刚　次子　世财
明新　妻　武桂芝　生一子　世辉
明绪　生一子　世兴
明庆　妻　孙永财　一子一女　子　世柱　女　桂珍
明本　妻　于氏　生三子　长子　世恩　次子　世臣　三子　世琴
明武　妻　王氏　生一子一女　子　世良　女　世珍
明德　生一子　世英
明升　妻　高氏　生二子二女　长子　世清　次子　世馨　长女　学曾　次女　世伦
明辉　妻　皇甫氏　生二子　长子　世荣　次子　世福
明勤　妻　赵向鄞　生一子二女　长子　世民　长女　颖君　次女　述君
明廉　妻　魏淑贤　生三子二女　长子　世辰　次子　世震　三子　世根　长女

雅君 次女 燕君

  明学 妻 师文静 生二子一女 长子 世捷 次子 世锋 女 师葆

  明鹏 妻 文淑震 生一子 世健

  明涵 妻 王作芝 生一子一女 子 世军 女 红艳

  明翊 妻 刘淑春 生一子二女 子 世涛 长女 红梅 次女 红颖

  明伦 妻 沈氏 王氏 二子一女 长子 世水 次子 世铁 女 世湘

  明高 妻 王淑媛 生一子四女 子 世庸 长女 世菊 次女 世荷 三女 世五 四女 世平

  明忠 妻 任维忠 生二子一女 长子 世孝 次子 世维 女 秀运

  明信 妻 孙维信 生二子三女 长子 世吉 次子 世善 长女 世玉 次女 秀云 三女 世春

  明铎 妻 潘维锋 生三子 长子 世绵 次子 世琦 三子 世斌

  明显 妻 胡桂英 生三子二女 长子 世民 次子 世国 三子 世军 长女 秀贤 次女 秀华

  明良 妻 张氏 那希贤 生一子四女 子 世光 长女 世靖 次女 世军 三女 世虹 四女 世瑛

  明金 妻 仇氏 生一子 世贵

  明仁 妻 宫氏 生一子 世贤

  明清 妻 关氏 生一子 世海

  明义 妻 李氏 生一子 世香

  明月 妻 朱飞 生三女 长女 桂芝 次女 桂苓 三女 世为

  明星 妻 赵明芝 生一子 世泽

  明会 生一子 世海

  明福 妻 刘氏 生三子 长子 世启 次子 世昌 三子 世鹏

  明中 妻 陈氏 生一子二女 子 世印 长女 凤芝 次女 凤云

  明贺 妻 杨氏 生三子三女 长子 世库 次子 世奎 三子 世常 长女 兰芝 次女 兰荣 三女 兰英

  明东 妻 姚氏 生一子 世国

明山 妻 张氏 生三子 长子 世和 次子 世德 三子 世增

明玉 妻 蔡氏 生一子 世民

明春 妻 王氏 生一子 世全

明武 妻 王氏 生三子 长子 世仁 次子 世莊 三子 世家

明富 妻 沈起珍 生三子三女 长子 世喜 次子 世勋 三子 世江 长女 淑琴 次女 淑云 三女 淑芬

明泉 妻 尹氏、丁桂秋 生二子二女 长子 世成 次子 世利 长女 世环 次女 世菊

明厚 妻 孙氏、王清 生四子一女 长子 世廉 次子 世学 三子 世勇 四子 世龙 女 玉兰

明启 妻 王淑芝 生二子一女 长子 世涛 次子 世波 女 洁

明仁 妻 品文祥 生二子二女 长子 世禄 次子 世秋 长女 秀兰 次女 世翠

明哲 妻 任素华 生一子 世清

明礼 妻 陈宝芝 生一子二女 子 世范 长女 世菊 次女 世云

明友 妻 韩桂兰 生二子一女 长子 世涛 次子 世波 女 玉梅

明俊 妻 张永兰 生一子三女 子 世建平 长女 雪梅 次女 冬梅 三女 咏梅

明水 妻 赵殿芝 生一子 世雷

明镇 妻 姚宝华 生二子二女 长子 世键 次子 世勇 长女 新 次女 红

明利 妻 何桂荣 生二女 长女 庆 次女 婕

明礼 妻 宋淑兰 生一子三女 子 世平 长女 书强 次女 书荣 三女 世根

明训 妻 关氏 王怡珍 生三子二女 长子 世伟 次子 世杰 三子 世成 长女 世华 次女 丽华

明久 妻 单玉珍 生一女 世丽

明辉 妻 房莲芝 生二子一女 长子 世福 次子 世军 女 世艳

明纯 妻 王玉兰 生二子一女 长子 世振 次子 世刚 女 春艳
明正 妻 张彩娥 生一子一女 子 世勇 女 世颖
明岩 妻 黄坤 生一子三女 子 世龙 长女 丽 次女 洁 三女 姗
明伟 妻 赵玉琴 生二子 长子 世兴 次子 世秋
明乾 妻 侯玉珍 生二女 长女 燕波 次女 燕苓
明坤 妻 祁燕君 生一子 世来
明臣 妻 于英杰 生二子一女 长子 世铎 次子 世斌 女 丽华
明秀 妻 王淑志 生三子三女 长子 世俊 次子 世永 三子 世双 长女 世华 次女 丽芬 三女 双菊
明顺 妻 周瑞荣 生二子一女 长子 世杰 次子 世东 女 晓君
明宇 妻 赫玉珍 生一子 世盛
明逵 妻 赵玉萍 生一女 晶
明彝 妻 王桂珍 生二女 长女 红 次女 丽
明尧 妻 于桂荣 生二子二女 长子 世兴 次子 世隆 长女 艳 次女 梅
明章 妻 张海芝 生一子 世杰
明义 妻 安东兰 生一子一女 子 世杰 女 世丽
明崑 妻 付秀清 生二子一女 长子 世君 次子 世臣 女 葳
明良 妻 王渝槐 生三女 长女 琪 次女 丽 三女 虹
明魁 妻 韩淑媛 生二子一女 长子 世伟 次子 世新 女 萍
明云 妻 安建春 生一女 安俪莎
明春 妻 张凤云 生一女 云嘉
明志 妻 杨淑兰 生一女 扬
明彦 妻 李桂芝 生一子 世飞
明清 妻 李秀梅 生一子 世健
明珠 妻 李素芝 生一女 云霞
明翰 妻 朱丽清 生一子 世影
明灏 妻 杨宝珍 生二子一女 长子 世龙 次子 世印 女 会云

明山 妻 关桂兰 生一子三女 子 世玉 长女 英 次女 敏 三女 丽

明久 妻 曹阿丽 生二子 长子 世鬼 次子 世键

明发 妻 何玉香 生一子二女 子 世勇 长女 丽 次女 杰

明水 妻 鲁永铮 生一子一女 子 世峰 女 颖

明才 妻 王秀舫 生一女 静

明义 妻 齐白萍 生一子 世振兴

明伟 妻 姚新 生一女 荣

明钢 妻 刘丽 生一女 月慈

玉清 生一子 锁安

玉振 妻 沈氏 生四子 长子 静安 次子 宝安 三子 民安 四子 国安

玉璞 妻 刘氏 生一子 惠安

玉瑛 生一子 平安

玉和 妻 徐氏 生一子 石安

玉润 妻 毕氏、赵氏 过继一子 福安

玉琳 妻 郑氏 过一子 祯安

玉喜 妻 金氏 生四子 长子（过继给长兄） 次子 禄安 三子（过继给三弟） 四子 祥安

玉荣 妻 计氏 生三子一女 长子 吉安 次子 利安 三子 志安 女 桂香

玉德 妻 史氏 生一子三女 子 守安 长女 淑清 次女 淑艳 三女 淑琴

玉轩 妻 刘氏 生一子 才安

玉新 妻 任氏 生一子 世安

玉麟 妻 汤氏 生一子 永安

玉庆 妻 佟氏 生一子 来安

玉钟 妻 黎氏 生一子三女 子 作安 长女 荣珍 次女 凌珍 三女 翠珍

玉秀 妻 庞氏 生四子三女 长子 维安 次子 英安 三子 文安 四子

武安 长女 惠珍 次女 桂珍 三女 华珍

玉琪 妻 褚氏 生一子三女 子 生安 长女 秀珍 次女 淑珍 三女 雅珍

玉章 妻 孟氏 生三子三女 长子 吉安 次子 利安 三子 兴安 长女 英珍 次女 学珍 三女 明珍

玉衡 妻 张春梅 生二子 长子 荣安 次子 爱新觉罗·宝珊

玉成 妻 芦氏 生一子 铁安

玉仲 妻 关氏 生二子 长子 麟安 次子 纯安

玉琛 妻 何氏 生一子 清安

玉亮 妻 陈氏 生一子 焕安

玉臣 妻 申氏 生三子 长子 学安 次子 相安 三子 奎安

玉书 妻 周氏 生三子二女 长子 省安 次子 正安 三子 永安 长女 媛珍 次女 立珍

玉升 妻 佟氏 生二子 长子 礼安 次子 良安

玉厚 妻 杨氏 生三子 长子 喜安 次子 仁安 三子 和安

玉信 妻 魏氏 生一子一女 子 恒安 女 淑兰

玉惠 妻 刘氏 生二子五女 长子 长安 次子 忠安 长女 素珍 次女 素云 三女 素艳 四女 素玲 五女 素梅

玉贵 妻 钟淑清 生四子 长子 辉安 次子 耀安 三子 延安 四子 世龙

玉存 生一子 民安

玉发 妻 陈凤 生一子三女 子 明安 长女 艾 次女 敏 三女 新

玉福 妻 沈氏 生二子四女 长子 定安 次子 德安 长女 关氏 次女 李氏 三女 雅珍 四女 淑文

玉升 妻 徐久桂 生一子 永安

玉才 妻 关氏 生一子一女 子 永绪 女 成绪

玉库 生一子 富安

玉禄 妻 曹淑兰 生二子三女 长子 旭安 次子 友安 长女 中华 次女

丽华 三女 秀华

玉树 妻 赵秋敏 生三女 长女 雪梅 次女 雪洁 三女 雪华

玉贤 妻 富景芝 生二子二女 长子 金安 次子 秀安 长女 春菊 次女 香菊

玉廉 妻 梁淑华 生一子三女 子 英安 长女 秋菊 次女 凤菊 三女 英菊

玉勋 妻 吕淑兰 生一子二女 子 久安 长女 忠菊 次女 久菊

玉文 妻 李莲芳 生二子 长子 鹏安 次子 鹤安

玉武 妻 刘继英 生一女 爱菊

玉太 妻 李氏 生三子 长子 成安 次子 库安 三子 祝安

玉平 妻 罗氏 生一子 启安

宝昌 妻 孙氏 生一子一女 子 祥安 女 秀英

宝庆 生三子四女 长子 吉安 次子 意安 三子 喜安 长女 翠英 次女 俊英 三女 秀英 四女 凤英

宝珍 妻 刘氏 李氏 生三子 长子 德安 次子 连安 三子 福安

宝库 妻 李氏 生七子二女 长子 占安 次子 魁安 三子 如安 四子 贵安 五子 有安 六子 惠安 七子 长安 长女 秀云 次女 桂云

宝贵 妻 程氏 生一女 福云

宝忠 妻 杨氏 生二子一女 长子 余安 次子 品安 女 桂英

宝荣 妻 朱氏 生二子五女 长子 明安 次子 治安 长女 凤英 次女 兰英 三女 福英 四女 国英 五女 春英

宝林 妻 孙氏 生二子 长子 凤安 次子 秋安

宝峰 妻 王氏 生三子 长子 春安 次子 洪安 三子 仁安

宝仁 生一子 俊安

维清 生一子四女 子 德住 长女 玉秀 次女 玉珍 三女 玉琴 四女 玉明

维斌 妻 金凤娟 生二子四女 长子 德辉 次子 德山 长女 玉莲 次女 玉娥 三女 玉君 四女 玉平

维民 妻 张连芳 生三子三女 长子 德仁 次子 德敖 三子 德伟 长女 玉荣 次女 玉彦 三女 玉鲜

维孝 妻 佟桂芝 生二子一女 长子 德茂 次子 德宏 女 凤华

维志 妻 孟素文 生二子一女 长子 玉君 次子 玉全 女 玉波

维昆 妻 赵秀忠 生二子 长子 静皮 次子 静涛

维伦 妻 张素琴 生二子二女 长子 小明 次子 小光 长女 小瑞 次女 小华

明江 妻 梁慕义 生三女 长女 红 次女 岩 三女 美航

明志 妻 罗莉 生一子一女 子 启学 女 新朋

明海 妻 胡淑芬 生一子 启水

红纯 妻 郑连传 生二子 长子 禹 次子 强

红权 妻 马艳华 生二女 长女 桂荣 次女 桂娟

维奎 妻 马氏 生二子 长子 德芬 次子 德方

维信 妻 全素华 生二子 长子 德全 次子 德玉

维真 妻 杨素兰 生二子二女 长子 德新 次子 德风 长女 玉玲 次女 玉斌

维学 妻 詹素荣 生一女 玉春

维田 妻 何素琴 生二子 长子 德华 次子 德平

维久 妻 韩素梅 生一子 德柱

维俊 妻 韩素云 生四子三女 长子 德文 次子 德武 三子 德义 四子 德月 长女 玉珍 次女 玉芝 三女 玉春

维忠 妻 沈俊清 生二子二女 长子 德林 次子 德军 长女 玉琴 次女 玉芳

奎多 妻 张翠萍 生一子二女 子 纯善 长女 少玉 次女 玉霞

三多 妻 李国华 生五子二女 长子 纯富 次子 纯友 三子 纯良 四子 纯发 五子 纯义 长女 玉凤 次女 玉英

维绵 妻 姜洪珍 生三子 长子 荣辉 次子 荣卫 三子 荣平

十三世

世宏　妻　吕凤琴　生一子二女　子　泽利　长女　艳　次女　咏永

世振　妻　赵丽君　生一女　新

世君　妻　刘维波　生二女　长女　颖　次女　丹

世元　妻　姜国琴　生二子　长子　泽军　次子　泽峰

世达　妻　杨玉琴　生二子　长子　泽滨　次子　泽文

世全　妻　信志华　生二子　长子　泽学　次子　泽江

世柱　妻　李淑艳　生一子三女　子　泽勇　长女　亚琴　次女　亚君　三女　亚萍

世恩　妻　李氏　生三子　长子　泽海　次子　泽洲　三子　泽山

世臣　妻　仇福芝　生三子二女　长子　泽庆　次子　泽余　三子　泽荣　长女　春菊　次女　友

世良　妻　韩翠云　生三子二女　长子　泽敏　次子　泽敬　三子　泽志　长女　华　次女　丽

世英　妻　于氏　生二子一女　长子　泽承　次子　泽玉　女　芝

世清　妻　林秀兰　生三子一女　长子　泽鹏　次子　泽诚　三子　泽翔　女　忠恕

世馨　妻　赵金兰　生一子三女　子　泽展　长女　晓萍　次女　凤英　三女　秋凤

世荣　妻　皇甫风云　生二女　长女　丽华　次女　家琛

世福　妻　刘氏　生一女　日新

世民　妻　张常玉　生一子一女　子　泽润　女　辉

世辰　妻　周肇蕙　生二女　长女　京　次女　蕾

世震　妻　杨锦芝　生二子　长子　泽镔　次子　泽锴

世根　妻　凤超　生一子　泽铖

世水　妻　王静芝　生一子二女　子　泽可心　长女　丽阳　次女　路平

世泽　妻　金素云　生一子三女　子　泽永　长女　秀英　次女　秀彦　三女　秀莉

世孝 妻 管淑贤 生二子一女 长子 泽强 次子 泽辉 女 泽健

世维 妻 葛玉馥 生二子 长子 泽镇 次子 泽成

世吉 妻 王凤贤 生二子一女 长子 泽滔 次子 泽文 女 丽萍

世善 妻 孙秀云 生一女 娱

世绵 妻 李连珠 生一子二女 子 泽心 长女 辉 次女 峰

世琦 妻 张玉芝 生一子一女 子 泽胜 女 超

世斌 妻 何静秋 生二子二女 长子 泽江 次子 泽海 长女 秀芳 次女 秀媛

世民 妻 刘淑琴 生二子 长子 泽风 次子 泽雨

世国 妻 韩秀华 生二子一女 长子 泽富 次子 泽来 女 泽洪

世军 妻 吕艳 生一女 泽丽

世贵 妻 徐氏 生一子 泽民

世贤 妻 裴淑贤 生四子四女 长子 泽清 次子 泽臣 三子 泽申 四子 泽田 长女 桂兰 次女 秀玉 三女 玉华 四女 秀荣

世海 妻 宫素清 生二子三女 长子 泽云 次子 泽伟 长女 淑英 次女 泽兰 三女 淑玲

世香 妻 鄂淑媛 生二子三女 长子 泽国 次子 泽安 长女 泽琴 次女 泽环 三女 泽佳

世启 妻 赵芝兰 生六子 长子 泽普 次子 泽森 三子 泽林 四子 泽海 五子 泽库 六子 泽刚

世昌 妻 沈永清 生二子四女 长子 泽义 次子 泽云 长女 素泽 次女 素霞 三女 素芝 四女 素梅

世鹏 妻 赵桂芝 生二子三女 长子 泽厚 次子 泽宽 长女 素贤 次女 素红 三女 素云

世印 妻 金凤春 生二子一女 长子 泽辉 次子 泽荣 女 淑丽

世国 妻 徐桂芝 生二子一女 长子 泽栋 次子 泽梁 女 秀英

世和 妻 王明兰 生四子 长子 泽斌 次子 泽江 三子 泽辉 四子 泽福

世德 妻 史氏 生三子 长子 泽清 次子 泽学 三子 泽强

世增 生二子一女 长子 泽颖 次子 泽伟 女 三

世民 妻 周景梅 生二子一女 长子 泽刚 次子 泽斌 女 力娟

世全 妻 关素清 生三子一女 长子 泽生 次子 泽秋 三子 泽新 女 冬梅

世仁 妻 郝桂菊 生三女 长女 丽群 次女 丽红 三女 丽南

世荘 妻 关桂华 生一子 泽平

世喜 妻 仇氏 生一子四女 子 泽挺 长女 泽华 次女 秋兰 三女 春兰 四女 泽莉

世勋 妻 王淑静 生一子二女 子 立臣 长女 立君 次女 丽华

世江 妻 李淑环 生一女 娜

世成 妻 张丽娟 生一女 波

世利 妻 李丽娟 生一子 泽涛

世廉 妻 李淑英 生一子一女 子 泽勇 女 泽晶

世勇 妻 刘慧纯 生一女 雅文

世禄 妻 徐玉珍 生一子三女 子 泽岳 长女 静敏 次女 静雅 三女 静萍

世秋 妻 李春兰 生二子一女 长子 泽利 次子 泽松 女 靖

世清 妻 刘作满 生三子 长子 泽巍 次子 泽岭 三子 泽峰

世范 妻 刘建华 生一女 钰姬

世杰 妻 徐玉华 生一子一女 子 泽风 女 琳娜

世成 妻 何秀娟 生二女 长女 泽宁 次女 泽洪

世振 妻 李桂芳 生一女 月月

世铎 妻 芦晶 生一女 泽倩

世臣 妻 张敏 生一女 艳春

世玉 妻 王秀云 生一子 泽树

静安 妻 李氏 生四子二女 长子 连宝 次子 连库 三子 连发 四子 连福 长女 淑霞 次女 佩霞

宝安 妻 全氏 生一子 连才

民安 妻 刘氏 生二子 长子 连岩 次子 连奎

惠安 妻 赵氏 生三子 长子 连后 次子 连芳 三子 连元

平安 妻 曹淑珍 生二子二女 长子 哲林 次子 哲锋 长女 月琴 次女 月香

福安 妻 何氏 生五子 长子 连仁 次子 连义 三子 连昌 四子 连库 五子 连弟

祥安 妻 刘氏 生四子三女 长子 连城 次子 连君 三子 连臣 四子 连仲 长女 义岩 次女 淑岩 三女 俊岩

吉安 妻 关氏 生三子二女 长子 连陶 次子 连珠 三子 连新 长女 银洁 次女 艳洁

利安 妻 刘氏 生五子一女 长子 连世 次子 连业 三子 连福 四子 连庆 五子 连祯 女 淑清

志安 妻 王桂凤 生一子 连锋

才安 妻 朱氏 生三子一女 长子 连清 次子 连君 三子 连臣 女 淑芹

永安 妻 生四子二女 长子 连贵 次子 连吉 三子 连才 四子 连珠 长女 淑琴 次女 淑英

作安 妻 张凤玉 生二子二女 长子 连群 次子 连品 长女 晓营 次女 晓光

维安 妻 张氏 陈书贤 生四子一女 长子 连民 次子 连权 三子 连勇 四子 连生 女 红

英安 妻 臧洁 生一子二女 子 连实 长女 宇辉 次女 宇君

文安 妻 李香珍 生一子三女 子 连印 长女 仿 次女 粤 三女 媛

武安 妻 于波 生二子一女 长子 连刚 次子 连铁 女 音

生安 妻 戴雅琴 生三子二女 长子 连杰 次子 连凯 三子 连英 长女 佩君 次女 丽君

吉安 妻 关桂珍 生一子 连平

利安 妻 佟秀兰 生一子四女 子 连禹 长女 静波 次女 静滨 三女 静溪 四女 静洁

兴安 妻 张桂香 生一子三女 子 连成 长女 静涵 次女 静涛 三女 静淑

荣安 妻 冯姝敏

爱新觉罗·宝珊 妻 徐玉芝 生二子 长子 慧 次子 恕

蔡文忠 妻 张桂兰 生二子三女 长子 友昌 次子 友良 长女 凤云 次女 凤贤 三女 凤芹

蔡宝清 妻 宋莲凤 生一子四女 子 友林 长女 秋菊 次女 秋香 三女 秋艳 四女 秋丽

麟安 妻 郭氏 生一子 连敩

纯安 妻 张氏 生二子 长子 连喜 次子 连才

清安 妻 任桂珍 生四子五女 长子 连奎 次子 连凯 三子 连胜 四子 连荣 长女 素兰 次女 素媛 三女 素娟 四女 素娥 五女 素江

省安 生一女 菊英

永安 妻 赵素艳 生一女 喜英

喜安 妻 张氏 生二子 长子 连业 次子 连斌

仁安 妻 郑氏 生一女 雅清

和安 妻 郝保琴 生一子二女 子 连伟 长女 雅君 次女 雅鸿

恒安 妻 杨桂兰 生一子 连松

长安 妻 李雅琴 生一子一女 子 连广 女 英茹

民安 生二子 长子 连胜 次子 连德

明安 妻 杜云 生一子一女 子 连禄 女 莲英

定安 妻 金氏 生二子 长子 连举 次子 连科

德安 妻 佟氏 生三子一女 长子 连城 次子 连顺 三子 连杰 女 静芳

永安 妻 刘桂琴 生二子 长子 连杰 次子 连英

永绪 生二女 长女 瑞敏 次女 瑞芳

富安　妻　张凤琴　生一子二女　子　连生　长女　净霞　次女　净英

旭安　妻　薛焕英　生一子二女　子　连峰　长女　连琪　次女　连双

成安　妻　关双珍　生一子五女　子连志　长女　淑琴　次女　淑青　三女　淑秋　四女　淑洁　五女　淑敏

库安　妻　金秀清　生二子三女　长子　连俊　次子　连海　长女　淑芳　次女　淑莲　三女　淑颖

祝安　妻　赫茹男　生一子三女　子　连胜　长女　淑萍　次女　淑君　三女　淑苓

启安　妻　杨凤云　生二子三女　长子　连华　次子　连辉　长女　秋莲　次女　红莲　三女　冬莲

金安　妻　么佳芬　生二子　长子　连富　次子　连友

秀安　妻　何凤兰　生一子　连喜

祥安　妻　关桂芝　生一子五女　子　泽福　长女　淑华　次女　淑丽　三女　淑玉　四女　淑珍　五女　淑菊

吉安　妻　李桂珍　生一子五女　子　泽发　长女　淑媛　次女　淑香　三女　淑凤　四女　淑杰　五女　淑艳

意安　妻　关秀琴　生三子二女　长子　泽忠　次子　泽玉　三子　泽强　长女　淑清　次女　淑颖

喜安　妻　王玉梅　生一子二女　子　泽东　长女　雪松　次女　雪静

德安　妻　聂玉复　生一子一女　子　泽泽　女　欢欢

连安　妻　董凤芹　生一子一女　子　泽江　女　淑翠

福安　妻　果亚萍　生一子　泽波

余安　妻　李淑菊　生一子一女　子　泽森　女　晓梅

品安　妻　王宝琴　生二子一女　长子　泽宇　次子　泽继　女　晓霞

明安　妻　朱栢秋　生三女　长女　晓红　次女　晓丽　三女　晓光

凤安　妻　李秀菊　生一子　泽威

春安　妻　路会英　生一子　泽鲛

占安　妻　李淑英　生五子一女　长子　泽喜　次子　泽德　三子　泽林　四子

泽森 五子 泽清 女 金英

  魁安 妻 姜淑香 生二子一女 长子 泽武 次子 泽生 女 凤英

  如安 妻 史金环 生二子二女 长子 泽友 次子 泽利 长女 福荣 次女 福珍

  贵安 妻 李京文 生一子 泽顺

  有安 妻 杨秀清 生一子三女 子 泽治 长女 丽荣 次女 丽新 三女 丽华

  惠安 妻 关淑琴 生三子 长子 泽俊 次子 泽民 三子 泽旭

  长安 妻 陈桂秀 生二子一女 长子 泽君 次子 泽凤 女 玉红

  德臣 妻 仇素贤 生二子三女 长子 兴太 次子 兴民 长女 桂荣 次女 桂英 三女 桂兰

  德辉 妻 王斌 生一女 芸芳

  德山 妻 关秀荣 生一子一女 子 兴平 女 晶晶

  德仁 妻 田庆香 生四女 长女 春华 次女 小娟 三女 小焕 四女 小云

  德敖 妻 张桂英 生二女 长女 春青 次女 春红

  德伟 妻 史淑玉 生一女 晓月

  德茂 妻 李素环 生一子一女 子 兴久 女 伟君

  德宏 妻 全凤华 生一子 兴德

  德芬 妻 陈玉兰 生一子 兴元

  德方 妻 居玉清 生二子一女 长子 兴华 次子 兴伟 女 丽平

  德全 妻 陈庆意 生二子一女 长子 兴武 次子 兴涛 女 芳

  德玉 妻 可惠珍 生二子一女 长子 兴顺 次子 兴已 女 立新

  德华 妻 韩素琴 生一子一女 子 兴福 女 冬梅

  德平 妻 何荣珍 生二子 长子 兴周 次子 兴胜

  德文 妻 孙秀华 生三子一女 长子 兴优 次子 兴海 三子 兴龙 女 桂杰

  德武 妻 关世武 生二子一女 长子 兴国 次子 兴齐 女 桂珠

德义　妻　王丽娟　生一子一女　子　兴杰　女　桂宝

德月　妻　董素霞　生一子一女　子　兴明　女　桂玉

纯善　妻　孙桂芝　生二子　长子　昌宝　次子　昌力

纯富　妻　夏淑琴　生一子一女　子　健　女　丽娟

纯友　妻　孙桂芬　生一子二女　子　勇　长女　颖　次女　莹

纯良　生二子三女　长子　新　次子　胜　长女　丽艳　次女　丽梅　三女　丽萍

纯发　妻　史淑清　生二子一女　长子　军　次子　奎　女　影

纯义　生一子　震

十四世

泽军　妻　张金兰　生一子　永男

泽勇　妻　张素清　生一子　永宇

泽海　妻　邵氏　生一子　永安

泽洲　妻　焦青梅　生二子一女　长子　永健　次子　永和　女　玉兰

泽山　妻　马氏　生二子　长子　永富　次子　永吉

泽庆　妻　柳仁华　生三子二女　长子　永胜　次子　永春　三子　永奇　长女　艳萍　次女　艳杰

泽敏　妻　刘桂文　生一子　永航

泽承　妻　何雅鲜　生三子三女　长子　永海　次子　永泉　三子　永清　长女　艳梅　次女　艳君　三女　艳菊

泽玉　妻　郭彦杰　生一子二女　子　永彬　长女　丽敏　次女　丽芬

泽展　妻　李桂荣　生一女　飞飞

泽臣　妻　侯桂芝　生二子二女　长子　永新　次子　永兴　长女　艳春　次女　艳秋

泽申　妻　孙秀艳　生一子一女　子　永久　女　春英

泽田　妻　张秀坤　生一子一女　子　永善　女　艳艳

泽云　妻　可凤菊　生二子　长子　永利　次子　永庆

泽伟　妻　佟英杰　生一女　月

泽国　妻　孙惠兰　生二子二女　长子　永强　次子　永智　长女　永珍　次女　永杰

泽普　妻　刘素清　生二子三女　长子　永顺　次子　永平　长女　永凤　次女　永菊　三女　永香

泽森　妻　赵伯琴　生一子二女　子　永山　长女　永苓　次女　永莲

泽林　妻　张学凤　生三子一女　长子　永福　次子　永才　三子　永宏　女　永杰

泽海　妻　王志香　生一女　永霞

泽刚　妻　闫素菊　生三女　长女　永春　次女　永静　三女　永秋

泽义　妻　李素琴　生三子一女　长子　永富　次子　永贵　三子　永发　女　颖

泽云　妻　杜素平　生二子　长子　永伯　次子　永水

泽厚　妻　赵丽清　生一子一女　子　永兵　女　永梅

泽斌　妻　付玉霞　生一子　永军

泽江　妻　洪玉霞　生一子　永涛

连宝　妻　关凤兰　生二子二女　长子　永海　次子　永和　长女　秀丽　次女　秀春

连库　妻　王春凤　生一子一女　子　永诚　女　秀洁

连发　妻　杨淑芳　生一子一女　子　永新　女　永波

连福　妻　沈素珍　生一子二女　子　永明　长女　秀艳　次女　秀菊

连岩　妻　王淑芹　生一子一女　子　永琪　女　秀娟

连芳　妻　张氏　生三子一女　长子　永泰　次子　永禄　三子　永贤　女　淑珍

连元　妻　罗素文　生三子一女　长子　永祥　次子　永福　三子　永发　女　永珍

连仁　妻　傅淑贤　生二子　长子　永刚　次子　永杰

连义　妻　沈兴文　生一子四女　子　健　长女　丽　次女　艳　三女　晶　四女　军

连昌 妻 王玉秀 生一子一女 子 宏 女 莹
连库 妻 陈玉霞 生一子一女 子 勇 女 清
连弟 妻 李荣芹 生二子 长子 馗 次子 旭
连成 妻 田淑清 生一子 伟
连君 妻 武英剑 生一女 琳
连臣 妻 关延霞 生一子 兴
连陶 妻 徐淑芳 生二子 长子 永岐 次子 永威
连珠 妻 于艳秋 生一子 永鹏
连新 妻 王淑兰 生三女 长女 静 次女 丹 三女 颖
连世 妻 金丽娟 生一子 永华
连清 妻 宋雅范 生一子一女 子 永新 女 娜
连君 妻 李玉环 生一子 永锋
连吉 妻 刘雅俊 生二子 长子 永彪 次子 永峰
连才 妻 李艳霞 生一子二女 子 永焱 长女 红 次女 艳
连群 妻 王力 生一子 永峰
连民 妻 王占存 生二子 长子 永春 次子 永成
连权 妻 李玉杰 生二子 长子 永鑫 次子 永鹏
连勇 妻 陈丽琴 生一子一女 子 永祥 女 玉龙
连印 妻 韩丽华 生一女 永莹
连杰 妻 王素华 生一子 永辉
连平 妻 李凤荣 生一女 永新
连禹 妻 王凤娟 生一女 永梅
恕 生一子一女 子 一飞 女 一鸣
连奎 妻 祁淑贤 生一子二女 子 永俊 长女 会芳 次女 艳芳
连凯 妻 刘桂英 生一女 秀芳
连业 妻 何春芹 生二子一女 长子 永晶 次子 永辉 女 永新
连禄 妻 傅秀芝 生二子三女 长子 永福 次子 永志 长女 云霞 次女 秀霞 三女 丽霞

连举 妻 田玉祥 生四子 长子 永宏 次子 永刚 三子 永力 四子 永全

连城 妻 张志红 生一子 永怀

连顺 妻 张丽荣 生一子 永帅

连杰 妻 张雅文 生一子 灵光

连杰 妻 徐桂琴 生一女 丽莉

连英 妻 李梅 生一女 双莉

泽福 妻 佟良荣 生二子 长子 永尧 次子 永兴

泽喜 妻 刘桂芝 生三女 长女 晓艳 次女 晓玲 三女 晓娥

泽德 妻 崔淑玲 生一子 永琦

泽林 妻 杨英华 生一女 晓庆

泽武 妻 邱洪霞 生一女 悦

泽友 妻 郑丽华 生一子 永成

兴太 妻 关秀荣 生一子一女 子 吉喆 女 爽

兴元 妻 王艳华 生一子 力

十五世

永健 妻 徐淑华 生一女 妮娜

永海 妻 傅振华 生一子 忠键

永泉 妻 马丽娟 生一子一女 子 忠羽 女 秋萍

永富 妻 芦新 生一子一女 子 忠锋 女 颖

永贵 妻 刘香菊 生三女 长女 娜 次女 威 三女 秒秒

永福 妻 耿艳萍 生一子 忠良

永刚 妻 齐霞 生一子 云侠

永杰 生二女 长女 爱华 次女 爱辉

永福 妻 陈秀威 生一子 忠祥

十六世

（从略见上）

附：古钟记载

盛京城西北镶蓝旗界内达尔罕额夫屯处

会首人等：永钦布、黎焕、沈永吉、周万金、金发、并昇。
七圣神祠新造神钟壹口金火匠人：傅云清、李宝信。

大清光绪八年清和月立

盛京城北正黄旗界内小喇叭营子

铸佛钟一口　重四百斤

会首：镶黄旗满洲协领　色普鑑额

会来人：常福、色坚额、文魁、常凯、盛福、吉文、关鸿礼、关顺、永党、常顺、双德、倭仁布、大发、永福、倭力布、文郁、双春、双海、双成、金秉清、全奎、保亮。

金匠人：金宝泰、金凤春。

大清光绪五年清和月初三日

1954 年关氏族谱启发人：（略）
1984 年关氏宗谱续谱启发人：（略）
经手人：关文耀、关作安、关世孝、关连民
书写：关连民

[辽宁沈阳] 瓜尔佳哈拉宗谱

奎升光绪三十三年（1907）重抄，关常吉 1936 年续修。手写本，一册。光绪三十三年（1907）本为满汉文合璧。此为 1936 年续修本。始祖所拉瓜，二世祖蜚英东。谱载关尔佳哈拉本锡伯族，长白山苏浣泥人氏，陈满洲镶黄旗。内容有光绪三十三年（1907）六月蜚英东九辈孙奎升重抄满汉文合璧谱系、蜚英东值日（义）公坟、1936 年续修三世托海一支谱系。光绪三十三年（1907）本世系记至第六世，1936 年续修本世系记至十三世。收藏于辽宁省沈阳市沈北新区黄家锡伯族乡龙岗村关氏族人处。《沈阳锡伯族家谱》收录。① 此据《沈阳锡伯族家谱》整理。

谱系

（光绪三十三年）

瓜尔佳哈拉，原在长白山西北，部落长蜚英东，报效大清三十余世。族分锡伯、满洲、蒙古、达子，本族锡伯。

祖

所拉瓜 生十子 长子 蜚英东

二世

蜚英东 生十子 长子 南钦 次子 阿海 三子 那卡布 四子 托海 五子 色海 六子 奇海 七子 图来 八子 所吉 九子 刷吉 十子 查卡泥

三世

南钦（直义头等公爵） 生一子 那山

阿海（轻车都尉） 生二子 长子 吉尔汗 次子 古苏

那卡布 生一子 忙七你

托海 生四子 长子 图尔海 次子 图尔会 三子 乌尔会 四子 噶达混

色海（二等侍卫） 生一子 七太

奇海 生一子 多坡落

图来（头等公） 生三子 长子 盆吉色 次子 坡尔喷 三子 要五

所吉 病故

刷吉（二等侍卫） 生二子 长子 桑图 次子 妈尔多

查卡泥（总督南洋大臣） 生二子 长子 万和 次子 扎钦

四世

那山 生一子 南都

---

① 王俊、李军编著：《沈阳锡伯族家谱》，辽宁民族出版社2015年版，第98—104页。

吉尔汗（轻车都尉兼三等侍卫）病故

古苏（车都尉兼头等侍卫）生二子 长子 公图 次子 郎图

忙七你 病故

图尔海 生一子 图色

图尔会（二等侍卫）病故

乌尔会（二等侍卫）生四子 长子 乌尔敦 次子 萨妈哈 三子 忙牛 四子 金牛

噶达混（头等侍卫）生一子 六各

七太（二品官衔）

多坡落（头等轻车都尉，副都统，世管佐领）生二子 长子 多泰 次子 吉拉布

盆吉色 病故

坡尔喷（头等公）生一子 依月失

要五（防御）生一子 珠哈达

桑图 病故

妈尔多（半事官）

万和（三等公，世管佐领）生三子 长子 明太 次子 福力胆 三子 福太

扎钦（三等侍卫，世管佐领）生二子 长子 牙图 次子 九各

五世

南都 生二子 长子 和色 次子 洪太

公图 生二子 长子 拉什太 次子 妈什太

郎图 生四子 长子 萨力布 次子 依力布 三子 色力布 四子 五各

乌尔敦（头等侍卫）生一子 瓦拉长

六各 生三子 长子 和尚 次子 拨京 三子 老各

多泰（头品轻车都尉）生三子 长子 绰祺 次子 多力太 三子 端乌落

吉拉布（二等侍卫，管理侍卫总达）生二子 长子 万珠 次子 腊八

六世

拉什太（骑都尉兼三等侍卫）

妈什太（二等侍卫）

光绪三十三年六月蜚英东九辈孙奎升重抄

蜚英东值日［义］公坟

蜚英东值日［义］公坟在奉天大北门处，出门东行，约六七里许，有一村名明堂，此茔在窑处，可惜经营无人，坟茔狼狈，将被该窑所平，可叹也！伪康德三年三月，余求学奉天小南关大同学校，曾亲往坟茔两次，所以知之也。茔有砖墙，周十余丈，墙内有坟二，约左为所拉瓜祖，右为蜚英东墓，并有小松树十余株，墙外有碑两个。

谱系

（1936年）

长白山苏浣泥人氏关尔佳哈拉，陈满洲镶黄旗京都牛录。

祖

所拉瓜（公福力胆佐领下，即改哈拉汉佐领下）生十子 长子 蜚英东

二世

蜚英东（开国佐运动臣直义公位超五等之首爵）生十子（老茔在奉天城北明堂都城五里）四子 托海

三世

托海 生四子 四子 噶达混

四世

噶达混（头等侍卫）生一子 六各

五世

六各（于康熙二十二年自北京迁移熊岳） 生三子 长子 和尚 次子 拨京 三子 老各

六世

和尚 生二子 长子 四十二 次子 天德

拨京 妻 赵氏 生三子 长子 六十五 次子 六十九 三子 七十一

老各 生三子 长子 六十七 次子 令奎 三子 令德

七世

四十二（关姓地领四十二领名） 生二子 长子 永禄①

天德 妻 李氏 生一子 高亮

六十五 妻 张氏

六十九 妻 王氏 生二子 长子 关青 次子 关洪

六十七 妻 佟氏

令德 妻 刘氏 生一子 关谟

八世

永禄 妻 王氏 生二子 长子 成会 次子 成仁

高亮 妻 蔡氏 生三子 长子 成连 次子 成得 三子 成喜

关青 妻 姜氏 生二子 长子 成明 次子 成公

关洪 妻 傅氏 生一子 成贤

关谟 妻 李氏 生二子 长子 成发 次子 成富

九世

成会 妻 王氏 生五子 长子 关凤 次子 关同 三子 关恺 四子 关有 五子 关祥

成仁 妻 朱韩氏 生二子 长子 关金 次子 关玉

成连 妻 关氏 生二子 长子 银布 次子 关如

成得 妻 詹氏 生二子 长子 关奎 次子 关生

---

① 缺二子。

成喜　妻　赵氏　生一子　关印

成明　妻　姜氏　生二子　长子　关住　次子　关恒

成公　妻　刘氏　生一子　关俊

成贤　妻　王氏　生一子　关荣

成发　妻　李氏　生二子　长子　奎升　次子　奎元

成富　妻　杜氏　生二子　长子　奎兴　次子　奎旺

十世

关凤　妻　关氏　生二子　长子　俊保　次子　俊财

关同　妻　汪氏　生一子　俊发

关恺　妻　许氏　生二子　长子　八十七　次子　八十八（移居混河沟豆腐沟）

关有　妻　汪氏　生二子　长子　八十　次子　俊增

关奎　妻　詹氏　生一子　俊德

关生　妻　王氏

关祥　妻　张氏　生一子　俊永

关金　妻　李氏

关玉　妻　杨氏

关如　妻　王氏　生一子　俊达

关印　妻　陈氏

关俊　妻　陈氏　生二子　长子　俊开　次子　俊升

关荣　妻　陈氏　生二子　长子　俊钢　次子　俊错

奎升　妻　朱氏　生二子　长子　俊安　次子　俊满

奎元　妻　杨刘氏　生一子　俊祥

十一世

俊发　妻　崔氏　生二子　长子　常海　次子　常如

俊德　妻　韩氏　生二子（迁移清河沟）

俊增　妻　朱氏　生二子　长子　常清（出继）次子　常明

俊开　妻　秦氏

俊升　妻　侯氏

俊钢　妻　关氏

俊错　妻　张氏

俊安　妻　何氏　生三子　长子　常吉　次子　常林　三子　常志

俊满　妻　李氏

十二世

常如　妻　何氏　生一子　恩升

常明　妻　韩氏

常吉　妻　朴氏　生一子　德海

常林　生二子　长子　德铭　次子　德江

常志　生二子　长子　德顺　次子　德才

十三世

恩升　妻　黄氏

德海　妻　张素芝　生二子　长子　晓斌　次子　晓鹏

德顺　妻　胡桂黄

长白山苏浣泥人氏关尔佳哈拉，陈满洲镶黄旗京都牛录。

一九三六年续修关常吉书

[辽宁沈阳] 关氏家谱

　　纂修者、纂修时间不详。手写本，谱单，一幅。始祖佛尔胡（长房）、尼雅哈琪（次房）、珠琪（三房），长房居苏湾哈达地方，次房迁盛京。内容为次房尼雅哈琪宗支和三房珠琪宗支谱系，尼雅哈琪宗支为四世四祖一支世系，记至十九世，珠琪宗支世系记至九世。辽宁省沈阳市东陵区古城子乡永安村关毅收藏。《沈阳锡伯族家谱》收录。① 此据《沈阳锡伯族家谱》整理。

---

① 王俊、李军编著：《沈阳锡伯族家谱》，辽宁民族出版社2015年版，第152—164页。

始祖

佛尔胡 长房 此祖仍在苏湾哈达地方

尼雅哈琪 次房 生一子 尼堪达

珠琪 三房 生一子 苏拉他

二世（次房）

尼堪达 生一子 敦端

三世

敦端 生一子 多霍伦

四世

多霍伦 生四子 长子 蒙库奔 次子 都都 三子 栽锡 四子 塔什奔

五世

塔什奔 生一子 布里三

六世

布里三 生一子 锡勒哈琪

七世

锡勒哈琪 生四子 长子 吉勒哈朗 次子 古勒布棋 三子 阿密胡书琪 四子 讷木珲

八世

吉勒哈朗 生二子 长子 欲根达世 次子 阿柏

九世

阿柏 生七子 长子 图礼 次子 阿哈礼 三子 岳礼（无嗣）四子 古木世 五子 棍琪吉 六子 芙占 七子 特莫图

十世

图礼 生三子 长子 阿吉各驹① 次子 德尔德恩 三子 都巴（无嗣）

---

① 应为"阿吉各雏"，即"季子""小子"之意。满语"阿吉各"意为"小"，"驹"应为"雏"或"追"，意为"子"。

阿哈礼 生一子 乌尔吉

古木世 生二子 长子 阿密立图 次子 吉布拉

棍琪吉 生二子 长子 马什泰（无嗣）次子 图鲁木勒

芙占 生二子 长子 布特合恩 次子 玻坻

特莫图 生一子 布礼图朗

十一世

阿吉各驹〔雏〕 生七子 长子 倭绰罗 次子 依禄德（领催）三子 丹达 四子 阿力拉呼 五子 栢苏胡朗（防御）六子 额合尔图（兵）七子 阿米呼朗（协领）

德尔德恩 生二子 长子 永武 次子 岳伦泰

乌尔吉 生四子 长子 额鲁 次子 额鲁克琪（防御）三子 额都勒胡（骁骑校）四子 格力勒琪

阿密立图 生四子 长子 阿立琪胡 次子 卓巧 三子 格图鲁克琪（佐领）四子 彰艾

吉布拉 生二子 长子 阿木凌贵（佐领）次子 乌勒图

图鲁木勒 生一子 多勒吉

布特合恩 生一子 布鲁克图

玻坻 生三子 长子 额尔和 次子 柏竹哈 三子 甘砥

布礼图朗 生一子 温都拉胡

十二世

倭绰罗 生二子 长子 托恩图（步领催）次子 倭龙凯

依禄德（领催）生二子 长子 阿立拉胡 次子 布图库（佐领）

阿力拉呼 生五子 长子 巴图（领催）次子 巴彦泰（领催）三子 依恩宝 赵氏（马兵）四子 依勒尔图 关氏（马兵）五子 □□□□

栢苏胡朗（防御）生一子 巴达马（防御）关氏（无嗣）

额合尔图（马兵）生一子 巴图鲁（马兵）

阿米呼朗（协领）生二子 长子 色楞额（马兵）次子 富宝（领催）

永武 生二子 长子 莽阿善 次子 莽卡力 陶氏

岳伦泰 生二子 长子 五十三 关氏 次子 五沙德

额鲁 生一子 岳鲁德

额鲁克琪（防御）生四子 长子 书林泰 次子 全德（佐领）三子 万德 四子 和德（领催）

额都勒胡（骁骑校）生一子 宫德

格力勒琪 生一子 定贵

十三世①

巴图（领催）生一子 乌林宝（马兵）

巴彦泰（领催）生一子 苏斑扎布（马兵）

依恩宝（马兵）赵氏 生二子 长子 三布彦 关氏 次子 关德

依勒尔图（马兵）关氏 生二子 长子 三小 次子 图木禄（无嗣）

巴图鲁（马兵）关氏 生三子 长子 玉林宝 王氏（无嗣）② 次子 英伸宝 三子 五达色（马兵）

色楞额（马兵）施氏 生二子 长子 撮宾泰（马兵）次子 丹巴 关氏

富宝（领催）关氏 生二子 长子 留住 次子 束明阿 赵氏

莽阿善 生一子 关付

岳鲁德 生一子 乌林宝

书林泰 生一子 忠宝

全德（佐领）生一子 来宝住

万德 生二子 长子 清泰 次子 依元图

和德（领催）生四子 长子 七十一 次子 胖子 三子 扶住 四子 存住

宫德 生一子 长住

定贵 生一子 沙琪雅

阿力必楚胡 生二子 长子 乌勒泰 次子 绰珲泰

六十九 生三子 长子 那丹宝 次子 章宝 三子 升宝

---

① 十三世以后存在与前代世系不对应的情况，因无法核对原谱，此仅据《沈阳锡伯族家谱》载录。

② 无嗣有妻室信息者保留。下同。

阿泰　生三子　长子　明德　次子　明书　三子　明安那

阿立布　生一子　明安泰

乌金泰　生一子　音德讷

穆克德讷（佐领）生五子　长子　巴哈　次子　明安　三子　富伦　四子　吞多　五子　书敏

穆克穗布（防御）生一子　格珲

穆隆阿　生一子　什安

梅海　生二子　长子　穆鲁　次子　奇克慎

十四世

花善　王氏　生三子　长子　巴计（无嗣）次子　关宝（无嗣）三子　三成（无嗣）

阿力笋（马兵）赵氏　生二子　长子　依木苏伦　次子　四达色

白菜（马兵）张氏　生一子　撮礼木苏

艾腮（马兵）李氏　生一子　依钦宝

巴仁泰　佟氏　生五子　长子　板德力尔（无嗣）次子　多立纪　三子　合隆额（无嗣）四子　乌清阿（马兵）五子　五十九

乌金泰（佐领）关氏　生五子　长子　乌德（马兵）次子　乌棒阿（防御）三子　五福　宝氏　四子　福寿　五子　福禄（蓝翎防守尉）

乌林宝（马兵）生二子　长子　三济哈　次子　雅力哈

苏斑扎布（马兵）生三子　长子　关禄　次子　关喜　三子　富凌阿

三小王氏　生二子　长子　福寿（何氏）次子　关明

英伸宝　韩氏　生五子　长子　本成　次子　本寿（喇嘛）三子　六十五（前锋）四子　□□□　五子　孟宝

五达色（马兵）关氏　生一子　丰升额（无嗣）

撮宾泰（马兵）韩氏　生二子　长子　嘉哈图　次子　双德

丹巴　关氏　生一子　克兴阿

留住侯氏　生三子　长子　音德科（马兵）次子　额力登宝（无嗣）三子　乌竹杭阿

十五世

依木苏伦 吴氏 生一子 富勒恒额（马兵）

四达色 张氏 生五子 长子 朱力杭阿（马兵）次子 图桑阿 三子 额尔德木图 四子 依力哈拉（无嗣）五子 常禄（马兵）

撮礼木苏 于氏 生二子 长子 七十八 次子 八十三

依钦宝 于氏 生三子 长子 官金宝 次子 双福 三子 六十二（无嗣）

多立纪 付氏 生四子 长子 德升 潘氏（无嗣）次子 富色布（马兵）三子 德云 四子 德有（无嗣）

乌清阿（马兵）赵氏 生一子 永安布（马兵）

乌德（马兵）施氏 生五子 长子 双印 次子 三星阿 赵氏（无嗣）三子 丰申布 四子 三音布（马兵）五子 富伦布

乌棒阿（防御）佟氏 生四子 长子 科竹布（马兵）次子 倭什布（步领催）三子 依什布（步兵）杨氏（无嗣）四子 巴哈布（领催）

福寿 王氏 生二子 长子 立住 次子 双住

福禄（蓝翎防守尉）吴氏 生一子 奇车布（副都统兼协领）

三济哈 关氏 生五子 长子 关付 次子 倭力布 三子 怀他布（马兵）四子 元宝 五子 雅住

雅力哈 陶氏 生四子 长子 乌成德 次子 占住 三子 凌德 四子 三成阿

关喜 李氏 生一子 德隆阿

福寿 何氏 生一子 什安布

本成 泉氏 生三子 长子 喜住 次子 双福（前锋）三子 双德

六十五（前锋）关氏 生三子 长子 官洪亮 次子 七车布 三子 青安布（马兵）

□□□ 伊氏 生一子 束章阿

孟宝 吴氏 生一子 多伦布（马兵）

音德科（马兵）施氏 生三子 长子 永成（领催）张氏（无嗣）次子 双成 三子 石成

乌竹杭阿 高氏 生四子 长子 永奎 次子 永德（马兵）三子 来泰 四子 永胜 杨氏

十六世

富勒恒额（马兵）依氏 生二子 长子 乌力滚宝 左氏 次子 乌力滚讷

朱力杭阿（马兵）吴氏 生二子 长子 来色 次子 九住

图桑阿 张氏 生二子 长子 和升额（马兵）次子 德宝

额尔德木图 生三子 长子 德升阿 次子 乌云布 三子 庆春（马兵）

常禄（马兵）付氏 生三子 长子 庆祥（马兵）次子 庆富 三子 石头

七十八 吴氏 生一子 达春

八十三 张氏 生二子 长子 庆昌 于氏 次子 庆德

官金宝 李氏 生三子 长子 札隆阿（吴氏无嗣）次子 丁住（马兵）三子 兆吉善（无嗣）

双福 李氏 生三子 长子 德住（马兵）次子 吉凌阿 三子 托佛珲（步兵）

富色布（马兵）李氏 赵氏 生三子 长子 庆昌 次子 庆禄 三子 庆库

德云 梁氏 生三子 长子 庆恩（蓝氏）次子 庆泰 三子 庆顺

永安布（马兵）于氏 关氏 生四子 长子 庆海（马兵）次子 庆丰 三子 庆富 四子 庆桂

双印 王氏 生三子 长子 庆吉 次子 庆喜（马兵）三子 庆云（马兵）

丰申布 杨氏 生一子 庆连

三音布（马兵）张氏 生二子 长子 庆宝（马兵）次子 庆秀

富伦布 庞氏 生一子 庆亮（马兵）

科竹布（马兵）孙氏 生一子 庆瑞（马兵）

倭什布（步领催）关氏 生一子 庆恒（学生）

巴哈布（领催）关氏 生一子 庆纯

双住 生一子 庆升

奇车布（副都统兼协领）吴氏 生二子 长子 庆纶（主事）次子 托银

元宝 吴氏 生二子 长子 全有 次子 全付（张氏）

乌成德 龚氏 生一子 阿林

凌德 生一子 庆林

喜住 依氏 生二子 长子 连升（马兵）次子 景瑞（马兵）（刘氏）

双福（前锋）佟氏 生三子 长子 桂令（云骑尉）（常氏）次子 阿克达春（前锋）（安氏）三子 桂昌

双德 关氏 生一子 常盛（张氏）

官洪亮 生五子 长子 赛兴阿 次子 德兴阿 三子 庆普（马兵）四子 岳兴阿 五子 庆珍（马兵）

青安布（马兵、阵亡）王氏 生二子 长子 桂龄（防御云骑校）次子 大小

束章阿 王氏 生一子 大小

多伦布（马兵）佟氏 生二子 长子 双起 次子 双发

双成 卞氏 生一子 庆荣

石成 赵氏 生一子 庆林

永奎 刘氏 生一子 庆增（陆氏）

永德（马兵）韩氏 生一子 庆芬

来泰 韩氏 生一子 广玉

十七世

乌力滚讷 王氏 生二子 长子 锡林（马兵）次子 锡全

九住 吴氏 生一子 付德

庆春（马兵）付氏 生一子 锡升（马兵）

庆祥（马兵）于氏 生二子 长子 锡春 郭氏 次子 锡明 孙氏

庆富 崔氏 生二子 长子 锡安 次子 锡斌

达春 杨氏 生一子 锡德

庆昌 于氏 生一子 小七

庆德　王氏　生一子　锡全

丁住（马兵）生二子　长子　双升　次子　双兴

德住（马兵）李氏　生三子　长子　倭林泰　次子　富森泰（佐领）三子　锡林泰

吉凌阿　关氏　生一子　雅林泰

托佛珲（步兵）姜氏　生六子　长子　祥林泰　次子　依林泰（马兵）三子　荣林泰（马兵）四子　桂林泰　五子　柱林泰（关氏）六子　成林泰（陶氏）

庆昌　韩氏　生二子　长子　恒芳（鲍氏）次子　恒印（王氏）

庆禄　吴氏　生二子　长子　恒山（曹氏）次子　恒林（王氏）

庆库　罗氏　生一子　锡文（吕氏）

庆泰　张氏　生一子　所住

庆顺　姜氏　生一子　立住

庆海（马兵）王氏　生二子　长子　玉贵（吕氏）次子　小三

庆丰　张氏　生一子　玉林

庆富　李氏　生一子　小付

庆吉　汪氏　生一子　锡德

庆喜（马兵）崔氏　生一子　荣格

庆云（马兵）陈氏　生一子　锡宝

庆连　何氏　生一子　锡伦泰

庆宝（马兵）叚氏　生三子　长子　锡金泰（黄氏）次子　锡隆阿（华氏）三子　锡崇阿（佟氏）

庆秀（马兵）喻氏　生一子　锡林阿

庆瑞（马兵）唐氏　生二子　长子　祥林　次子　祥升

庆恒（学生）尚氏　生五子　长子　锡春（尚氏）次子　锡珍（徐氏）三子　锡亮（占氏）四子　锡庆（桃氏）五子　锡顺

庆纯　孟氏　生二子　长子　宝昌　次子　宝库

庆升　李氏　生二子　长子　锡奎　次子　小三

庆纶（主事）潘氏 生四子 长子 锡朗阿 次子 锡龄阿（员外郎）三子 三项 四子 锡蒙阿（候补笔政）

阿林 蓝氏 生一子 石头

连升（马兵）李氏 生一子 永恩

桂昌 卜氏 生一子 承恩

赛兴阿 吴氏 生二子 长子 恩林 次子 玉林

德兴阿 范氏 生一子 锡林

庆普（马兵）佟氏 生一子 文林

岳兴阿 陈氏 生一子 桂林

庆珍 焦氏 生二子 长子 荣林 次子 祥林

桂龄 常氏 生二子 长子 福恩 次子 福厚

庆荣 李氏 生三子 长子 锡宝 次子 锡恩 三子 刘宝

十八世

锡林（马兵）王氏 生一子 阿住

锡全 吴氏 生一子 恩瑞

锡升（马兵）生二子 长子 玉宝 次子 玉凯

锡德 孙氏 生一子 小格

小七 赵氏 生二子 长子 小住 次子 三付

锡全 曹氏 生四子 长子 刘哥 次子 石五 三子 小四 四子 小五

双升 孙氏 生四子 长子 常龄 次子 鹏龄 三子 春龄 四子 青龄（乔氏）

双兴 孟氏 生三子 长子 恩龄 次子 柏岭 三子 奎龄

倭林泰 赵氏 生二子 长子 岫龄（孙氏）次子 丰龄（苏氏）

富森泰（佐领）夏氏 生二子 长子 崇龄 次子 嵩龄（领催）

锡林泰 王氏 生一子 文龄

雅林泰 韩氏 生二子 长子 凤祥（白氏）次子 宝森（佟氏）

祥林泰 佟氏 生一子 会成（王氏）

依林泰（马兵）张氏 生二子 长子 连成（于氏）次子 桂成

荣林泰（马兵）朱氏　生一子　徐成（姚氏）

桂林泰　王氏　生一子　瑞成

祥升　生一子　德厚

锡珍　生一子　恩厚

锡龄阿（员外郎）白氏　生二子　长子　纯德　次子　纯诚

锡蒙阿　陈氏　生一子　纯厚

福恩（马兵）车氏　生二子　长子　文明　次子　文彬

锡宝　姜氏　生一子　五备

锡恩　姜氏　生一子　二小

十九世

恩瑞　王氏　生一子　留住

常龄　陈氏　生一子　三秃

鹏龄　任氏　生二子　长子　大小　次子　小胖

春龄　夏氏　生一子　小五

崇龄　杨氏　生二子　长子　玉春（王关氏）次子　玉俊

嵩龄（领催）关氏　生一子　玉秀（王氏）

文龄　郎氏　生一子　玉奎

纯德　李氏　生一子　三多

二世（三房）

苏拉他　生一子　扎里达

三世

扎里达　生一子　莽阿奈

四世

莽阿奈　生一子　维罗莫尔根

五世

维罗莫尔根　生一子　昌阿奈

六世

昌阿奈　生一子　赛长索罗

七世

赛长索罗 生一子 万栋

八世

万栋 生一子 图礼（都统）

九世

图礼 生一子 佛力贲（公爵）

［辽宁本溪］锡伯瓜尔佳氏宗谱

本谱与前文［辽宁沈阳］关氏家谱为同宗支谱。本溪关氏族人中华民国元年（1912）抄录。手抄本，不分卷，一册。该谱是抄自铁岭本族人收藏清代修纂的旧谱。谱载，本瓜尔佳氏是满洲苏完瓜尔佳氏，其二世兄弟3人析居后，长支佛尔果仍居苏完，其后人为满族。三支珠察由苏完初迁瓦尔喀，再迁西尔希昂阿济哈渡口，其后世子孙亦为满族。而次支尼亚哈齐迁锡伯，后世遂为锡伯族。但三支皆以"关"为姓。本谱即为次支尼雅哈奇①之裔谱，是尼雅哈奇宗支五世（前谱四世）长房蒙呼本②支谱，内容有谱图和诰命书，世系记至十九世。现藏于辽宁省本溪市关氏族人家中。《辽东满族家谱选编》收录。③ 此据《辽东满族家谱选编》整理。

谱图

一世

始祖名不具 子三 长子 佛尔果（《满洲苏完瓜尔佳氏全族宗谱》写作佛尔和，实为一人）次子 尼雅哈奇（即尼亚哈齐）三子 朱撒（即

---

① 前谱［辽宁沈阳］关氏家谱写作"尼雅哈琪"。
② 前谱［辽宁沈阳］关氏家谱写作"蒙库奔"。
③ 本溪市党史地方志办公室编：《辽东满族家谱选编》，辽宁民族出版社2012年版，第118—126页。

珠察）

二世

佛尔果

尼雅哈奇　子一　尼卡达

朱撤

三世

尼卡达　子一　多墩

四世

多墩　子一　多火伦

五世

多火伦　子三　长子　蒙呼本　次子　翟西　三子　台西本

六世

蒙呼本　子一　尼雅尼雅哈

翟西　台西本

七世

尼雅尼雅哈　子三　长子　宁山罕　次子　尼雅哈　三子　嘎哈

八世

宁山罕　子七　长子　图尔图　次子　图门　三子　八百　四子　呆沙库　五子　撮尔特衣　六子　额申　七子　撮特衣

尼雅哈　嘎哈

九世

图尔图

图门　子四　长子　讷门　次子　俄（倭）正（倭扬）　三子　托敖英　四子　洛淑

八百　呆沙库　撮尔特衣　额申　撮特衣

十世

俄（倭）正　子一　布尔坛（布尔他）

讷门　托敖英　洛淑

十一世

布尔坛（布尔他） 子三 长子 守合尔图 次子 呼西力 三子 吾尔代（乌力呆）

十二世

守合尔图 呼西力

吾尔代（乌力呆） 子一 额尔新

十三世

额尔新 子四 长子 富哈达 次子 穆哈达 三子 扎力虎 四子 关保

富哈达系

十四世

（以下按十三世各支分述）

富哈达 子二 长子 富达色 次子 富申保

十五世

富达色 子三 长子 常明 次子 古穆 三子 古伦太

富申保 子二 长子 依明阿 次子 依克坦布

十六世

常明 缺嗣

古穆 关氏 子三 长子 吉凌阿 次子 吉力明阿 三子 吉力通阿

古伦太 子二 长子 吉力杭阿 次子 德克京阿

依明阿 子一 发克京阿

依克坦布 郑氏 子一 沙京阿

十七世

古凌阿 胡氏 子一 德新

吉力明阿 胡氏 子二 长子 次子 升德 三子 升连

吉力通阿 赵氏 子一 升庆

吉力杭阿 关氏 子一 七十

德克京阿 王氏 缺嗣

发克京阿　谭氏　子二　长子　次子　德祥　三子　德瑞
沙京阿　吴氏　子一　多隆阿

十八世

德新　王氏　子三　长子　廷选　次子　廷才　三子　廷相
升德　何氏　子二　长子　廷举　次子　廷用
升连　王氏　子二　长子　廷臣　次子　廷绪
升庆　胡氏　子三　长子　廷栋　次子　廷璧　三子　廷玺
七十　刘氏　子二　长子　廷宪　次子　根成
德祥　于氏　子二　长子　福兴阿　次子　庆春
德瑞　胡氏　过子一　庆春
多隆阿　吴氏　子一　廷德

十九世

（从略见上）

穆哈达系

十四世

穆哈达　子一　富那笋

十五世

富那笋　子一　撮胡奈

十六世

撮胡奈　关氏　子一　色伯京厄

十七世

色伯京厄　胡氏　子一　嘎布兴阿

十八世

嘎布兴阿　白氏　子一　根保

十九世

（从略见上）

扎力虎系

十四世

扎力虎 子一 福兴阿

十五世

福兴阿 子一 依林保

十六世

依林保 子二 长子 凌福 次子 留住

十七世

凌福 关氏 子二 太平阿 次子 保仓

留住 何氏 子二 束林阿 次子 所隆阿

十八世

太平阿 何氏 无嗣

保仓 陈氏 子一 根春

束林阿 刘、汪氏 子一 俊德

所隆阿 子一 俊贤 女二 长女 适关氏 次女 适关氏

十九世

（从略见上）

关保系

十四世

关保 子一 关依那

十五世

关依那 赵氏 子七 长子 和琫厄 次子 和生厄 三子 和成厄 四子 穆腾厄 五子 穆楞厄 六子 木克登厄 七子 佛力恒厄

关保系关依那长子和琫厄支

十六世

和琫厄 白氏 子四 长子 吉尔达春 次子 他克达春 三子 公讷春 四

子 成恩

十七世

吉尔达春 子三 长子 永兴 次子 永恒 三子 永安

他克达春 何、高氏 子三 长子 永庆 次子 永吉 三子 裕恩

公讷春 张氏 子一 裕新

成恩 何氏 子二 长子 裕贵 次子 裕民

十八世

永兴 关氏 子三 长子 俊丰 次子 俊骥 三子 俊逸 女一 适白氏

永恒 关氏 子二 长子 俊秀 次子 俊儒 女一 适刘氏

永安 缺嗣

永庆 田氏 子一 德绪

永吉 罗、胡氏 子二 长子 德成 次子 德芳 女二 长女 适郭氏 次女 适关氏

裕恩 傅氏 子一 德升

裕新 刘氏 子三 长子 俊彦 次子 俊芳 三子 俊英 女三 长女 俊芝 适籍氏 次女 俊惠 适徐氏 三女 俊茹 适洪氏

裕贵 伊氏 子二 长子 俊功 次子 俊业 女三 长女 适王氏 次女 适任氏 三女 适商氏

裕民 陶、徐氏 子二 长子 俊岳 次子 俊印 女二 长女 适王氏 次女 适佟氏

十九世

（从略见上）

关保系关依那次子和生厄支

十六世

和生厄 子四 长子 吾尔喜京 次子 吾尔喜春 三子 吾京阿 四子 得克得春

十七世

吾尔喜京 关氏 过子一 裕廷

吾尔喜春 胡氏

吾京阿 王氏 子二 长子 宝林 次子 裕安

得克得春 关氏 子三 长子 裕文 次子 裕安 出继吾京阿 三子 裕春

十八世

裕廷 关氏 子一 俊灵 女五 长女 适孙氏 次女 适蒋氏 三女 适傅氏 四女 适李氏 五女 适苏氏

宝林 缺嗣

裕安 曲氏 子四 长子 青山 次子 春山 三子 惠山 四子 奎山 女一 适佟氏

裕文 白氏 子四 长子 凤山 次子 景山 三子 荣山 四子 英山 女一 适孙氏

裕安

裕春 关氏 子一 庆山 女一 适关氏

十九世

（从略见上）

关保系关依那三子和成厄支

十六世

和成厄 胡氏 子三 长子 吾尔喜春 次子 依桑阿 三子 成瑞

十七世

吾尔喜春 胡氏 子五 长子 裕亮 次子 裕廷 三子 庆德 四子 裕明 五子 裕奎

依桑阿 汪氏 子三 长子 裕德 次子 裕泰 三子 裕丰

成瑞 胡氏 子三 长子 裕兴 次子 裕善 三子 裕福

十八世

裕亮 关氏 子二 长子 俊山 次子 俊卿 女三 长女 适金氏 次女 适

傅氏 三女 适邢氏

　　庆德 关氏 子二 长子 俊杰 次子 俊一 女一 适罗氏

　　裕廷 关氏

　　裕明 陶氏 子一 长子 俊堂 女一 适全氏

　　裕奎 何氏 子三 长子 俊臣 次子 俊哲 三子 俊凯

　　裕德 康、朱氏 子二 长子 英奇 次子 英奎 女一 英华 适于氏

　　裕泰 关氏 子二 长子 麟书 次子 凤书

　　裕丰 白氏 子一 祥立

　　裕兴 孙氏 子三 长子 文禄 次子 俊鹦 三子 俊相

　　裕善 陶氏 子三 长子 国祺 次子 俊奇 三子 俊和

　　裕福 董氏 子四 长子 俊元 次子 俊丰 三子 俊阁 四子 俊禄 女二 长女 适张氏 次女 适关氏

十九世

（从略见上）

关保系关依那五子穆楞厄支

十六世

穆楞厄 谢、白氏 子三 长子 吾林德 次子 正亮 三子 成兴

十七世

吾林德（兵）苏氏 子二 长子 裕和 次子 裕林

　　正亮（兵）关、伊氏 子一 裕林（继子）

　　成兴 关氏 子一 裕昆

十八世

裕和 赵、金氏 子二 长子 俊涛 次子 俊佐 女四 长女 适刘氏 次女 适那氏 三女 适孙氏 四女 适吴氏

　　裕林 胡氏 子二 长子 俊恩 次子 俊荣 女三 长女 适关氏 次女 适胡氏 三女 适毕氏

　　裕昆 关、朱氏 子二 长子 俊廷 次子 俊田

十九世

（从略见上）

关保系关依那六子木克登厄支

十六世

木克登厄 杜氏 子二 长子 成春 次子 成英

十七世

成春 何、谭氏 子三 长子 景生 次子 景儒 三子 景祺

成英 胡、刘氏 子二 长子 松林 次子 裕惠

十八世

景生 少亡

景儒 关氏 子二 长子 荣书 次子 塔书 女一 适张氏

景祺 张氏 子四 长子 安立 次子 庆立 三子 豪立、丰立 女一 适胡氏

松林 子七 长子 俊起 次子 俊升 三子 俊奎、俊丰、俊纯、俊厚、俊诚 女四 长女 适郭氏 次女 适关氏 三女 适孙氏 四女 适唐氏

裕惠 胡氏 子一 俊方 女二 长女 适徐氏 次女 适郭氏

十九世

（从略见上）

关保系关依那七子佛立恒厄支

十六世

佛立恒厄 关氏 子五 长子 成福 次子 成禄 三子 成祯 四子 成祥 五子 成全

十七世

成福 傅氏 继子 裕宽

成禄 关氏 子一 裕芳

成祯 胡氏 子二 长子 裕宽（出继）次子 裕长

成祥　傅氏　子二　长子　裕山　次子　裕国
成全　申氏　子二　长子　裕满　次子　裕堂

十八世

裕宽　白氏　子一　俊泰
裕芳　子二　长子　俊显　次子　忠祥　女二　长女　适吴氏　次女　适李氏
裕长　吴氏　子四　长子　秋明　次子　秋彦　三子　秋祥　四子　秋焕
裕山　缺嗣
裕国　缺嗣
裕满　耿氏　子二　长子　俊经　次子　俊纶（出继裕堂，更名俊章）女五　长女　小兰　适吴氏　次女　翠兰　适赵氏　三女　凤兰　适丁氏　四女　翠清　适关氏　五女　福兰　适李氏
裕堂　赵氏　子一　俊纶　女一　翠山　适刘氏

十九世

（从略见上）

依桑阿，字普庵，性厚，由马甲起家，游升凤凰城骁骑校，兴城防御，义州佐领，并在调任奉天右翼马队管带时，黑城子盗匪甚炽，公奉命讨平之，以功补授奉天镶蓝旗协领，旋以副都统记名，简放海龙城总管。公在官清洁，卒时家无余财。

——《开原县志》

诰命书

奉天承运，皇帝制曰：戎行效力，人臣有御侮之才；策府书勋，天室重酬庸之典。尔记名佐领盛京正黄旗防御加二级依桑阿，才猷英果，器识沉雄。修捍疆圉，允称干城之选；缮完封守，聿推保障之能。特贲荣光，用申奖励。兹以覃恩，授尔为昭武都尉，锡之诰命。於戏，措一方于衽席，懋乃成功；涣三锡之丝纶，钦予休命。

制曰：建威立懂，国资宣力之臣；说礼敦诗，家赖同心之助。尔记

名佐领盛京正黄旗防御加二级，依桑阿之妻关、汪氏，持身淑慎，斌质桑嘉。恒德能修，聿著巾桂之范；内言不出，益谐珩瑀之声。兹以覃恩，封尔为恭人。於戏，颁武功之大赉，纪在司勋；被国典之徽章，荣逾象服。

记名佐领盛京正黄旗防御加二级依桑阿本身妻室。

光绪拾伍年贰月拾柒日

诰命书

奉天承运，皇帝制曰：宠绥国爵，式嘉阀阅之劳；尉起门风，用表庭闱之训。尔和成额乃盛京花翎顶戴满洲镶蓝旗协领依桑阿之父，义方启后穀，似光前积善；在躬树良型，于弓冶克家。有子拓令，绪于韬钤。兹以覃恩，赠尔为武毅将军，锡之诰命。於戏，策府第之徽章，浡承恩澍；荷天家之庥命，增耀门闾。

制曰：怙恃同恩，人子勤恩于报母；萱帏著绩，王朝锡类以荣亲。尔胡氏，乃盛京花翎二品顶戴满洲镶蓝旗协领依桑阿之母，七诫娴明，三迁勤笃。令仪不忒，早流珩瑀之声；慈教有法，果见干城之器。兹以覃恩，封尔为夫人。於戏，锡龙纶而焕彩，用答勋劳；被象服以承庥，允膺光庞。

盛京花翎二品顶戴满洲镶蓝旗协领加一级依桑阿之父母。

光绪贰拾年捌月拾陆日

［辽宁大连］关姓家谱

纂修人不详。1991年修。手写本，谱单，一幅。始祖不详，据提供人所述，祖先是从东岗乡西巴尔虎迁至钓鱼台村。内容为关姓六代族人世系。辽宁省大连市金州区石河满族镇钓鱼台村关永发收藏。此据辽省大连市那启明提供资料整理。

始祖

□□（原谱缺失）生三子 长子 景浦 次子 成财 三子 关继荣

一世

景浦 生二子 长子 关世× 次子 关世隆

成财 妻 关氏 生一子 关世保

关继荣（成荣） 妻 许氏 生五子 长子 关世昌（无嗣）次子 关世兰 三子 关世海 四子 关世讯 五子 关世贤

二世

关世× 生一子 永贵

关世隆 妻 韩氏 生一子 永富

关世保（黑龙江）

关世兰 妻 关氏 生二子 长子 永顺 次子 永禄

关世海 妻 何氏 生四子 长子 永财 次子 永发 三子 永昌 四子 永库

关世讯 妻 赫氏 生三子 长子 永生 次子 永旭 三子 永福

关世贤 妻 范氏 生六子 长子 永芸 次子 永福 三子 永江 四子 永翠 五子 永祯 六子 永香

三世

永贵 生一子 明家（佳）

永富 生二子 长子 玉祥 次子 兆祥

永顺（东岗乡）

永财（金州）生三子 长子 明义 次子 明军 三子 明臣

永发（金州）生四子 长子 明宏 次子 明亮 三子 明友 四子 明利

永昌 生一子 明胜

永库（石河镇）生二子 长子 明江 次子 明春

永生（黑龙江拜泉县）生三子 长子 明文 次子 明武 三子 明忠

永旭（齐齐哈尔）生二子二女 长子 明杰 次子 明东 长女 秀英 次女 秀霞

永福（拜泉县）生二子一女 长子 明军 次子 明臣 长女 秀华

永福（沈阳）生三子三女 长子 明吉 次子 明利 三子 明新 长女 明云 次女 明方 三女 明环

永江（沈阳）生六子 长子 秀芬 次子 秀娟 三子 关红 四子 明杰 五子 明秋 六子 明英

四世

明家[佳] 生一子 长子 德奎

玉祥 生七子 长子 德鑫 次子 德均 三子 德全 四子 德居 五子 德育 六子 德秋 七子 德伟

兆祥（兰州）

明义 生一子 关峯

明宏 生一子 关麟

明亮 生一子 关升

明利 生一子 关□

明江 生一子 德阳

明春 生一子 关丽

明文 生二子 长子 德新 次子 关波

明武 生一子 □婷

明忠 生二子 长子 明玲 次子 明群

五世

德鑫 生一女 雪峰

德均 生一子 延喜

德全 生一子 延民

德居 生一子 雪华

德育 生一子 延强

德秋 生一女 顺宁

六世

（从略见上）

[辽宁岫岩] 关氏家谱

纂修人、纂修时间不详。手写本，谱单，一幅。始祖布胡那，原系伯都讷地方人，满洲正红旗，康熙二十六年（1687）迁奉天。内容有简单谱序和世系，世系记至第六世。辽宁省大连市那启明收藏。此据那启明提供资料整理。

谱单右侧书：

满洲正红旗姓关原系伯都讷地方人，为此，佐领伯德升骁骑校喜德，族长领催关德秀户下。

谱单左侧书：

康熙二十六年到奉天

一世

布胡那 生四子 长子 艾什那 次子 安图 三子 托买 四子 宁珠胡

二世

艾什那 生一子 长子 夏胡

安图 生一子 长子 博勒或

托买 生一子 长子 卓洛克托

宁珠胡

三世

夏胡 生一子 鄂南

博勒或 生一子 岗启

卓洛克托 生二子 长子 厄力图 次子 厄什图

四世

鄂南 生二子 长子 银特 次子 色特

岗启 生三子 长子 国正那 次子 国太 三子 国里

厄力图 生二子 长子 雅图 次子 付寿

厄什图 生二子 长子 阿力图 次子 萨力图

五世

银特 生一子 长子 关德仁

色特 生二子 长子 得申 次子 关德秀（族长 领催）

国正那 生三子 长子 山保 次子 关德义 三子 阿达

国里 生一子 长子 吴哈达

雅图 生一子 长子 威保

付寿 生二子 长子 七格 次子 六十七

阿力图 生三子 长子 官得 次子 官住（正红旗防御） 三子 关太

萨力图 生三子 长子 六拾 次子 吾成厄 三子 垣丹

六世

（从略见上）

[辽宁大连] 瓜尔佳（关）氏家谱

纂修人、纂修时间不详。手抄本，一册。包含三个支谱：以衣布各乐为始祖关氏家谱，世系记至十一世，现存辽宁大连向应乡徐屯区小黄庄关明宽处；以马达力为始祖关氏家谱，世系记至九世，现存辽宁大连登沙河镇北关西村关姓族人处；以马达力为始祖关氏家谱，世系记至八世，现存辽宁大连登沙河镇北关东村关姓族人处。根据家谱世系所记，登沙河镇北关西村与北关东村家谱始祖均为马达力，应为同族不同宗支家谱，而向应乡徐屯区小黄庄关氏家谱，从世系所记来看，与前述两部家谱找不到相关性。辽宁省大连市那启明抄录。此据那启明抄录本整理。

向应乡徐屯区小黄庄关明宽家谱

一世
衣布各乐

二世
合儿兔① 妻 吴氏 生二子 长子 力必温 次子 力必喜

三世
力必温

力必喜 妻 赵氏 生三子 长子 得保 次子 音保 三子 承保

四世
得保 音保

承保 妻 赵氏 生一子 尔罡阿

五世
尔罡阿 妻 邱氏 生三子 长子 衣令阿 次子 衣兴阿 三子 衣隆阿

六世
衣令阿 衣兴阿 衣隆阿
　　　　妻魏氏 尤氏②

七世
关令善 关令喜 三喜 令富

令才　妻 韩氏 赵氏 尤氏

八世
关作治 妻 罗氏 生四子 长子 关文俊 次子 关文修 三子 关文强 四子 关文恩

关仁 关作甲 关作礼 关作舟 关永祥 关作有

---

① 原谱字迹不清，此为编者校。
② 原谱六世以下夫妻、子嗣关系无法对应，此照原谱列入。下同。

妻 王氏 魏氏 张氏 罗氏 曹氏 诸氏 曹氏

九世

关文俊 生四子 长子 关明玉 次子 关明政 三子 关明山 四子 关明宽

关文修 **关文强** **关文恩**

十世

关明玉 **关明政** **关明山**

关明宽 生四子 长子 关庆顺 次子 关庆超 三子 关军 四子 关宏

十一世

（从略见上）

登沙河镇北关西村家谱

一世

马达力

二世

托克托布 妻 温氏 生五子 长子 色波力 次子 衣拉住 三子 阿力布 四子 关世英 五子 关成德

三世

色波力

衣拉住 妻 佟氏、白氏 生二子 长子 康蒙额 次子 关宜

阿力布 妻 徐氏、白氏、付氏 生三子 长子 关宁 次子 关寓 三子 关寅

关世英 妻 赵氏

关成德 妻 寇氏

四世

康蒙额（岫岩章京） 妻 张氏 生一子 吉勒通阿

关宜 生二子 长子 关仁宽 次子 关仁纯

关宁 生二子 长子 伍领额 次子 关仁利

关寓　生一子　关仁恩

关寅

五世

吉勒通阿（领催）妻　张氏　生二子　长子　关作朋　次子　关作成

关仁宽　妻　车氏　生一子　关作林

关仁纯　妻　谢氏　生三子　长子　关作舟　次子　关作喜　三子　关作治

伍领额　关仁利

关仁恩　妻　李氏　生三子　长子　关作有　次子　虎盛　三子　三盛

六世

关作朋　妻　吴氏　生六子　长子　关文运　次子　关文喜　三子　关文广　四子　关文盛　五子　关文德　六子　关文东

关作成　妻　郑氏

关作舟　妻　王氏

关作喜　妻　关氏

关作治　妻　关氏

关作有　妻　赵氏

虎盛　妻　吴氏

关作林　三盛

七世

关文广　生二子　长子　明琛　次子　明英

关文运　关文喜　关文盛　关文德　关文东

八世

明琛　生二子　长子　庆忠　次子　庆余

明英　生三子　长子　庆丰　次子　庆洪　三子　庆惠（阳）

九世

（从略见上）

登沙河镇北关东村家谱（摘）[1]

一世

马达力

二世

杨寿 妻 伊氏、赵氏 生五子 长子 达桑阿 次子 达章阿 三子 庆住 四子 阿力三保 五子 关申宝

三世

达桑阿 妻 刘氏 生四子 长子 关容 次子 关密 三子 关宠 四子 关茂（原谱字迹不清，此为编者校）

达章阿 妻 白氏、王氏

庆住 妻 张氏

阿力三保（原兵）

关申宝 妻 徐氏

四世

关容 关密

关宠（抚顺领催）妻 赵氏、马氏 生四子 长子 关仁文 次子 关仁忠 三子 关仁安 四子 关仁山

关茂 妻 徐氏

五世

关仁文 妻 张氏 生四子 长子 刘五子 次子 付盛子 三子 关作发 四子 关作财

关仁忠 生三子 长子 关作云［仁］次子 关作勤 三子 关作俭

关仁安 关仁山

六世

刘五子 付盛子

---

[1] 那启明注。

关作发　妻　张氏　生一子　关文超
关作财　妻　南氏　生一子　关文恒
关作云［仁］妻　郭氏
关作勤　妻　吴氏、付氏　生四子　长子　关文清　次子　关文芳　三子　关文成　四子　关文明
关作俭　妻　赵氏

七世

关文超　生二子　长子　关明连　次子　关明东
关文恒　生三子　长子　关明和　次子　关明玺　三子　关明君
关文芳　生三子　长子　关明俊　次子　关明学　三子　关明林
关文清　关文明

八世
（从略见上）

［辽宁］开原大湾屯锡伯族瓜尔佳氏（关）宗谱

关俊彦民国十一年（1922）初修，关荣林1989年续修。此为1989年续修本，一册，排印本。谱名据后记题。该谱老谱名《开原大湾屯关氏世谱》，始祖布尔坛，明初至伯都讷，清康熙三十八年（1699）至四十年（1701）间迁至开原大湾屯老虎头及铁岭西三台子等地。内容有前言、宗谱弁言、谱序、说明、世系、后记，世系为一世至四世祖谱和第四世以后富一支、穆二支、扎三支、保四支四个宗支支谱，世系记至十四世。辽宁省大连市那启明收藏。此据那启明提供家谱资料整理。

前言

关于我族的族源迁移及先祖世系等，均在宝孚兄、鹤童弟的序言中

较详的论及，不再赘述，谨就此次修谱的观点说一些看法。

我们今天能够系统地完整地修订出一份宗谱，不能不归功于民国十一年（1922）制定的原谱。该谱为俊彦族伯在毫无资料的情况下，进行了大量的调查研究工作，费了千辛万苦完成的，而又自己出资印刷多份分发族人，给族人给地方留下宝贵的史料。虽经战火纷飞的年月，重大政治变化的时光，仍能保存下来若干份。我们才能在此基础上续订，否则在今天的条件下，没有办法追溯到几百年前，只能修出各家的支谱了。他老人家的功绩将永远为阖族人们铭记。

家谱起于周之说，为现代所公认。原来的目的不过是为了通过血缘关系，确定财产和权力的分配，以达到奴隶主的统治秩序。因此，可以说皇室的玉牒也好，平民的宗谱也好，都是宗法社会下的产物。到封建社会更加发扬光大，成为体例严谨完整的一门专学。但我们的时代变了，应给谱牒的内涵赋予新的生命，使其为社会主义新文化增添光彩，目的就在此。

处在社会主义初级阶段的我国，又正在改革开放的时代，为什么要修订关氏宗谱？是不是如有人说的搞家族主义，搞封建活动？我认为这种见识是很肤浅的，也是不科学的论断。殊不知无论是皇家的玉牒或私家的家谱都是珍贵的文化遗产和史料宝库。凡是研究历史的学者，对各类宗谱都非常重视，十分肯定它的史料价值。因为家谱乃一家族的历史，它可以补充地方史志以至于国史的不足，修史的人没有一个不广为搜集、阅读、利用各家之谱的。

宗谱又能为我们提供当时的人口增加或减少及其社会状况，有助于我们把握人口的繁衍和寿命长短，战乱流徙，婚姻关系，文化素质及对人类社会的贡献等方面的相互关系。如沈阳锡伯族哈什胡里（韩）氏家谱与新疆察布查尔锡伯自治县的锡伯族韩氏一联谱，既十分清楚他们是从沈阳迁来，世系辈分均很分明。

宗谱又能提供详细可信的社会方面的资料。又由于宗谱过一个时期要修续，具有连续性质的特点，给后世留下我族的兴衰史和当时人的思想变化。如我族过去对工人所谓手艺人很轻视，可今天却涌现大批工人、医师、工程师，这是多么大的变化。给后来研究民族史、民俗学的人提供可信的资料。现在正提倡修订新省志、县志、厂志，宗谱的价值更不容忽视。

综上所述故不揣冒昧提出修谱倡议以补地方史志的不足。文后学不才，读书很少，所见也浅，加之身染重疾，思路已钝，难免错误。但为表达修谱的热望，仅书数语，略表心意，全族有识之士希多加指正。

此谱幸赖阖族之人同心协力多方赞助，才能早日付印，特在此致以谢忱！更望我族后起之青年在中国共产党领导下，为多民族的社会主义祖国的四个现代化做出更大的贡献。

苏　文

一九八九年八月于京寓

宗谱弁言

锡伯关氏，溯由始祖，垂延今兹，历代递演，世系迭更，究其确叙，史难稽考。于乾隆年间，族有栖迁，上启伯都，落定开原。星移斗转，岁月披拂，倏已二百余年。及至民国，有选遵首倡，（选尊：尊称。俊彦，字选廷。）急族人之亟要，呈世谱于桑梓，以"布尔坛、吾尔代、额尔新"为起祖。循时依序，列祖列宗，上下间承，远近系联，严谨肃穆，伦次井然，清新悦目，喜眉共展。惟历年久，已成陈迹，族有代谢，裔有蕃衍，谱满充溢，綦难续远，嗣由苏文，有鉴及此，继而企划，拟定新章。几经周折，各处搜罗：自本籍，而陲边，有函询，有过访。汇集定稿，复制整编，庞拓而繁难。际其于古稀之年，竭诚为族效益。不辞劳瘁，心虔意坚，并慨解囊，利印修版，期族内广阔细览。似此懿行，如兰吐芳。有感于斯，撰为序言。

宝　孚

一九八七年元月于北京

谱序

锡伯族是中华民族大家庭里面五十六个民族中的一个少数民族。是古代鲜卑和室韦人的后裔，与其他民族一样，有其辉煌悠久的历史。

我们的远祖，是住在大兴安岭呼伦贝尔大草原和嫩江流域。后来，锡伯族人民繁衍在东至吉林，西至呼伦贝尔，北起嫩江，南抵辽河广阔的地区。十六世纪后期，满洲统治集团兴起，锡伯各部先被蒙古科尔沁部编入蒙古十旗，康熙三十一年（1692），又被编入满洲八旗。清廷一方面利用锡伯兵英勇善战；另一方面为了分化反抗他们的力量，削弱我族的内部联系，采取"分而治之"的政策。从1692年（康熙三十一年）至1764年（乾隆二十九年）七十多年中，下令对锡伯族进行多次大迁徙和调动，其中规模较大的有：

康熙三十一年（1692），拣选三千身强力壮的披甲，进驻交通军事重镇伯都讷（今吉林省扶余县境内）。各派一千名披甲及二千名附丁，镇守齐齐哈尔与吉林。

从康熙三十八年（1699）至康熙四十年（1701），下令分数批迁往盛京（沈阳）、开原、凤城、辽阳、牛庄、熊岳、兴京、金州、复州、岫岩、抚顺、铁岭、宁远、中前所、中后所、巨流河、小凌河、白旗堡、小黑山、盖州、义州、广宁、锦州、间阳驿等城镇约五六万人。1699年，清廷又将吉林乌拉的二十个牛录锡伯官兵及其家眷迁到京师（即今北京），一部分留京编入满蒙八旗当差，一部分迁至顺天府所属的顺义、良乡、三河、东安等地驻防。

乾隆二十九年（1764），又令辽宁地区锡伯官兵1020名连同家属3275人，共4295人，分二批跋山涉水，从沈阳出发经外蒙到新疆伊犁地区去驻守边疆。二百二十多年来，在保卫祖国，保卫边疆，开发和建设边疆等方面立下丰功伟绩。

开原关氏家族，是锡伯族瓜尔佳氏。据先父关俊彦手迹记载：开原和铁岭等地的关氏家族"于明初到伯都讷（今吉林省扶余县）"。在第一次大迁徙中又由伯都讷迁往开原县大湾屯、老虎头及铁岭西三台子等地。

开原大湾屯关氏世谱是民国十一年（1922）四月，由先父搜集整理成表，并到开原城守尉衙门中保存的历史资料查询过，石印了若干张，散发给族内各家，使族人对先祖布尔坛以下十代一目了然。从那时迄今已六十多年，又相继繁衍二至三代，随着社会的发展，变动很大。因此，在苏文二哥（关长印）倡议下，由族侄关荣林进行详细地调查、搜集、补充。

这是一件繁杂、艰苦的工作，又非常有意义。它不仅是涉及宗族日久天长，相逢不知同族，同宗不知辈分，甚至不了解情况错报族籍，近亲联姻遗祸于后代。有了家族世谱，这些现象都可以避免，而且为我们研究民族的历史、文化发展提供了宝贵的资料，为后人留下珍贵的遗产。

全国解放后，1959 年，锡伯族历史学家肖夫同志，第一次从新疆到开原调查，找到大湾屯老宗先生（关宗绪）家保存的，由其叔父谦四爷 1912 年 10 月 26 日（壬子年）从铁岭心田堡抄来的家谱（以下简称老谱）。从里面看到十一世祖布尔坛，十二世祖坛吾尔代，十三世祖额尔新和开原大湾屯关氏世谱（以下简称新谱）的第一、二、三世祖完全相同。

这份锡伯族瓜尔佳氏家谱，并得到北京中国歌剧舞剧院关坤凡的家谱和北京首钢工程师关岳家的家谱证实。关坤凡的家谱从八世以上，关岳的家谱则从五世以上皆与老谱完全相同。老谱现还有二份，分别保存在开原市中医师关承泽和北京苏文家中。摘要如下：（略）①

如果以 25—30 年为一代计算②，一世祖所处的时代为元末明初，而开原关氏世谱可从现在上溯到六百年以前，也就是迄今为止，锡伯族中目前能找到的时间最长的家谱之一。

至于锡伯族瓜尔佳氏族源，老谱上在开始写道："我辈发源之处名曰

---

① 为世系图（部分）。
② 一般以 20—25 年为一代。

多尔吉逼拉束湾哈达。"先父请新疆派到长春市学习的赵福庆同志给翻译过来,"多尔吉"为内,"逼拉"为河,"哈达"为山峰(或高原),这句话全部意思是"发源之处在内河束湾高原"。

据先父手迹中分析:"苏完高原为呼伦贝尔接东兴安岭山脉是在海拉尔左近的高原,所谓内河将为额尔古纳河也,该河为呼伦贝尔二池会流之河也。"又说:内河是否是黑龙江省的讷河或是嫩江"嫩与内相似"。"由此推论我们祖先发源于兴安岭大山脉的高原名束瓦尼哈达并接额尔古纳河之处也"。

此项推论和后来发现沈阳锡伯家庙碑文记载:锡伯族"原居海拉尔东南扎赉托罗河流域以后在齐齐哈尔、墨尔根(嫩江)伯都讷等处"。以及发现嘎仙洞为北魏鲜卑族之发源地相符。

我们目前正面临着伟大改革的新时代,每个人都肩负着实现社会主义四个现代化的重任,希望我族人不论在什么行业,不论在哪个地方,人人应当努力学习,要有专长,认真并有创造性地工作,团结族内外所有同志,在中国共产党英明领导下,在建设伟大中华民族大家庭的伟大事业中,共同做出贡献。

关鹤童于北京
一九八八年十一月二十八日

说明

一、我谱以布尔坛为一世祖,吾尔代为二世祖,额尔新为三世祖。额尔新以下分为四大支。为了支序清楚,四大支均以四世祖首字命名,分别为"富一支""穆二支""扎三支""保四支"。

二、保四支下又分六小支:大西院、小东门、前耳房、大东门、后耳房(和琫厄支);前新房子(和生厄支);老院(和成厄支);东下屋、荒园子(穆楞厄支);后大院(木克登厄支);前老院、瓦房(佛力恒厄支)。各支均列祖表至九世,再由九世分支。

三、谱表中长子、次子、三子以（一）（二）（三）代之。各代女子注有女，长女、次女、适何氏、居何处做简略说明。夫妻按男左女右排列，右面连有几个姓氏者，均属续弦。

四、谱表按竖排横写，各代长次自左至右排列。

谱单内容依次为：一世祖至四世祖谱，富一支，穆二支，扎三支，保四支始，保四支四至六世谱表，大西院、小东门、前耳房、大东门、后耳房（和琫厄支），前新房子（和生厄支），老院（和成厄支），东下屋、荒园子（穆楞厄支），后大院（木克登厄支），前老院、瓦房（佛力恒厄支）。

祖谱

一世祖

布尔坛　生一子　吾尔代

二世祖

吾尔代　生一子　额尔新

三世祖

额尔新　生四子　长子　富哈达　次子　穆哈达　三子　扎力虎　四子　关保

四世祖

富哈达　生二子　长子　富达色　次子　富申保

穆哈达　生一子　富那笋

扎力虎　生一子　福兴阿

关保（委官）生一子　关依那

富一支

四世

富哈达　生二子　长子　富达色　次子　富申保

五世

富达色　生三子　长子　常明　次子　古穆　三子　古伦太

富申保 生二子 长子 依明阿 次子 依克坦布

六世

常明 缺嗣

古穆 妻 关氏 生三子 长子 吉凌阿 次子 吉力明阿 三子 吉力通阿

古伦太（兵） 妻 配氏 生二子 长子 吉力杭阿 次子 德克京阿

依明阿 妻 配氏 生一子 发克京阿

依克坦布（骁骑校） 妻 郑氏 生一子 砂京阿

七世

吉凌阿 妻 胡氏 生一子 德新

吉力明阿 妻 胡氏 生二子 长子 升德 次子 升连

吉力通阿 妻 赵氏 生一子 升庆

吉力杭阿 妻 关氏 生一子 七十

德克京阿 妻 王氏 缺嗣

发克京阿（兵） 妻 谭氏 生二子 长子 德祥 次子 祥瑞

砂京阿（兵） 妻 吴氏 生一子 多隆阿

八世

德新 妻 王氏 生三子 长子 廷选 次子 廷才 三子 廷相

升德 妻 何氏 生二子 长子 廷举 次子 廷用

升连 妻 王氏 生二子 长子 廷臣 次子 廷绪

升庆 妻 胡氏 生三子 长子 廷栋 次子 廷璧 三子 廷玺

七十 妻 刘氏 生二子 长子 廷宪 次子 根成（出继）

德祥 妻 于氏 生二子 长子 福兴阿 次子 庆春

祥瑞 妻 胡氏 生一子 庆春（承继）

多隆阿 妻 关氏 生一子 廷德（缺嗣）

九世

廷选 妻 关氏 生二子三女 长子 恩奇 次子 恩普 长女 适吴氏 次女 适关氏 三女 适罗氏

廷才 妻 李氏 生五子 长子 景瑞 次子 景宽 三子 景仁 四子 景祥

五子　景全

　　廷相　妻　贺氏　生一子二女　子　香久（又名连仓）长女　适关氏　次女 适朱氏

　　廷举　妻　付氏　生一子　满库（缺嗣）

　　廷用　妻　戴氏　生一子　满仓（缺嗣）

　　廷臣　妻　吴氏　生五子　长子　景昌（又名宝善）次子　秀昌（缺嗣）三子　恩昌（缺嗣）四子　福昌（缺嗣）五子　吉昌（缺嗣）

　　廷绪　妻　张氏　缺嗣

　　廷栋　妻　胡氏　缺嗣

　　廷璧　妻　汪氏　生一子　宝恒

　　廷玺　妻　何氏　生三子　长子　景森　次子　景春　三子　景明

　　廷宪　妻　刘氏　生二子一女　长子　恩惠　次子　金惠　女　适徐氏（古城卜）

　　福兴阿　妻　吴氏　生三子　长子　宝库　次子　宝仓　三子　宝成

　　庆春　缺嗣

十世

　　恩奇　妻　何氏　生三子　长子　茹芳　次子　明芳　三子　春芳

　　恩普　妻　吴氏　生一子　明芳

　　景瑞　妻　李氏　生二子　长子　喜芳　次子　永芳

　　景宽　妻　邓氏　关氏　生五子四女　长子　依和　次子　来和　三子　黑和　四子　福和　五子　树芳　长女　适张氏（北英城）次女　适郭氏（河北村）三女　适胡氏　四女　适吴氏（大湾屯）

　　景仁　妻　萧氏　生二女　长女　适徐氏（大湾屯）次女　适张氏（古城堡）

　　景祥　妻　付氏　生一子　荣芳

　　景全　妻　王氏　生一子　成和

　　香久（又名连仓）妻　吴氏　生四子二女　长子　庆芳　次子　振芳　三子　贵芳　四子　志芳　长女　荣华　适张氏（古城堡）次女　桂华　适张氏

（大湾屯）

　　景昌（又名宝善，于解放前迁往黑龙江省拉哈居住后无音信）

　　宝恒（居三家子乡董孤家子村）妻 刘振援 生二子一女 长子 英杰 次子 英力 女 英华 适张氏（居沈阳）

　　景森 妻 配氏 生一女 玉兰适王氏（居抚顺）

　　景春 妻 刘氏 生一子二女 子 润芳 长女 艳华 适刘氏（居黑龙江克山县北兴镇）次女 秀华 适孙氏（居黑龙江克山县北兴镇）

　　景明 妻 杜桂云 生二子 长子 八和 次子 九和

　　恩惠 妻 配氏 生二女 长女 适杨氏（样卜）次女 适王氏（英城子）

　　金惠 妻 配氏 生一子 荣芳

　　宝库 妻 刘氏 生四子二女 长子 荣泰 次子 荣贵 三子 荣秀 四子 荣权 长女 适李氏（庆云堡）次女 适吴氏（大湾屯）

　　宝仓 妻 配氏 生二子一女 长子 贺林 次子 贺明 女 淑芹 适王氏

　　宝成 妻 配氏 生一子 胜德

十一世

　　茹芳（原名吉和）妻 刘氏 生一子 本元

　　春芳（原名中和）妻 王氏、关氏 生二子 长子 本元 次子 承元

　　明芳（原名庆和，出继恩普）妻 黄贵珍 生三子一女 长子 绍元 次子 希元 三子 志元 女 秀元 适曲氏（中固）

　　喜芳 妻 刘氏（居金钩子）生三子二女 长子 秀平 次子 秀安 三子 秀范 长女 秀艳 适张氏（开原）次女 秋艳 适魏氏（铁岭）

　　永芳 妻 王桂芹（居本溪）生三子二女 长子 学文 次子 学军 三子 学力 长女 淑艳 次女 艳杰 适郭氏

　　依和 妻 王氏（缺嗣）

　　来和 妻 吴氏 生一子二女 子 国元 长女 适吴氏（老虎头）次女 适王氏（样卜）

　　黑和 妻 唐氏（本支均居八宝村）生二子二女 长子 忠元 次子 新元 长女 桂珍 适宋氏（马圈子）次女 淑范 适丁氏（八宝）

福和　妻　刘福贞（居沈阳）生四子一女　长子　昆山　次子　宝山　三子　富山　四子　仁山　女　桂美

树芳　妻　朝淑芳（居沈阳）生一子五女　子　连山　长女　桂华　适孙氏（沈阳）次女　桂敏　适吴氏（新城子）三女　桂芹　适杨氏（沈阳）四女　桂荣　五女　桂兰

荣芳（居宁夏石嘴山）妻　王氏　生四子三女　长子　忠岳　次子　忠明　三子　忠茂　四子　忠惠　长女　桂君　适董氏　次女　桂杰　适吴氏　三女　桂清

成和　妻　配氏　生二女　长女　淑芝　适黄氏（沈阳）次女　淑英　适王氏（沈阳）

庆芳（居宁夏）妻　安桂芹　生一子四女　子　爱刚　长女　锁芝　次女　亚芝　三女　爱芝　四女　爱弟

振芳　妻　付桂芬　生三子三女　长子　凤彦　次子　惠彦　三子　宏彦　长女　凤芝　适张氏（大湾屯）次女　秋芝　适柏氏（大湾屯）三女　艳芝

贵芳　妻　付玉荣　生一子三女　子　力伟　长女　立坤　次女　立宏　三女　立新

志芳　妻　唐晓芳　生一子一女　子　关涛　女　关静

英杰　妻　李俊芳　生一子一女　子　关岩　女　关昕

润芳　妻　曹福兰　生二子　长子　喜元　次子　宏元

八和（居三家子乡董孤家子村）妻　项恩玲　生一子二女　子　立海　长女　立娜　次女　立杰

九和（居三家子乡董孤家子村）妻　邵国贤　生二女　长女　立芬　次女　立丹

荣芳　妻　高淑范　生二子三女　长子　常海　次子　常吉　长女　秀艳　适任氏（大湾屯）次女　秀芝　适吴氏（清河镇）三女　秀云　适刘氏（大湾屯）

荣泰（原名常泰）缺嗣

荣贵（原名常贵）缺嗣

荣秀（原名小秃）缺嗣

荣权（原名常锁）妻　杨玉芹　生二女　长女　书艳　适关氏（开原）次

女 俊艳适黄氏（大湾屯）

贺林 妻 赵氏 生一子 俊元

贺明（河北）妻 马氏 生三子二女 长子 秀元 次子 锡元 三子 铁元 长女 秀红 适杨氏（上海）次女 秀清（上海）

胜德（于旧民国时期离家出走一九五七年给家乡来信一封，知其陕西省住后无音信）

十二世

本元（出继茹芳）妻 宋氏 生一子 大仑

承元（居宁夏石嘴山）妻 胡淑琴 生三子三女 长子 耀仑 次子 英仑 三子 洪仑 长女 丰玉 适沈氏 次女 平玉 适郑氏 三女 光玉 适王氏

绍元 妻 王桂范 生一子三女 子 忠凯 长女 向东 适林氏 次女 建平 适李氏 三女 卫平 适张氏

希元 妻 薛宝珍 生一子一女 子 关峰 女 关丽适关氏

志元（居沈阳）妻 王淑菲 生一子 关键

秀平 妻 董淑华 生一女 明月

秀安 妻 梁红杰 生一女 明明

秀范 妻 吴艳明 生一子 明儒

国元 妻 孟淑范 生二子四女 长子 铁仑 次子 明仑 长女 秀华 适李氏（河北村）次女 秀芹 适姜氏（大湾屯）三女 秀云 适李氏（八宝屯）四女 秀红

忠元 妻 关常荣 生三子二女 长子 岳武 次子 岳文 三子 岳臣 长女 春华 次女 秋华

新元 妻 张玉清 生二子一女 长子 岳斌 次子 岳会 女 艳梅

昆山 妻 配氏 生一子 宏伟

忠岳 妻 刘宏娣

忠明 妻 张云凤 生二子一女 长子 华仑 次子 铁仑 女 铁英

忠茂 妻 刘翠平 生一女 珍珍

忠惠 妻 邢志萍

凤彦 妻 么丙兰 生一子二女 子 关军 长女 关怀 次女 关新
惠彦 妻 张桂花 生一子 关超
力伟 妻 常丽荣 生一子一女 子 关闯 女 关娜
常海 妻 国淑丽 生二子 长子 铁锁 次子 关旭
常吉 妻 房玉兰 生一女 关雪
俊元 妻 庄树英 生三子 长子 洪文 次子 洪岩 三子 洪大
秀元 妻 高惠珍 生一子 洪凯
锡元 妻 李伟 生一子 洪宇

十三世

大仑 妻 肖淑英 生一子三女 维新 长女 艳霞 次女 明霞 三女 丽霞
英仑 妻 乔亚萍 生二子 长子 关伟 次子 关林
忠凯 妻 杨咏梅
铁仑 妻 关春荣 生二女 长女 关微 次女 关杰
明仑 妻 孙秀芹 生一女 关洋
岳武 妻 马丽华
岳文 妻 杨亚君
洪文 妻 杨丽杰 生一子 关野
洪岩 妻 吴秀芝 生一女 冬子
洪大 妻 任桂莲 生一女 关冰

十四世

（从略见上）

穆二支

四世

穆哈达

五世

富那笋 生一子 撮胡奈

六世

撮胡奈（领催）妻 关氏 生一子 色伯京厄

七世

色伯京厄（委官）妻 胡氏 生一子 或布兴阿

八世

或布兴阿 妻 白氏 生一子 根成

九世

根成（承继）缺嗣

扎三支

四世

扎力虎 生一子 福兴阿

五世

福兴阿 生一子 依林保

六世

依林保（兵）生二子 长子 凌福 次子 留住

七世

凌福 妻 关氏 生二子 长子 太平氏 次子 保仓

留住 妻 何氏 生二子 长子 束林阿 次子 所隆阿

八世

太平氏 妻 何氏 缺嗣

保仓 妻 陈氏 生一子 根春

束林阿 妻 刘氏 汪氏 生一子 俊德

所隆阿 妻 配氏 生一子二女 子 俊贤 长女 适关氏（李家窝棚）次女 适关氏（单楼台）

九世

根春 外戚承继、缺嗣

俊德 妻 黄氏 缺嗣

俊贤 妻 配氏 生二子 长子 荣谦（失踪）次子 荣春

十世

荣春 妻 张淑英 生一子二女 子 明伟 长女 坤辉 适周氏（大湾）次女 艳辉 适赵氏（胡家村）

十一世

明伟 妻 张亚馥 生二子 长子 关彪 次子 关崇

十二世

（从略见上）

保四支

四世

关保（委官）生一子 关依那

五世

关依那 妻 赵氏 生七子 长子 和琫厄 次子 和生厄 三子 和成厄 四子 穆腾厄 五子 穆楞厄 六子 木克登厄 七子 佛力恒厄

大西院 小东门 前耳房 大东门 后二房（和琫厄支）

六世

和琫厄（催领）妻 白氏 生四子 长子 吉尔达春 次子 他克达春 三子 公讷春 四子 成恩

七世

吉尔达春 妻 配氏 生三子 长子 永兴 次子 永恒 三子 永安（缺嗣）

他克达春（兵）妻 何氏、高氏 生三子 长子 永庆 次子 永吉 三子 裕恩

公讷春 妻 张氏 生一子 裕新

成恩 妻 何氏 生二子 长子 裕贵 次子 裕民

八世

永兴（兵）妻 关氏 生三子 长子 俊丰（缺嗣）次子 俊骥 三子 俊

逸 生一女 适石氏

永恒 妻 关氏 生二子 长子 俊秀 次子 俊儒 生一女 适刘氏（老城镇）

永庆（兵）妻 田氏 生一子 德绪

永吉 妻 罗氏、胡氏 生二子 长子 德成（又名俊才）次子 德芳（又名俊明）生二女 长女 适郭氏（八宝屯）次女 适关氏（老虎头）

裕恩（兵）妻 付氏 生一子 德升

裕新 妻 刘氏 生三子三女 长子 俊彦 次子 俊方 三子 俊英 长女 俊芝 适籍氏（三台子）次女 俊慧 适徐氏（王屯）三女 俊茹 适洪氏（老城）

裕贵（兵）妻 伊氏 生二子三女 长子 俊功 次子 俊业 字子勤 长女 适王氏（马圈子）次女 适任氏（和顺屯）三女 适商氏（二社）

裕民 妻 陶氏、徐氏 生二子二女 长子 俊岳 次子 俊印 长女 适王氏（古城卜）次女 适佟氏（大湾屯）

九世

俊骥（原名连璧又名连顺）妻 马氏

俊逸 妻 王氏

俊秀 妻 关氏

俊儒 妻 关氏、金氏

德绪（侯补骁骑校）妻 李氏、郭氏

德成（又名俊才）妻 关氏、李氏

德芳（又名俊明）妻 付氏、鞏氏

俊彦 妻 许氏、王玉洁

俊方 妻 刘氏

俊英 妻 苏氏、白氏、贾氏

俊功 妻 任氏

俊业（字子勤）妻 付氏

俊岳 妻 配氏

俊印 妻 何氏

大西院

九世

俊丰 缺嗣

俊骥（原名连璧又名连顺） 妻 马氏 生二子 长子 宝瑞 次子 宝琨

俊逸 妻 王氏 生二子一女 长子 宝良 次子 宝善 女 适张氏（何家芯子）

十世

宝瑞 妻 王氏 生三子 长子 荣田 次子 荣昌 三子 荣富

宝琨 妻 刘氏 生二子五女 长子 荣贵 次子 荣启 长女 玉珠 适徐氏（开原） 次女 玉清 适赵氏（四平） 三女 玉凤 适崔氏（宝鸡） 四女 玉芬 适张氏（宝鸡） 五女 玉珍 适鄢氏（大湾屯）

宝良 妻 刘氏 生三子 长子 铁刚 次子 铁元 三子 铁军

宝善 妻 吴氏 生一子一女 子 关辛 女 关敬 适马氏

十一世

荣田（居古城卜） 妻 李氏 生三子二女 长子 成林 次子 虎林 三子 占林 长女 佰华 适贾氏（贾屯） 次女 佰清

荣昌 妻 高玉奇 生二子三女 长子 兴林 次子 兴伟 长女 亚贤 适付氏（大湾屯） 次女 亚杰 适刘氏（大湾屯） 三女 亚芝 适崔氏（马圈子）

荣富 妻 冯国芹 生二子二女 长子 伍林 次子 丰林 长女 丽华 适李氏（五家沟） 次女 杰华 适刘氏（贾屯）

荣贵 妻 尤桂兰 生一子二女 子 兴奇 长女 亚萍 次女 亚芳

荣启 妻 赵秀荣 生一子一女 子 兴权 女 亚新

铁刚（居八宝屯） 妻 朱玉 生一子三女 子 关兴 长女 金霞 次女 金岩 三女 金彦

铁元（居八宝屯） 妻 王凤贤 生一子二女 子 关奇 长女 关洋 次女 关静

铁军（居八宝屯） 妻 张铁霞 生一子一女 子 关历 女 关玲
关辛 妻 乔丽燕

十二世

兴林 妻 刘亚范 生二女 长女 秀红 次女 秀梅
兴伟 妻 徐云霞 生二子一女 长子 春永 次子 春胜 女 春光
伍林 妻 张敬珍 生一子一女 子 春雷 女 关辉
丰林 妻 侯翠珠

十三世

（从略见上）

小东门

九世

俊秀 妻 关氏 生一子 宝泰
俊儒 妻 关氏、金氏 缺嗣

十世

宝泰 妻 付氏、付氏、吴氏 生二子二女 长子 荣翰 次子 荣卜 长女 荣范 适王氏（关公台） 次女 关占（居长春市）

十一世

荣翰 妻 高玉珍 生一子 兴达
荣卜（居昌图八面城） 妻 郭杰 生一女 丹枫

十二世

兴达 妻 周淑芳 生一子一女 子 建明 女 秀丽

十三世

（从略见上）

前耳房

九世

德绪（侯补骁骑校） 妻 李氏、郭氏 生三子一女 长子 宝蓉（出继

德升）次子 宝奎 三子 鹤仲 女 适陈氏（昌图县大房身）

德成（又名俊才）妻 关氏、李氏 生二子三女 长子 宝珩（又名书魁）次子 宝孚［又名菊乐，也叫宝绂（琚）］长女 适吴氏（和龙县）次女 淑范 适张氏（南花楼）三女 淑春 适董氏（柴家窝棚）

德芳（又名俊明）妻 付氏、鞏氏 生二子 长子 宝琦（又名金凯）次子 宝恒（又名金祥）

德升 生一子 宝蓉

十世

宝奎 妻 配康氏 生一子一女 子 旭光 女 素心 适冯氏（四平）

鹤仲（长春）妻 张厚荣 生五子 长子 关毅 次子 关刚 三子 关越 四子 关超 五子 关杰

宝珩（又名书魁）妻 张氏 生二女 长女 适嫁 次女 适嫁

宝孚（又名菊乐，居北京房山县）妻 赵玉清 生二子 长子 毅中 次子 毅彬

宝琦（又名金凯，于旧民国年间迁至海伦居住后无音信）

宝恒（又名金祥，于旧民国年间迁至海伦居住后无音信）

宝蓉（承继）妻 蔡氏 生一子 荣昌（原名常富）

十一世

旭光 妻 毛羽新 生一子一女 子 立波 女 雪松

关毅 妻 王美艳 生一子一女 子 卫东 女 卫红适徐氏（长春）

关刚 妻 王淑兰 生一子二女 子 东平 长女 秋红 次女 春雁

关越 妻 郜素范 生一子 卫民

关超 妻 陈妍 生二女 长女 大龙 次女 二龙

关杰 妻 谭海华 生一子 东栋

毅中 妻 童秀芳 生一子二女 子 晓峰 长女 艳华 次女 艳丽

毅彬 妻 杨玉环 生一子 关凯

十二世

立波 妻 孙雅英 生一子 云峰

十三世

（从略见上）

大东门

九世

俊彦　妻　许氏、王玉洁　生五子二女　长子　鹤鸣（少亡）次子　鹤田　三子　鹤椿　四子　鹤童（桐）五子　鹤枫　长女　贵贞适李氏（吉林市）次女　淑贞适宋氏（塘沽）

俊方　妻　刘氏　生二子　长子　鹤荣　次子　鹤清

俊英　妻　苏氏、白氏、贾氏　生三子一女　长子　鹤轩　次子　鹤岩　三子　鹤乔　女　佩　贞适丁氏（长春）

十世

鹤田　妻　张惠连　生一子二女　子　大任　长女　孟齐　适沈氏（北京）次女　孟华　适武氏（北京）

鹤椿（又名宝椿，居长春）妻　张艳华　生一女　孟麟

鹤童（桐，又名宝桐）妻　贺高洁　生一子一女　子　战龙　女　英虹　适范氏

鹤枫　妻　肖静璞　生二女　长女　孟萱　适张氏（长春）次女　孟昕

鹤荣（又名宝光）妻　王氏、关志贤　生四子三女　长子　伯石　次子　伯成　三子　伯忠　四子　伯厚　长女　宝石　适付氏（付屯）次女　伯娟　适郑氏（英城子）三女　伯茹　适宁氏（五家沟）

鹤清（又名宝书）妻　白素芳　生三子一女　长子　伯军　次子　伯学　三子　伯权　女　艳华　适于氏（居抚顺市）

鹤轩（又名宝瑄，居长春市）妻　武立贤　生四子　长子　伯衡　次子　伯勋　三子　伯鹏　四子　伯川

鹤岩（又名宝言）妻　舟冰　生二子四女　长子　伊龙　次子　伊季　长女　伊妮　适刘氏　次女　兰妮　适郭氏　三女　伊琳　适李氏　四女　伊琅　适周氏

鹤乔　妻　刘维贤　生一女　关奇

十一世

大任　妻　姚绪荣　生一子一女　子　继铮　女　迎晖

战龙　妻　嵋琳（继红）生一子一女　子　宇清　女　丹

英虹　适范氏（北京）生一女　墨尔根芝

伯石　妻　赵芹香　生二子四女　长子　天民　次子　天刚　长女　照红　次女　照丽　适李氏　三女　照娟　四女　照辉

伯成（居四平市）妻　潘金霞　生一子三女　子　庆印　长女　立红　次女　立兄　三女　立志

伯忠　妻　钟亚坤　生二子一女　长子　庆国　次子　庆涛　女　丽娜

伯厚　妻　张淑华　生一子一女　子　庆波　女　丽萍

伯军　妻　丛玉芬　生三女　长女　关宇　次女　关宏　三女　关波

伯学（伊春市）妻　宋英连　生一子二女　子　晓辉　长女　关静　次女　关丽

伯权　妻　程凤静　生一女　云萍

伯衡　妻　代文秀　生一子　关达

伯勋　妻　袁晶　生一子　关塞

伯鹏　妻　朱洪君　生二子　长子　尔密　次子　尔佳

伯川　妻　孙春英　生一女　关尔江离

伊龙　妻　杜辽芝　生二子　长子　关辰　次子　关阳

伊季　妻　马瑞霞　生一子　博闻

十二世

（从略见上）

后耳房

九世

俊功　妻　任氏　生一子三女　子　宝明　长女　书荣　适刘氏（刘屯）次女　春荣　适韩氏（双楼台）三女　书春　适张氏（三台子）

俊业　妻　付氏　生一子一女　子　宝伦　女　书慧　适韩氏（四社）

俊嶽　妻　陶氏、关氏　生二子四女　长子　宝泽　次子　宝巨　长女　淑云　适郭氏（开原）次女　香云　适郭氏（锦州）三女　秀云　适王氏（古城卜）四女　全云　适李氏（富拉尔基）

俊印　妻　何氏　生一子二女　子　宝珍　长女　惠清　适苑氏（黑龙江省密山）次女　宝清　适富氏（富屯）

十世

宝明　妻　白氏　生二子三女　长子　翰儒　次子　四儒（又名关伟）长女　亚儒　适任氏（大湾屯）次女　宏儒　适刘氏（后马沟）三女　艳儒

宝伦　妻　胡氏、王氏　生一子二女　子　德儒　长女　玉朴　适陈氏（董孤家子）次女　玉新　适李氏（和顺屯）

宝泽　妻　配赵氏　生一女　荣杰　适刘氏（大湾屯）

宝珍　妻　高明兰　生一子四女　子　荣民　长女　荣芹　适孔氏（大湾屯）次女　荣兰　适尤氏（沈阳）三女　荣贤　适张氏（大湾屯）四女　荣菊　适高氏（高家窝棚）

十一世

翰儒　妻　刘桂范　生一子一女　子　关丰　女　静波

四儒（又名关伟）妻　刘宏霞　生一女　静珂

德儒　妻　李桂英　生一子一女　子　关聪　女　关颖

十二世

（从略见上）

前新房子

六世

和生厄　生四子　长子　吾尔喜京　次子　吾尔喜春　三子　吾京阿　四子　得克得春

七世

吾尔喜京（兵）妻　关氏　子　裕廷

吾尔喜春（领催，出继和成厄）妻　胡氏

吾京阿　妻　王氏　生二子　长子　宝林（缺嗣）　次子　裕安（出继吾京阿）

得克得春　妻　关氏　生三子　长子　裕文　次子　裕安　三子　裕春

八世

裕廷（兵，承继）　妻　关氏　生一子五女　长子　俊灵　长女　适孙氏（开原老城）　次女　适蒋氏（庆云卜）　三女　适付氏（大湾屯）　四女　适苏氏（广家窝棚）　五女　适李氏（车家窝棚）

裕安（承继）　妻　曲氏　生四子一女　长子　青山　次子　春山　三子　惠山　四子　奎山　女　适佟氏（大湾屯）

裕文　妻　白氏　生四子一女　长子　凤山　次子　景山　三子　荣山　四子　英山　女　适孙氏（古城卜）

裕春　妻　关氏　生一子一女　子　庆山　女　适关氏（小湾屯）

九世

俊灵　妻　何氏　生二子　长子　常志　次子　苏文

青山　妻　鄂氏　生四子二女　长子　恩良　次子　恩成　三子　子阳　四子　子玉　长女　适胡氏（头道房）　次女　适鄂氏（新城子）

春山　妻　何氏　缺嗣

惠山　妻　赵氏　缺嗣

奎山　妻　王氏　生二子二女　长子　子英　次子　杰英　长女　凤英适刘氏　次女　淑英适尹氏

凤山　妻　王氏　生二子　长子　士民　次子　士林

景山　妻　孙氏　生一子二女　长子　士昌　长女　适黄氏　次女　适李氏

荣山　妻　赵氏　生一子　恩和

英山　妻　罗氏　生二子二女　长子　士忠　次子　士权　长女　惠清　适孙氏（古城卜）　次女　秀清　适尹氏（内蒙古）

庆山　妻　配张氏　生一子二女　长子　士清　长女　亚清　适关氏（青海）　次女　亚贤　适刘氏（辽源）

十世

士民（居黑龙江） 妻 配氏 生二子三女 长子 忠华 次子 忠厚 长女 关伟 适李氏 次女 淑芹 适李氏 三女 关艳 适刘氏

士林 妻 佟氏 生三子三女 长子 忠泽 次子 忠树 三子 忠武 长女 玉明 适刘氏（古城卜） 次女 玉坤 适陈氏（河北省） 三女 玉秋 适瞿氏（西丰）

士昌 妻 吴氏 生四子 长子 荣福 次子 双福 三子 荣厚 四子 荣俊

恩和 妻 配氏 生一女 荣芝 适刘氏（八宝屯）

士忠 妻 李玉兰 生二子一女 长子 荣池 次子 关宁 女 孟然 适李氏（沈家窝棚）

士权 妻 刘亚贤 生三子三女 长子 荣联 次子 荣岐 三子 荣伟 长女 荣燕 适王氏（胡家窝棚） 次女 荣敏 适赵氏（英城子） 三女 荣霞 适张氏（古城卜）

士清 妻 白氏 生二子四女 长子 荣志 次子 荣德 长女 荣先 适刘氏（梁家窝棚） 次女 荣利 适白氏（大湾屯） 三女 荣文 适张氏（古城卜） 四女 荣娜

十一世

忠华 妻 张桂花 生二子 长子 双印 次子 双龙

忠厚 妻 任玉杰 生一子 关占

忠泽 妻 吴淑妨 生一子一女 子 关觊 女 关玲

荣福 妻 张淑英 生二子四女 长子 志远 次子 志华 长女 凤贤 次女 凤媛 适刘氏 三女 凤珍 四女 凤杰

双福（开原） 妻 关淑范 生一子四女 长子 志强 长女 凤伟 适杨氏 次女 凤菊 适张氏 三女 亚军 四女 凤玲

荣厚 妻 纪秀芹 生一子三女 子 志勇 长女 丽娟 适王氏 次女 凤娟 三女 书娟

荣俊 妻 黄淑娟 生一子二女 子 志成 长女 丽红 次女 丽杰

荣池 妻 董宝芹 生一子一女 子 蕴清 女 关丽

关宁　妻　孟淑杰　生一子一女　子　晓东　女　晓明
荣联　妻　贾文秋　生二子　长子　蕴华　次子　蕴丰
荣岐　妻　纪秀坤　生一子一女　子　蕴盈　女　秋华
荣伟　妻　寇桂梅　生一子　蕴闯
荣志　妻　陈玉芹　生一子一女　子　海军　女　海霞
荣德　妻　王淑岩

十二世

（从略见上）

老院（和成厄支）

六世

和成厄　妻　胡氏　生三子　长子　吾尔喜春　次子　依桑阿　三子　成瑞

穆腾厄（少亡）

七世

吾尔喜春（领催，出继和成厄）妻　胡氏　生五子　长子　裕亮　次子　庆德　三子　裕廷　四子　裕明　五子　裕奎

依桑阿（字普庵，二品顶戴花翎副都统衔协领贯任海龙城总管）妻　汪氏　生三子　长子　裕德　次子　裕泰　三子　裕丰

成瑞　妻　胡氏　生三子　长子　裕兴　次子　裕善　三子　裕福

八世

裕亮　妻关氏　生二子三女　长子　俊山　次子　俊卿　长女　适金氏（贾屯）次女　适付氏（大湾屯）三女　适邢氏

庆德（任凤凰营骁骑校）妻　关氏　生二子一女　长子　俊杰　次子　俊一　女　适罗氏（庆云卜）

裕廷（出继吾尔喜京，兵）妻　关氏

裕明（兵）妻　陶氏　生一子一女　子　俊堂　女　适全氏（开原老城）

裕奎　妻　何氏　生三子　长子　俊臣　次子　俊哲　三子　俊恺

裕德（领催）妻　康氏、朱氏　生二子一女　长子　英奇　次子　英奎　女

英华 适于氏（八宝屯）

　　裕泰（兵）妻 关氏 生二子 长子 麟书 次子 凤书

　　裕丰（骁骑校）妻 白氏 生一子 祥立

　　裕兴（兵）妻 孙氏 生三子 长子 文禄 次子 俊鹦 三子 俊相

　　裕善（兵武学）妻 陶氏 生三子 长子 国祺 次子 俊奇 三子 俊和

　　裕福 妻 董氏 生四子二女 长子 俊元 次子 俊丰 三子 俊阁 四子 俊禄 长女 适张氏（北英城）次女 适关氏（大湾屯）

九世

　　俊山（兵武学）妻 刘氏 生一子一女 子 连贵 女 适赵氏

　　俊卿 妻 罗氏 生二子一女 长子 宝儒（又名汉章）次子 宝英 女 适胡氏

　　俊杰 妻 配氏 生四子二女 长子 宝章（璋）次子 宝贵（缺嗣）三子 宝珍（缺嗣）四子 宝珠 长女 适付氏（大湾屯）次女 适胡氏（头道房）

　　俊一 妻 付氏、张氏 生二子 长子 山春 次子 连春

　　俊堂 妻 关氏 生二子 长子 常清 次子 常廉

　　俊臣 妻 赵氏 缺嗣

　　俊哲 妻 朱氏 生四子五女 长子 宝启 次子 宝良 三子 宝春 四子 宝勤 长女 桂环 次女 桂芹 三女 桂芝 四女 桂荣 五女 桂香

　　俊恺 妻 刘氏 生二子 长子 宝润 次子 宝生

　　英奇 妻 申氏 生一子 恩成

　　英奎 妻 关氏 生一子 恩熙

　　麟书 妻 宋史 生一子 世荣

　　凤书（居沈阳东陵区白塔铺）妻 关氏 任氏 生一女 雅清适郝氏

　　祥立 妻 白氏 缺嗣

　　文禄 妻 孙氏 生一子三女 子 连荣 长女 适邓氏（邓家油坊）次女 适赵氏（样卜）三女 适贾氏（和顺屯）

　　俊鹦 妻 付氏 生二女 长女 适嫁（何家堡子）次女 适付氏（北

花楼）

俊相 妻 胡氏 生二子 长子 清平 次子 清英

国祺 妻 关氏 生二子一女 长子 士良 次子 士范 女 适苏氏

俊奇 妻 任氏 生一女 适刘氏（新安卜）

俊和 妻 张氏 生二子二女 长子 宝志 次子 新生 长女 适王氏（四寨子）次女 适关氏（谭湘台）

俊元 妻 吴氏 生二子一女 长子 宝岩 次子 宝印 女 适李氏（庆云卜）

俊丰 生三女 长女 连珠 适刘氏（英城子）次女 淑云 适付氏（大湾屯）三女 桂云 适黄氏（胡家窝棚）

俊阁 妻 刘氏 生二子一女 长子 大印（少亡）次子 连印 女 瑞明 适付氏

俊禄 妻 张氏 生三女 长女 瑞云 适马氏（齐齐哈尔）次女 瑞兰 适刘氏（长春）三女 瑞雪

十世

连贵 又名海芳、宝田，妻 郭氏、单氏 生四子三女 长子 荣恩 次子 荣厚（居开原）三子 荣宽 四子 荣坤 长女 春花 适李氏（铁岭）次女 秋菊 适赵氏（金沟子莲花泡）三女 荣琴 适刘氏（金沟子乡东四家子）

宝儒 妻 罗氏、边镜茹 生一子三女 子 天玉 长女 玉琴（居邯郸市）次女 玉文（河南郏县）三女 玉华（河南郏县）

宝英 妻 罗氏 生一子五女 子 荣玉 长女 淑环 适张氏（古城卜）次女 淑坤 适胡氏（大湾屯）三女 淑华 适宋氏（马圈子）四女 淑清 适张氏（大庆油田）五女 淑贤 适许氏（大湾屯）

宝章（璋） 妻 配氏 生一子 荣喜

宝珠 生一女 玉琴 适张氏（抚顺市）

山春 妻 马氏 缺嗣

连春 妻 鞠淑芳 生三子四女 长子 铁志 次子 铁山 三子 铁刚 长女 秋菊 适郭氏（八宝屯）次女 艳菊 适王氏（双楼台）三女 冬菊 四女

桂菊

  常清 妻 王大英 生四子二女 长子 荣禄 次子 荣太 三子 荣林 四子 荣弟 长女 玉芬 适李氏（开原）次女 玉范 适付氏（大湾屯）

  常廉 妻 王桂英 缺嗣

  宝启（居鸡西市）妻 赵氏 生二子 长子 兴华 次子 兴安

  宝良（居黑龙江省密山县）妻 徐氏 生一子 兴文

  宝春 妻 常氏 生二女 长女 秀兰 次女 芬兰

  宝勤（居鸡西市）妻 李玉珍 生三子二女 长子 兴全 次子 兴波 三子 兴斌 长女 兴梅 次女 兴凡

  宝润（居黑龙江省密山县）妻 王敬先 生二子二女 长子 兴忠 次子 兴武 长女 翠兰（鸡西市）次女 纪兰（黑龙江）

  宝生（居黑龙江省密山县）妻 朱氏 生二子 长子 兴奎 次子 兴久

  恩成（居黑龙江省青岗县民政乡）妻 王氏 生二女 长女 适嫁 次女 适嫁

  世荣（又名宝丰）妻 胡氏 生四子 长子 志和 次子 志忠（少亡）三子 志明 四子 志武

  连荣（居吉林省海龙县）妻 赵氏 生二子二女 长子 玉民 次子 友民 长女 玉珍 适刘氏（义和屯）次女 保珍

  清平（原名宝祥）妻 王桂芝 生二子 长子 鲁刚 次子 宏伟

  清英（原名宝山 居河北省元氏县）生二子三女 长子 宏杰 次子 宏斌 长女 宏燕 适赵氏 次女 宏伟 三女 宏丽

  士良 妻 龚氏 生一子 石玉

  士范 妻 周氏 生四子一女 长子 双山 次子 双林 三子 双森 四子 双彦 女 淑青 适李氏（铁岭双井子）

  宝志（居吉林省延边）妻 任淑范 生二子一女 长子 关崇 次子 关琦 女 丽颖 适鹿氏

  新生（居吉林省延边，养子）妻 张淑英 生二子 长子 关鹏 次子 关俊宝岩（居黑龙江）妻 宋国清 生三子四女 长子 亚轩 次子 亚洲 三子 亚茹 长女 艳芬 次女 艳芳 三女 艳艳 四女 艳珍

宝印 妻 于桂印 生二子 长子 国林 次子 国权

连印 妻 刘氏 生二子 长子 英明 次子 英伟

十一世

荣恩 妻 刘淑珍 生四子二女 长子 久文 次子 久昌 三子 久庆 四子 久利 长女 立荣 适王氏 次女 立华 适王氏

荣厚（居开原）妻 穆书文 生二子四女 长子 久武 次子 久宏 长女 立霞 适李氏 次女 立娟 适李氏 三女 立杰 适汪氏 四女 立君

荣宽（居开原）又名洪文 妻 吴桂芝 生二子一女 长子 久祥 次子 久海 女 立敏 适邱氏

荣坤（又名洪彦）妻 屈玉芝 生二子二女 长子 久伟 次子 久东 长女 立英 适关氏 次女 立萍

天玉 妻 李菊环 生二子一女 长子 少军 次子 云峰 女 燕红

荣玉（居开原市黄旗寨乡）妻 高淑香 生一女 金凤

荣喜（又名凤喜）缺嗣

铁志 妻 周桂霞 生二子 长子 海舟 次子 海斌

荣禄 妻 王玉芹 生二子一女 长子 宏涛 次子 宏宇 女 王伟 适孙氏（广州市）

荣太 妻 宁淑清 生一子一女 子 宏彪 女 宏丽 适张氏（马圈子）

荣林 妻 王英 生一子一女 子 海涛 女 关静

荣弟 妻 杨秀芹 生三女 长女 卫华 次女 爱华 三女 保华

兴华 妻 王新民 生一子五女 子 亚信 长女 跃坤 次女 跃凤 三女 跃芹 四女 跃伟 五女 跃杰

兴安 妻 郭淑清 生二子二女 长子 亚辉 次子 亚军 长女 亚芳 次女 亚凤

兴文 妻 张秀兰 生二子 长子 亚明 次子 亚东

兴全 妻 马淑清 生一子一女 子 亚峰 女 亚娟

兴波 妻 曹艳霞

兴斌 妻 齐玉珍 生一子 亚洲

兴忠 妻 朱玉琴 生二子二女 长子 亚臣 次子 亚平 长女 亚君 适陈氏（韶关）次女 亚华 适张氏（广州市）

兴武 妻 张其 生一子 亚坤

兴奎 妻 李氏 生一子 亚斌

兴久 妻 董氏

志和（居吉林省范屯镇）妻 赵淑清 生二子二女 长子 联生 次子 联吉 长女 桂芝 适刘氏（范屯）次女 桂萍 适范氏（范屯）

志明 妻 杨华 生二子一女 长子 锐捷 次子 锐斌 女 瑞敏

志武 妻 孟秀兰 生一子四女 子 继源 长女 淑范 适高氏（居开原）次女 淑秋 适曹氏（居前三家子）三女 淑菊 适李氏（居前三家子）四女 淑清

玉民 妻 陈淑香 生一子 春生

友民 妻 张淑娟 生一子 春来

鲁刚 妻 康宝珍 生一子 志远

石玉 妻 郝绪荣 生二子 长子 少敏 次子 少杰

双山 妻 薛玉芝 生一子二女 子 少刚 长女 丽娟 次女 丽燕

双彦 妻 张玉贤 生一女 关新

关琦 妻 王明杰 生一子 佳音

亚茹 妻 杨如兰

英明 妻 施淑娟

十二世

久文 妻 王玉香 生二子 长子 成军 次子 成德

久昌 妻 薛春杰 生一子一女 子 成绪 女 海波

久庆 妻 胡丽红 生一子 成龙

久利 妻 刘亚华 生一女 海凤

久武 妻 韩春荣 生一子一女 子 成权 女 海慧

亚信 妻 姚丽娜 生一子一女 子 佳琦 女 微微

亚辉 妻 王立君 生一女 佳美

亚臣（韶关）妻 史冬兰 生一子 东玥

亚平 妻 杨秀梅 生一子 关琦

联生 妻 孙淑琴 生三子一女 长子 英杰 次子 晓波 三子 利波 女 雪萍 适谷氏（居长春）

联吉 妻 刘金芳 生三女 长女 利君 次女 利杰 三女 利玲

锐捷 妻 李惠英 生一女 关婧

锐斌 妻 梁凤云 生一女 婷婷

继源 妻 支荣娟 生一女 馨

十三世

英杰 妻 张索芹 生一子一女 子 关峰 女 关微

晓波 妻 王丽范

利波 妻 杨光 生一女 关越

十四世

（从略见上）

东下屋　荒园子（穆楞厄支）

六世

穆楞厄 妻 谢氏、白氏 生三子 长子 吾林德 次子 正亮 三子 成兴

七世

吾林德（兵）妻 苏氏 生二子 长子 裕和 次子 裕林

正亮（兵）妻 关氏、伊氏 生一子 裕林

成兴 妻 关氏 生一子 裕昆

八世

裕和（兵）妻 赵氏、金氏 生二子四女 长子 俊涛 次子 俊佐 长女 适刘氏（贾屯）次女 适那氏（三台子）三女 适孙氏（孙家窝棚）四女 适吴氏（高家窝棚）

裕林 承妻 胡氏 生二子三女 长子 俊恩 次子 俊荣 长女 适关氏（二道房）次女 适胡氏（小湾屯）三女 适毕氏（西丰）

裕昆（兵）妻 关氏、朱氏 生二子 长子 俊廷 次子 俊田

九世

俊涛 妻 吴氏

俊佐 妻 张氏

俊恩 妻 李氏

俊荣 妻 关氏

俊廷 妻 关氏

俊田 妻 关氏

东下屋

九世

俊涛 妻 吴氏 生一子四女 子 连恺 长女 适刘氏（贾屯）次女 适刘氏（八宝屯）三女 适佐氏（单楼台）四女 适陈氏（老虎头）

俊佐 妻 张氏 生二子 长子 连瑞 次子 连兴

俊恩 妻 李氏 生四子三女 长子 连奎 次子 连启 三子 连森（缺嗣）四子 连清 长女 适任氏（庆云卜）次女 适关氏（二道房）三女 适鞠氏（和顺屯）

俊荣 妻 关氏 生一子二女 子 连太 长女 秀芹 适甄氏（大湾屯）次女 秀兰 适沈氏（抚顺市）

十世

连恺 妻 韩氏、张氏 生五子一女 长子 树志 次子 树忠 三子 树德 四子 树宪 五子 树新 女 树慈 适律氏（大湾屯）

连瑞 妻 张氏 生一子 树林

连兴 妻 关氏 生二子二女 长子 树义 次子 树学 长女 树贺 次女 树棉

连奎 妻 张氏 生二子 长子 平安 次子 凤安

连启　妻　配氏　生二女　长女　树芳　次女　树文

连清　妻　董氏　生一子五女　子　树伟　长女　树元　适赵氏（许台）次女　树杰　适孟氏（大湾屯）三女　树石　适贺氏（开原）四女　树华　适高氏（黄旗寨）五女　树燕　适李氏（庆云卜）

连太　妻　陈淑娟　生一子一女　子　义敏　女　艳敏

十一世

树志　妻　关玉平　生二子　长子　关键　次子　关勇

树忠　妻　孙丽华　生二子一女　长子　跃臣　次子　跃刚　女　跃红

树德　妻　路庆茹　生一子二女　子　关放　长女　关允　次女　关可

树宪　妻　张冬青　王春杰　生一子二女　子　关猛　长女　关畅　次女　关爽

树新　妻　国淑英　生一子　关继

树林　妻　石桂琴　生二子　长子　宏波　次子　宏光

树义　妻　张秀清　生二子一女　长子　宏涛　次子　宏亮　女　艳丽

树学　妻　王惠敏　生二子　长子　宏声　次子　宏宇

平安　妻　路庆珍　生一子二女　子　静波　长女　丽杰　适董氏　次女　丽颖

凤安（居富屯）妻　武淑学　生二子一女　长子　静涛　次子　静权　女　丽范　适潘氏

树伟　妻　张丙玉　生一女　翠翠

十二世

（从略见上）

园子

九世

俊廷　妻　关氏　生二子　长子　宝中（缺嗣）次子　宝华

俊田　妻　关氏　生五子　长子　宝合　次子　宝民　三子　宝丰　四子　宝强　五子　宝文

十世

宝华　妻　刘桂连　生三子一女　长子　树森　次子　树良　三子　树海　女

秀芬 适孙氏

宝合（居庆云卜乡老虎头村）妻 吴纯茹 生二子三女 长子 文彦 次子 明彦 长女 书琴 适吴氏（老虎头）次女 秀英 适张氏（清河镇）三女 书凤 适詹氏（铁岭）

宝民（居和顺屯）妻 王氏 生四子二女 长子 国彦 次子 慧彦 三子 裕彦 四子 栋彦 长女 明轩 适李氏 次女 书媛

宝丰（居新立屯村）妻 关敬严 生二子一女 长子 忠彦 次子 关海 女 关艳 适马氏

宝强 妻 苏氏 生一女 书秋 适刘氏

宝文 妻 于桂兰 生一子四女 长子 关兵 长女 群燕 适张氏 次女 银燕 三女 金燕 四女 海燕

十一世

树森 妻 朱连芝 生一子一女 子 庆丰 女 丽梅

树良 妻 高景云 生一子一女 子 庆伟 女 庆玲

文彦 妻 贺淑媛 生一子一女 子 志义 女 冬梅

明彦 生二女 长女 关李继 次女 关黎

国彦 妻 吕桂清 生一子一女 子 大义 女 关薇

裕彦 妻 王淑彦 生一子 关荐

忠彦 妻 萧艳明 生一子 关鹏

关海 妻 丁仪洁 生一子 关航

关兵 又名鸿彦 妻 徐长杰

十二世

（从略见上）

后大院（木克登厄支）

六世

木刻登厄 妻 杜氏 生二子 长子 成春 次子 成英

七世

成春（兵）妻 何氏、谭氏 生二子 长子 景儒 次子 景祺

成英 妻 胡氏、刘氏 生二子 长子 松林 次子 裕惠

八世

景儒（童生）妻 关氏 生二子一女 长子 荣书 次子 塔书 女 适张氏（单楼台）

景祺（兵）妻 张氏 生四子一女 长子 安立 次子 庆立 三子 豪立 四子 丰立 女 适胡氏（小湾屯）

松林 妻 刘氏、唐氏 生七子四女 长子 俊起 次子 俊升 三子 俊奎 四子 俊丰 五子 俊纯（缺嗣）六子 俊厚（缺嗣）七子 俊诚（缺嗣）长女 适郭氏（谭湘台）次女 适关氏（八宝屯）三女 适孙氏（孙家窝棚）四女 适唐氏（和顺屯）

裕惠 妻 胡氏 生一子二女 子 俊方 长女 适徐氏（大湾屯）次女 适郭氏（黑龙江）

九世

荣书 妻 任氏 生四子 长子 崇文 次子 崇谦 三子 崇中 四子 崇智

塔书 妻 付氏 缺嗣

安立 妻 关氏、陶氏 生二子 长子 成武 次子 英武（缺嗣）

庆立 妻 关氏、张氏 生二子一女 长子 连武（缺嗣）次子 浚武 女 亚琴 适翟氏（贾屯）

豪立 妻 胡氏 生二子一女 长子 崇武 次子 国清 女 淑琴 适姚氏（吉林市）

丰立 妻 张氏 缺嗣

俊起 妻 李氏 生一子二女 子 宝安（又名连柱）长女 适安氏（大湾屯）次女 适董氏（台子沟）

俊升 妻 郑氏 生一女 适戴氏

俊奎 妻 赵氏 生三子三女 长子 佐臣 次子 佐发（少亡）三子 佐方（少亡）长女 适吴氏（三台子）次女 适尹氏（莲花泡）三女 适刘氏

十九、瓜尔佳（关）氏家谱

（莲花泡）

俊丰　妻　李氏　生一子一女　子　宝印　女　桂贤适张氏（北花楼）

俊方　妻　郭氏、郎氏　生五子四女　长子　国谦　次子　国范　三子　宝石　四子　宝秋　五子　宝矿　长女　秀杰　适纪氏（四川）次女　国清　适王氏（石家庄）三女　国志　适王氏（大连）四女　国芹　适关氏（大湾屯）

十世

崇谦　妻　石淑芹　生一子　立民

崇智　妻　谢淑凤　长妻　刘桂英　生一子三女　长子　东源　长女　永原　次女　永宁　三女　永馨

成武　妻　关氏　生二子　长子　德纯　次子　德本

浚武　妻　徐氏　生五子一女　长子　德轩　次子　德山　三子　德阳　四子　德义　五子　德启　女　红霞

崇武　妻　郭玉兰　生一子　德林

国清（居吉林市）妻　严氏　生四女　长女　秀珍　适金氏（吉林市）次女　秀范　适马氏（吉林市）三女　秀荣　四女　秀艳

宝安（又名连柱）妻　黄菊珍　生一子　宏兵

佐臣　妻　吴氏　生一子　育惠

宝印（居和顺屯村）妻　黄菊芬　生三子　长子　国良　次子　忠良　三子　士良

国谦（又名宝谦，居黑龙江省太来县）妻　吴氏　生二子二女　长子　亚文　次子　立伟　长女　亚杰　次女　亚兰

国范（又名宝范，居黑龙江省太来县）妻　陈氏　生一子五女　子　立丰　长女　亚芬　次女　亚凤　三女　亚英　四女　亚珍　五女　亚荣

宝石　妻　邱亚琴　生一女　关星

宝秋　妻　胡桂清　生一子三女　子　慧斌　长女　关宏　次女　关玲　三女　关凤

宝矿　妻　付彦珍　生二女　长女　关丹　次女　关阳

十一世

立民 妻 王秀荣 生二子 长子 卫国 次子 兴国

德纯 妻 黄淑清 生一子二女 长子 晓光 长女 关平 适李氏 次女 关丽

德本 妻 任玉梅 生三子 长子 关明 次子 关峰 三子 关伟

德轩 妻 吴淑芝 生二子 长子 兴华 次子 兴波

德山 妻 籍仁芝 生一子一女 子 兴健 女 关磊

德阳 妻 白文艳 生一子 兴东

德义 妻 付艳敏 生一女 关莹

德林 妻 董岳珍 生二子一女 长子 晓伟 次子 晓新 女 关兵

宏兵（外戚承继）妻 代惠清 生一子 关龙

育惠（居金钩子莲花泡村）妻 王淑兰 生三子 长子 涛军 次子 海军 三子 成军

国良 妻 刘桂琴 生一子二女 子 叶洲 长女 红叶 次女 叶辉

忠良 妻 张淑兰 生一女 叶霞

士良 妻 崔丽华 生二女 长女 叶春 次女 叶萍

立伟 生一子 锁住

十二世

（从略见上）

前老院 瓦房（佛力 恒厄支）

六世

佛历恒厄 妻 关氏 生五子 长子 成福 次子 成禄 三子 成祯 四子 成祥 五子 成全

七世

成福 妻 付氏 生一子 裕宽

成禄 妻 关氏 生一子 裕芳

成祯 妻 胡氏 生二子 长子 裕宽 次子 裕长

成祥　妻　付氏　生二子　长子　裕山（缺嗣）次子　裕国

成全　妻　申氏　生二子　长子　裕满　次子　裕堂

八世

裕宽　妻　白氏（出继成福）生一子　俊泰

裕芳　妻　配氏　生二子二女　长子　俊显　次子　忠祥　长女　适吴氏　次女 适李氏

裕长　妻　吴氏　生四子　长子　秋明　次子　秋彦　三子　秋祥　四子　秋焕

裕国　妻　张氏　缺嗣

裕满　妻　耿氏　生二子五女　长子　俊经（又名俊超）次子　俊纶（又名俊章）长女　小兰　适吴氏（大湾屯）次女　翠兰　适赵氏（庆云卜）三女　凤兰　适丁氏（锦洲）四女　翠清　适关氏（小湾屯）五女　福兰　适李氏（开原）

裕堂　妻　赵氏　生一子女　子　俊纶　女　翠山适刘氏（八宝屯）

九世

俊显　妻　刘氏

忠祥　妻　刘氏

小兰适吴氏（大湾屯）

福兰适李氏（开原）

秋彦　妻　夏云清

秋祥　妻　刘书珍

秋焕　妻　王书芹

俊经（又名俊超）妻　吴氏

俊纶（又名俊章）妻　曹凤明

前老院

九世

俊泰　缺嗣

俊显　妻　刘氏　生二子三女　长子　智达　次子　智青（少亡）长女　秀范

二女 秀珍 适祁氏（北京） 三女 秀艳 适张氏（北京）

忠祥 妻 刘氏 生二子 长子 成群 次子 成春

秋明

秋彦（居本溪市）妻 夏云清 生三子 长子 智林 次子 智权 三子 智学

秋祥 妻 刘书珍 生三子二女 长子 智喜 次子 智连 三子 智绵 长女 凤媛 适孙氏（新立屯） 次女 凤权 适刘氏（十社）

秋焕 妻 王书芹 生二女 长女 凤宇 适姜氏（居北京） 次女 英姿

十世

智达 妻 张绘华 生一子一女 子 国卫 女 琳琳

成群（居开原）妻 王桂芹 生二子一女 长子 胜军 次子 胜海 女 艳玲

成春 妻 王国珍 生一子一女 子 胜涛 女 艳俊

智林 妻 汤荣琴 生一子 关旭

智权 妻 袁凤贤 生一女 关玥

智学 妻 李玉珍 生一女 关舒

智喜 妻 胡常菊 生一子一女 子 佰刚 女 佰慧

智连 妻 马彦君 生一子 鹏飞

十一世

胜军 妻 佟亚军 生一子 关宇

十二世

（从略见上）

瓦房

九世

俊超 妻 吴氏 生四子一女 长子 智春（失踪）次子 智生 三子 智岂 四子 智明 女 智逢 适郭氏（八宝屯）

俊章 妻 曹凤明 生二子五女 长子 智理 次子 智信 长女 文彦 适尹

氏（沈阳）次女 智彦 适周氏（沈阳）三女 云彦 适何氏（头道房）四女 杰彦 适柏氏（北英城）五女 敏彦

十世

智生（居金沟子乡头道）妻 高凤芹 生二子三女 长子 关忠 次子 关力 长女 关梅 适关氏（样卜）次女 关宇 适韩氏（刘屯）三女 关芳 适张氏（北英城）

智岂（居本溪市）妻 张凤芹 生二子一女 长子 关欣 次子 关辉 女 晓光

智明（居八宝乡茨林子村）妻 赵桂英 生二子二女 长子 关平 次子 关义 长女 关琳 次女 关彦

智理 妻 宫香华 生一子一女 子 关鹏 女 关娇

智信 妻 王淑婷 生一子 关野

十一世

关忠 妻 倪小敏 生二女 长女 美红 次女 美玉

关平 妻 郎淑彤

十二世

（从略见上）

后记

《开原大湾屯锡伯族瓜尔佳氏（关）宗谱》是一九八四年春季族叔苏文回乡省视，鉴于我族户大支繁，为了使我族后裔齿序井然，追源溯本，决定并亲自主持在关老修订的老谱基础上再次修续，并承担了印谱的全部费用。是继关老以后又一位关心、重视我族历史的人，为我关氏家族做出又一重大贡献。鹤童叔对本次修谱亦极为重视，虔心研究我族历史，依据历史资料和关老的手迹资料撰写了世谱序言，较详地记述了我族的族源。宝孚叔在体弱多病的情况下撰写了宗谱弁言，对修续族谱给予高度赞誉。

近代，由于不同的原因我族内一大部分人已迁居在外，分别迁至黑龙江、吉林、辽宁（省内各地）、河南、河北、宁夏、内蒙古、陕西、台湾、北京、上海、广州等地从事各种工作。修谱的调查工作有一定的难度，花费时间较长。但在众多族人启发、协助下，除几处查无音信（已在谱中注有说明），其余都直接或间接取得联系，查明世系，几经反复汇集成册。

在编辑过程中，从体例、结构等方面采纳了本族人好的建议。初稿广泛地征求本族人的意见，于一九八九年八月定稿。参加审定人有：关俊超、关秋明、关宝安、苏文、关鹤童、关宝伦、关志明、关洪斌。

在此对所有关心、支持本次修谱的人一并表示感谢！望我族有志于此之人士，若干年后再续。缵记族史，保持我族史之完整。

关荣林
一九八九年八月

［辽宁复县］东岗乡喇嘛庙关姓家谱

纂修人、纂修时间不详。排印本，一册。始祖王君汗，"原驻防在苏刷砚河扎汉多宽地方"，先后12批被征拨到北京、盛京、金州、辽阳、伊犁等地，分隶正黄、正白、镶白、正蓝、镶蓝、镶红各旗。因家谱对族人征调情况记载清晰，故"称其为《调兵实录》"。内容主要有序言、锡伯王君汗后[①]世谱系表6份，世系记至十二世。经勘比，该谱与本书收录［辽宁鞍山］《锡伯瓜尔佳氏谱书》、［黑龙江双城］《锡伯王君汉家谱》内容相似度极高，但人名汉译用字差异较大，世系关系虽大部分一致，但个别地方也有差异。可见，该支关氏与辽宁鞍山关姓（休晒一支）、黑龙江双城关氏（关明生一支）应为同宗同族，三部家谱内容汉译用字不尽相同，故传承上应有相对独立性。基于此，本家谱整理，除明显讹误，仍依

---

① ［辽宁复县］《东岗乡喇嘛庙关姓家谱》中为"锡伯王君汗"，［辽宁鞍山］《锡伯瓜尔佳氏谱书》为"锡伯御玉［王］军汗"，本谱为"锡伯王君汉"。堪比相关诸谱，虽［辽宁鞍山］《锡伯瓜尔佳氏谱书》所记存在一定讹误，但"王君汗""王军汗""王君汉"应为始祖满文名字汉译不同用字。

家谱原文录入。该谱现收藏于辽宁省大连市那启明处,《大连锡伯族》收录①。此据《大连锡伯族》收录家谱资料,并与[辽宁鞍山]《锡伯瓜尔佳氏谱书》和[黑龙江双城]《锡伯王君汉家谱》勘比校对整理。

序言

东岗乡喇嘛庙关姓家谱是对关姓南迁各地驻防的记录,称其为《调兵实录》,共拨往京都、伊犁、金州、辽阳和盛京五个地方共12批,即金州镶白旗一批、京都一批、伊犁一批、辽阳六批(正黄旗三批、正蓝旗二批、正白旗一批)、盛京三批(镶红旗一批、镶蓝旗一批、镶白旗一批)。这说明,关姓都是以调兵形式记录的家谱。这是锡伯族中较为特殊的家谱。

关姓家谱从始祖王军汗至长支范"延"字,已历22代,按一代25年计算,至今已有500余年的历史,故起始年代约在明朝天顺年间,是大连地区锡伯族修谱年代久远的一支。这支关姓人丁兴旺,将原谱与续谱整理在一起得知,东岗乡的关姓主要是吾巴太·扎拉胡七贝勒之五子图们的后代,即图们的长子和三子两大支系。续谱中有三支与老谱续不上,分别住在柏岚子、东巴尔虎、喇嘛庙三地,喇嘛庙在清代出了一位昭陵总管叫花良阿。

锡伯王君汗后世谱系表(1)

原兄弟三位在彼处已离散了,伊原驻防在苏刷砚河扎汉多宽地方,一户瓜垃佳氏锡伯奉

一世

锡伯王君汗 子 超(墨尔根衔)

二世

超(墨尔根衔)子 奇拉浒(巴图鲁衔)

---

① 大连锡伯族学会编:《大连锡伯族》,2004年3月铅印本,第182—190页。

三世

奇拉浒（巴图鲁衔） 达吉伦（都督） 万（都督） 占（都督） 额尔吉马（都督）

四世

达吉伦（都督）子 卜克蝉（贝勒）

额尔吉马（都督）子 托孟阿（贝勒）

五世

卜克蝉（贝勒）子 巴本（贝勒）

托孟阿（贝勒）子 托大［太］（巴克什）①

六世

巴本（贝勒）子 吾巴太·扎拉胡七（贝勒）

托大［太］（巴克什）子 那木布力 那木什

七世

吾巴太·扎拉胡七（贝勒）卜达力 阿密 阿力哈（衣特合勒图衔）② 绰克代 图们 筹合礼 说色 巴牙拉图（牛录章京）

那木布力 子 舒尔虎

那木什 子 达吉 图和门③

八世

卜达力 阿密 阿力哈（衣特合勒图衔）④ 绰克代 图们 筹合礼 说色 巴牙拉图（牛录章京）

舒尔虎 阿力珲 阿拉三

九世

阿力珲 阿拉三

---

① 此据［辽宁鞍山］《锡伯瓜尔佳氏谱书》校正。
② 原文为"阿力哈衣特合勒图"，此据［辽宁鞍山］《锡伯瓜尔佳氏谱书》校正。
③ 此据［辽宁鞍山］《锡伯瓜尔佳氏谱书》校正。
④ 原文为"阿力哈衣特合勒图"，此据［辽宁鞍山］《锡伯瓜尔佳氏谱书》校正。

13 批①：拨辽阳正白旗

锡伯王君汗后世谱系表（2）

七世

吾巴太·扎拉胡七（贝勒） 卜达力 阿密 阿力哈（衣特合勒图衔）② 绰克代升

八世

卜达力 子 托合代升

阿密 拉卜代 万 六什 国什 阿力珲

阿力哈 胡什布 占 阿哈达

绰克代升 那木升 艾岳什 俄奇勒 老蝉

九世

托合代升 子 色［乌］巴什③

拉卜代 子 丁住

（1）批 拨京都即北京：色［乌］巴什 丁住

万 厄尔格 恩厄得

（2）批 拨辽阳正黄旗：厄尔格 恩厄得

六什 康格得 万七

国什 子 克兴厄

阿力珲 阿什图 塔什图

（3）批 拨金州镶白旗：康格得 万七 克兴厄 阿什图 塔什图

胡什布 子 巴牙拉

占 僧保 法拉太 奇力克图 绰拉海 索伦

阿哈达 拉必 得拉图

---

① 家谱序言中记为"12 批"。
② 原文为"阿力哈衣特合勒图"，此据［辽宁鞍山］《锡伯瓜尔佳氏谱书》校正。
③ ［辽宁鞍山］《锡伯瓜尔佳氏谱书》为"吾巴什"，［黑龙江双城］《锡伯王君汉家谱》为"乌巴什"。

那木升

艾岳什 那思图 牛牛 阿拉孙

俄奇勒 子 舒勒虎

老蝉 绰乜贵 尼堪 扎兰布

十世

色〔乌〕巴什 丁住 厄尔格 恩厄得 康格得 万七 克兴厄 阿什图 塔什图 巴牙拉 法拉太

僧保 必力 尼堪

奇力克图 子 托格达

绰拉海 子 衣达马

索伦 子 吾拉胡莫

拉必 子 沙克七

得拉图 子 蒙古

那思图 子 巴力

牛牛 阿拉孙 舒勒虎 绰乜贵 尼堪 扎兰布

十一世

必力 尼堪 托格达

（4）批 拨盛京镶红旗：必力 尼堪 托格达

衣达马 吾拉胡莫 沙克七 蒙古

（5）批 拨盛京镶白旗：衣达马 吾拉胡莫 沙克七 蒙古

巴力

（6）批 拨辽阳正黄旗：巴力 牛牛 阿拉孙 舒勒虎 绰乜贵 尼堪 扎兰布

锡伯王君汗后世谱系表（3）

七世

吾巴太·扎拉胡七（贝勒） 子 图们

八世

图们 莫和勒 绰什西 嘎拉马

九世

莫和勒 奈密达力 嘎拉图 巴图

绰什西

嘎拉马 古水得 查克金 张一图 朱恩 阿那达

十世

奈密达力 和拉西 撒哈连 付卡 苏棍 衣伯根 花山

嘎拉图

巴图 长子 西达达 二子 沙金

古水得

查克金 扎克［木］苏① 厄勒卜 厄尔登厄

张一图 苏巴 衣丰［车］那② 三七格

朱恩 子 舒尔虎

阿那达 托勒河［虎］付寿 厄尔得厄

十一世

和拉西 衣克莫 提拉滚

撒哈连 子 科库

付卡 子 卡唐伊代

苏棍 子 五勒滚吉

衣伯根 金保 阿拉胡木 特布钦

花山 达尼 达来

西达达

沙金 厄勒得木 阿鲁木 浩格 卡吉

扎木苏 卡郎开 撒木哈图

---

① 本谱十二世、［辽宁鞍山］《锡伯瓜尔佳氏谱书》和［黑龙江双城］《锡伯王君汉家谱》均记为"扎木苏"。

② ［辽宁鞍山］《锡伯瓜尔佳氏谱书》为"衣车那"。

厄勒卜 厄尔登厄 苏巴 衣丰那 三七格

舒尔虎 巴代 音得布

托勒河［虎］衣增厄 塞尚阿 三音保

付寿 子 衣连保

厄尔得尔［厄］子 阿拉太

十二世

衣克莫 提拉滚 科库 卡唐伊代 五勒滚吉 金保 阿拉胡木 特布钦 达尼 达来 厄勒得木 阿鲁木 浩格 卡吉 卡郎开 撒木哈图 巴代 音得布 衣增厄 塞尚阿 三音保 衣连保 阿拉太

（7）批 一部分西迁伊犁、大部分留居复州

锡伯王君汗后世谱系表（4）

七世

吾巴太·扎拉胡七（贝勒）子 图们

八世

图们 诺木七 多勒吉 都拉麻

九世

诺木七 五代 他喜 胡图 说 说奴

多勒吉 厄勒 图阿拉

都拉麻 明安达 说海 苏木得 西迪 西什木 说伦 厄勒辛 衣勒图 阿木图

十世

五代 他喜 胡图 说 说奴 厄勒 图阿拉

明安达 子 牛和

说海 子 图和莫

苏木得

西迪 子 厄力七伦 吾斯会

西什木

说伦 子 厄尔得布

厄勒辛 子 鸟[乌]力图①

衣勒图 海青阿 卡拉哈

阿木图

十一世

牛和 阿吉海 阿司海 塔思海

图和莫

厄力七伦 官保 那三太

吾斯会 子 元保

厄尔得布 子 隆海

鸟[乌]力图②

海青阿 付三那 春喜

卡拉哈

十二世

阿吉海 阿司海 塔思海 官保 那三太 元保 隆海 付三那 春喜

锡伯王君汗后世谱系表（5）

七世

吾巴太·扎拉胡七（贝勒）子 图们

八世

筹合礼 他恩塔 来青

说色 麦色 吾楞五

巴牙拉图 子 查哈（牛录章京）

九世

他恩塔

---

① ［黑龙江双城］《锡伯王君汉家谱》为"乌尔图"。
② ［黑龙江双城］《锡伯王君汉家谱》为"乌尔图"。

来青

麦色 子 来格

吾楞五 子 厄格木

查哈 苏珠克图 科必图 阿吉木

十世

来格

9、10 批 拨辽阳正黄、正蓝两旗：他恩塔 来青 来格

11 批 拨盛京镶蓝旗 厄格木 苏珠克图 科必图 阿吉木

锡伯王君汗后世谱系表（6）

七世

吾巴太·扎拉胡起（贝勒）生一子 巴牙拉图

八世

巴牙拉图 □□ 都拉 必力卡（牛录章京）西什 五子 阿卜沙哈 六子 胡什图

九世

都拉 九七 班吉勒 班迪 和拉克

比［必］力卡（牛录章京）

西什 撒木代 绰思海

阿卜沙哈 沙都勒 音扎那 奇达木厄 诺木虎拉图

胡什图 厄堪 阿牛 衣拉他 厄克 衣特根 马尼卜 年瑞 绰尔吉

十世

九七 子 花山

班吉勒 俄巴尔 多色 阿卡 伯拉库

班迪 三保朱 罗格 伯拉洪代 阿吉格尔

和拉克 厄必伦 托克托合 郎图

撒木代

绰思海 子 达来

沙都勒 子 他林

音扎那 子 达拉

奇达木厄 诺木虎拉图 厄堪 阿牛

衣拉他 吾拉滚吉 扎尔哈马力

厄克 子 也尔退

伊［衣］特根 马尼卜 年瑞 绰尔吉

十一世

花山 子 赛库

俄巴尔 多色

阿卡 沙要 必力克

伯拉库 三保朱 罗格 伯拉洪代 阿吉格尔 厄必伦 托克托合 郎图

达来 子 栓中

他林 达拉 吾拉滚吉 扎尔哈马力 也尔退

十二世

赛库 沙要 必力克 栓中

［辽宁鞍山］锡伯瓜尔佳氏谱书

休哂抄录。清光绪六年（1880）抄本，一册。又题名《被拨往各地驻防兵员名录》和《拨往各地花名册》。始祖御玉［王］军汗[1]。据载，该谱是从档册中抄录而成，家族原兄弟三人，原驻防在"苏苏刷觇河扎汉多宽地方"，后兄弟离散。内容主要记述七世吾巴太·扎拉胡七一支自一世至十三世家族人员袭职和拨驻各地驻防情况，能反映吾巴太·扎拉胡七一支自一世祖至十三世谱系。

该谱书记述方式以父系血缘脉络一贯而下，父子、兄弟血缘承继关

---

[1] ［辽宁复县］《东岗乡喇嘛庙关姓家谱》为"王君汗"，［黑龙江双城］《锡伯王君汉家谱》为"王君汉"，故本谱"玉"应为"王"之讹误，"玉军汗"应为"王军汗"。

系较为明晰，但未标明代际，且存在同一人名汉译用字不同现象。因此，代际关系记载不明确，尤其九世以后，代际关系记载极不清晰。通过与本书收录［辽宁复县］《东岗乡喇嘛庙关姓家谱》、［黑龙江双城］《锡伯王君汉家谱》勘比，三部家谱虽人名等汉译用字差异较大，但世系关系大部分一致。可见，该支关氏与辽宁复县东岗乡喇嘛庙关姓及黑龙江双城关氏（关明生一支）应为同宗同族。但从存在差异上看，本家谱在传承过程中应具有一定独立性。该谱现收藏于辽宁省鞍山市关氏族人。《辽东满族家谱选编》收录。① 此据《辽东满族家谱选编》收录内容，并与［辽宁复县］《东岗乡喇嘛庙关姓家谱》和［黑龙江双城］《锡伯王君汉家谱》勘比校对整理。

原弟兄三位在彼处已离散了，伊原驻防在苏苏刷觇河扎汉多宽地方。
一户，另户瓜拉佳氏锡伯奉
（一世）② 御玉［王］军汗，之子名
（二世）超，莫勒墨尔根衔，之子名
（三世）奇拉浒，巴图鲁衔，之长子名
（四世）达古［吉］伦③，都督衔，次子名
万，都督，三子名
占，都督，四子名
额尔古［吉］马④，都督。
（四世）达古［吉］伦，都督之子名
（五世）卜克蝉，贝勒衔，之子名

---

① 本溪市党史地方志办公室编：《辽东满族家谱选编》，辽宁民族出版社2012年版，第127—130页。
② 括号内×世为编者注。下同。
③ ［辽宁复县］《东岗乡喇嘛庙关姓家谱》和［黑龙江双城］《锡伯王君汉家谱》为"达吉伦"。
④ ［辽宁复县］《东岗乡喇嘛庙关姓家谱》为"额尔吉马"，［黑龙江双城］《锡伯王君汉家谱》为"额勒吉莫"。

十九、瓜尔佳(关)氏家谱

（六世）巴木［本］①，贝勒衔，之子名

（七世）吾巴太，扎拉胡七，贝勒衔，之长子名

（八世）卜达力，次子名阿密，莫得七衔，三子名阿力哈，衣特合勒图衔，四子名绰克代升、五子名图们、六子名筹和礼、七子名说色、八子名巴雅拉图。由迪［达］吉伦、莫吉伦、卜达力之子等，皆为扎蓝章京衔。

（九世）托合代，之长子名（十世）吾巴什、次子名丁住

等此户皆拨京都住〔驻〕防。

（八世）阿密，莫得七［衔］，之长子名拉卜代、次子名万、三子名六什、四子名国什、五子名阿力晖。

（九世）拉卜代，之长子名（十世）五十八、次子名厄尔格、三子名恩厄得、四子名库格得。

（九世）万，之长子名万七、次子名克兴厄。

（九世）六什，之子名阿什图。

（九世）国什，之子名塔什图。

此户依伯根、必力克图、必力珲、阿力珲、五十八、厄尔格，等子皆拨辽阳正黄旗。

阿什图、塔什图、巴牙拉、克兴厄

等户皆拨金州城镶白旗。

（八世）阿力哈，衣特合勒图（衔），之子（九世）胡什布，之子（十世）僧保。次子（九世）名占，之长子（十世）奇力克图、次子绰拉海、三子索伦、四子拉必。奇力克图之长子（十一世）必力，次子尼堪。（十世）绰拉海之子（十一世）名法拉太，（十世）拉必之子名托格达，三子（九世）名阿哈达，之子名得拉图，（十世）那思图，之长子蒙古、次子巴力。（十世）得拉图之长子衣达马、次子吾拉胡莫、三子沙克七。

---

① ［辽宁复县］《东岗乡喇嘛庙关姓家谱》为"巴本"，［黑龙江双城］《锡伯王君汉家谱》为"巴奔"。

此户法拉太、衣伯根等子拨盛京镶红旗。

此户得拉图、那思图等子拨盛京镶白旗。

（八世）绰克代升，之长子名（九世）那木什、次子名艾岳什、三子名俄奇勒、四子名老蝉，那木什之子名（十世）牛牛、次子名阿拉孙、三子名舒勒虎，艾岳什之子名（十世）绰乜贵。俄奇勒之子名（十世）尼堪、扎兰布。

等户之子皆拨辽阳正黄旗。

（八世）图们之长子莫合勒、次子绰什西、三子噶拉马、四子诺木七、五子多拉吉、六子都拉麻。

（九世）莫合勒之长子奈密达力、噶拉图、巴图，（十世）奈密达力之长子和拉西、次子撒哈连、三子付卡、四子苏琨、五子衣伯根、六子花山。（十一世）和拉西之长子衣克莫、次子提拉滚、三子科库，（十一世）撒哈连之子卡唐依代，付卡之子吾勒滚吉。（十一世）衣伯根之子长子金保、次子阿拉胡木、三子特布钦。（十一世）花山之长子达尼、次子达来。（十世）噶拉图之子西达达、沙金。（十一世）沙金之子厄勒得木、次子阿鲁木、三子浩格、四子卡吉。（九世）噶拉马之子古木得、查克金、张一图、朱恩、阿那拉达，（十世）查克金之子扎木苏，（十一世）扎木苏之子卡郎开，撒木哈图次子厄勒卜、三子厄尔登厄。（十世）张一图之长子苏巴、次子衣车那。（十一世）衣车那之子三七格。（十世）朱恩之子舒尔虎，舒尔虎之长子巴代、次子言得布。（十世）阿那达之长子托勒合、次子付寿、三子厄尔得尼，（十一世）托勒合之长子阿增厄、次子衣增厄、三子赛尚阿、四子三音保。（十一世）付寿之子衣通保，（十一世）厄尔得尼之长子阿拉太，（九世）都拉麻之长子明安达力、次子说海色、三子苏木得、四子西迪、五子西什图、六子说伦、七子厄勒辛、八子衣勒图、九子阿木图。

（十世）明安达力之子牛和，（十一世）牛和之长子阿吉海、次子阿思海、三子塔思海，（十世）说海色之子图和莫，（十世）西迪之长子厄力七伦、次子吾斯令，（十一世）厄力七伦之长子官保、次子那三太，

（十一世）吾斯令之子元保。

等户之子续（拨）往依力①地方。

（十世）说伦之子厄尔得布，（十一世）厄尔得布之子隆海。（十世）厄勒辛之子乌力图，（十世）衣勒图之长子海青阿、次子卡拉哈，（十一世）海青阿之子付三那。（十世）阿木图无嗣。（九世）春喜之子那他，（九世）诺木七之长子吾拉代、次子他喜、三子胡图拉、四子说多、五子说奴，（九世）多勒吉之子厄勒合、图阿拉孙。

等户之子拨往盛京镶白旗。

（八世）绰合力之长子他思哈，（九世）他思哈之长子艾青、次子外七、三子图遂、四子达班太、五子胡什布、六子阿拉都哈、七子拉卜七、八子阿卜代，次子来青。（九世）来青之长子班迪、次子性格、三子胡拉胡、四子阿拉代，（九世）说色之长子麦色，麦色之长子来格、次子吾格五，吾格五之子（十二世）厄格木。

等户之子都拨辽阳正黄旗、正蓝旗。

（八世）牛录章京巴牙拉图之长子牛录章京查哈、次子都拉、三子朱录章京必力卡、四子西什、五子阿沙哈、六子胡什图、七子阿三太、八子牛录章京厄伦七。（九世）查哈之长子苏朱克图，（十世）苏朱克图之长子鲁他、次子阿敏、三子阿那朱、四子阿泌拉虎、五子三产、六子文都。（十一世）鲁他之长子图格勒、次子科必图，（十二世）科必图之长子马尔七该、次子扎该、三子图格莫、四子锤扎色、五子非羊五，三子阿吉木。（十二世）阿吉木之长子阿密灵吾、次子马拉赛、三子托思图、四子阿力拉克孙。（九世）都拉之长子凡七，凡七之长子花山，（十一世）花山之长子赛库。次子（十世）班吉勒，班吉勒之长子（十一世）俄巴尔、次子多色、三子阿卡。（十一世）阿卡之子沙要。（九世）必力克之长子得尔格勒，（十世）得尔格勒之长子噶卜拉、次子说瑞。次子五巴什，（十世）吾巴什之长子托多拉海、次子三音、三子家读，三子班

---

① 即伊犁。

迪，（十世）班迪之长子伯拉库、次子三保朱、三子罗格、四子伯拉洪代、五子阿吉格尔。四子和拉克，（十世）和拉克之长子厄必伦、次子托克托合、三子郎图。（九世）西什之长子撒木代，（十世）撒木代之子克拉卜。次子绰思海，（十世）绰思海之子达来，（十一世）达来之子栓中。（九世）阿木撒哈之长子沙都勒，（十世）沙都勒之长子他林。次子音扎那，（十世）音扎那之子达拉。三子（十世）奇达木厄，四子（十世）诺木虎拉图。（九世）胡什图之长子尼堪、次子阿牛、三子依拉他。（十世）依拉他之长子吾拉滚吉、次子扎尔马力、四子（十世）厄克，（十一世）厄克之子也尔退，五子衣特根，六子马尼卜，七子年瑞，八子绰尔吉。

等户之子皆拨盛京镶蓝旗。

（九世）阿三太之长子阿兰太，（十世）阿兰太之长子乌麦、次子阿力拉虎，次子诺木增，（十世）诺木增之长子阿拉卜、次子马拉、三子西住、四子罗格。三子扎木拉，（十世）扎木拉之长子麻七克图、次子他吉那、三子巴哈那、四子加珲。四子必鲁扎那，（十世）必鲁扎那之长子蒙古、次子吾拉代。五子扎贵，（十世）扎贵之长子扎哈力、次子伯七、三子果卜勒。六子衣思会。（九世）厄伦七之长子来住，（十世）来住之长子三音、次子俄多、三子阿泌拉虎。次子恩初。（九世）达克伦之长子厄黑、次子旦达力、三子秉图、四子图坤伦、五子图根。（九世）莫七伦之长子厄和力。达克伦，莫七伦。

等户之子都拨辽阳正蓝旗。

（四世）阿拉吉麻，都督之子，（五世）托孟阿，贝勒。伊之子，（六世）托太，巴克什。伊之子那木什、那木什力。（七世）那木什之子达吉、图和们，（七世）那木什力之子舒尔虎。（八世）舒尔虎之子阿力珲、阿拉三。

等户之子皆拨辽阳正白旗。

光绪六年二月中旬偶录　休哂

[辽宁沈阳] 昭陵总管花良阿家谱表

纂修人、纂修年份不详。打印本，一册。始祖自九世哈力吉始。据那启明考证，昭陵总管花良阿是锡伯御王军汗第十三代孙。家谱内容为九世哈力吉至十九世家族世系。辽宁省大连市那启明收藏。此据那启明提供家谱资料整理。

九世

哈力吉　生一子　衣拉他

十世

衣拉他　生一子　汗皮那

十一世

汉皮那　生二子　长子　阿力那　次子　西撒那

十二世

阿力那　生二子　长子　八十二　次子　花良阿（昭陵总管）

西撒那　生一子　四十九

十三世

八十二　生三子　长子　锡辛　次子　锡禄　三子　锡昌（图昌）

花良阿

四十九　生二子　长子　锡福　次子　锡住

十四世

锡辛

锡禄　生二子　长子　付力敏　次子　付力合

锡昌（图昌）

锡福　生一子　付力锦

锡住　生一子　格洪厄

十五世

付力敏　生二子　长子　关成玉　次子　关继清

付力合　生一子　关继世

付力锦

格洪厄

十六世

关成玉　生四子　长子　关世召　次子　关世烈　三子　关世绵　四子　关世常（出继）

关继清　生二子　长子　关世传　次子　关世德

关继世　关世常（过继）

十七世

关世召　关世烈　关世绵　关世传　关世德

关世常　生一子　关永刚

十八世

关永刚　生四子　长子　关明海　次子　关明文　三子　关明祥　四子　关明乙

十九世

（从略见上）

［黑龙江双城］锡伯王君汉家谱

纂修人不详。嘉庆六年（1801）九月重抄。手写本，谱单，一幅。满汉合璧谱。始祖锡伯王君汉①，原系兄弟三人，"驻防栓河行舟渡口"。世系记至十四代。该家谱原件残损，个别内容残缺，原谱汉译部分亦无句读。黑龙江省哈尔滨市双城区关明生收藏。此据关明生提供家谱资料原文录入，并附满文转写及内容校注。（家谱照片见附录8）

---

① ［辽宁复县］《东岗乡喇嘛庙关姓家谱》中为"锡伯王君汗"，［辽宁鞍山］《锡伯瓜尔佳氏谱书》为"锡伯御玉［王］军汗"，本谱为"锡伯王君汉"。堪比相关诸谱，虽［辽宁鞍山］《锡伯瓜尔佳氏谱书》所记存在一定讹误，但"王君汗""王军汗""王君汉"应为始祖满文名字汉译不同用字。

十九、瓜尔佳（关）氏家谱

此十辈阿希图，塔希图，依伯根，毕克图，毕里浑，巴雅尔等都在金州城厢白旗住。

十辈塔希图，依伯根，毕克图，毕里浑。九辈阿力浑之子：十辈巴雅尔。此十辈五十八，二格等在辽阳正黄旗住。

九辈拉普代之子：十辈五十八，二格，额昂德依。九辈晚之子：扎奇，克兴额。九辈六什之子：十辈阿希图。九辈郭什之子：

八辈阿敏莫德奇之长子九辈拉普代，次子九辈晚，三子九辈六什，四子九辈郭什，五子九辈阿里浑。

八辈布达里之子：参领，九辈托霍代，伊长子十辈乌巴什，次子十辈顶住。此乌巴什，顶住等都住京。

六子八辈丑合里，七子八辈硕色，八子八辈巴雅尔图。

八辈布达力，次子八辈阿敏，莫德奇。三子八辈阿力哈，依特合勒图。四子八辈绰克代升，五子八辈图们，

扎尔胡奇贝勒之子：

四辈达吉伦都督之子：五辈布克查恩，贝勒。五辈布克查恩贝勒之子：六辈巴奔，贝勒。六辈巴奔贝勒之子：七辈乌巴太。七辈扎尔胡奇，贝勒。七辈

四辈玩，都督。三子四辈占，四子四辈额勒吉莫，都督。

第一辈锡伯王君汉，二辈伊子超莫尔根，二辈超莫尔根之子：三辈奇勒胡，巴图鲁。三辈奇勒胡巴图鲁之长子四辈达吉伦，都督。次子

原系兄弟三人，由彼离散。伊等原驻防栓河，行舟渡口。

众议于嘉庆六年九月十二日复录。

由原驻防　来　世代

四子十一辈依伯根之子：十二辈吉木保，次子十二辈阿尔胡木，三子十二辈特普钦。

三子十一辈富喀之子：十二辈乌尔古吉。

次子十一辈萨哈连之子：十二辈喀唐依代。

体尔棍，十二辈三子阔阔。

根，十一辈花山。十一辈和尔喜之子：十二辈依克莫，十二辈次子

九辈莫霍尔之子：十辈奈米达力，十辈嘎尔图，十辈巴图。十辈次子

八辈图们之长子九辈莫霍尔，次子九辈绰斯喜，三子九辈嘎尔麻，四子九辈诺木奇，五子九辈多尔吉，六子九辈都尔麻。

九辈爱玉喜之子：十辈琢强贵。九辈倭奇尔之子：十辈扎勒布。此十辈妞妞，琢强贵，尼坎，扎勒布等在辽阳正黄旗住。

八辈绰克代升之长子九辈那木喜，次子九辈爱玉喜，三子九辈倭奇尔，四子九辈洛查恩。九辈那木喜之子：十辈妞妞，十辈阿尔孙，十辈舒勒胡。

此十三辈德勒图，那斯图等，在厢白旗住。

十三辈德勒图之子：十四辈依达麻，乌尔胡莫，沙克奇。十三辈那斯图之子：十四辈蒙古。此等巴力，发勒太，依伯根等在盛京厢红旗住。

十一辈奇力克图之子：十二辈毕力，尼坎。十一辈超拉海之子：十二辈发勒太，依伯根

之子：十三辈德勒图，那斯图。

八辈阿里哈，依特合勒图之长子九辈胡什布，九辈胡什布之子：十辈僧保，次子十辈占。占之子：十一辈奇力克图，超拉海，索伦，拉毕

十九、瓜尔佳(关)氏家谱

四子十辈硕洛恩之子：十一辈厄勒德布，伊子十二辈隆海。

三子十辈西第之子：十一辈额尔奇伦，乌斯辉。十一辈厄尔奇伦之子：十二辈官保，那斯太。十一辈乌斯辉之子：十二辈元保（拨往伊犁）

次子十辈硕海色之子：十一辈图胡莫。

十辈明安达力之子：十一辈牛合，伊子十二辈阿吉海，次子十二辈阿斯海，三子十二辈哈斯海。

九辈都尔麻之子：十辈明安达力，硕海色，苏木德依，西第，西西固，硕伦恩，额尔新，依勒图，阿木图。

十辈朱那之子：十一辈舒勒胡，伊子十二辈巴代，音德布。

十辈章依图之子：十一辈苏巴，依扯那那，三七格。

十一辈福寿之子：十二辈依通保。

十一辈厄尔德尼之子：十二辈那勒太。

十辈阿那之子：十一辈托尔霍，福寿，额尔德尼。十一辈托尔霍之长子十二辈和僧额，依僧厄，赛尚阿，三音保。

十辈次子查嘉之子：十一辈扎木苏。十一辈扎木苏之子：十二辈喀郎凯，萨木哈图（拟系查嘉），次子十一辈额勒布，三子十一辈额尔登尼。

九辈嘎尔麻之子：十辈库木德依，查嘉，章依图，朱那，阿那达。

十辈嘎尔图之子：十一辈西达达，沙金。十一辈沙金之子：十二辈额尔德木，次子十二辈阿鲁木，三子十二辈霍特格，四子十二辈喀吉。

五子十一辈花山之子：十二辈达尼，次子十二辈达来。

九辈毕里克之长子十辈德勒格尔，伊子十一辈嘎巴拉，硕多恩，次子十辈乌巴喜，伊子十一辈托多拉海，三音，嘉都。

九辈都拉之长子十辈樊奇，伊子十一辈华山，伊子十二辈赛库，次子十辈巴吉尔，伊子十一辈敖巴勒，多色。三子十辈阿撒，伊子十一辈沙尧。

九辈查哈之长子十辈苏朱克图，伊子十一辈禄塔，阿敏，阿那来，阿米拉胡，三音，温都。十一辈禄塔之子：十二辈图格勒，次子十二辈阔毕图。

伊子十三辈麻勒钦改，占改，图格们，冲扎普，裴羊吾。三子十二辈阿古木，伊子十三辈阿米凌固，麻尔赛，图斯那，阿力拉克孙。

俱在辽阳正黄旗，正蓝旗住。

毕里克，四子九辈西喜，五子九辈阿普撒哈，六子九辈胡希图，七子九辈阿撒太，八子九辈佐领厄勒恩奇。

八辈佐领巴雅尔图之长子九辈查哈，次子九辈阿都拉，三子佐领，九辈木，伊等。

九辈来青之子：十辈班第，兴格，胡勒胡，阿尔代，八辈硕色之长子九辈麦色。九辈麦色之子：十辈来格。次子九辈乌楞吾。九辈乌楞吾之子十辈额格

八辈丑合里之长子九辈塔斯哈，九辈塔斯哈之子：十辈爱青，外奇，图色依，达班代，胡希布，阿蓝都哈，拉普奇，阿普代。次子九辈来青

九辈诺木奇之子：十辈乌拉代，塔喜，胡图拉，硕多，硕诺代。九辈多尔吉之子：十辈厄尔合图，阿尔孙。伊等在盛京厢白旗居住。

九辈绰斯喜之子：十辈那塔。

七子十辈阿木图。

六子十辈依勒图之子：十一辈海青阿，次子十一辈喀尔奇哈。十一辈海青阿之子：十二辈富撒那。

五子十辈厄尔斯之子：十一辈乌尔图。

十九、瓜尔佳（关）氏家谱

伊子九辈阿力浑，阿尔三等在正白旗住。

力之子：八辈舒勒胡。

四辈厄勒吉莫都督之子：五辈托蒙阿，贝勒。伊子六辈托太，巴克什。伊子七辈那木喜，那木希力。七辈那木喜之子：八辈达彦，图合们，七辈那木希

伊子十一辈扎哈力，博启，嘎布尔。六子十辈尼斯惠。九辈厄勒恩奇之长子十辈郎住，伊子十一辈蒙古，蒙古代。

莫奇伦等俱在辽阳正兰旗住。

达吉伦之长子厄黑，次子丹达力，三子斌图，四子图棍，五子图根。莫奇伦之长子厄合力，此达吉伦，

扎木拉，伊子十一辈麻奇克图，塔吉那，巴嘎那，嘉浑。四子十辈毕鲁扎那，伊子十一辈三音，倭多，阿米拉胡。次子十辈斋奇恩楚。

九辈阿撒太之长子十辈阿蓝太，伊子十一辈诺木臧，次子十辈毕鲁扎那，伊子十一辈麻尔布，麻拉，西住，洛格。三子十辈扎贵，

五子十辈依特根，六子十辈麻尼布，七子十辈牛王固，八子十辈绰尔吉。伊等俱在盛京厢蓝旗住。

九辈胡希图之子：长子十辈尼坎，次子十辈阿牛，三子十辈乌尔古吉，扎勒麻力。四子十辈厄德依，伊子十一辈业尔特依。

九辈阿普撒哈之：长子沙都尔，伊子十一辈阿拉，次子十辈钦达麻尼，四子十辈诺木胡尔图。

九辈西喜之长子十辈萨木代，伊子十一辈嘎尔布。次子十辈绰斯胡，伊子十一辈达来，伊子十二辈栓忠。

十辈班第之子：十一辈博尔库，十一辈三保住，洛格，博尔霍代，阿吉格尔。四子（不知何人之子）和尔德依，伊子厄毕伦，托克托霍，郎图。

[黑龙江双城]《锡伯王君汉家谱》满文拉丁转写及内容校注：

da susu ci tebume jiderede gaime jihe①

由原驻防　来②世代

geren i hebxefi saicungga fengxen i ningguci aniya uyun biyai juwan juwe de dasame sarkiyaha.

众议于嘉庆六年九月十二日复录

daci ahvn deo ilan bihe, tubaci fakcaha. esei da tede susu suwayan bira jagan dohon.

原系兄弟三人，由彼离散。伊等原驻防栓河行舟渡口。③

sibe wanggiyvn han, erei jui coo mergen, coo mergen i jui kilhv, baturu. kilhv baturu i amba haha jui dagilun dudu. jaci④

第一辈锡伯王君汉。二辈伊子超莫尔根。二辈超莫尔根之子，三辈奇勒胡，巴图鲁。⑤ 三辈奇勒胡巴图鲁之长子，四辈达吉伦，都督。次子

haha jui wan, dudu. ilaci haha jui jan, dudu. duici haha jui elgime, dudu.

四辈玩，都督。三子四辈占，都督。四子四辈额勒吉莫，都督。

dagilun dudu i jui bukcan, beile. bukcan beile i jui babun, beile. babun beile i jui ubatai. jarhvci, beile. jarhvci beile i jui

四辈达吉伦都督之子，五辈布克查恩，贝勒。五辈布克查恩贝勒之子，六辈巴奔，贝勒。六辈巴奔贝勒之子，七辈乌巴太。七辈扎尔胡奇，贝勒。七辈扎尔胡奇贝勒之子，

budari, jacin hah jui amin medeci.⑥ ilaci haha jui aliha, iteheletu. duici haha jui cokdaixeng, sunjaci haha jui tumen,

---

① 以下部分原件内容缺损。
② "来"字前一字模糊不清，可能为"迁来"二字。
③ 句逗为整理者加，原谱汉译部分无句逗。
④ 原文为 jaci，此处应为 jacin（haha jui），次子之意。
⑤ 清代赐号，为"勇"之意。
⑥ 此处应为 medesi（送信人），职务名称。

八辈布达力，次子八辈阿敏，莫德奇。三子阿力哈，依特合勒图。①
四子八辈绰克代升，五子八辈图们，

ningguci haha jui cooheri, nadaci haha jui xuse, jakvci haha jui bayartu. dagilun, dekilun,

六子八辈丑合里，七子八辈硕色，八子八辈巴雅尔图。达吉伦，德奇吉伦（似勿庸，不知又是何人，尽后又有其子）②。

budari i jui jalan janggin, tohodai, amba jui ubaxi, jacin jui dingju. ubaxi, dingju se gemun hecen de tehebi.

八辈布达里之子，参领，九辈托霍代，伊长子十辈乌巴什，次子十辈顶住。此乌巴什，顶住等都住都京。

amin medeci i amba jui labdai, jacin jui wan, ilaci jui lioxi, duici jui gooxi, sunjaci jui arihvn.

八辈阿敏莫德奇之长子九辈拉普代，次子九辈晚，三子九辈六什，四子九辈郭什，五子九辈阿里浑。

labdai i jui uxiba, elge, anggidei, kugedei. wan i jui jaci, kesingge. lioxi i jui asitu. gooxi i jui tasitu, ibegen,

九辈拉普代之子，十辈五十八，二格，额昂德依，库格德依。九辈晚之子，扎奇，克兴额。九辈六什之子，十辈阿希图。九辈郭什之子，十辈塔希图，依伯根，

biliktu, bilihun. arihvn i jui bayar. uxiba, elge sei liyooha antu i gulu suwayan de bi.

毕里克图，毕里浑。九辈阿力浑之子，十辈巴雅尔。此十辈五十八，二格等在辽阳正黄旗住。

asitu, tasitu, ibegen, biliktu, bilihun, bayar se gemu aisin jeo hoton i kubuhe xanyan de bi.

---

① 清代官职名。
② 照原家谱录入。

此十辈阿希图，塔希图，依伯根，毕里克图，毕里浑，巴雅尔等，都在金州城厢白旗住。

aliha iteheletu i amba haha jui hvxibu, hvxibu i jui sengboo, jacin jui jan. jan i jui ciliktu, coolahai, solon, labi.

八辈阿里哈，依特合勒图之长子九辈胡什布。九辈胡什布之子，十辈僧保，次子十辈占。占之子，十一辈奇力克图，超拉海，索伦，拉毕。

ciriktu i jui biri, nikan. coolahai i jui faltai, ibegen. labi i jui togida, ilaci haha jui ahada, ahada i jui deltu, nastu.

十一辈奇力克图之子，十二辈毕力，尼坎。十一辈超拉海之子，十二辈发勒太，依伯根。十一辈拉毕之子，十二辈托吉达。三子阿哈达，十二辈阿哈达之子，十三辈德勒图，那斯图。

deltu i jui idama, urhvme, xakci. nastu i jui monggo. biri, faltai, ibegen se mukden i kubuhe fulgiyan de bi.

十三辈德勒图之子，十四辈依达麻，乌尔胡莫，沙克奇。十三辈那斯图之子，十四辈蒙古。此等巴力，发勒太，依伯根等，在盛京厢红旗住。

deltu, nastu se kubuhe xanyan de bi.

此十三辈德勒图，那斯图等，在厢白旗住。

cokdaixeng i amba jui namsi, jacin jui aiyvsi, ilaci jui ocir, duici jui loocan. namsi i jui nionio. arsun, xulhu.

八辈绰克代升之长子九辈那木喜，次子九辈爱玉喜，三子九辈倭奇尔，四子九辈洛查恩。九辈那木喜之子，十辈妞妞，十辈阿尔孙，十辈舒勒胡。

aiyvsi i jui jokiyanggui. ocir i jui nikan, jalbu. nionio, jokiyanggui, nikan, jalbu se liyooha antu i gulu suwayan de bi.

九辈爱玉喜之子，十辈琢强贵。九辈倭奇尔之子，十辈扎勒布。此十辈妞妞，琢强贵，尼坎，扎勒布等在辽阳正黄旗住。

tumen i amba jui mohor, jacin jui coshi, ilaci jui garma, duici jui nomci, sunjaci jui dorgi, ningguci jui durma.

八辈图们之长子九辈莫霍尔，次子九辈绰斯喜，三子九辈嘎尔麻，四子九辈诺木奇，五子九辈多尔吉，六子九辈都尔麻。

mohor i jui naimidari, gartu, batu. naimidari i jui herhi, sahaliyan, fuka, suguwan, ibegen, hvwaxan. herhi i jui ikeme, jacin jui

九辈莫霍尔之子，十辈奈米达力，十辈嘎尔图，十辈巴图。十辈奈米达力之子，十一辈和尔喜，十一辈萨哈连，十一辈富喀，十一辈苏官，十一辈依伯根，十一辈花山。十一辈和尔喜之子，十二辈依克莫，十二辈次子

tirgun, ilaci jui koko.

体尔棍，十二辈三子阔阔。

jacin jui sahaliyan, sahaliyan i jui katanggidai.

次子十一辈萨哈连之子，十二辈喀唐依代。

ilaci jui fuka, fuka i jui urguji.

三子十一辈富喀之子，十二辈乌尔古吉。

duici jui ibegen i jui jimboo, jacin jui arhvmu, ilaci jui tebcin.

四子十一辈依伯根之子，十二辈吉木保，次子十二辈阿尔胡木，三子十二辈特普钦。

sunjaci hvwaxan, hvwaxan i jui dani, jacin jui dalai.

五子十一辈花山之子，十二辈达尼，次子十二辈达来。

gartu i jui sidada, xajin, xajin i jui erdemu, jacin jui arumu, ilaci jui hotge, duici jui kaji.

十辈嘎尔图之子，十一辈西达达，沙金。十一辈沙金之子，十二辈额尔德木，次子十二辈阿鲁木，三子十二辈霍特格，四子十二辈喀吉。

garma i jui kumudei, cagiyan, janggitu, juna, anada.

九辈嘎尔麻之子，十辈库木德依，查嘉，章依图，朱那，阿那达。

jacin jui cagiyan, erei jui jamsu. jamsu i jui kalangkai, samhatu, jacin jui elebu, fiyanggo jui ildengge.

十辈次子查嘉之子，十一辈扎木苏。十一辈扎木苏之子，十二辈喀郎凯，萨木哈图（拟系查嘉），次子十一辈额勒布，三子十一辈额尔登尼。

janggitu, erei jui suba, icenana, sancige.

十辈章依图之子，十一辈苏巴，依扯那那，三七格。

juna i jui xulhu, erei jui badai, yendebu.

十辈朱那之子，十一辈舒勒胡，伊子十二辈巴代，音德布。

anada i jui torho, fuxuo, erdeni. torho i amba jui hesengge, isengge, saixangga, saimboo.

十辈阿那之子，十一辈托尔霍，福寿，额尔德尼。十一辈托尔霍之长子十二辈和僧额，依僧厄，赛尚阿，三音保。

fuxuo i jui itungboo.

十一辈福寿之子，十二辈依通保。

erdeni i jui naltai.

十一辈厄尔德尼之子，十二辈那勒太。

durma i jui minggadari, xohaise, sumudei, sidi, sisitu, xolon, erhin, iletu, amtu.

九辈都尔麻之子，十辈明安达力，硕海色，苏木德依，西第，西西固，硕伦恩，额尔新，依勒图，阿木图。

minggadari i jui niohe, erei jui ajihai, jacin jui ashai, ilaci jui hashai.

十辈明安达力之子，十一辈牛合，伊子十二辈阿吉海，次子十二辈阿斯海，三子十二辈哈斯海。

jacin jui xohaise, erei jui tuhume.

次子十辈硕海色之子，十一辈图胡莫。

ilaci jui sidi, erei jui erkilun, ushui. erkilun i jui guwamboo, nastai, ushui i jui yuwamboo. (ili de tebuneme genehe)

三子十辈西第之子，十一辈额尔奇伦，乌斯辉。十一辈厄尔奇伦之子，十二辈官保，那斯太。十一辈乌斯辉之子，十二辈元保。（拨往伊犁）

duici jui xolon, erei jui eldebu, erei jui lunghai.

四子十辈硕洛恩之子，十一辈厄勒德布，伊子十二辈隆海。

sunjaci jui erhin, erei jui urtu.

五子十辈厄尔新之子，十一辈乌尔图。

ningguci jui iletu, erei jui haicingga. jacin jui karciha, haicingga i jui fusana.

六子十辈依勒图之子，十一辈海青阿，次子十一辈喀尔奇哈。十一辈海青阿之子，十二辈富撒那。

nadaci jui amtu.

七子十辈阿木图。

coshi i jui nata. nomci i jui uladai, tahi, hvtula, xodo, xonodai. dorgi i jui erhitu, arsun. ese mukden i kubuhe xanyan de bi.

九辈绰斯喜之子，十辈那塔。九辈诺木奇之子，十辈乌拉代，塔喜，胡图拉，硕多，硕诺代。九辈多尔吉之子，十辈厄尔合图，阿尔孙。伊等在盛京厢白旗居住。

cooheri i amba haha jui tasha, tasha i jui aicing, waici, tusei, dabandai, hvsibu, aranduha, labci, abdai. jacin haha jui laicing.

八辈丑合里之长子九辈塔斯哈。九辈塔斯哈之子，十辈爱青，外奇，图色依，达班代，胡希布，阿蓝都哈，拉普奇，阿普代。次子九辈来青。

laicing i jui bandi, singge, hvlhv, ardai, xose i amba jui maise. maise i jui laige. jacin jui ulenggu. ulenggu i jui egemu, ese

九辈来青之子，十辈班第，兴格，胡勒胡，阿尔代。八辈硕色之长子九辈麦色。九辈麦色之子，十辈来格。次子九辈乌楞吾。九辈乌楞吾之子十辈额格木。伊等

gemu liyooha antu gulu suwayan lamun de tehebi. nirui janggin bayartu i amba jui nirui janggin caha, jacin jui dura, ilaci jui nirui janggin

俱在辽阳正黄旗，正蓝旗住。八辈佐领巴雅尔图之长子九辈查哈，次子九辈都拉，三子佐领，九辈

bilik, duici haha jui sisi, sunjaci jui absaha, ningguci jui hvsitu, nadaci jui asantai, jakvci jui nirui janggin erenci.

毕里克，四子九辈西喜，五子九辈阿普撒哈，六子九辈胡希图，七子九辈阿撒太，八子九辈佐领厄勒恩奇。

caha i amba jui sujuktu, sujuktu i jui luta, amin, anaju, amilakv, sain, undu. luta i jui tugere, jacin jui kobitu. kobitu i

九辈查哈之长子十辈苏朱克图，伊子十一辈禄塔，阿敏，阿那朱，阿米拉胡，三音，温都。十一辈禄塔之子，十二辈图格勒，次子十二辈阔毕图。

jui malcingai, jangai, tugemen, cungjab, fiyanggo. ilaci jui agumu, agumu i jui amilinggoi, marsai, tusdu, arilaksun.

伊子十三辈麻勒钦改，占改，图格们，冲扎普，裴羊吾。三子十二辈阿古木，伊子十三辈阿米凌固，麻尔赛，图斯都，阿力拉克孙。

dura i amba jui fanci, fanci i jui hvwaxan, erei i jui saiku. jacin jui bajir, bajir i jui oobal, dose. ilaci jui asan, asan i jui xayoo.

九辈都拉之长子十辈樊奇，伊子十一辈华山，伊子十二辈赛库。次子十辈巴吉尔，伊子十一辈敖巴勒，多色。三子十辈阿撒，伊子十一辈沙尧。

bilik i amba jui delger, delger i jui gabala, xodon, jacin jui ubasi, ubasi i jui todorhai, sain, jiyadu.

九辈毕里克之长子十辈德勒格尔，伊子十一辈嘎巴拉，硕多恩。次子十辈乌巴喜，伊子十一辈托多拉海，三音，嘉都。

ilaci jui bandi, bandi i jui borku, sanbooju, loge, borhodai, ajiger. duici jui herdei, herdei i jui ebilun, toktoho, langtu.

十辈班第之子，十一辈博尔库，十一辈三保住，洛格，博尔霍代，阿吉格尔。四子（不知何人之子）和尔德依，伊子厄毕伦，托克托霍，郎图。

sisi i amba jui samdai, samdai i jui garbu. jacin jui coshv, coshv i jui dalai, dalai i jui suwanjung.

九辈西喜之长子十辈萨木代，伊子十一辈嘎尔布。次子十辈绰斯胡，伊子十一辈达来，伊子十二辈栓忠。

absaha i amba jui xadur, xadur i jui darin. jacin haha jui iinan, iinan i jui dara. ilaci jui cindamani, duici jui nomhurtu.

九辈阿普撒哈之长子沙都尔，伊子十一辈达林。次子十辈依依南，伊子十一辈达拉。三子十辈钦达麻尼。四子十辈诺木胡尔图。

hvsitu i amba jui nikan, jacin jui anio, ilaci jui ilata, ilata i jui urguji, jalemari. duici jui edei, edei i jui yertei.

九辈胡希图之子，长子十辈尼坎，次子十辈阿牛，三子十辈依拉塔，伊子十一辈乌尔古吉，扎勒麻力。四子十辈厄德依，伊子十一辈业尔特依。

sunjaci jui itegen, ningguci jui manibu, nadaci jui niowanggoi, jakvci jui corji. ese gemu mukden i kubuhe lamun de bi.

五子十辈依特根，六子十辈麻尼布，七子十辈牛王固，八子十辈绰尔吉。伊等俱在盛京厢蓝旗住。

asantai i amba haha jui arantai, arantai i jui umai, arilakv, jacin jui nomdzang, nomdzang i jui marbu, mala, siju, loge. ilaci jui

九辈阿撒太之长子十辈阿蓝太，伊子十一辈乌麦，阿力拉固。次子十辈诺木臧，伊子十一辈麻尔布，麻拉，西住，洛格。三子十辈

jamula, jamula i jui maciktu, tajina, bagana, giyahvn, duici jui birujana, birujana i jui monggo, mongguldai, sunjaci jui jagui,

扎木拉，伊子十一辈麻奇克图，塔吉那，巴嘎那，嘉浑。四子十辈毕鲁扎那，伊子十一辈蒙古，蒙古代。五子十辈扎贵，

jagui i jui jahari, beki, gabur. ningguci jui nishui, erenci i amba jui langju, langju i jui sain, odo, amilahv. jacin jui jaici encu.

伊子十一辈扎哈力，博启，嘎布尔。六子十辈尼斯惠。九辈厄勒恩奇之长子十辈郎住，伊子十一辈三音，倭多，阿米拉胡。次子十辈斋奇

恩楚。

dagilun amba jui ehei, jacin jui dandari, ilaci jui bintu, duici jui tugun, sunjaci jui tugen. mekilun i amba jui eheri, dagilun,

达吉伦之长子厄黑，次子丹达力，三子斌图，四子图棍，五子图根；莫奇伦之长子厄合力。此达吉伦，

mekilun gemu liyooyang i gulu lamun de bi.

莫奇伦等俱在辽阳正兰旗住。

elgima dudu i jui tomongga beile. erei jui totai baksi. erei jui namsi, namsiri. namsi i jui dayan, tuhemen, namsiri i jui xulhu.

四辈厄勒吉莫都督之子，五辈托蒙阿，贝勒。伊子六辈托太，巴克什。① 伊子七辈那木喜，那木希力。七辈那木喜之子，八辈达彦，图合们。七辈那木希力之子，八辈舒勒胡。

xulhu i jui arihvn, arsan, gulu xanyan de bi.

伊子九辈阿力浑，阿尔三等在正白旗住。

［辽宁开原］关氏家谱册

巴彦乾隆四十九年（1784）初修，文会光绪十九年（1893）重修，关枫安民国十二年（1923）三修，关德彦、关平恭1993年四修。此为1993年续修手写本，一册。始祖达来，"原籍驻防长白山之西隅平流河沿硕脖子鼻岭南一沟居住。系锡伯族人，姓瓜尔佳（关）氏"，后迁开原镶白旗驻防。内容有家谱册（巴彦家族）说明、始祖达来以下十代族人世系，并附记巴彦、依忠、文会等家族先人及巴彦墓地资料。虽"家谱册说明"载"九零年关士元、关德彦由九世续十三世"，但该谱世系只记至十世。辽宁省大连市那启明收藏。此据那启明提供家谱资料整理。

---

① 清代笔帖式之旧名。

家谱册（巴彦家族）

说明：扎木禄户长述始祖之遗言曰：始祖原籍驻防长白山之西隅平流河沿硕脖子鼻岭南一沟居住。系锡伯族人，姓瓜尔佳（关）氏。自清太罕由长白山发兴，我始祖遂迁往开原镶白旗驻防。户长扎木禄不知何年移往蒙古地方驻防，不知其详。乾隆四十九年，原任熊岳协领五世祖巴彦找扎木禄户长找录谱册，接续后世，于五世时，各枝派相继兴盛。由始祖以来，将谱册细抄，留于巴彦之身，恭贮之外，分为四枝，各执一份谱册保存，以继后世。今察五世祖巴彦修整宗谱百有余年，渡至九世。九世祖兰翎现任法库防御文会，于光绪十九年重修谱册，以誌后世。又渡至民国十二年，日俄战争后，谱册遗失不全。经十世关枫安，又重新修整家谱，恭贮保存。解放后经关士范保藏十年。范殁后，又经关士学保藏，历时二十五年，士范与士学计藏三十五年之久。一九八六年关士元寻找谱册于士学家恭阅之，见已不完整。士元去各族查访，后至开原关德彦家，言明开原宗族各户，关德彦于开原各宗族访之，方寻得关臻于六零年修整的谱册。参考对照依以为据，于九零年关士元、关德彦由九世续十三世，尽以全录，九三年关德彦、关平恭续整理成册，以志后世耳。

谱系

一世

达来 生二子 长子 达礼 次子 霍托

二世

达礼 生三子 长子 书本太 次子 翁锦南 三子 松锦南

霍托 生二子 长子 屠彦图 次子 伊勒尔图

三世

书本太 生一子 讷樗太

翁锦南 生二子 长子 布彦图 次子 胎武太

松锦南 生一子 钵乍

屠彦图 生二子 长子 托多力海 次子 德力浑

伊勒尔图 生二子 长子 马什他 次子 额力合讷

四世

讷樗太 生一子 章维图

布彦图 生四子 长子 挪挪 次子 图思拉古其 三子 托斌太 四子 托保

胎武太 生一子 蒙军

钵乍 生一子 各特尔户

托多力海 生一子 阿力笋

德力浑 生三子 长子 图桑阿 次子 巴彦 三子 讷木章阿

马什他 生三子 长子 扎拉虎 次子 雅拉虎 三子 巴拉虎

额力合讷 生三子 长子 扎拉顺 次子 西勒达 三子 西时库

五世

章维图 生一子 根雅木

托斌太 生一子 阿音保

托保 生一子 阿克栋阿

阿力笋 生二子 长子 阿力珠 次子 章托保

图桑阿 生六子 长子 艾兴阿 次子 白银保 三子 田保 四子 银保 五子 三扎虎 六子 奇士善

巴彦 生二子 长子 依忠阿 次子 依兴阿

讷木章阿 生二子 长子 依堂阿 次子 依庚阿

扎拉虎 生二子 长子 多力吉 次子 白徇

雅拉虎 生一子 羊保

巴拉虎 生一子 恩特哈英

扎拉顺 生二子 长子 阿力舒朗 次子 阿色力图

西勒达 生二子 长子 巴音太 次子 吉力太

西时库 生一子 伏增阿

六世

阿克栋阿　生一子　武全

阿尔珠　生二子　长子　吉力哈朗　次子　哈唐阿

章托保　生一子　库蒙额

艾兴阿　生三子　长子　浑太　次子　辉得　三子　得住

白银保　生二子　长子　书金太　次子　头伏

田保　生二子　长子　五十七　次子　五十四

银保　生一子　保住

三扎虎　生一子　昂阿布

奇士善　生一子　音钦

依忠阿　生一子　色力布

依兴阿　生三子　长子　英得　次子　英民　三子　英成

依堂阿　生四子　长子　英亮　次子　英善　三子　英鑑　四子　英杰

依庚阿　生二子　长子　托英武　次子　英秀

多力吉　生一子　写凌额

羊保　生二子　长子　凌保　次子　吾力吉

恩特哈英　生二子　长子　撮火那　次子　海生阿

阿力舒朗　生二子　长子　阿巴那　次子　冰保

阿色力图　生二子　长子　卡力卡吉　次子　阿力卡

巴音太　生二子　长子　伏得　次子　艾伊勒

七世

吉力哈朗　生一子　嘎力布

哈唐阿　生一子　保住

库蒙额　生二子　长子　连福　次子　连禄

浑太　生三子　长子　奇杭阿　次子　白唐阿　三子　依车

辉得　生一子　杯世保

书金太　生二子　长子　常余　次子　占住

头伏　生一子　常生

五十七 生一子 秋得

保住 六子 长子 吉凌阿 次子 写力功阿 三子 得喜 四子 双顶 五子 双全 六子 得全

音钦 生六子 长子 论住 次子 得住 三子 所儿 四子 赶生 五子 拉住 六子 连恩

色力布 生一子 连顺

英得 生一子 连贵

英成 生一子 布勒杭阿

英镒 生一子 连明

托英武 生一子 连得

英秀 生二子 长子 连喜 次子 连璧

写凌额 生一子 福蒙厄

凌保 生一子 金住

吾力吉 生一子 石住

撮火那 生二子 长子 吉庆 次子 福庆

阿巴那 生二子 长子 双住 次子 双保

冰保 生二子 长子 双德 次子 双福

卡力卡吉 生一子 长寿

阿力卡 生一子 伏亮

伏得 生二子 长子 拉住 次子 得明阿

艾伊勒 生二子 长子 得住 次子 常发

八世

嘎力布 生一子 文溥

保住 生一子 九十一

连福 生二子 长子 舒隆阿 次子 文涛

连禄 生二子 长子 文澜 次子 文印

白唐阿 生一子 写凌尼

依车 生一子 大包

杯世保　生一子　六指

常余　生一子　麻子

占住　生一子　七十六

得喜　生二子　长子　成吉　次子　成有

双全　生一子　成福

得全　生一子　成贵

论住　生一子　庆喜

得住　生一子　吉祥

连顺　生一子　写福

连贵　生一子　书荣阿

布勒杭阿　生一子　文会

连喜　生一子　文彬

福蒙厄　生二子　长子　喜昌　次子　喜胜

金住　生一子　六十三

石住　生二子　长子　八十一　次子　小春

双保　生一子　保昌

双德　生一子　福吉

长寿　生一子　福金

伏亮　生一子　所连山

拉住　生一子　和有

得住　生二子　长子　富义　次子　成林

常发　生一子　存昌

九世

写福　生一子　孟菴

书荣阿　生一子　桂菴

文会　生三子　长子　金印　次子　双印　三子　德印

福金　生一子　荣清

文溥　子　荣安

舒隆阿 生二子 长子 枫安 次子 国安
文澜 生四子 长子 治安 次子 平安 三子 顺安 四子 隆安
文印 生一子 思安
写凌尼 大包 六指 麻子
七十六 生三子 长子 成安 次子 吉安 三子 永安
成吉 成有 成福 成贵 庆喜
吉祥 生四子 长子 景安 次子 喜安 三子 福安 四子 广安

十世

（从略见上）

附记

谭相台关氏家谱先人中有资料的略记如下：

巴彦：字盛候，瓜尔佳氏。邑驻防厢白旗，锡伯人。乾隆三十四年征云南、四川等省，力战杀贼，三十八年凯旋。叙功补骁骑校，历淆擢防御，佐领，熊岳协领等职，并署副都统事。

2003年8月10日，余等又一次去了巴彦墓。

在开原西八宝镇大湾屯村村西，去往谭相台村道北，旧时有一处几千平方米的墓地，俗称谭台坟圈子（现土地已归大湾屯村所有）。

彼时，坟圈子上古树参天，其中有石供桌，石制界桩，界桩顶端雕刻着各种形态的狮子。最显著的是一座高大的石碑。经考证，此碑是清朝廷为谭相台锡伯族人士瓜尔佳·巴彦所立。石碑下部是赑屃，中部是250厘米高、96厘米宽的碑体，碑头是二龙戏珠，因墓主人的品位高，上有九孔（已残缺）。整座石碑三部分都是品相较高的乳白色石料（本地没有这样较高档的料石）雕刻的。这就是有名的"九眼透龙碑"！（民间传说，清朝官员二品九孔，四品七孔，六品以上五孔）。因时代久远，只依稀见到碑体四周有深浮雕10条云龙，上下各两条、左右各三条，中间佐以火焰珠，云卷纹饰。碑的后面无文字，四框有卷纹状图案。碑头残缺约三分之一。碑体满文约5行左边，汉文约6行在右边，右上角可见到"奉天承运"四个字,还有"方有、通议、命、尔"等字,可喜的是,在碑体的下部清楚地见到了"巴彦"二字!据已退休的关荣林老师讲:还记得小时候看到牌上有"诰封""巴彦"等字样。(五世)

依忠阿:字恕堂,巴彦长子,由领催补辽阳骁骑校,历迁熊岳防御,小黑山掌路记,旋补佐领。嘉庆四年,征陕西、甘肃、四川、湖北等省,力战杀贼,叙功迁盛京厢白旗协领,并加副都统衔。(六世)

布勒杭阿:铁岭路记。布勒杭阿,字友桥,锡伯族,清代开原庆云唐相公台人。壮年披甲为兵,以破连锁功,荐升铁岭路记。年甫五十即解甲归田,邻里乡党族亲有婚丧事的,只请求他,他都全力赞助。还舍地八十亩,作为村中牧养,设立义塾,教导乡间子弟、因而城乡人士皆称赞他。(巴彦的曾孙)(八世)

兰翎(文会):布勒杭阿之子,法库防御。(清末,清柳条边法库边门总管)(九世)

关枫安:民国十二年(1923)日俄战争后,谱册遗失不全,又重新修整保存。

[辽宁开原] 关家谱书

关守成1991年5月纂修。排印本,一册。始祖七十一①,隶镶蓝旗,南迁后世居辽宁清河西三家子及孤台子村二地。家谱内容有前言、关氏祖宗排列顺序(男谱)、关氏祖宗排列顺序(女谱)、续修新谱。男谱世系记至第六世,女谱为1991年续修新增(记一至五世男女世系),和续修新谱(记六至九世男女世系)接续,载录世系共计九代。吉林省四平市关守忠收藏。此据吉林省四平市刘飞提供家谱资料整理。

---

① 大概是清道光年间的人。

前言

我们老关家，本是锡伯族，据史料记载，锡伯族是一个古老强健的民族，周东胡系统，鲜卑族的后裔，素以勤劳勇敢、智慧、精骑善射、著称于世。

十六世纪以前居住在大兴安岭、呼伦贝尔草原和辽河、嫩江上游流城［域］，从事打鱼和狩猎生产，十七世纪中后期被征服，编入满洲八旗，我们隶属镶兰旗。清统治者为了防止锡伯族的反抗采取了"分而治之"的政策，把我们从原来聚居的故乡分批遣［迁］移到东北各地，我们才来到辽宁省境内，清统治者还要求我们学习满文、满语，后来又学习汉文、汉语，长时期与汉民族接触和友好往来，逐渐的把本民族的语言、文字都遗忘了，实为遗憾。我们原姓"瓜尔佳"，拼汉语为"关"，据说我们祖先迁移到开原是兄弟二位同来的，一位好打鱼就落户在清河西三家子，另一位好打猎落户在瓜台子村，这位就是我们的直系祖先，祖先们排列顺序如下表。

关永安老人（1857—1929），字蒸久，一表人才，相貌魁梧，德才兼备，曾在开原县衙门里当过官，通俄语，帝俄修建中长铁路时是中方官员代表之一。与俄人伊万年科交厚，行善事，德高望众［重］，为群众所敬重。73岁寿终。

关永顺老人（1862—1903），是个庄稼人，精明强干，兢兢业业，不辞劳苦，开荒种地，跑运输，创造了发家致富的基础。不幸在鼠疫大流行时夺去了生命，年仅40岁。

关永山老人，在抚顺城当过区官，荣华富贵一时，到老还乡安乐晚年。

关德俊老人（1875—1921），在青年时代就继承了叔父关永顺老人的重担，管理家业，颇有管理才能，治家有方，40余岁病故。

关德贵老人，天资聪敏，足智多谋，有胆量，熟读精［经］书，是个未及第的秀才，从事教师工作多年，是关家的参谋长，好酒，每日必饮，享年57岁病故。

关明贵老人，读书好学。曾就读北京上等警官学校、南京大学。辛亥革命后，东渡日本留学，于明治大学毕业。未出士［仕］，在家研读易经中魔夜间出走，自杀于铁岭县双井子乡塔子村，时年34岁（民国二十年开原县志第九卷有其传略）。

关俊升老人，有办事能力，善于外交，为老关家的事业东奔西走，竭尽全力，是老关家的外交官。当过瓜台子村长，50岁而终。

关奎升老人，青年英俊，善骑射，枪法好，弹无虚发，有神枪手之称，威振［震］四方。在兵荒马乱的岁月时，老关家能安居乐业，他也做出卓越贡献。不幸中风，留下后遗症50岁而终。

关德海老人，青年有为，精明能干，完全可以接好关家总经理的班。正在成长中，不幸夭亡，年仅25岁。

我们关家的事业在1900年前后光景在向好发展。所谓风调雨顺，五谷丰登，副业兴隆，万事如意。于是在瓜台子村西街建了宅院，青砖瓦造，土打大墙，高八尺的院套，尚属气派。具体规模是腰院（老院）正房五间，东西配房各五间，门楼一间，西院正房各五间，东配房三间，东院正房四间，东西配房各四间，门楼一间，大西院正房三间，东配房三间，土门楼一间，这样的建筑群在瓜台子村别无二家，就是在开原县南镇也是有数的。

1916年老伙分家，分为三股，即：腰院关永安老人一股。西院关德贵老人代表着关铭贵老人（当时故去）、关奎升老人为一股；东院关永山为一股。

1931年九一八事变后，东北沦为日本殖民地，老关家的事业相继破产，为了生存，被迫地离开家乡在外地谋生，东离西散，走南闯北。据1985年了解的情况，关守信在瓜台子村，关守清、关守成、关明德在开原市内，关守业在兰州市，关守忠在吉林省四平市，关岫春在吉林省长春市。

我们老关家的祖坟坐落在小瓜台子西南100米处，占地约10000平米,地势平坦,东望象牙山,后依南山,是块好风水地,我们的老先人都安眠在那里。

关于前言就是这么多了,因为原家谱的遗失,了解的情况很少。因此,编写上困难很大,早年的情况只能写这些了。现在的情况也可能写得不完善。为尊重女权,此次增加了女谱,仅供后人传宗接代罢了。

编写人关守成

1991 年 5 月

关氏祖宗排列顺序(男谱)

一世

七十一 生一子 阿敦布

二世

阿敦布 生二子 长子 关德勤 次子 关□

三世

关德勤 生二子 长子 关永安 次子 关永顺

关□ 生二子 长子 关□ 次子 关永山

四世

关永安 妻 关吴氏 关富氏 关张氏 生二子 长子 关德俊 次子 关德海

关永顺 妻 关赵氏 生三子 长子 关德贵 次子 关铭贵 三子 关奎升

关□ 生一子 关□

关永山 妻 关赵氏 生一子 关俊升

五世

关德俊 妻 关富氏 关王氏 关关氏 生一子 关守义

关德海 妻 关孙氏 关薛氏 关孙氏 生二子 长子 关守业 次子 关守忠

关德贵 妻 关关氏 关吴氏 生二子 长子 关守信 次子 关守成

关铭贵　妻　关陶氏　生一子　关守廉
关奎升　妻　关赵氏　生二子　长子　关守智　次子　关守清
关俊升　妻　关赵氏　生一子　关守礼

六世

关守义　妻　关刘氏
关守业　妻　王燕石
关守忠　妻　陈凤珍
关守信　妻　关胡氏
关守成　妻　徐佳荣
关守廉　妻　关陈氏
关守智　妻　关姜氏
关守清　妻　曲雅言
关守礼　妻　关李氏

关氏祖宗排列顺序（女谱）

一世

七十一　生一子　阿敦布

二世

阿敦布　生二子　长子　关德勒　次子　关□

三世

关德勒　生二子　长子　关永安　次子　关永顺
关□　生二子　长子　关□　次子　关永山

四世

关永安　妻　吴关氏　唐关氏　康关氏　生二子　长子　关德俊　次子　关德海
关永顺　生三子　长子　关德贵　次子　关铭贵　三子　关奎升
关□　妻　王关氏　生一子　关□
关永山　生二子　长子　关俊升　次子　关德珍

五世

关德俊 妻 吴关氏 关关氏 生一子 关守义

关德海 生一女二子 长女 关品荣 长子 关守业 次子 关守忠

关德贵 生五女二子 长女 关品珍 次女 关品清 三女 关品英 四女 关品茹 五女 关品玉 长子 关守信 次子 关守成

关铭贵 生一女一子 长女 关品贤 长子 关守廉

关奎升 生二女二子 长女 关品莲 长子 关守智 次女 关品芳 次子 关守清

关俊升 生一子二女 长子 关守礼 长女 关品芬 次女 关品凤

续修新谱①

六世

关守义 妻 关刘氏 生一女 关桂媛

关守业 妻 王燕石 生二子三女 长子 关志坤 次子 关镇 长女 关雪丽 次女 关雪梅 三女 关雪霞

关守忠 妻 陈凤珍 生八女 长女 关志媛（关一波） 次女 关秀媛 三女 关素媛 四女 关慧敏 五女 关莉薇 六女 关莉萍 七女 关莉莉 八女 关小明

关守信 妻 关胡氏 生一子三女 子 关俊德 长女 关桂霞 次女 关素霞 三女 关红霞

关守成 妻 徐桂荣 生二子四女 长子 关宏德 次子 关鹏德 长女 关伟 次女 关远 三女 关平 四女 关革

关守智（志） 妻 关姜氏 生一子一女 子 关明德 女 关素华

关守清 妻 曲雅言 生三子三女 长子 关颖 次子 关健 三子 关新 长女 关敏 次女 关微 三女 关莉

---

① 该谱"续修新谱"所记六世以后家族世系，原谱以家庭为单位编排，并附生卒年或上谱时年龄、工作单位、居住地等信息，并未按家族世系排列。此处家族世系为编者整理，世系次序为编者注。

关守礼 妻 关李氏 生一子三女 子 关岫春 长女 关雅茹 次女 关雅范 三女 李素娟

关品真 夫 郭振东 生一子二女 子 郭翰章 长女 郭素琴 次女 郭玉琴

关品英 夫 李井一 生三子一女 长子 李秉臣 次子 李福臣 三子 李保臣 女 李素臣

关品莲 夫 吕云祥 生一子一女 女 吕桂清 子 吕俊山

关品贤 夫 富作民 生二子二女 长子 富保茹 次子 富保洪 长女 富丽珍 次女 富丽华

关品茹 夫 杨著新 生一子一女 子 杨永田 女 杨淑言

关品芬 夫 仲文廉 生一子二女 子 仲禁志 长女 仲玉秋 次女 仲文秋

关品芳 夫 陆庚宇 生五子三女 长子 陆正仁 次子 陆正信 三子 陆正礼 四子 陆正斌 五子 陆正民 长女 陆玉莹 次女 陆玉艳 三女 陆玉静

关品凤 夫 郗殿奎 生二子三女 长子 郗文斌 次子 郗晓斌 长女 郗丽鹏 次女 郗丽娟 三女 郗丽艳

七世

关桂媛 夫 李德生 生四子五女 长子 李庆太 次子 李庆和 三子 李庆春 四子 李刚 长女 李素贤 次女 李素娟 三女 李英 四女 李华 五女 李伟

关志坤 妻 党秀研 生一子一女 子 关涛 女 关啸

关镇 妻 苏永芬 生一子 关伟

关雪丽 夫 马兴平

关雪梅 夫 李国栋

关志媛（关一波） 夫 刘玉堂 生一子二女 子 刘刚 长女 刘红 次女 刘菲

关秀媛 夫 赵国勤 生一子一女 子 赵海涛 女 赵海燕

关素媛 夫 刘举 生一子 刘军

关慧敏　生一女　刘恋

关莉薇　夫　张铁军　生一子　张也

关莉萍　夫　王云超　生一子　王博

关莉莉　夫　姜惠岩　生一女　姜珊

关小明　夫　万光明　生一子　万蕾

关俊德　妻　高云兰　生一子一女　子　关忠孝　女　关华

关桂霞　夫　业宇　生二子二女　长子　业家俊　次子　业家杰　长女　业林英　次女　业林珠

关素霞　夫　刘庆义　生一子二女　子　刘兆全　长女　刘兆英　次女　刘兆君

关红霞　夫　左银林　生一子二女　子　左东华　长女　左岩松　次女　左艳华

关宏德　妻　王静波　生一子　关晟

关鹏德　妻　蔡晓春　生一子　关帅

关伟　夫　徐振元　生一子　徐宏光

关远　夫　吴文华　生一子　吴南

关平　夫　梁宇山　生一女　梁莹

关革　夫　曹保伟　生一子　曹政

关明德　妻　陶凤珍　生二子三女　长子　关兵　次子　关杰　长女　关君　次女　关萍　三女　关小云

关素华　夫　王连成　生三子　长子　王军　次子　王伟　三子　王臣

关颖　妻　杨新风　生一子一女　子　关中民　女　关小嫣

关健　妻　张桂芝　生一子　关天乙

关新　妻　徐杰　生一子　关天航

关敏　夫　段丰满　生一子　段立丰

关微　夫　王庾军　生一子　王愚

关莉　夫　刘平威　生一子　刘憨

关岫春　妻　姜丽华　生二子一女　长子　关洋　次子　关云　女　关月

关雅茹　夫　康巨范　生一子二女　子　康平　长女　康家宁　次女　康家东

关雅范　夫　马有　生二子二女　长子　马卫东　次子　马卫波　长女　马素杰　次女　马素贤

李素娟　夫　赵振宇

郭翰章　妻　李玉仙　生二子二女　长子　郭万玉　次子　郭万财　长女　郭世玉　次女　郭美玉

郭素琴　夫　陶□　生四子一女　长子　陶贵茹　次子　陶贵时　三子　陶贵深　四子　陶贵明　长女　陶桂英

郭玉琴　夫　陈□

李秉臣　妻　郭素媛　生二子二女　长子　李光　次子　李明　长女　李红　次女　李兰

李福臣　妻　孟桂芝　生二子一女　长子　李盈　次子　李辉　女　李萍

李保臣　妻　魏素珍　生二子一女　长子　李军　次子　李民　女　李清

李素臣　夫　高□　生一子二女　子　高勇　长女　高敏　次女　高晶

富保茹　妻　侯素芳　生一子　富长保

富保洪　妻　赵秀兰　生二子　长子　富长海　次子　富长庆

富丽珍　夫　马立样　生一子　马文斌

富丽华　夫　李德祥　生二子二女　姓名不详

杨永田　妻　张凤兰　生一子二女　子　杨绍军　长女　杨绍玉　次女　杨绍秋

杨淑言　夫　王忠达　生一子一女　姓名不详

仲禁志　妻　张丽华　生二子二女　长子　仲维宇　次子　仲维东　长女　仲新　次女　仲芝

仲玉秋　夫　张金良　生二子二女　长子　张殿元　次子　张殿国　长女　张桂梅　次女　张桂莲

仲文秋　夫　单永志　生一子一女　女　单晓波　子　单喜绩

陆正仁　妻　慕索范　生二子三女　长子　陆伟　次子　陆健　长女　陆敏　次女　陆杰　三女　陆军

陆正信 妻 康秀兰 生四子 长子 陆永平 次子 陆永江 三子 陆永发 四子 陆永红

陆正礼 妻 马秀贤 生一子一女 子 陆强 女 陆辉

陆正斌 妻 王艳梅 生一子三女 子 陆永会 长女 陆娟 次女 陆畅 三女 陆育

陆正民 妻 吴淑梅 生一子二女 子 陆永成 长女 陆丹 次女 陆岩

陆玉莹 夫 安业复 生一子 安东

陆玉艳 夫 李明国 生二女 长女 李洪男 次女 李洪亮

陆玉静 夫 吕金华 生一子 吕富新

郗晓斌 妻 王霞 生一子 郗□

郗丽娟 夫 于兴建 生一子 于皓

郗丽艳 夫 李凯夫 生一女 李郗

八世

关兵 妻 王文苓 生一子 关玉鹏

关君 夫 杨守敬 生一子 杨涛

关萍 夫 尹敬东 生一子 尹勇

王军 妻 那荣霞 生一女 王一娜

王伟 妻 刘玉萍 生一女 王一菲

康平 妻 赵芳

康家宁 夫 崔广和

李光 妻 杨书 生一子 李海龙

李明 妻 吴秀霞 生一女 李海波

李红 夫 葛进 生一女 晶晶

李兰 夫 李耀先 生一女

李盈 妻 陈□ 生一子 李云龙

李辉 妻 安贺芬 生一女 李新

李萍 夫 韩□ 生一子 韩宁

李军 妻 宫国凤 生一子 李金龙

李清　夫　马远东　生一女　马莹
富长保　妻　娄桂芝　生一子　富海波
马文斌　妻　李会君　生一子　马程远
陆敏　夫　王文广　生一子　王禄
陆杰　夫　王保甫　生一子　王洵
陆永平　妻　张文娟　生一女　陆莉
陆永江　妻　李杰　生一子　陆大伟
陆永发　妻　洪萍　生一子　陆□
陆永红　妻　付范　生一子一女　女　陆娇　子　陆□

九世
（从略见上）

［辽宁沈阳］关氏家谱

纂修人、纂修时间不详。手写本，一册。始祖关巴图，于康熙二十八年（1689）迁至"沈城以西三家子"，三世祖后迁沈北大孤家子。内容有谱序和前二世世系。

辽宁省沈阳市沈北新区黄家锡伯族乡大孤家子关玉善收藏。《沈阳锡伯族家谱》收录。[①] 此据《沈阳锡伯族家谱》整理。

谱序

当思朝廷之臣宰莫愈于忠，庭闱之子孙莫强于孝。耕作山之下，舜之孝昭然；迁四水之滨，损之孝卓尔。尽子戕定省清温，承欢于生前；无忘宗功俎豆馨，报德于生后。先贤古圣记事孔明，既倡于前；印委溯源孝恩不匮，宜则于后。

---

① 王俊、李军编著：《沈阳锡伯族家谱》，辽宁民族出版社2015年版，第171—172页。

夫始祖于康熙二十八年，奉谕来至沈城以西三家子浮处，迄至三世祖后，迁沈北大孤家子。见大田膏腴，可以以①兴利，陪都只［咫］尺，可以求名，俗多诵读，可以建功而立业。未至善地而弗止，即臻善地而弗迁，于是俾四世祖等领地开荒，以图久远之计。布德施教，以致枝叶甚隆。况且祖宗之家法有等于朝廷，有犯庆惩，子孙之职分唯在孝弟［悌］，有违必刑，是以圣贤不可违也，祖宗甚可师也。谨建谱书，弗愿祖宗淹没而不彰，遂其犯典并使复比追寻而莫越，如是殁者既佑于天疆，生者亦盛睦于九旋［族］焉耳。

宗支

始祖

关巴图

二世

图尔多

罗活

阿克图

力贵

（下略）

［辽宁鞍山］关姓家世录

关贵增1940年纂修。整理打印本，一册。始祖阿尔宏图，隶属于正白旗，驻防辽阳，后拨往白旗堡。内容有关贵增序、人名排字记和瓜尔佳氏家世录一至五世先祖总谱图。世系记至五世。辽宁省鞍山市白旗堡村关英强收藏。

---

① "以"应为衍文。

关姓冢［家］① 世录（锡伯族）

序

溯本求源，举修冢［家］世录。按照祖茔喇嘛塔，原为五老支，计兄弟五人，系今滨江省，扶余县伯都讷锡伯人，故前称锡伯满洲，瓜尔佳氏，译文姓关。前清顺治八年，因始祖等五人随同创国平定，奉派辽阳驻防，归正白旗下当差，按兵授地，拨住乡名白旗堡，嗣而生齿日繁。户口童名，悉在本旗注册，归库存档，相沿数世多年。迨至庚子变乱，册档损失无存，迄今三十余年。同宗同族人等，流离于外作事者固有之，全家移徙者亦有之，对于世传根源，瞢［懵］然不晓。虽有年关节祭，焚钱化纸，实于追远真义有阙，且于儿童命名多属雷同，以是家世录之修，诚为急务。兹谨以本族始祖一支，同族侄（麟祕）阁等共皆赞襄此举。不过草草休整，深望同宗同族人等，如有知者，再为增修宗谱或家谱，龛供炉香，以尽子孙之礼，不坠先声，后觉来接踵而行，庶斯谱之不朽也。是为序。

康德七年　月　日关贵增谨识

人名排字记

户大丁多，人名甚易复杂。兹拟排字之益，以昭划一而知行辈也，不然则本一派之传，视如秦越，同气之属，无异路人，甚或祖孙莫辨，叔侄不分，不识同宗为何人。既有排字，则斯弊免矣。日后慎勿好奇任意变更，致紊宗族秩序。兹将所排之字列下：

英明连启仲　成学化大芳

以上所排之字均在三子之中，希我同族按序排称，以免混乱，是为切要。

---

① 冢，据后文应为"家"。

瓜尔佳氏冢［家］世录1—5世先祖总谱图

始祖

阿尔宏图 生一子 哈玛力珲

二世

哈玛力珲 生一子 白什呼朗

三世

白什呼朗 妻 胡氏 生二子 长子 关德 次子 关海

四世

关德 妻 关氏 生二子 长子 哈力太 次子 那蒙阿

关海 妻 张氏 生一子 福胜

五世

哈力太 妻 赵氏

那蒙阿 妻 邵氏

福胜 妻 张氏

二十、傅佳（傅）氏家谱

[黑龙江双城] 傅佳氏家谱

傅振书续修。初修于清光绪年间，民国年间重抄，2000年重修。光绪年间老谱为宣纸手写本，四本（枝），损毁较严重。民国年间重抄家谱仅存一本（二枝），宣纸手抄（据傅振书所述，其余三枝在双城老家乡下，未能搜集）。此为2000年重修打印本，一册。一世祖依拉代（依勒太），生四子，从龙南迁燕地，后拨往奉天复州、吉林双城，隶属正白旗，自康熙二百余年。内容有一世祖依拉代（依勒太）以下四支世系，记至十二代。另附碑文，署复邑国学黑龙库（江）生宝麟撰，族曾孙后学达兴阿书，主要记载家族迁居历史等。黑龙江哈尔滨市双城区傅振书收藏。此据傅振书提供家谱资料整理。

一世

依拉代（依勒太） 生四子 长子 朱拉克（长枝）次子 吉林泰（二枝）三子 扎拉虎（三枝）四子 阿那库（四枝）

长枝
二世

朱拉克（朱勒合） 生三子 长子 诺乃 次子 图合德 三子 沙他胡郎

三世

诺乃　生三子　长子　七那里　次子　五大哈　三子　洛七

图合德　生一子　沙木沙

沙他胡郎　生一子　撒木哈库

四世

七那里　生三子　长子　付合洛　次子　千里　三子　八各

五大哈　生四子　长子　付青　次子　付力那　三子　付保　四子　付得

洛七　生一子　付有

沙木沙　生二子　长子　阿查海　次子　冷德

撒木哈库　生三子　长子　阿永阿　次子　艾士　三子　付成厄

五世

千里　生二子　长子　束冷各　次子　付柱

八各　生二子　长子　巴图鲁　次子　巴登厄

付青　生二子　长子　巴哈布　次子　付令保

付力那　生二子　长子　八十八　次子　八音保

付保　生二子　长子　风厄　次子　令厄

付得　生四子　长子　束伦保　次子　三音保　三子　得胜保　四子　付太

付有　生一子　得印保

阿查海　生一子　付喜

冷德　生一子　六十八

阿永阿　生一子　艾民

艾士　生四子　长子　常明　次子　撒宁阿　三子　八宁阿　四子　西令阿

付成厄　生二子　长子　顶保　次子　保住

六世

束冷各　生一子　扎坤保

巴图鲁　生二子　长子　希林布　次子　付音布

巴哈布　生一子　朱力太

付令保　生一子　来福

艾民　生一子　六十四

保住　生二子　长子　付明　次子　双喜

七世

希林布　生一子　永兴

八世

（从略见上）

二枝

二世

吉林泰　生四子　长子　大喜　次子　巴力马　三子　苏勒贺　四子　孟厄得

三世

大喜（大昔）　生三子　长子　达色　次子　古鲁车　三子　依拉善

巴力马　生二子　长子　忙额　次子　额力布

苏勒贺　生二子　长子　安代　次子　付合善

孟厄得　生一子　花山

四世

达色　生一子　音德布

古鲁车　生四子　长子　丰生额　次子　马力琨　三子　明德　四子　米十拉

依拉善　生二子　长子　常山保　次子　米拉

额力布　生二子　长子　乌达那　次子　托合尔代

安代　生一子　衣拉布

花山　生一子　依拉布

五世

音德布　生一子　付色讷

丰生额　生二子　长子　音泰　次子　太保

马力琨　生二子　长子　穆克敦布　次子　白唐额

明德　生一子　达三保

米十拉　生三子　长子　宁住　次子　英生额　三子　永住

常山保　生一子　七恳保

米拉　生六子　长子　思忒合英　次子　朱伦保　三子　哈旦保　四子　阿旦保　五子　福顺保　六子　克申保

乌达那　生一子　克什布

托合尔代　生一子　伯勒各

衣拉布　生一子　付寿

依拉布　生一子　三色

六世

付色讷　生四子　长子　来福　次子　苟色　三子　麒麟　四子　德福

音泰　生一子　留所

太保　生一子　连德

穆克敦布　生三子　长子　郭新　次子　萨秉阿　三子　吉郎阿

达三保　生二子　长子　各图肯　次子　拴禄

永住　生三子　长子　胖子　次子　其车布　三子　刘住

七恳保　生三子　长子　付连　次子　付虎　三子　付依

思忒合英　生二子　长子　拉住　次子　付英

朱伦保　生二子　长子　付平　次子　付泰

哈旦保　生一子　崇阳

阿旦保　生二子　长子　付善　次子　付喜

克申保　生二子　长子　崇贵　次子　崇喜

伯勒各　生一子　付勤

七世

连德　生一子　付德山

郭新　生一子　保太

萨秉阿　生二子　长子　保庆　次子　保春

吉郎阿　生一子　保合

拴禄　生三子　长子　果兴阿　次子　艾兴阿　三子　德兴阿（达兴阿）

付平　生二子　长子　永春　次子　永太

崇阳　生一子　永贵

付善　生一子　永广

付喜　生一子　永茂

崇贵　生一子　永言

八世

保太　生一子　安贵

保庆　生二子　长子　安帮　次子　安吉

保春　生二子　长子　安生　次子　安荣

保合　生三子　长子　安泰　次子　安和　三子　安申

果兴阿　生一子　安刚

艾兴阿　生三子　长子　安常　次子　安智　三子　安信

德兴阿　生二子　长子　安业　次子　安勤

永春　生三子　长子　塔丰阿　次子　安录　三子　安茂

永太　生一子　安庆

永贵　生三子　长子　安林　次子　安明　三子　安海

永茂　生一子　安魁

永言　生一子　殿学

九世

安贵　生一子　魁喜

安帮　生一子　明山

安吉　生一子　明德

安生　生一子　国兴

安泰　生二子　长子　国臣　次子　国山

安和　生二子　长子　国斌　次子　国永

安申　生三子　长子　国君　次子　国昌　三子　国祥

安刚　生二子　长子　国清　次子　国斌

安常　生三子　长子　国相　次子　国权　三子　国章

安智　生一子　国铭

安信　生三子　长子　国□　次子　国荣　三子　国任

安录　生一子　国志

安茂　生一子　国全

安庆　生一子　国臣

安林　生一子　俊清

安明　生一子　俊迁

安魁　生一子　国义

殿学　生一子　明阳

十世

明德　生一子　保俭

国兴　生二子　长子　振操　次子　振杰

国臣　生二子　长子　振发　次子　振坤

国永　生一子　振学

国昌　生三子　长子　振山　次子　振生　三子　振起

国斌　生一子　振荣

国相　生一子　振凯

国章　生一子　振东

国铭　生一子　振书

国□　生一子　海河

国任　生一子　彪

国全　生一子　俭

国臣　生一子　振山

国义　生一子　荣华

明阳（老虎屯二十里堡）

十一世

保俭　生一子　兴亚

振杰　生一子　兴茂

振学　生一子　兴元

振山　生一子　兴文

十二世

（从略见上）

三枝
二世

扎拉虎　生三子　长子　仲厄得　次子　厄力车　三子　厄力克

三世

仲厄得　生二子　长子　伯底　次子　阿力马

厄力车　生三子　长子　五十太　次子　威合那　三子　阿力顺

厄力克　生四子　长子　衣力布　次子　白起　三子　布詹　四子　朱海

四世

伯底　生三子　长子　巴力虎　次子　付保　三子　付彦保

阿力马　生一子　付成保

威合那　生一子　巴图鲁

衣力布　生二子　长子　衣郎阿　次子　阿郎阿

白起　生二子　长子　五杜力虎　次子　恩忒合

朱海　生二子　长子　木章阿　次子　法山

五世

巴力虎　生一子　庆保住

付保　生二子　长子　刘住　次子　五十八

付成保　生二子　长子　双喜　次子　代付哈

巴图鲁　生二子　长子　合德　次子　合璧

阿郎阿　生二子　长子　七十八　次子　七十四

五杜力虎　生一子　四十六

恩忒合　生一子　七十九

法山　生三子　长子　得喜　次子　得广　三子　得亮

六世

庆保住　生一子　都音起

代付哈　生一子　花令阿

合德 生一子 付英

七十八 生四子 长子 广成 次子 运成 三子 老成 四子 广会

七十九 生一子 付瑶

得喜 生一子 三群

七世

花令阿 生二子 长子 广安 次子 永宽

付英 生六子 长子 德魁 次子 德元 三子 德恒 四子 德升 五子 德卿 六子 德臣

广成 生一子 发安

运成 生四子 长子 会安 次子 永贵 三子 永连 四子 永昌

八世

会安 生一子 殿选

永贵 生一子 殿臣

付永兴① 生五子 长子 殿魁 次子 殿会 三子 殿元 四子 殿升 五子 殿玉

九世

殿选 生一子 国升

殿魁 生一子 国明

殿会 生二子 长子 国英 次子 景祥

殿元 生一子 国风

十世

（从略见上）

四枝

二世

阿那库 生三子 长子 达布代 次子 乌力图 三子 图色

---

① 七世后嗣未载，父不详。

三世

达布代 生二子 长子 托布代 次子 老各

乌力图 生二子 长子 钱保 次子 保住

图色 生一子 二德

四世

托布代 生四子 长子 依桑阿 次子 何生阿 三子 俄生额 四子 克生额

钱保 生二子 长子 付勒恒额 次子 付明额

保住 生一子 成明额

二德 生一子 巴雅那

五世

依桑阿 生二子 长子 关保 次子 关永

何生阿 生一子 常喜

俄生额 生二子 长子 额力喜 次子 都力存

克生额 生三子 长子 付勒洪额 次子 当子 三子 哈大汗

付勒恒额 生一子 付有

巴雅那 生二子 长子 五力吉 次子 付常额

六世

关保 生一子 乌伦太

关永 生二子 长子 付勒贺 次子 合式贺

哈大汗 生一子 付英

五力吉 生一子 巴宁阿

七世

付勒贺 生三子 长子 永贵 次子 永禄 三子 永安

付英 生一子 永禄

巴宁阿 生四子 长子 永生 次子 永吉 三子 永春 四子 双住

八世

永贵 生一子 有荣

永吉 生一子 安详

九世

（从略见上）

万古不朽碑文（右起）

圣朝以孝治天下，而孝莫大于追远致祭，以上慰先祖神灵。所以光间里显家乘，典弥隆情弥笃也。想我始祖诸先辈从龙，南迁古燕地，遂得睹大清定鼎于神京。未几，而拨往奉天复州，未几，而拨往吉林双城。自康熙以至今日盖已二百余年矣。昔者，旗分正白，赐姓傅佳氏，世居复邑之城东雅化屯。祖德宗功，贻谋则远。承燕翼恩，明谊美厚糈则深荷龙光。兴家立业之隆，规其道行犹啧啧在人口耳。今而隶双城籍，适西所正白旗头屯正丁，遂在本地方傅家窝棚卜居，吉詹龟灼，梦协熊飞。第觉奉叼八十五两、田种四百余垧，推之螽丝羽，子孙众多，一世之箕裘，克绍麟兮。角公族繁盛百年之俎豆，宜新养桑梓而抚松柏，岂犹敢曰不事碑铭而竟令后人笑予拙乎？一时间阎诸父老未尝不叹。绵世泽，振家声，而可笃士飧旧德，农服先畴之谊者，是诚堪美也。顾或谓世远难稽，今既□□优赐矣。凤诏遥颂、鸿图永建，将功名竹册克光先代于九泉。玉旌兰田，洒裕后昆于百世，既□□□□之尧宪复燕寝修仪之谊，谨所谓铭功刻石，当不难告，无愧于考先祖祢前也，承重孙世袭云骑尉委营官博云乌拉吉率诸子等，选吉日，择良辰，骏奔笃敬虎拜，扬麻鬣之峰高，求牺牲之肥腯，以述岭□而勒贞珉，以为后世子孙之敬宗尊祖者法。

复邑国学黑龙庠（江）　生宝麟撰
族曾孙后学达兴阿书

二十一、完颜（王）氏家谱

[辽宁沈阳] 完颜家系谱

纂修人不详。1943年修。铅印本，一册。始祖额勒格图，"世居今之吉林省伯都讷百草沟等处，部落曰西伯满洲"，清初拨归盛京满洲正红旗第二佐领下，世居沈阳城南六十里正红旗界内河山沟村。内容有完颜家系禄序和始祖以下三支族人世系：白士呼朗支系记至十二世，白尔七奎系记至十世，额尔那吉系记至七世。辽宁省沈阳市苏家屯区西河山沟村王玉凡收藏。《沈阳锡伯族家谱》收录。① 此据《沈阳锡伯族家谱》整理。

完颜家系禄序

当闻人之有祖宗，犹山之有来脉，水之有源泉也。来脉蜿蜒者，山势必高；源泉浩瀚者，水流必长。祖宗之累功积德，创业垂统，其子承孙继，世绪永绵者，亦必然之事理也。若我先远，初生于长白山阴混同江岸。游牧时代，无事迹可考，实为黄色民族，世称亚细亚民族，又谓蒙古利亚民族，乃通古斯民族一部分，即古之东胡肃慎，今之女真满洲

---

① 王俊、李军编著：《沈阳锡伯族家谱》，辽宁民族出版社2015年版，第52—58页。

部落人也。我之姓氏完颜，与全［金］时完颜阿骨打同宗，世居今之吉林省伯都讷百草沟等处，部落曰西伯满洲。迨清太祖兴师，我西伯全部落悉从入关，战胜攻取、屡奏奇功；清帝知我族强悍，不容团聚一处，防生意外，遂分散各旗各佐，将我一世祖额勒格图，拨归盛京，满洲正红旗第二佐领下驻防旗人，世居沈阳城南六十里正红旗界内河山沟村。一世祖生四子，长子白士呼朗、次子白尔士［七］奎①、三子楚呼尔泰、四子额尔那吉。长支传至景芳，编成字句，按辈部［命］名曰"景、钟、安、文、世；德、宏、毓、俊、克；英、成、贵、永、守；名、振、庆、常、荣"。次支传至景禄，编成字句，按辈命名曰"景、德、懋、修、裕、家、瑞；鸿、勋、常、昭、增、国、光；勇、裕、辉、延、徽、定、条；世、泽、宏、溥、绪、益、昌"。嗣后，各按各支排字命名，虽代远年湮之际，凡有序宗谱议婚姻事，得所考而不紊云。

伪满洲国康德十年旧历十一月一日完颜氏族　敬序

一世

额勒格图　生四子　长子　白士呼朗　次子　白尔七奎　三子　额尔那吉　四子　楚呼尔泰

白士呼朗支系

二世

白士呼朗　生四子　长子　特木奇　次子　特木得　三子　铁保　四子　黑保

三世

特木奇　生一子　地力瓦

特木得　生二子　长子　金保柱　次子　力瓦

---

① 据家谱正文校正。

铁保（复州防御）生二子 长子 全得 次子 柏得

四世

地力瓦 生一子 阿凌太

金保柱 生三子 长子 格尔底 次子 那兰太 三子 那力太

力瓦 生一子 衣兰太

全得 生一子 巴羊阿

柏得 生一子 札兰太

五世

阿凌太 生一子 卓凌阿

格尔底 生一子 那松阿

那兰太 生一子 那青阿

那力太 生一子 那精阿

衣兰太 生一子 王国

札兰太 生二子 长子 得力布 次子 札布

六世

卓凌阿 生二子 长子 付隆阿 次子 双喜

那松阿 生一子 巴哈坦

那青阿 生一子 王得禄

那精阿 生一子 王得名

王国 生一子 王得春

得力布 生一子 保得

七世

付隆阿 生一子 王庆

巴哈坦 妻 何氏 生二子 长子 锡凌阿 次子 锡常阿

王得春 妻 吴氏 生一子 锡冲阿

保得 妻 李氏 生一子 锡隆阿

八世

王庆 妻 吴氏 生三子 长子 王景顺 次子 王景安 三子 王景恩

锡凌阿　妻　李氏　生一子　王景芳
锡冲阿　妻　盖氏　生一子　王景兰
锡隆阿　妻　石氏　生一子　王景荫

九世

王景顺　妻　钺氏　生二子　长子　王忠诚　次子　王忠信
王景安　妻　崔氏　生一子　王忠文
王景恩　妻　苏氏　生四子　长子　王忠连　次子　王忠全　三子　王忠林　四子　王忠元
王景芳　妻　胡氏　生三子　长子　王中彦　次子　王中奇　三子　王中哲
王景兰　妻　金氏　生一子　王忠恕
王景荫　妻　杨氏　生一子　王忠厚

十世

王忠信　妻　张氏　生一子　王保安
王忠文　妻　李氏　生二子　长子　王普安　次子　王治安
王忠连　妻　殷氏　生一子　王祥安
王忠全　妻　程氏　生一子　王玉安
王忠元　妻　康氏　生一子　王德安
王忠奇　妻　胡氏　生一子　王宇安
王忠恕　妻　李氏　生一子　王适安

十一世

王普安　妻　李氏　生一子　王文涛
王治安　妻　宇氏　生一子　王文海
王玉安　妻　樊氏　生二子　长子　王文禧　次子　王文禄
王德安　妻　吴氏　生三子　长子　王文财　次子　王文友　三子　王文库

十二世

（从略见上）

白尔七奎系

二世

白尔七奎 生二子 长子 图木禄 次子 六得

三世

图木禄 生三子 长子 敦及布 次子 苏伦太 三子 札拉芬阿

六得 生二子 长子 巴图鲁 次子 代申保

四世

敦及布 生一子 风伸那

苏伦太（正蓝旗佐领）

札拉苏[芬]阿 生一子 米章那

巴图鲁 生一子 花连保

代申保 生一子 巴羊太

五世

风伸那 生一子 赛桑那

米章那 生三子 长子 达兰太 次子 东塔 大喇嘛 三子 达海

花连保 生一子 衣常额

巴羊太 妻 关氏 生二子 长子 衣成额 次子 衣蒙额

六世

赛桑那 生三子 长子 王成仁 次子 朱拉抗[杭]阿① 三子 王成庆

达兰太 生二子 长子 马拉 次子 四十九

衣常额 妻 康氏 生一子 王庆瑞

衣蒙额 妻 王氏 生二子 长子 王庆春 次子 王庆昌

七世

朱拉抗[杭]阿 妻 甘氏 生二子 长子 锡生阿 次子 锡荣阿

马拉 生三子 长子 王洪 次子 王义 三子 王清

四十九 生一子 王顺

---

① 应为"珠尔杭阿"，满语意为"有义气的"。

王庆瑞　妻　康氏　生三子　长子　锡铭阿　次子　锡朗阿　三子　锡精阿

王庆春　妻　于氏　生四子　长子　锡顺阿　次子　锡承阿　三子　锡英阿　四子　锡云阿

八世

锡生阿　妻　吴氏　生四子　长子　王景新　次子　王景玉　三子　王景山　四子　王景海

锡铭阿　妻　赵氏　生三子　长子　王景祺　次子　王景林　三子　王景太

锡朗阿　妻　何氏　生一子　王景旭

锡精阿　妻　孟氏　生二子　长子　王景春　次子　王景魁

锡顺阿　妻　葛氏　生二子　长子　王景禄　次子　王景祯

锡承阿　妻　刘氏　生四子　长子　王景荣　次子　王景昌　三子　王景明　四子　王景涛

锡英阿　妻　赵氏　生六子　长子　王景彦　次子　王景兰　三子　王景贵　四子　王景让　五子　王景升　六子　王景春

锡云阿　妻　张氏　生一子　王景春

九世

王景新　妻　安氏　生一子　王忠祥

王景玉　妻　曹氏　生二子　长子　王忠龙　次子　王忠虎

王景山　妻　潘氏　生一子　王忠启

王景海　妻　吴氏　生一子　王德元

王景祺　妻　孙氏　生二子　长子　王德福　次子　王德兴

王景林　妻　王氏　生一子　王德发

王景太　妻　孟氏　生一子　王德隆

王景禄　妻　侯氏　生二子　长子　王德钦　次子　王德佩

王景祯　妻　王氏　生二子　长子　王德林　次子　王德森

王景荣　妻　康氏　生一子　王德坤

王景昌　妻　朱氏　生二子　长子　王德生　次子　王德财

十世

（从略见上）

额尔那吉系

二世

额尔那吉　生二子　长子　富成　次子　富留

三世

富成　生一子　米兰太

富留　生一子　米兰大

四世

米兰太　生一子　六十九

米兰大　生一子　蒙骨洛

五世

六十九　生一子　马达洛

六世

马达洛　生一子　留生

七世

（从略见上）

附　　录

附录1：［辽宁凤城］白旗乡王家村何舍里墓碑碑文

何姓墓碑位于凤城县白旗乡王家村，光绪二十四年（1898）十月初一日立。何人撰文不详。辽宁省大连市那启明提供。

碑文

窃思木有其本，水有其源。本未探焉，不知叶之何以茂也。源末溯焉，不识流之所长也。物既如是，人则亦然。考先祖发源，实长白山锡伯伙洛[1.]人也。自大清肇基于此，即以骁勇见重。特命随驾从征，共成大业。由北三姓[2.]，起而复没。延于老城兵起，始大勋克集。成都于沈水之阳，定鼎于燕山之下。考功核绩，分驻八旗，定设满洲缺额。人以地名，仍曰锡伯。此吾何舍力氏所由来欤。嗣因后裔蕃昌，拨往吉林伯都讷，属释哈速伙洛。构舍垦田，即农寓兵，历有年所至。于康熙二十有五年，奉文将我七世始祖巴力马弟兄三人复拨此地盛京凤凰城正黄旗驻防。遂在城南厢红旗界二道岭后处，开荒报地，立有祖茔。左右耳山，后坐前道在内，为子孙万世计。其后大始祖尼马士、三始祖厄必楞，转徙［徙］南海厢白旗界东尖山下，报有粮地。惟我始祖安土重迁，今巍巍之椽，即其人也。呜呼！为高为曾世系不忘于前代，斯或昭，或穆，尊卑弗迷于后人。为此勒碑，永志不朽云。

1. 伙洛：锡伯语，沟。
2. 三姓：今黑龙江依兰。

清光绪二十四年十月初一日　　　古旦立

附录2：[辽宁凤城] 蓝旗乡蓝旗村吴府君墓碣铭

张瑞山撰。民国十五年（1926）二月十五日立。始祖某拨，隶属于凤凰城正蓝旗。保存地不详。由辽宁省大连市那启明搜集提供。

凤城六区蓝旗村有处士曰鼎琏，姓吴氏，勤俭务农，性直耿，恒为人解纷。原锡伯人，居吉林伯都讷错草沟。清康熙三十八年，自始祖某拨归凤凰城正蓝旗当差，因卜居于此村。自始祖至王父福堕阿、王母温氏、考秉志、妣吴氏，均葬本村东山。迨处士，始由其"出继子"——凤礼葬于北沟新茔。处士寿八十有四，卒于民国十五年二月十五日。夫人前卒，寿七十。长子凤鸣，次子凤礼，继三兄鼎瑚，后三子凤岐，继长兄鼎恭。后将葬，凤礼乞文于余，爰为铭曰：山苍苍兮，太子山之北岗；水活活兮，依蓝波罗河阳。处士葬此兮，永固厥藏。

前清生员凤城县满籍张瑞山拜撰
民国十五年二月十五日立

附录3：［辽宁沈阳］关氏家谱序

收集于于洪区平罗乡富强村关国庸家。纂修人、保存地信息不详。《沈阳锡伯族家谱》收录。①

谱序

康熙三十年，奉旨由黑龙江移西伯三千丁驻京师，吉林移三千丁驻盛京，瓜尔佳氏当即入镶蓝旗。

附录4：［辽宁凤城］锡伯族家谱范字

辽宁省大连市那启明提供。

1. 辽宁凤城红旗镇沈家甸子沈姓家谱范字

世闻各族，户大丁多，聚族而居，虽年代久远世次不紊者，以有族谱之维系也。近或三四十年远则五六十年必须修一次，故无论迁于异县，徙于远方，自有谱书，世次皆可以叙。由此以观，族谱之关系大矣。吾沈氏自明季清兴之初由白山随而来，在凤界尖山窑落户，我太高祖始迁居凤南沈家甸，此皆老人之传言，其年代世次无可考矣。太高祖生有四子，分为四支，传流至今，人不下百户。以世次论，由太高祖至吾父，不过五世，已无谱书，故各前人名讳亦不可考矣。惟至五世兴，我父同辈者皆以令字起名，六世皆以万字起，七世皆以永字起，但以人户渐增又多迁居外县，倘各自任便起名，恐数传之后，世次无可叙矣。兹有卢及此，谨从令字起首择定二十字，冠以序言，

---

① 王俊、李军编著：《沈阳锡伯族家谱》，辽宁民族出版社2015年版，第174页。

权作谱书之制。在我族人由沈家甸移出者，各家照录一份，自令字辈起首，凡有名者皆书其上，后人起名即按字排起，并将二十字说于后人，令熟记无忘。庶几此二十世之内世次皆能叙出，不至于从前乏无可考据矣。字数列后：

> 令万永世福，德光树吉成，
> 邦文凤国玉，庆殿贵天廷。

万成志

民国十四年六月十六日

2. 辽宁凤城宝山乡小四台子吴姓范字

> 殿宇恒多远（年），经书继世长，
> 忠孝天自佑，仁义永吉祥。

3. 辽宁凤城蓝旗乡蓝旗村吴姓范字

老房子（后街）秉鼎风景德运新启。
新房子（前街）明振庆玉程佳和。

重排二十字：

> 金庆玉成佳，诗书荣光华，
> 勤俭克治富，忠厚铭远大。

4. 辽宁凤城白旗乡莫家吴姓范字

> 吉顺永昌，升光成照，
> 广延继世，兴国长春。

5. 凤城宝山乡小四台子何姓范字

原排：文武德志广，永远维世长。
后续：国泰天景顺，丰收庆吉祥。

6. 凤城县白旗乡王家村何姓范字

宝云万文明，荣宗世永成，
清廷多国富，启福振家声。

7. 凤城宝山乡白家村白姓范字

瑞玉世殿志，以本守家基，
名心为大我，尚希尔全云。

8. 凤城县蓝旗□□窝（立新）村×姓范字

合力同心保文崇，永廷志洪贵谦恭，
宝珍万世光金鼎，令德延年秀茂松。

9. 凤城县东杨木沟大、小那家堡那姓范字

增成洪基业，万世克景昌，
富贵荣华远，孝忠福禄祥。

10. 凤城县蓝旗乡蓝族村那姓范字

德成永振，凤启吉运，
克力余锡，广盛联新。

11. 凤城县红旗镇永兴村高姓范字

一支：德展扶国正，民显万年兴。
一支：文景家（甲）长远，根深叶茂全。

附录5：[辽宁岫岩]锡伯族家谱范字

辽宁省大连市那启明提供。

1. 辽宁岫岩大营子镇沈姓家谱范字

一支：宝卫万风德，吉庆福成春。

一支：永廷吉义成，祥庆万年青。

也有近代制定的如：凤城县红旗乡永兴村吴家西沟所立的《吴氏宗室行辈谱系》：

为使吴氏宗室行辈分明，世代不紊，特据现情重修谱系，望我西沟吴氏家族依此相排万代相延。族别锡伯族，吴氏……

于康熙七年迁到辽宁省凤城县红旗乡吴家西沟落户，现已三百余年。树大分枝，分散各地，没立谱书，无次乱叫，年深日久，难辨大小，故为了统一谱叫顺次而行，由永字开始大部分排到世洪两字，往后推次而行，各户永保持久，保留以下十六字。

永恒多年，世洪万代，
本宗振兴，家源盛凯。

各句尾字用名末，其余各字均排中间。

一九八六年三月二十一日重修谱系
代表人吴多坤　吴荣年

2. 岫岩县红旗营子关姓范字

玉宝德明守，吉连万福长，
殿恒善兆有，富贵子荣祥，
百事太和喜，文英志乃章，
国恩增洪禄，存义立双全。

3. 岫岩县大营子镇温姓范字

"富玉希国振"，又续：
宗兴延志百世，魁英正华兆利，
书焕文盛天生，鸿鹏凤祥吉庆。

4. 岫岩县洋河乡样子岭村那姓范字

多举景润广，振兴万世祥，

仁德清廉誉，英明继续长。

附录6：[辽宁东沟（东港）]锡伯族家谱范字

辽宁省大连市那启明提供。

1. 东沟县龙王庙镇五龙村那姓新谱范字

前言内记：

锡伯族分支那家，系康熙年间自伯都讷迁到凤凰城南龙王庙西荒地居住，当时有那、吴、沈、关、何五姓聚居，相处融合情同一家。后来又各自分居，那姓移到龙王庙南山那家沟居住，自那家沟祖坟算起至公元一九八七年建立谱书为止，已传到第十代子孙。在东沟县民委的协助下，于凤城县边门乡那家堡子找到失去多年的那氏传统谱书。因此，在那家14长辈、晚辈一致同意下，针对新时期那家现状，遵照传统谱书喻义，又重新建立那氏谱书十六字作为后辈之用。

谱书凡字

龄德延年，秀茂松宝，

珍万进广，全鼎永廷。

原排十六字：

山（志）宗（洪）声（贵）显（谦）

家（恭）兴（合）世（力）远（同）

海（心）琛（保）宝（文）富（崇）

杰　　俊　　永　　长

在所范的字中有标括号的字，是其他地方那姓同辈所范的字。

公元一九八七年元月十五日建立

2. 东沟县马家店镇太平村吴姓范字

景运新启

明德乃昭

永昌继世

3. 东沟县龙王庙镇五龙村吴姓范字

登金德福，斌奎安永，

俊哲文明，载庄中正。

4. 东沟县龙王庙满族锡伯族镇荒地村关姓范字

兆志家振国，文明恩继承，

洁祥永远庆，玉德宝昌平。

附录7：[黑龙江双城] 锡伯族家谱范字

黑龙江省哈尔滨市吴耀国提供。

双城农丰镇吴扎拉氏家谱范字

双城区农丰镇双利锡伯族村，又名厢白旗四屯。该村锡伯族人属1815年双城开垦之初，随同八旗来双屯垦的锡伯族人的后裔。

吴颜军（吴扎拉氏）家谱，据口述记录家谱20个字如下：

作、守、嘉、廷、耀、茂、修、照、道、长、

玉、文、焕、景、瑞、永、锡、惠、绵、昌。

附录8：锡伯族家谱图片

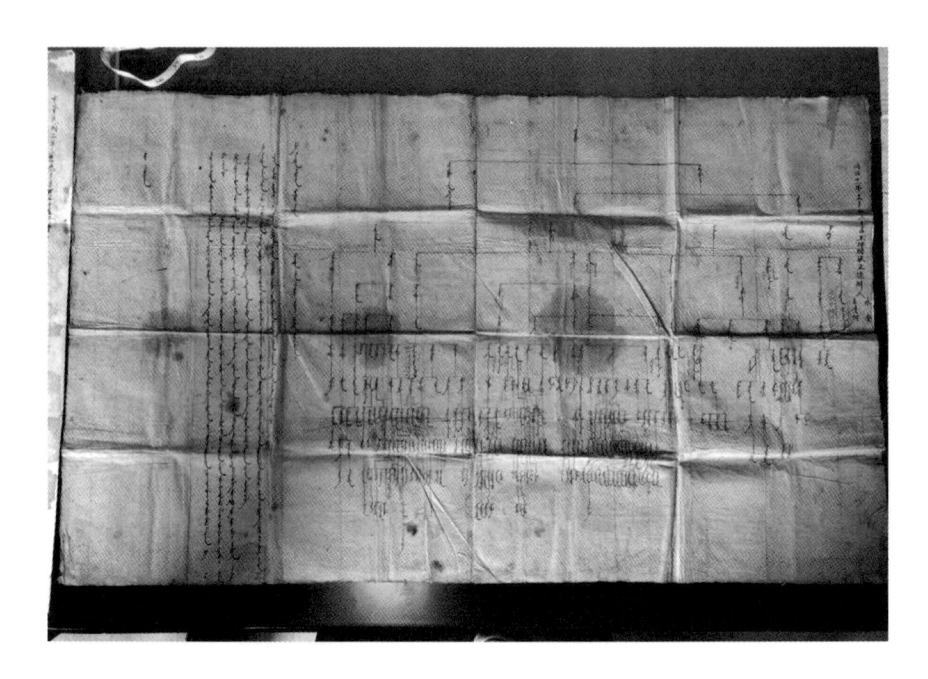

［辽宁沈阳］哈斯呼里（韩）氏谱单（满文）

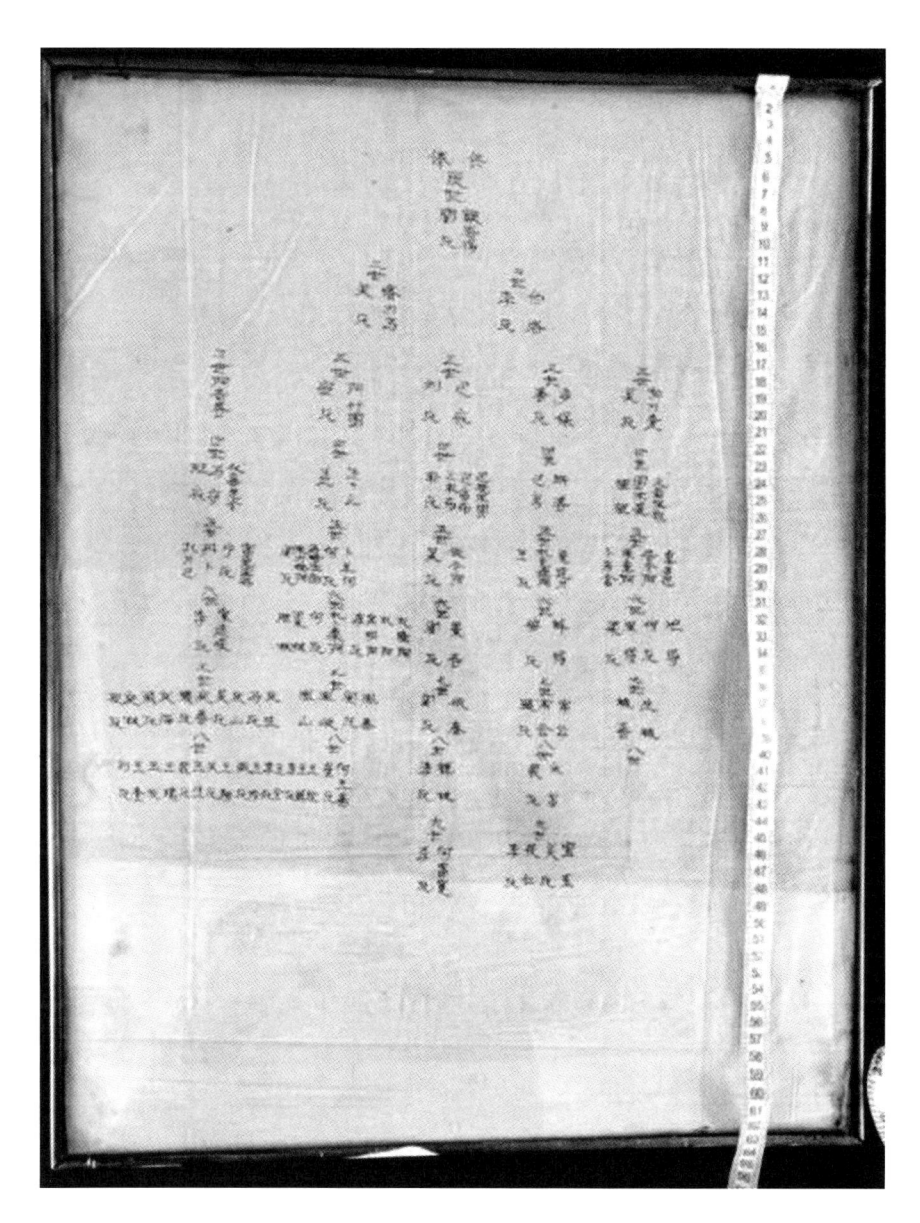

[辽宁沈阳] 何叶尔氏供谱

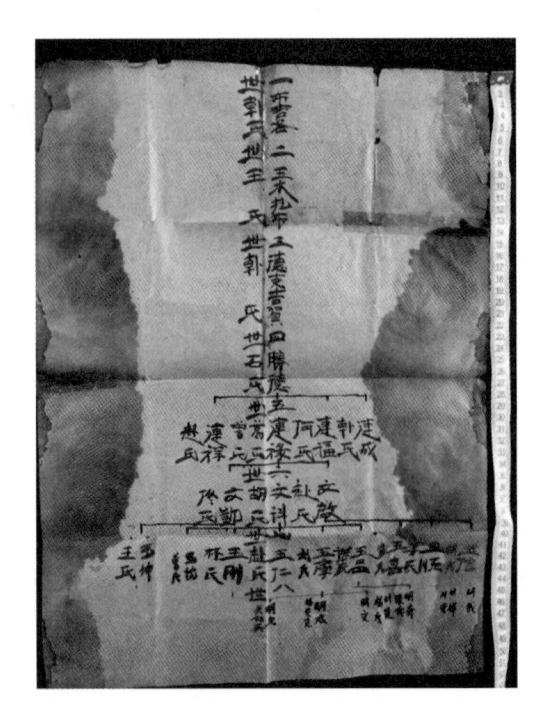

[辽宁沈阳] 何氏宗谱

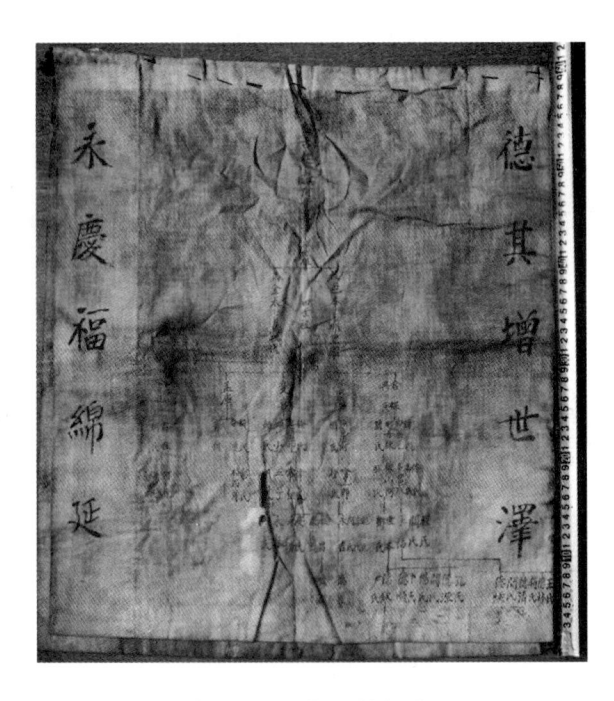

[辽宁沈阳] 何姓供谱

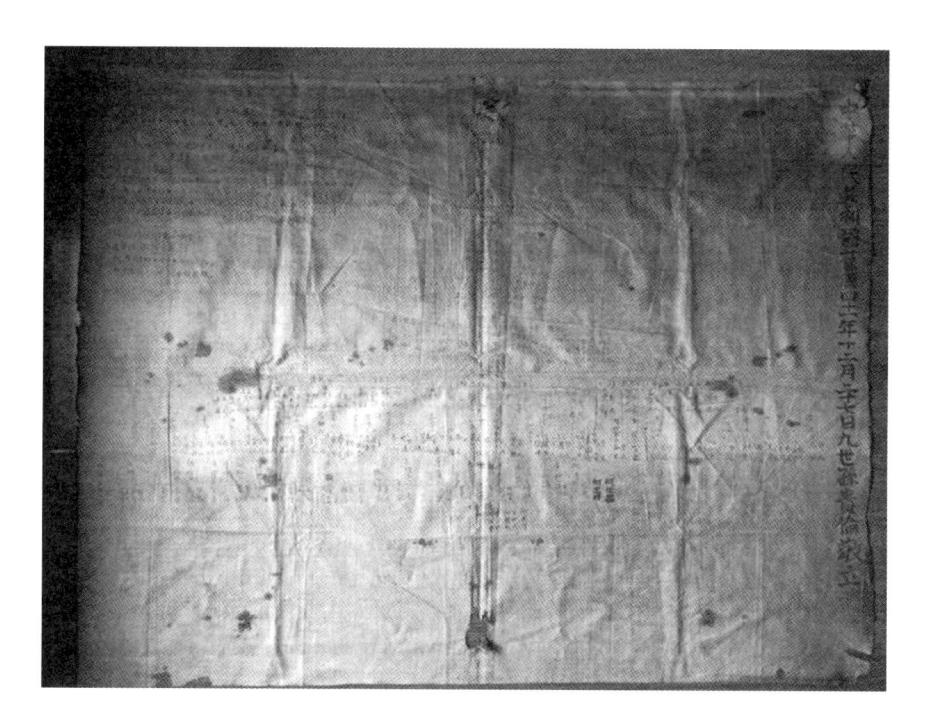

［辽宁沈阳］何氏家谱（1953）

［辽宁沈阳］何氏供奉家谱（1939）

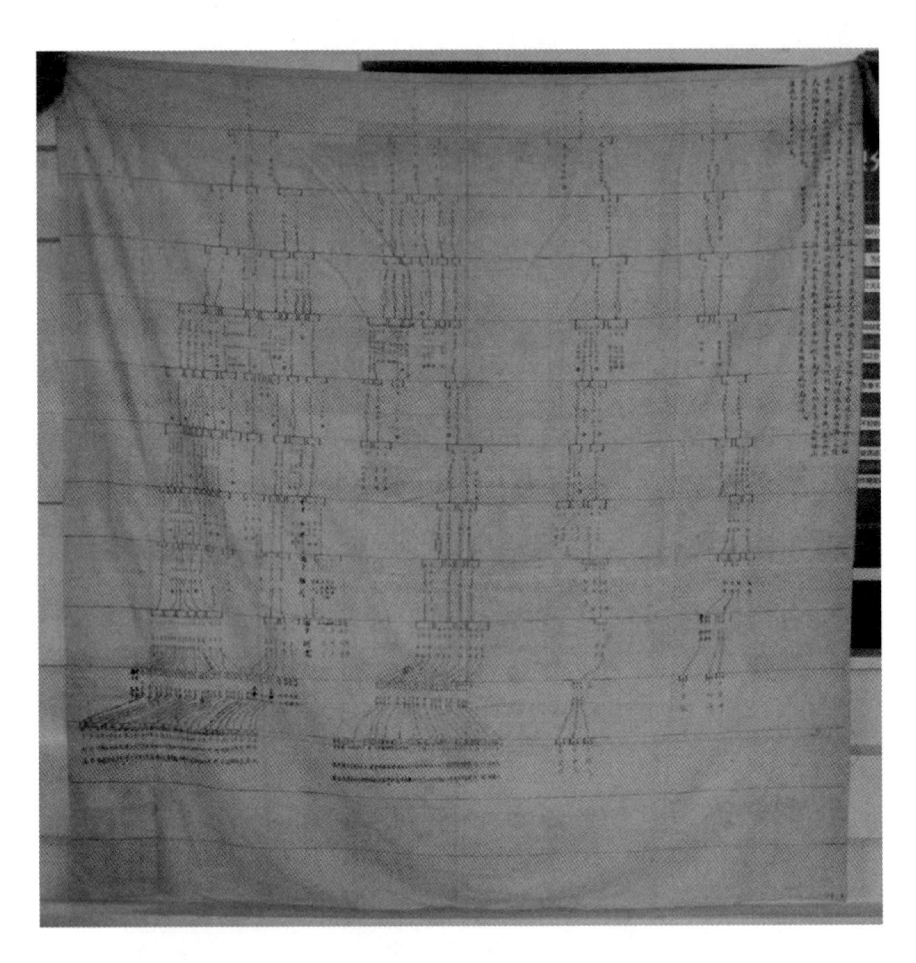

[辽宁沈阳] 何氏家谱

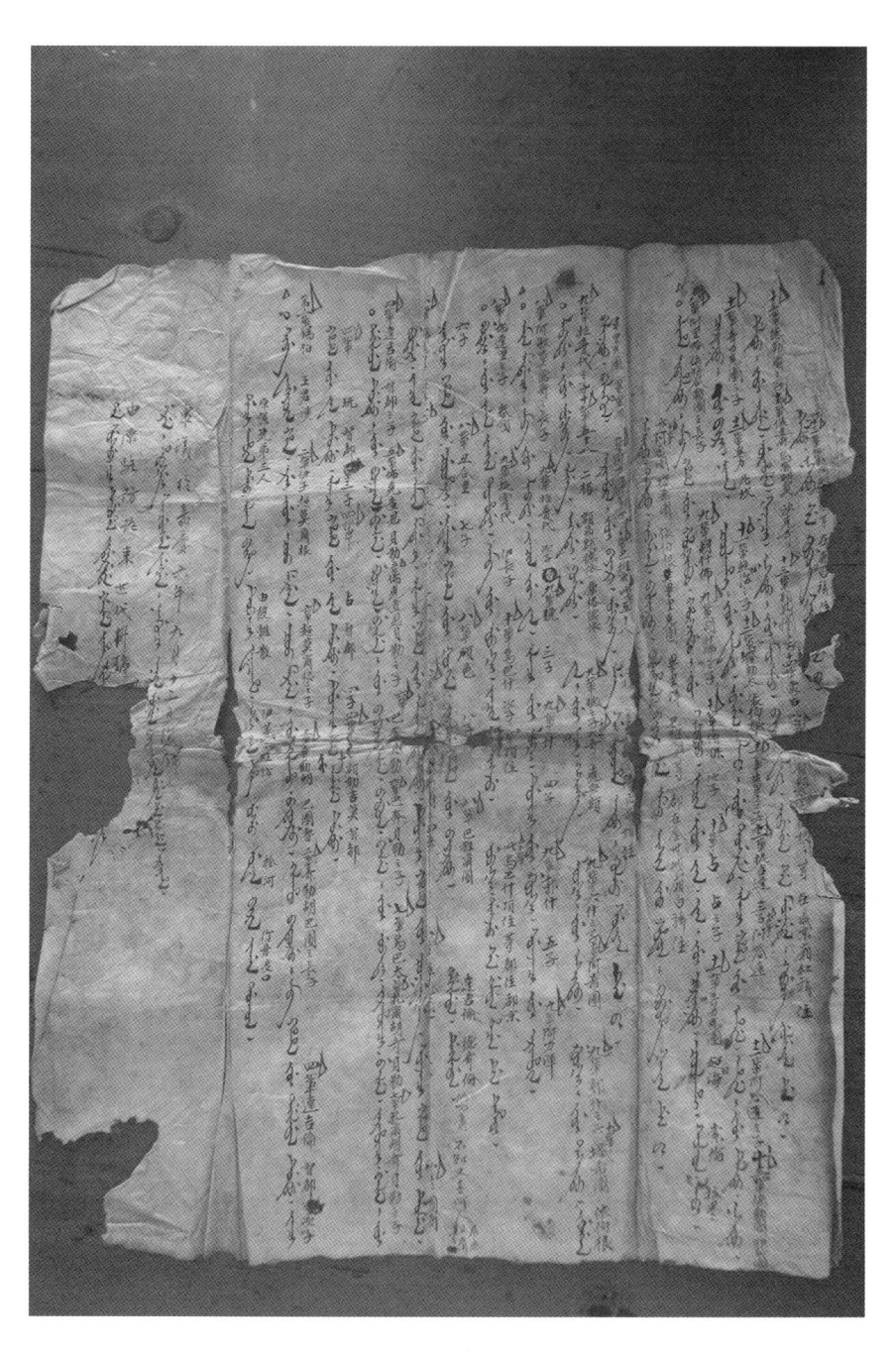

[黑龙江双城] 锡伯王君汉家谱

附录9：锡伯族喜力妈妈（子孙绳）图片

黑龙江哈尔滨吴氏喜力妈妈（子孙绳）（黑龙江哈尔滨市吴耀国提供）

后 记

锡伯族是中国少数民族中除满族之外，保有文字家谱较多的少数民族。东北是锡伯族的故乡，锡伯族家谱特殊的语言学、民族学、历史学价值，使得东北锡伯族家谱早就受到关注。20世纪80年代以来，除了锡伯族学者的调查，学界对东北旗人家谱的收集整理，其中就包含了为数不少的锡伯族家谱。如李林《满族家谱选编》（辽宁人民出版社1988年版）对锡伯族家谱略有提及；2003年北京图书馆编《北京图书馆藏家谱丛刊·民族卷》（北京图书馆出版社2003年版）收录了包括，满、蒙古、回、朝鲜、达斡尔、彝、纳西等中国少数民族家谱150余部，其中收录清代旗人家谱60余部，当中有少量锡伯族家谱。2012年，本溪市党史地方志办公室编《辽东满族家谱选编》（辽宁民族出版社2012年版）中收录了2部锡伯族家谱。

2003年以后，在国家民委的重视和支持下，我国少数家谱的专门整理工作正式启动，2007年出版了《中国少数民族古籍总目提要》（国家民委全国少数民族古籍整理研究室组织编写，中国大百科全书出版社2010年版），其中"锡伯族卷"（2007年已发行第一版）由新疆维吾尔自治区民委编纂，贺忠德主编，收录全国锡伯族家谱提要109条，其中谱书91条，谱单18条。

近年来，各地许多锡伯族、汉族学者对中国锡伯族家谱调查整理做了大量工作。锡伯族学者如：东北的那启明、韩启昆、白常友、安振泰、吴克尧、佟靖飞、白松年，北京的吴元丰、赵志强、关鹤童，新疆的贺忠德、龚义昌、郭建中、贺灵、佟克力、永志坚、付勇、锋晖、佟文娟等；汉族学者如：东北的王俊、李军、许淑杰等，都对锡伯族家谱做过调查和研究，并取得了重要成绩。其中《沈阳锡伯族家谱》（王俊、李军编著，辽宁民族出版社2015年版），点校整理辽宁锡伯族家谱19部（其中《关氏家谱》等仅有谱序或一、二世），为最早出版的专门整理锡伯族家谱的著作。2020年《锡伯族家谱史料选编·新疆卷》出版，则是"锡伯族文化生活中的一件大事，填补了新疆乃至全国锡伯族综合性谱书的空白，也为人们研究锡伯族历史文化提供了一份珍贵的资料"（《锡伯族家谱史料选编·新疆卷》"序言"第5页）。该书是迄今为止，中国锡伯族家谱点校整理的最具代表性成果。

除新疆地区，中国锡伯族人口最多的区域就在东北。因此，《锡伯族家谱史料选编·新疆卷》编纂完成后，东北锡伯族家谱整理被提上日程。在《锡伯族家谱史料选编·新疆卷》编纂组织者，原新疆维吾尔自治区民委（宗教局）贺忠德先生的倡议和推动下，2018年《锡伯族家谱史料选编·东北卷》编纂工作启动。自2018—2019年，在贺忠德带领下，编纂小组许淑杰、佟文娟、孙守朋、坚强等先后数次南下辽宁，北上吉林、黑龙江走访调研，得到了各地锡伯族联谊会和锡伯族同胞的大力支持。2019年9月，走访调研工作结束，进入资料整理录入阶段。因格式、文字（满文、汉文）等问题，在整理录入过程中，编纂小组多次开会，屡次调整，数易其稿，力求做到严谨、科学、规范。因工作量较大，吉林师范大学历史文化学院2016级本科同学参与了文献最初录入工作，2017—2019级部分硕士研究生、博士研究生承担了录入和编校工作。2020年9月，资料前期录入工作完成。至2023年8月，完成编纂、考订工作，最后审校定稿。

在本书前期走访调研过程中，辽宁的那启明、白松年、柴阳、赵卫红、何志发、何忠山、何雪、何世义、何贵文、关成国、韩恒顺、张振伦，吉林的佟靖飞、韩舒梅、白常有、刘飞，黑龙江的傅振书、吴雅丽、吴耀国、那静、关明生、吴克尧等均提供了无私帮助。在本书编纂过程

后　　记

中，辽宁省大连市的那启明提供了谱书、谱单和范字20余份，吉林省长春市的白常有、黑龙江省哈尔滨市的傅振书等，均对本书的编写给予了大力协助。新疆维吾尔自治区民委古籍办编辑葛维娜、自治区广播电视局宣传处主任编辑贺志梅承担了那启明先生提供部分锡伯族家谱的前期录入工作。吉林师范大学历史文化学院博士研究生佟文娟（现渤海大学历史文化学院讲师），硕士研究生坚强、李睿凝、郎浩宇、麻翠梅、范玉娇、孙宇馨等，对本书的文字录入、编校审核工作付出了大量精力。在民族文字（满文）校对、排版处理上，坚强（现复旦大学博士研究生）做了大量工作。新疆人民出版社锡伯文编辑室陶志刚、新疆华凌工贸集团公司办公室秘书孔春苗协助录入黑龙江双城《锡伯王君汉家谱》满文拉丁文转写内容校注。一并致以诚挚谢意！

尤为值得一提的是贺忠德先生。先生年逾古稀，心心念念于锡伯族文献整理，文化传承，"不图名，不图利，顶酷暑，冒严寒，克服种种困难，如蜂采蜜，点滴成池"（《锡伯族家谱史料选编·新疆卷》"序言"第5页）。虽远在新疆，仍不辞劳苦，亲自组织和参与东北锡伯族家谱调研，并全程对编辑整理工作亲力亲为，精益求精，为本书的编纂付出了极大关切与努力，令人感佩！

希望《锡伯族家谱史料选编（东北卷）》的出版，能为锡伯族历史文化研究提供一份珍贵资料，对锡伯族历史文化的传承有所裨益。

因家谱形制各异，书写的文字既有汉文，又有满文，手写本用字和字迹也不规范，本书编纂整理具有一定难度，加之编撰者水平所限，难免存在疏漏和不足，敬请方家批评指正。

编　者

2023年8月15日